21世纪高等职业教育精品教材·电子商务类

辽宁省职业教育精品在线开放课程配套教材

Zhibo Dianshang

直播电商

于迎霞　舒　曼　张英楠　主　编

王　硕　佟晓慧　王振超　副主编

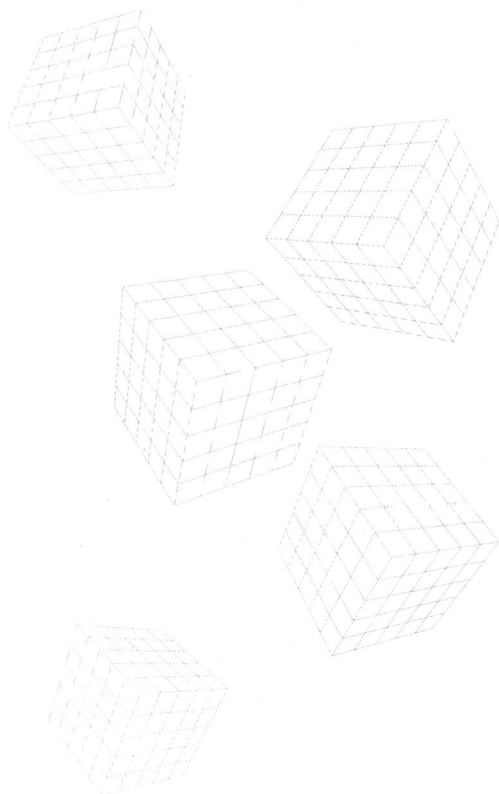

东北财经大学出版社
Dongbei University of Finance & Economics Press

大连

图书在版编目（CIP）数据

直播电商 / 于迎霞，舒曼，张英楠主编. —大连：东北财经大学出
版社，2025.2.—（21世纪高等职业教育精品教材·电子商务类）. —
ISBN 978-7-5654-5477-6

Ⅰ. F713.356.2

中国国家版本馆 CIP 数据核字第 20241BM057 号

东北财经大学出版社出版

（大连市黑石礁尖山街 217 号　邮政编码　116025）

网　　址：http://www.dufep.cn

读者信箱：dufep@dufe.edu.cn

大连图腾彩色印刷有限公司印刷　　东北财经大学出版社发行

幅面尺寸：185mm×260mm　　　字数：442千字　　　印张：19.75
2025年2月第1版　　　　　　　　2025年2月第1次印刷

责任编辑：郭海雷　王芃南　　　　　　责任校对：何　群
封面设计：原　皓　　　　　　　　　　版式设计：原　皓

定价：49.00元

教学支持　售后服务　　联系电话：（0411）84710309
版权所有　侵权必究　　举报电话：（0411）84710523
如有印装质量问题，请联系营销部：（0411）84710711

直播电商是直播行业与电商行业有机融合的产物，是以直播为渠道来达成营销目的的电商形式。随着互联网的快速发展和消费者购物习惯的改变，直播电商行业在过去的几年里经历了从无到有、从摸索到成熟的蜕变，与此同时，消费者新的购物习惯也逐渐养成，他们通过观看直播、参与互动、分享心得等方式，对直播电商产生了浓厚的兴趣和信任感。可以说，作为数字经济的重要组成部分，直播电商已经成为我国经济发展的一道独特风景，在释放消费潜力、促进数字融合、助力乡村振兴等方面发挥重要作用。越来越多的企业、创业者进入直播电商领域，有效地掌握直播策略和技术，对于做好直播电商至关重要。

本书是于迎霞老师主持的辽宁省2023年度职业教育省级精品在线开放课程"直播电商"的建设成果之一。在详细梳理了直播电商的知识和技能体系、介绍直播电商的相关理论知识的基础上，编者团队从直播类岗位群的典型工作任务要求出发，以直播业务流程为主线，深入浅出地讲述直播电商的筹备、运作、实施技巧，形成直播电商运营的闭环。本书共分九个项目，具体为直播电商入门、直播流程设计与脚本策划、打造高效直播团队、直播间装修布置、直播选品及定价策略、直播间预热引流、开播阶段运营、直播复盘与数据分析、三大主流电商平台带货。

本书特点如下：

1.突出立德树人，注重价值引领。党的二十大报告强调："育人的根本在于立德。"本书在编写过程中将立德树人作为一项重要任务，关注直播人员道德操守和行业规范，将思想政治教育与专业知识传授有机结合，寓价值观引导于知识传授之中，通过知识和技能传授，使学生在渴望求知的兴奋、愉悦和暗示下接受熏陶，启发学生自觉认同，产生共鸣与升华，实现潜移默化的效果。

2.注重产教融合、校企"双元"开发。通过理论与实践、案例等的结合，构建了项目化、任务式的教材编写体系。

3.内容与时俱进，充分反映直播行业发展的新技术、新规范、新标准。同时，依托省级职业教育精品在线开放课程，融入不断丰富的数字化教学资源（微课视频等），积极推进新形态教材建设。

本书由抚顺职业技术学院于迎霞、舒曼、张英楠担任主编，抚顺职业技术学院王硕、佟晓慧和来自企业辽宁中嘉博众教育科技有限公司的王振超担任副主编。具体分工如下：佟晓慧编写项目一，王硕编写项目二，舒曼编写项目三和项目五，于迎霞编写项目四和项目六，张英楠编写项目七和项目八、王振超编写项目九。于迎霞负责全书的统稿定稿。

本书结构合理，内容通俗易懂，既可作为高等职业院校电子商务、网络营销与直播电商、市场营销等专业的教材，也可作为直播电商自学人员的参考用书。为方便教学，本书提供了丰富的立体化教学资源（教学大纲、PPT教学课件、习题参考答案等），任课教师登录东北财经大学出版社的网站（www.dufep.cn）即可免费下载使用。

　　受编者精力和能力所限，本书不当之处在所难免，恳请广大读者和同行批评指正，以便我们不断改进。

编　者

2024年11月

微课：直播电商课程介绍

目 录

项目一　　直播电商入门

伴随着互联网技术的飞速发展，特别是5G、大数据、人工智能等前沿技术的赋能，直播电商不仅打破了传统商业活动的时空束缚，更以其直观性、互动性和即时反馈的特点，构建起了一个个全新的消费场景，吸引着无数消费者的目光。直播电商正成为连接商家与消费者的重要桥梁，消费者可以在直播间内与主播实时互动，体验沉浸式购物，而商家则依托直播平台的流量优势，精准触达目标客群，实现销售转化与品牌传播的双重飞跃。

掌握直播电商的基础知识、特点和运营模式，对于电商从业者、市场营销人员、创业者以及广大消费者来说都具有重要意义。它不仅能够帮助我们更好地理解当前电商行业的发展趋势，还能够指导我们如何在激烈的市场竞争中抓住机遇、应对挑战。

学习目标

知识目标：
◇ 了解直播电商的发展历程；
◇ 掌握直播电商基本概念和平台的核心特点；
◇ 熟悉直播电商平台的属性。

能力目标：
◇ 能够分析直播电商平台的特点，具备为不同种类商品选择合适平台的能力；
◇ 学习并掌握平台的特征，具备结合实例分析直播平台差异的能力；
◇ 具备识别直播电商平台优势及挑战的能力。

素养目标：
◇ 培养独立思考和解决问题的能力；
◇ 具备灵活的商业头脑和市场意识，为将来的学习和工作打下坚实的基础；
◇ 具备良好的信息素养，能够运用信息技术进行学习、合作、交流和解决问题。

项目导图

```
项目一  直播电商入门
   │
   ├─ 📞 任务一  直播电商认知
   │        │
   │        ├─ 直播电商的发展史
   │        │
   │        └─ 直播电商基础知识
   │
   └─ 👤 任务二  直播平台选择
            │
            ├─ 直播平台概述
            │
            ├─ 精准选择技巧
            │
            └─ 账号矩阵规划
```

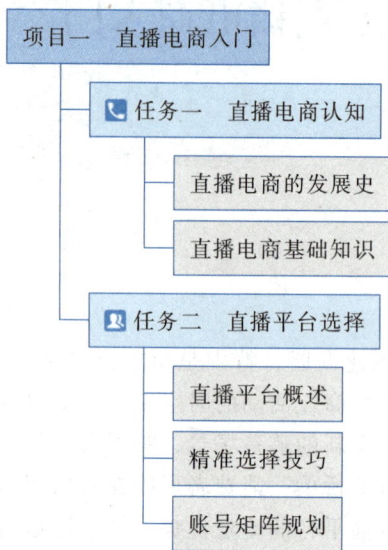

任务一   直播电商认知

【引导案例】

东北土特产线上销售的直播平台选择（一）

一、案例背景

在辽阔的东北大地上，得天独厚的自然条件孕育了无数优质的土特产——从林间深处香气四溢的榛子，到雨后山林里鲜嫩的蘑菇，再到营养丰富的黑木耳，每一份自然馈赠都承载着东北大地的独特韵味。然而，长久以来，这些优质的农产品受限于地域偏远、传统销售渠道单一等因素，难以跨越千山万水，走进更广阔的市场，其潜在的市场价值也因此被严重低估。

肖肖，一个土生土长的东北姑娘，对家乡的每一份土特产都怀有深厚的情感。面对家乡优质农产品，她决定利用互联网的力量，为这些宝贝打开一扇通往世界的大门。起初，肖肖尝试在淘宝平台上开设店铺，虽然有所收获，但销量始终难以突破瓶颈。随着直播电商的兴起，肖肖敏锐地捕捉到了这一新事物带来的机遇。

二、案例解读

1.走进直播间

她开始尝试通过短视频和直播的方式，将东北山林的美丽风光、土特产的采摘与加工过程真实而生动地展现在观众面前。镜头下，榛子树下的欢声笑语、蘑菇采摘的趣味瞬间、木耳晾晒的温馨场景，无一不吸引着屏幕前的观众。肖肖不仅展示了产品的品质，更展现了东北人淳朴的性格和对自然的敬畏之心。

2.助力乡村振兴

肖肖的努力很快得到了回报。她的直播间人气飙升，粉丝数量激增，家乡的土特产也因此而声名远扬，销量大幅提升。肖肖积极与村民合作，在她的带动下，实现了百余名村民的增收。

3.精准选择平台

肖肖深知只有深入了解并精准选择平台，才能更好地规划自己的经营方向，实现个性化发展的电商创业梦想。她渴望通过学习更多关于直播电商的专业知识和技能，为自己和家乡的土特产找到更广阔的舞台。

三、案例总结

肖肖以家乡的优质土特产为起点，成功将传统农产品与现代电商技术相结合，实现了个人价值和社会价值的双重提升。她的故事激励着更多像她一样的创业者，用智慧和汗水书写属于自己的电商传奇。不断探索和实践，为家乡的发展贡献自己的力量，同时也为自己和更多人的梦想插上翅膀。

四、案例思考

（1）通过本案例，你觉得在直播带货中如何为不同种类商品选择合适的平台？

（2）基于本案例中的农产品直播销售，你认为应该选择什么类型的平台进行直播带货？

资料来源：编者自撰。

多年来，商业领域内一直在进行着各种探索和创新。其中，直播电商以星星之火的势态，逐渐成为一条清晰的赛道，这一全新的商业模式很快便吸引了众多敏感又勇于尝试的商家，借由直播电商，将自己的形象、声音、商品和故事传播出去——物物可播、人人可播、处处可播。

微课1-1

认识直播电商

一、直播电商的发展史

随着互联网技术的飞速发展，特别是移动互联网的普及与消费者购物习惯的深刻变化，直播电商作为一种新兴的商业模式，在中国乃至全球范围内迅速崛起。

1.直播电商的产生背景及兴起原因

直播电商的发端可追溯到2009年社区导购模式的初步探索，但真正意义上的直播电商元年则定格在2016年。这一年，淘宝直播的正式上线标志着中国直播电商新时代的开启。从最初的品牌导向、低价策略，到如今的全民直播、内容驱动，直播电商不仅重塑了电商行业的竞争格局，还在无形中改变了消费者的购物场景与消费习惯。

直播电商从2016年起步到目前的爆发式增长，主要源于以下原因：

（1）直播技术的迅速发展。直播平台利用即时视频、音频通信技术，在商家和消费者之间搭建了一个实时互动的平台。这种实时互动性使得商品展示更加生动、直观，消费者可以即时提问并获得解答，从而提高了购物的参与感和信任度。直播技术的发展为用户提供了更丰富的购物体验。

（2）短视频平台的兴起。短视频平台拥有庞大的用户基数和高度活跃的用户群体，这为直播电商提供了巨大的流量池。通过短视频的精准推荐算法，平台能够根据用户的兴趣和行为习惯，将相关的直播内容推送给目标用户，从而实现精准营销。这种精准的流量导入，不仅提高了直播电商的曝光率，还强化了用户的观看和购买意愿。

（3）电商平台的整合效应。传统电商流量红利逐渐消失，平台网店获客变难，但平台拥有庞大的用户基础和丰富的商品资源，通过整合供应链资源，优化商品采购、仓储、物流等环节，提高商品的供应效率和品质，这为直播电商的发展提供了坚实的基础。电商平台通过整合自身资源，将直播功能嵌入到平台中，使得商家可以直接在平台上进行直播销售。同时，电商平台还会不断引入新的品牌和商品，丰富直播电商的商品种类和选择范围，满足用户多样化的购物需求。通过推荐、首页展示等方式，将直播内容推送给更多潜在用户，提高直播的曝光率和观看量，为直播电商蓬勃发展带来契机。

（4）庞大的用户群体支撑。我国拥有庞大的网民数量，近三成网民为直播电商受众，用户对直播电商接受度高，这为直播电商提供了巨大的潜在用户群体。中国互联网络信息中心（CNNIC）发布的第55次《中国互联网络发展状况统计报告》显示，截至2024年12月，我国网民规模达11.08亿人，农村网民规模达3.13亿人，互联网普及率达78.6%。

随着移动互联网的普及和智能手机的广泛应用，越来越多的网民开始接触和使用直播电商服务。这种庞大的用户基础为直播电商的发展提供了坚实的市场支撑，助力直播电商实现跨越式发展。

（5）自身特性突出。直播电商的核心优势在于其实时互动性。通过直播，商家与消费者之间可以即时沟通，解答疑问，增强信任感。这种互动不仅提升了购物体验，还促进了商品的快速销售。直播电商的内容创意和个性化展示也是吸引用户的重要因素。有趣、新颖、贴近消费者需求的直播内容能够吸引更多观众，提高用户黏性。

直播电商的高社交性、互动性和沉浸式的购物体验，迅速被用户接受和喜爱，用户对移动社交的热爱延伸到购物领域，社交和互动成为新的诉求。社交媒体在中国的高渗透率已经达到了相当高的水平，消费者在社交媒体上分享网购链接也成为常态。

（6）MCN机构的推动。MCN机构（Multi-Channel Network，多频道网络）在推动直播电商发展中扮演着至关重要的角色。它们通过一系列专业服务和资源整合，有效促进了直播电商行业的快速发展和规范化。它们通过专业的主播孵化、内容生产、供应链管理、营销推广、流量运营以及行业规范等方面的努力，为直播电商行业的快速发展作出了重要贡献。

2.直播电商的发展历程

直播电商自出现以来，一直保持着快速发展的态势。在各种扶持政策的加持下，市场规模不断壮大，在带动就业、促进消费、拉动经济增长方面发挥了重要作用。同时，国家在直播电商人才的引进及相关人才培养方面相继出台了一系列方案和政策，推动直播电商的发展再上新台阶，如图1-1所示。

图1-1　直播电商发展历程

（1）萌芽期（2016年）。这一时期，直播电商行业开始初步建立，最早开始直播带货的是蘑菇街，主要带货的商品种类是服装和美妆。淘宝直播也紧跟其后，这两个平台成为直播电商行业的先驱。虽然此时直播电商的用户基础相对薄弱，但已经展现出了其独特的吸引力和发展潜力。在这一时期，相关产业链上下游企业开始布局直播电商领域，各环节开始逐步完善，整体行业生态开始搭建。

直播电商为市场带来了全新的购物体验，也让更多的商家和消费者开始关注这一新兴领域。消费者对于更加直观、生动的购物体验的需求不断增加，这为直播电商的发展提供了市场基础。

可以说，直播电商的萌芽期是行业发展的起点，虽然规模相对较小，但为后续的快速发展奠定了坚实的基础。随着技术的不断进步和市场的不断扩大，直播电商行业逐渐迎来了更加广阔的发展前景。

（2）探索期（2017—2018年）。这一时期是直播电商产业链逐渐完善、市场模式进一步探索与发展的重要阶段。在这一时期，各大电商平台（如淘宝、京东等）纷纷推出或完善直播功能，抖音等短视频平台也开始涉足直播电商领域，上线直播功能。这些平台通过直播功能的引入，为商家和消费者提供了更加直观、互动性更强的购物新体验，直播带货逐渐深入人心。主播通过直播向观众展示商品、解答疑问，引导观众下单购买，实现了商品销售的即时转化。

探索期内，直播电商行业呈现出快速发展的态势。越来越多的商家和品牌开始尝试直播电商模式，直播带货成为电商行业的新风口。为了提升直播电商的效率和用户体验，商家和平台开始注重供应链的优化和整合。通过优化供应链，商家可以更快地响应市场需求，降低库存成本，提高销售效率。

另外，监管部门开始加强对直播电商的监管力度。通过制定相关法规和政策，规范直播电商的市场秩序，保护消费者权益。

在这一时期，直播电商行业快速发展，技术驱动创新不断推动行业进步。

（3）爆发期（2019年至今）。这一时期是直播电商产业链上下游资源全面整合的阶段，为行业的迅猛发展奠定了坚实基础。在这一时期，直播电商行业通过整合产业链上下游资源，实现了供应链的精细化和高效化。这包括与供应商、制造商、物流公司等各方建立紧密的合作关系，确保商品质量、价格优势和物流效率，从而提升了消费者的购物体验和满意度。

随着产业链的整合，各大电商平台和短视频平台纷纷加大对直播电商的投入，推动了一批知名主播和直播间的崛起。这些主播凭借专业的选品能力、生动的直播风格和高超的带货技巧，吸引了大量粉丝和消费者，成为直播电商领域的中坚力量。

这一时期直播电商行业仍在不断进行技术与模式的创新。利用大数据、人工智能等技术优化选品、智能推荐，提高了销售效率和转化率；同时，探索出"直播+短视频""直播+社群"等多元化营销模式，进一步拓宽了直播电商的边界和影响力。

市场需求的快速增长和政策环境的不断优化为直播电商的爆发式增长提供了有力支持。一方面，直播电商以其独特的优势满足了消费者在购物体验、商品品质和个性化等方面不断提升的多元化需求；另一方面，政府部门出台了一系列扶持政策，鼓励直播电商行业的规范发展和创新实践。

《2023年中国直播电商行业研究报告》显示，2023年中国直播电商成交额为4.9万亿元，增速达到35%，展现出了稳健的增长态势。由此可见：直播电商的销售额在爆发期实现了快速增长，成为电商领域的重要增长点；越来越多的消费者开始接受并习惯直播电商的购物方式，用户规模不断扩大；直播电商不仅改变了传统电商的格局，还对整个消费市场产生了深远影响，成为推动消费升级和数字经济发展的重要力量。

如今，直播电商已成为中国电商市场的重要组成部分，市场规模从最初的几十亿元迅速增长至万亿元级别，形成了抖音、快手、淘宝直播三足鼎立的竞争格局。技术的进步、供给与需求的双重驱动以及政策法规的支持，共同促进了直播电商的可持续性健康发展。未来，随着消费者需求的不断升级和行业的持续创新，直播电商将继续向着常态化、精细化运营的方向迈进，开启更加辉煌的篇章。

二、直播电商基础知识

直播与电商的融合发展，迸发出了巨大的经济效益，直播电商弥补了传统电商的不足，吸引了更多的消费者。传统电商主要依赖图文推荐商品模式，直播电商的商家和品牌方通过搭建线上直播间，引入主播进行产品的推介，实现内容生产，与用户进行实时互动交流，营造一种沉浸式、交互式和陪伴式的购物场景。在直播过程中，主播与用户、用户与用户多元主体之间的实时互动，成为直播电商模式的一大特色。

1.直播电商基本概念

（1）直播。在互联网尚未普及之前，直播已在很多大众媒体上出现，最为人所熟知的就是广播电视直播，而"直播"一词的定义最开始也是与广播电视媒体结合。《广播电视辞典》对直播的定义为"广播电视节目的后期合成、播出同时进行的播出方式"。

直播分为文字图片直播、语音直播和视频直播。广播电视时代多以语音或视频直播为主，如：交通广播实时路况播报、电视《新闻联播》直播。网络时代多以图文直播为主，如直播体育赛事、新闻现场报道。移动互联网时代，文字图片、语音和视频皆可实现直播。

（2）直播电商。直播电商，简单来说就是直播和电商相结合，通过直播营销手段开展电商活动，直播是手段，营销是目的。区别于泛娱乐直播，直播电商是一种购物方式，在法律上属于商业广告活动，主播根据具体行为还要承担"广告代言人"、"广告发布者"或"广告主"的责任。

2.直播的类型

网络直播是借助互联网或者移动互联网，以视频、音频等方式展示内容，与用户实时互动的一种网络活动。作为一种基础性工具，直播可以与很多业态相结合。根据消费者参与的目的划分，直播可以分为三种类型：一是内容直播，二是社交直播，三是商业直播。每种直播类型还可以进一步细分。

（1）内容直播。内容直播指的是以内容消费为目的的网络直播活动，主要目的在于让消费者为内容买单，具体包括娱乐直播、资讯直播、知识直播等。

（2）社交直播。社交直播指的是以满足社交需求为目的的网络直播活动，最典型的就是秀场直播。主播通过唱歌、跳舞、聊天等方式吸引用户，与用户互动，满足用户的交际需求。

（3）商业直播。商业直播指的是以拉动消费为目的的网络直播活动，常见的有带货直播、金融直播、企业直播。

直播电商属于商业直播。经过几年时间的发展，直播电商已经成为数字经济的一种主流商业模式。对于企业来说，如何接入直播电商并借此完成数字化转型，以应对新经济环境，已经成为关键的问题。直播电商归根结底还是电商，作为一种新模式，它在一定程度上也推动着整个电商行业发生改变。

3.直播电商的优势及面临的挑战

（1）直播电商的优势。

①更直观的商品展示与全面了解。通过实时视频的方式，消费者能够更直观地看到商品的真实面貌（如材质、颜色等细节）。主播通常会进行详细的展示和讲解，甚至亲自试用或试穿，帮助消费者更全面地了解商品的特点和优势。这种直观的展示方式比传统的图文描述更加生动和真实，有助于消费者作出更准确的购买决策。

②实时互动与问题解答。在直播过程中，消费者可以通过弹幕、评论等方式与主播进行实时互动。他们可以向主播提问，或者分享自己的购物心得和体验。主播会及时解答消费者提出的问题，并给出专业的建议和推荐。这种实时的互动方式不仅提高了消费者的购物体验，还增加了他们对商品的信任感和满意度。

③优惠价格与限时抢购。直播电商通常会提供比传统电商更优惠的价格和更多的促销活动。主播会与商家合作，为观众争取到更低的折扣和更多的赠品。此外，直播过程中还会设置限时抢购环节，消费者需要在规定的时间内下单才能享受优惠价格。这种优惠价格和限时抢购的方式激发了消费者的购买欲望，让他们能够以更实惠的价格购买到心仪的商品。

④购物体验与情感连接。直播电商不仅仅是一种购物方式，更是一种娱乐和社交的方式。消费者在观看直播的过程中，可以感受到主播的热情和真诚，与主播建立起情感连接。这种情感连接使得购物过程不再单调乏味，而是变得更加有趣和有意义。同时，直播电商还提供了丰富的购物体验，如虚拟试衣、VR购物等，让消费者在购物过程中享受到更多的乐趣和便利。

⑤方便快捷的购物流程。直播电商简化了购物流程，让消费者能够更快捷地完成购物。在直播过程中，消费者可以直接点击链接或扫描二维码进入购买页面，选择商品规格和数量后直接下单支付。整个购物流程简单明了，省去了传统电商中烦琐的搜索、比较和筛选过程。此外，直播电商还提供了多种支付方式和快速的物流配送服务，让消费者能够更方便地享受购物带来的乐趣和便利。

这些优势不仅提升了消费者的购物体验和满意度，还推动了电商行业的持续发展和创新。

（2）直播电商面临的挑战。直播电商作为一种新兴的购物方式，在为消费者带来诸多便利和优惠的同时，也存在一些问题及负面影响。

① 商品质量与售后问题。部分不良商家或主播为了追求利润，可能销售假冒伪劣商品。这些商品不仅质量低劣，还可能对消费者的健康和安全造成威胁。在直播过程中，由于光线、角度等因素的影响，消费者看到的商品可能与实际收到的商品存在较大差异。这种货不对板的现象让消费者感到失望和不满。部分直播电商平台的售后服务体系不完善，消费者在遇到问题时难以得到及时有效的解决，这会进一步加剧消费者对直播电商的不信任感。

② 消费者权益受损。部分主播在直播过程中可能存在虚假宣传或夸大产品功效的行为，误导消费者作出购买决策。这种行为不仅损害了消费者的知情权，还可能对消费者的财产造成损失。部分直播电商平台通过设置复杂的优惠规则、限时抢购等方式诱导消费者冲动消费。消费者在享受优惠的同时，也可能陷入价格陷阱，购买到并不真正需要的商品。

③ 消费体验与心理影响。直播电商的购物体验受到多种因素的影响，如网络状况、主播表现等。这些因素可能导致消费者购物体验不稳定。另外，部分主播在直播过程中会营造出一种抢购的氛围，让消费者产生紧迫感。当个人的消费观念、意愿或行为参考他人时，就容易出现从众消费行为，在这种心理状态下，消费者可能会作出不理智的购买决策。

④ 社会影响与资源浪费。部分直播电商活动存在过度包装、过度营销等问题，导致资源浪费和环境污染。这种现象与可持续发展的理念相悖，不利于社会的长远发展。

⑤ 人文环境失衡。直播电商的某些乱象可能削弱人与人之间的信任和尊重。直播内容良莠不齐，对大众的品位和审美也会产生不良影响。

为了消除负面影响，需要政府、平台和消费者多方共同努力。政府和相关部门应加强对直播电商行业的监管力度，制定和完善相关法律法规，规范行业秩序；主播和商家应提高自身的专业素养和道德水平，诚信经营，在直播中积极融入中华优秀传统文化元素，提升直播内容的文化内涵和审美价值；社会各界应加强对消费者的教育和引导，倡导理性消费和文明消费观念，促进直播电商行业的健康发展和社会人文环境的和谐稳定。

拓展阅读 1-1

2023 年，我国坚持监管规范和促进发展两手并重，推动网络直播平台用户体验持续提升，特色直播丰富多彩，基于互联网平台的新经济模式逐步构建。

一是用户体验持续优化。随着我国对网络直播行业的严格监管和规范化引导，网络直播平台低俗、不良内容得到有效清理，网络直播内容质量持续提升。同时，平台通过引入流媒体等技术手段，增强用户沉浸感，并提供更为精准的内容推荐算法，满足用户个性化需求，提升服务质量。

二是特色直播不断涌现。为实现差异化竞争，提升网络直播带货效率，全国各地特色直播不断涌现。如随着季节变化，网络直播行业针对用户"应季购买"的紧迫需求，推出羽绒服等应季直播典型货品。除此之外，部分主播直接在田间地头、养殖基地或加工车间进行现场直播，以"我为家乡代言"等形式，唤起观众对农村、农民的情感共鸣，为助农直播带来新亮点。

资料来源：中国互联网络信息中心. 第53次中国互联网发展状况统计报告［R］. 北京：2024.

任务二 直播平台选择

【引导案例】

东北土特产线上销售的直播平台选择（二）

一、案例背景

随着直播电商的兴起，东北地区丰富的土特产如木耳、榛子、蘑菇等也走进了直播间，出现在广大消费者面前。肖肖是东北地区一家专营土特产的商家，面对日益增长的线上销售需求，她决定通过直播平台扩大销售渠道。然而，在众多直播平台中，如何根据商品特点和平台属性选择合适的平台，成为她亟须解决的问题。

二、案例解读

1. 商品特点分析

木耳：作为健康食品，其营养价值高，适合追求健康饮食的消费者。

榛子：坚果类产品，口感香脆，适合作为零食或礼品，目标受众广泛。

蘑菇：新鲜度高，适合即时烹饪，也可作为干货保存，满足不同需求。

2. 平台属性对比

抖音/快手：用户基数大，年轻人多，适合通过短视频和直播展示产品特色，快速吸引流量。

淘宝直播：电商基础深厚，支付物流体系完善，适合直接促成交易，转化率高。

微信小程序直播：私域流量运营效果好，适合已有一定客户基础的商家进行精准营销。

肖肖综合考虑了商品特点和平台属性后，决定在抖音和淘宝直播同步开设直播间。抖音用于扩大品牌知名度和吸引新客户，通过短视频和直播展示木耳、榛子、蘑菇的种植环境、采摘过程及营养价值，增强用户信任感；而淘宝直播则侧重于转化，利用平台成熟的电商体系，实现高效交易。

三、案例总结

通过精准选择直播平台，肖肖的东北土特产线上销售取得了不俗的成绩。抖音平台的短视频和直播内容，有效提升了品牌曝光度和用户黏性；淘宝直播则直接促进了销售转化，提升了整体销售额。这一案例表明，根据商品特点和平台属性选择合适的直播平台，对于提升直播电商的销售额至关重要。

1. 商品与平台的匹配度

在选择直播平台时，需深入分析商品特性，确保平台能够充分展示商品优势，吸引目标消费者。

2.多渠道布局

单一平台可能难以满足所有需求，多平台布局有助于实现流量互补和转化提升。

3.内容创新

直播内容需不断创新，以吸引用户注意力，提升用户参与度，进而促进销售转化。

四、案例思考

（1）结合案例，你认为肖肖的选择是否合理，请说明理由。

（2）多渠道布局的优势有哪些？是否适合所有产品？

资料来源：编者自撰。

对于创业者与商家而言，精准选择适合自己的直播平台至关重要。平台的选择不仅深刻影响着品牌的曝光度与认知度，更直接影响到后续流量的有效引入、销售转化效率，以及企业长期发展的稳定性。为了选择最为契合自身的平台，创业者与商家不仅要深入调研市场，细致对比分析各大直播平台的独特优势与特色功能，还要紧密结合自身的品牌定位、产品核心特性及长远发展目标，为引领品牌迈向更广阔的市场空间奠定坚实而稳固的基础。

一、直播平台概述

1.直播平台的定义

直播平台是基于互联网和通信技术，通过固定或移动的媒介将直播信息实时传播的一种媒体平台。它最早源于20世纪90年代末的社交类视频直播间，2000年之后，游戏产业的兴起引发网络直播游戏的热潮，进而促进了平台自身的发展。直播平台具有实时互动性强、内容丰富多样、用户黏性高、主播个性鲜明、使用方便快捷的特点，极大地增强了观众的参与感和沉浸感，能够满足用户的不同需求，具有很强的用户黏性。

微课 1-2

直播平台的比较

2.常见的直播平台类型

直播平台是直播产业链中重要的组成部分，是直播内容的输入和输出渠道，每个直播平台的目标用户不一样，直播平台的类型也不一样。个人或企业在选择直播平台时应先了解直播平台的类型及其输入输出内容的特点，这样才能选出适合自己的直播平台。目前常见的直播平台根据其输入输出的主要内容进行划分，可以分为娱乐类直播平台、游戏类直播平台、电商类直播平台、短视频类直播平台、教育类直播平台、体育类直播平台六种类型，见表1-1。

表1-1   常见的直播平台类型

平台分类	典型平台	平台特征	直播类型
娱乐类直播平台	快手、抖音平台	内容比较丰富；注重精神生活	音乐、舞蹈、生活分享
游戏类直播平台	斗鱼TV、虎牙直播	专业性强、互动性高、社区氛围浓厚、商业化潜力大	游戏内容的直播

续表

平台分类	典型平台	平台特征	直播类型
电商类直播平台	抖音、快手、淘宝直播、京东直播、多多直播	较强的营销性；消费者与主播实时互动	个性化的商品推荐；商家实现精准营销
短视频类直播平台	快手、抖音、西瓜视频	短视频引流；年轻用户为主	兴趣电商+交易电商
教育类直播平台	网易云课堂、腾讯课堂、钉钉	互动性、个性化学习、课后进行回放	优质的教学资源和服务
体育类直播平台	腾讯体育、爱奇艺体育、优酷体育、咪咕视频	打破地理距离和时间的限制，观看体育赛事	现场互动；专业人员解说

（1）娱乐类直播平台。该类平台是直播行业中发展较早的平台类型，平台的直播内容比较丰富，在市场上具有很大的吸引力和竞争力。目前，具有代表性的直播平台有快手、抖音、酷狗直播等。随着人们生活水平的提高，更加注重精神生活，娱乐直播市场前景广阔。图1-2所示为某餐饮直播画面。

图1-2　某餐饮直播画面

娱乐类直播平台涵盖了丰富多样的直播内容，满足了不同观众的需求。从音乐、舞蹈等才艺展示，到游戏、搞笑等娱乐内容，再到访谈、生活、餐饮分享等更贴近生活的直播，平台上的内容应有尽有。这种多样性使得观众可以在平台上找到自己喜欢的内容，增加了平台的吸引力和用户黏性。娱乐类直播平台不仅是一个观看直播的平台，更是一个社交平台。观众可以通过关注自己喜欢的主播，与主播和其他观众进行互动，建立社交关系。这种社交属性使得观众更加深入地参与到平台中，提高了平台的黏性和用户活跃度。

娱乐类直播平台具有较大的商业化潜力。平台可以通过广告、虚拟礼物、会员等方式获得收入。同时，一些主播通过直播进行带货、打赏等商业活动，进一步增加了平台的商业价值。娱乐类直播的门槛相对较低，这种低门槛的特性让更多的人有机会参与到直播中来，为平台带来了更多的用户和活力。

（2）游戏类直播平台。游戏类直播平台是以游戏实时直播为主要内容的平台类型，主要面向游戏玩家和观众，提供高清的游戏直播体验。目前，具有代表性的游戏类直播平台有斗鱼TV、虎牙直播等。

游戏类直播平台的特点如下：

①专业性强。游戏类直播平台专注于游戏内容的直播，从热门的大型多人在线游戏到小众的独立游戏，应有尽有。这种专业性使得平台能够吸引并留住大量的游戏玩家和爱好者。图1-3为游戏直播平台示例。

图1-3 游戏直播平台

②互动性强。游戏直播不仅仅是主播的单方面展示，观众也可以通过弹幕、礼物、连麦等方式与主播进行实时互动。这种高度的互动性不仅增强了观众的参与感，也为主播提供了与粉丝建立紧密关系的机会。

③社区氛围浓厚。游戏类直播平台通常都拥有活跃的社区，玩家可以在这里分享游戏心得、交流攻略、组队游戏等。这种社区氛围有助于增强玩家的归属感和忠诚

度，也使得平台更具吸引力。

④内容多样化。虽然专注于游戏，但游戏类直播平台的内容非常多样化。除了游戏对战直播外，还包括游戏解说、游戏评测、游戏赛事直播等多种类型。这种多样化的内容满足了不同观众的需求，使得平台更具竞争力。

⑤技术要求高。游戏直播对技术的要求相对较高，包括视频编码、传输速度、延迟控制等方面。游戏类直播平台需要不断优化技术，确保观众能够享受到高清、流畅、低延迟的直播体验。

⑥商业化潜力大。随着游戏产业的不断发展，游戏类直播平台的商业化潜力也越来越大。平台可以通过广告、赞助、虚拟礼物等方式实现盈利，同时也为游戏厂商和电竞战队提供了宣传和推广的渠道。2019年底，斗鱼开启电商直播项目，于2020年3月正式上线直播带货功能——斗鱼购物，并通过头部主播在直播带货业务上进行尝试，与众多运动品牌展开合作，取得了不错的带货成绩。

⑦电竞文化推动。游戏类直播平台与电子竞技（电竞）文化紧密相连。随着电竞的兴起，越来越多的玩家和观众开始关注电竞比赛和电竞选手。游戏类直播平台成为电竞文化传播的重要渠道，也为电竞产业的发展提供了有力支持。

（3）电商类直播平台。电商类直播平台为消费者提供了更加优质、便捷的购物体验，同时为商家提供了更多的商业机会和市场价值。

电商类直播平台具有较强的营销性质，通过视频直播的形式，平台能够直观地展示商品的外观、质量和使用效果。同时允许消费者与主播进行实时互动，包括提问、评论和分享意见。这种互动性不仅增强了购物体验，还使消费者能够更好地了解产品的细节和优势。一些平台还推出了直播抽奖、答题抢红包等互动活动，进一步吸引用户参与，提高用户黏性和忠诚度。

通过数据分析，电商类直播平台能够了解用户的购物行为和偏好，提供个性化的商品推荐。主播可以根据用户的需求进行定制化的推荐，使消费者更容易找到符合自己需求的产品。这种个性化推荐不仅提高了购物效率，也提升了用户的满意度，帮助商家实现精准营销。此外，电商直播平台还可以通过数据分析和挖掘技术，为商家提供更加准确的市场分析和销售策略。商家可以根据直播过程中收集到的数据，了解消费者的购买习惯和需求，从而更好地调整销售策略。

目前，具有代表性的电商类直播平台有抖音、快手、淘宝直播、京东直播、多多直播（拼多多直播平台）等。下面简要介绍一下淘宝直播、京东直播和多多直播。

淘宝直播品牌于2016年5月正式发布，作为阿里巴巴推出的直播平台，定位于"消费类直播"，用户可边看边买，最早的用户人群主要为女性，涉及的领域包括母婴、美妆、美食、运动健康等。伴随着"淘宝直播"平台的上线，内容生产者、达人、网红店主的积极参与，"内容+电商+服务"新生态出现了前所未有的活力。

京东作为电商零售巨头早早就开启了在直播电商领域的探索，早期一直不温不火。2019年年底，京东正式开始发力直播业务，投入巨量资源扶持，在引流、营销等方面服务于有电商直播需求的商家，并推出多个计划扶持直播机构。2024年4月16日下午6点18分，刘强东以"采销东哥AI数字人"的形式在京东超市、京东家电家居采销直播间开启直播首秀，直播间总观看人次超 2 000 万，整场直播累计成交额超 5 000 万元。

2020 年 1 月 19 日，拼多多宣布多多直播正式上线。目前，多多直播正在从过去重点运营食品和服装两个品类，转向全品类扩张。

（4）短视频类直播平台。短视频是当前互联网娱乐和信息传播的重要形式，短视频平台的用户除了可以上传、发布短视频外，还可以开通直播功能。目前，具有代表性的短视频类直播平台有快手、抖音、西瓜视频等。

短视频时长短、内容集中、表现力强，契合了碎片化的观看习惯，深入渗透至大众日常生活。同时，短视频满足了个性化、视频化的表达意愿和分享需求，越来越多的用户群体拍摄/上传短视频。

短视频类直播平台利用互联网和移动设备的普及，实现了内容的快速传播和广泛覆盖。用户可以随时随地通过手机等设备观看和分享短视频内容，使得平台上的内容能够迅速传播到各个角落。同时，平台还利用智能算法对用户进行精准推荐，根据用户的兴趣和偏好推送相关内容，提高了用户的观看体验和满意度。

抖音最初是一款音乐创意短视频社交软件，用户群体以一二线城市的年轻人为主。随着平台的发展，抖音持续探索流量变现路径，2018 年"双 11"期间，抖音开通购物车分享功能后，某账号一天售出商品达 10 万件，直接转化销售额突破 2 亿元，验证了抖音的直播变现能力。

2019 年 4 月，抖音宣布引入 1 000 家直播公会，强化直播作为商业化场景的功能，从流量层面给予支持。2020 年 4 月 1 日，罗永浩联手抖音开始直播卖货，3 个多小时的直播里，他最终引导商品交易额超 1.8 亿元，累计观看人次超 4 892.2 万，使抖音直播带货触达更多不同圈层的用户群体。

抖音之所以能带动人们消费，与其本身的用户属性关系密切。在抖音平台的所有用户中，女性用户占比 66.1%，30 岁以下的年轻用户占比 93%。从购买力与转化角度来看，抖音的流量质量非常高，超高的用户活跃度及病毒式传播方式为内容电商的发展创造了极好的条件，为商家开启了一条全新的电商渠道。

抖音平台依靠创作短视频内容，聚焦用户的兴趣，推荐适合用户的新产品，培养用户的直播购物习惯，逐步转变用户对平台的认知，使用户有购物需求时就会选择在抖音上进行搜索，促进用户产生购买行为，满足用户的复购需求，与兴趣电商场景一起构建了抖音电商的全貌。抖音建立起"兴趣电商+交易电商"的模式，突出自身平台特色，提升电商直播的竞争力。图 1-4 所示为抖音直播画面。

（5）教育类直播平台。教育类直播平台作为在线教育的重要组成部分，在现代教育体系中发挥着越来越重要的作用，它能够满足不同学习者的需求，为学习者提供了更加便捷、高效、个性化的学习体验。目前，具有代表性的教育类直播平台如网易云课堂、腾讯课堂、钉钉、小鹅通等。

教育类直播平台能够突破传统教育的时空限制，实现教与学的实时连接。教师开通教学直播间后，学生只需联网即可通过任意终端（如电脑、手机、平板等）进入直播间学习，无论身处何地都能接收优质的教育资源。这种灵活性使得学习不再受地域和时间的限制，为学习者提供了极大的便利。

图1-4　抖音直播示例

教育类直播平台具有很强的互动性。学生可以在直播间内实时观看教师的演示和讲解，并通过聊天窗口向教师提问或与其他学生交流。教师则可以根据学生的反馈和需求，及时调整教学内容和进度。这种即时交流不仅增强了学习的针对性和效果，也提高了学生的学习兴趣和参与度。

教育类直播平台可以融合多种内容形式进行教学，如文字、图片、音频、视频等。这种多样化的内容形式使得教学过程更加生动有趣，有助于吸引学生的注意力，提高学习效果。同时，教师也可以根据课程特点和学生需求，灵活选择适合的内容进行教学。教育类直播平台通常具备个性化学习的功能。平台可以根据学生的学习行为、兴趣偏好等数据进行分析，为学生提供个性化的学习推荐和反馈。这种个性化学习有助于满足不同学生的差异化需求，提高学习的针对性和效率。

教育直播可以录制下来，学生可以在课后进行回放。这种记录和回放功能不仅方便了学生复习和巩固知识，也使得错过直播的学生随时补课。同时，教师也可以通过回放功能对自己的教学过程进行反思和改进。教育类直播平台仍处于发展阶段，其教学质量参差不齐，一些平台上的教师教学水平较高，能够提供优质的教学资源和服务，而一些平台则可能存在教学质量不高、课程内容单一等问题，因此在选择教育类直播平台时，需要仔细比较和评估不同平台的教学质量和服务水平。图1-5所示为钉钉直播课画面。

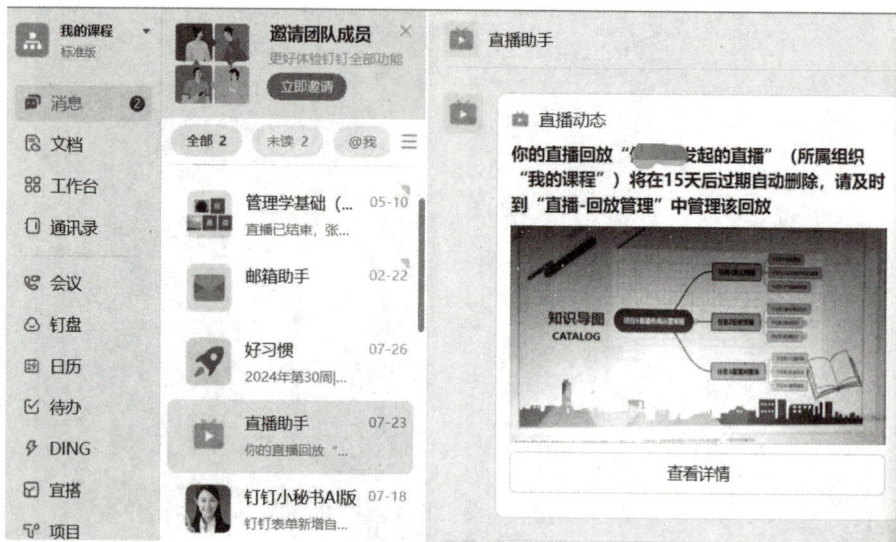

图1-5　钉钉直播课

（6）体育类直播平台。国家对体育产业的扶持力度不断加大，出台了一系列政策措施推动体育产业的发展。这些政策为体育直播行业提供了良好的发展环境。体育类直播平台市场呈现出多强竞争的格局。腾讯体育、爱奇艺体育、优酷体育等头部视频平台各自拥有自己购买的独家版权，吸引着相对固定的受众群体。这种竞争格局使得市场集中度相对较低，每个平台都在努力通过独特的赛事内容和运营策略吸引用户。

除了传统的视频平台外，新兴的直播平台如咪咕视频、抖音等也在体育直播领域崭露头角。抖音凭借其庞大的用户基础和强大的内容生态，已经成为体育直播的重要力量。

随着体育类直播平台的兴起，观众的观赛习惯发生了显著变化。以往因地理距离和时间安排的限制，观众观看体育赛事的机会有限，而现在依托自媒体与短视频平台，观众能随时通过移动设备观看比赛，降低了观赛门槛。观众在观看比赛的同时，越来越注重与其他观众进行互动。因此，体育类直播平台纷纷增加互动功能，如比分竞猜、社区论坛、聊天交友等，来满足观众的互动需求。图1-6所示为体育赛事直播画面。

图1-6　体育赛事直播

二、精准选择技巧

在直播电商的浪潮中，选择合适的直播平台是通往成功之路的第一步，也是至关重要的一步。它不仅决定了你的品牌能否精准触达目标受众，还直接影响到你的销售转化效率和市场竞争力。因此，掌握直播平台的选择技巧，对于每一位想要在直播电商领域大展拳脚的创业者或商家而言，都是至关重要的。以下要素，需要重点关注。

1.自身需求

选择直播平台时明确自身需求至关重要，因为这将直接影响你选择哪个平台以及如何使用该平台。为此，需要确定希望通过直播实现什么目标。例如，目标可以是增加品牌曝光度、提高商品销售量、增强用户黏性等。教育类直播、知识分享类直播的主要目标是传递有价值的信息、技能或知识，帮助观众学习新知识、提升技能或解决问题。另外，需要明确，直播也是品牌之间、主播之间以及品牌与主播之间进行跨界合作、资源整合的有效渠道，通过联合直播，可以扩大受众范围，共享资源，实现互利共赢。直播需求和目标多种多样，需要根据实际情况灵活设定和调整。

2.用户规模

在选择直播平台时应考量平台的用户规模。平台的用户规模越大，可能获得的流量也就越大。用户规模足够大可以为个人或企业直播业务的后续发展提供保障。

直播平台需要提供丰富多样的直播内容和互动方式，满足目标受众的多样化需求，以吸引更多用户并提升用户黏性。同时，直播平台还需要关注目标受众的变化趋势，及时调整和优化直播策略，以适应不断变化的市场。

以淘宝直播为例，淘宝直播飞速发展的一个重要原因在于核心用户的数量不断攀升。核心用户贡献了淘宝直播超过80%的观看时长、超过60%的成交量，是平台最可靠的消费群体。不仅如此，核心用户更是将淘宝直播作为主要的消费渠道之一，逐渐对淘宝直播产生依赖，其中重度消费用户的数量和比重持续上升。

3.用户画像

在选择直播平台时需要分析平台的用户画像，了解目标观众群体，包括他们的年龄、兴趣、地域等特征。这有助于提高直播的吸引力和互动性。主要目标受众群体包括：

（1）游戏爱好者。游戏爱好者热衷于游戏，喜欢观看游戏直播，喜欢观看游戏操作技巧，了解游戏最新资讯，参与游戏讨论和互动。他们通过弹幕、评论、打赏等方式与主播互动，甚至参与到游戏中，如"云游戏"功能。

（2）电商消费者。其显著特点是有购物需求，关注商品信息和优惠活动，希望通过直播了解商品详情，获取优惠信息，实时咨询并购买商品。他们通过直播中的商品介绍、使用演示、优惠活动等方式与主播互动，参与抽奖、领券等活动。

（3）学习者。其特点是有学习欲望和需求，特别关注教育、知识分享类直播，渴望通过直播开阔视野、学习新知识、提升技能或解决学习中的问题。他们通过提问、参与投票、与主播或同学交流等方式参与互动，提升学习效果。

（4）娱乐休闲者。其特点是追求休闲娱乐，喜欢观看才艺展示、聊天互动、日常生活等直播内容，通过观看直播放松心情，享受娱乐氛围，参与互动娱乐。他们通过弹幕、点赞、打赏等方式与主播互动，参与直播间内的娱乐活动。

4.入驻门槛

不同的直播平台，其入驻门槛不同。例如，娱乐类直播平台的入驻门槛较低，一般面向所有用户；游戏类直播平台和教育类直播平台则需要入驻的个人或企业具备相应的专业技能。在三大直播平台中，淘宝、抖音、快手的直播入驻门槛都较低。

快手与抖音对服务商、主播资质和团队规模均作出明确要求。快手在GMV（商品交易总额）以及成功案例方面的准入门槛相对较低，但是对服务商的权益激励门槛更为严格，相应返点力度也更大。抖音则对新商家的增长及老商家的GMV增长设置较低的门槛，侧重于覆盖更多的服务商。

抖音对于内容的要求较高，即使是商业直播，也不是单纯卖货，而是强调内容设计感和品牌创意性。设立这个门槛对于需要覆盖多线用户、打造品牌认知的商品来说，有利于形成口碑效应。目前，抖音通过阶段性的耕耘在直播领域形成了人群丰富、内容风格多样的直播生态。

5.平台属性

简单来讲，平台属性就是平台对外呈现出的最主要、最独特的风格。下面以抖音和快手为例进行说明。

抖音的大众娱乐属性强，呈现"都市化"生态，抖音直播的消费路径是用户看到一个喜欢的内容后产生购物需求。抖音直播具有互动性强、粉丝黏性高、营销数据可视化、内容原创等优势，吸引了不少自媒体和企业。作为内容平台，抖音注重为用户打造沉浸式体验场景，依据用户偏好和浏览习惯将内容和用户进行匹配，对优质内容的扶持力度较大。

与抖音相比，快手更注重下沉市场，流量均匀分发，电商化属性明显，呈现"平民化"生态特征。快手于2016年年初上线直播功能，当时主要作为附属功能。2018年年底快手牵手电商，开始向直播领域发展。快手直播的主要用户集中在三线及以下城市和乡镇，商品价格较低，加上下沉市场的用户黏性极高，销售转化率提升很显著。避开一二线城市的"红海"，在三线及以下城市开辟"蓝海"，让快手直播的营销力发挥到最大。

不同的平台调性，决定了相同的内容在这两个平台投放时会产生不同的效果。

6.流量获取方式

目前，直播平台主要有两种流量获取方式，一种是从公域流量中获取，另一种则倾向于从私域流量中获取。仍以抖音、快手平台为例进行说明。快手基于信任关系普惠分发，抖音强调算法主打进行兴趣推荐。快手与抖音的核心差异来自底层驱动逻辑：快手重视私域流量与信任关系的转化，强调真实普惠的流量分发原则；抖音更重视优质内容与用户兴趣标签的匹配。强调关系链的快手一方面让头部主播流量更集中固定，另一方面通过更均衡的分发算法让腰尾部主播与内容获得更公平的曝光机会。抖音主播或企业号的集中度更低，流量分配不设限，但是需要持续输出优质内容以获得用户持续关注。虽然快手与抖音将品牌商作为重点发展对象，但快手公平普惠的流量分发原则更有利于中小品牌与白牌的发展，而抖音更强调品牌自播的发展目标。

　　总体来看，在选择直播平台时，需要细致入微地分析每个平台的独特之处，能够根据产品策略规划未来的发展方向。电商类直播平台因具有电商优势，所以更适合平台上已入驻的商家。从流量获取方式来看，主要从公域流量中获取流量的平台更有利于新手主播的快速成长，前提是主播能够持续输出优质的内容；主要从私域流量中获取流量的平台更适合已拥有大量粉丝的主播。对于规模大、资源丰富的企业而言，可以选择多个直播平台，根据不同直播平台的用户画像与平台属性，有针对性地在平台上投放适合的内容。

三、账号矩阵规划

　　账号矩阵规划是直播运营中极为重要的一环。单个账号单位时间内获得的流量是有限的，而在同一个平台内构建账号矩阵可以实现内容运营的差异化，满足粉丝的不同需求，实现精准吸粉。同时，在多个账号之间互通引流，还可以增强各矩阵账号的影响力，使个人或企业品牌获得更多的曝光，实现个人或企业品牌推广范围和营销效果的最大化。账号矩阵对品牌来说是一个较好的增量。

　　通常，直播账号矩阵规划可以通过以下途径来实现。

1.团队矩阵

　　根据个人或企业的团队组成人员中不同的个人形象建立不同的账号，输出不同的内容，构建账号矩阵。团队矩阵是指一个团队中的所有成员都参与到主账号的建设中，通过各自的专业能力和内容创作，共同打造一个或多个具有影响力的直播账号。这是一种通过团队成员间的协同合作，共同推动主账号及关联账号成长的策略。当主账号的粉丝量达到一定规模后，团队可能会裂变出其他成员的个人账号或专业领域账号，形成更广泛的账号矩阵。一个账号可以通过评论区的相互点赞、评论及文案来关联其他账号。

　　主账号通常是团队的核心账号，拥有较高的粉丝基数和影响力，是团队矩阵的基石。主账号负责发布团队的核心内容，吸引和留住粉丝。成员账号由团队成员个人开设，与主账号形成互补或关联。成员账号可以专注于特定领域的内容创作，如视频剪辑账号、摄影师账号、值得买账号等，为主账号提供多样化的内容支持。

　　团队成员之间通过内容协同创作，共同提升账号的活跃度和影响力。例如，主账号发布核心视频后，成员账号可以发布相关的幕后花絮、教程或评测等内容，形成内容上的互补和联动。

　　团队成员之间通过互相推荐、@提示等方式，实现流量的共享和引流。主账号可以利用其庞大的粉丝基数为成员账号导流，而成员账号则可以通过优质内容吸引新粉丝，并引导其关注主账号。团队矩阵有助于塑造统一的品牌形象和价值观。通过团队成员之间的共同努力和协作，可以强化品牌影响力，提升品牌知名度和美誉度。

综合　商品　**用户**　店铺　视频　直...

芒果房产经纪人...
粉丝：1027　　　**关注**

芒果房产
粉丝：588　　　**关注**

芒果房产
粉丝：337　　　**关注**
抖音号：

芒果房产
粉丝：367　　　**关注**
抖音号：

芒果房产
粉丝：2679　　　**关注**

芒果房产中介者
粉丝：56　　　**关注**
抖音号：

芒果地产
粉丝：1664　　　**关注**

图1-7　芒果房产团队矩阵

多个账号共同运营，可以扩大内容的传播范围，增加品牌的曝光度；能够分散风险，避免单一账号因违规或其他原因导致的流量损失，确保团队的可持续发展。团队成员各司其职，专注于特定领域的内容创作，有助于提升整体内容的专业性和质量。但是，多个账号共同运营会导致管理难度增大，团队成员之间需要保持紧密的沟通和协作，以确保内容的一致性和互补性。图1-7所示为芒果房产相关的团队矩阵示例。

2.产品线矩阵

产品线账号矩阵是指基于产品线的差异性和目标消费群体的不同，品牌或商家在直播平台上建立多个直播账号，每个账号负责推广不同类别的商品。不同产品线构建账号矩阵可以实现个人或企业对用户的精准分流导入。

这种策略有助于更精准地触达目标消费者，提升直播效果和转化率。通过细分产品线，每个账号能够更精准地定位到对该类商品感兴趣的消费者，专业化的内容输出和精准的用户触达，对于提高直播间的转化率非常有帮助。同时，多个账号覆盖更广泛的目标消费群体，提升了品牌的市场占有率。

产品线矩阵规划要注意产品线清晰，避免交叉重复；要根据产品线定位明确目标用户群体，制定有针对性的直播内容和策略；不同账号之间的直播内容要有所区别，以满足不同用户的差异化需求。

产品线矩阵构建前期要进行市场调研，深入了解目标市场，明确各产品的市场需求和竞争状况，再根据市场调研结果，规划每个账号的产品和定位，以此为基础组建专业的直播团队，包括主播、运营、客服等人员。根据账号定位和目标用户，设计直播内容和活动计划，进行日常直播和推广活动，定期分析各账号的直播数据，评估效果并优化策略。

产品线丰富的企业可以基于产品线快速搭建账号矩阵，以精准的账号定位将粉丝引入不同的直播间，满足不同粉丝的购买需求。例如，美的基于不同的商品线搭建了由美的官方旗舰店、美的空调旗舰店、美的小家电旗舰店、美的冰箱旗舰店、美的生活电器旗舰店等构成的账号矩阵。图1-8所示为美的产品矩阵示例。

3.地域矩阵

很多企业在线下都拥有数量众多的实体店，基于这些线下门店，企业也可以构建账号矩阵。地域矩阵在直播账号规划中是一种针对特定地域或地区进行精准布局的策略。这种策略旨在通过深入了解并满足不同地区受众的需求、文化和偏好，来提升品牌或个人在该地区的影响力、知名度和市场份额，实现品牌在目标地域的深入渗透和快速发展。

地域矩阵的首要任务是明确目标地域。根据产品或服务的特性，以及市场调研的结果，选择最具有潜力和价值的地域进行布局。

在地域矩阵中，内容的本地化是至关重要的一环。这意味着直播内容需要紧密贴合目标地域的文化、风俗、习惯以及受众的偏好。通过方言、地方特色元素、当地热点话题等方式，让直播内容更加接地气，更容易引起当地受众的共鸣和关注。

除了内容的本地化，主播和团队的本地化也是地域矩阵的重要组成部分。选择或培养具有当地背景，了解当地文化和市场的主播，可以更有效地与受众建立联系和信任。通过深入了解当地受众的需求和痛点，提供个性化的产品和服务，以提升用户满意度和忠诚度。同时，本地化的团队也能更快地适应市场变化，调整策略以适应不同地域的需求。图1-9所示为哈佛SUV地域矩阵示例。

图1-8　美的产品矩阵　　　　图1-9　哈佛SUV地域矩阵

选择适合自身业务发展的直播平台，这一过程不仅是技术层面的考量，更是对市场趋势、目标受众、品牌定位以及平台特性等多方面因素的综合评估。随着直播电商行业的发展进入下半场，平台间的竞争日益激烈，每个平台都在努力构建自己独特的生态系统和竞争优势。

最终，选择直播平台应是一场双赢的决策。它既要能够助力商家精准触达目标客户，提升品牌影响力和销售转化率，也要确保平台能够与商家共同成长，共同探索直播电商的新模式、新方向，实现双方的长期合作与共生。

拓展阅读1-2　　按下农村电商发展"快进键"

　　鲜为人知的土特产，触网走出大山；农民自己当主播，带火"网红"农货。发展农村电商，是建设农村现代流通体系的重要举措，有利于促进农产品产销对接、优质优价，推动农业转型升级、提质增效，拓宽农民增收渠道。

乡村全面振兴，电商大有可为。习近平总书记强调："要积极发展农村电子商务和快递业务，拓宽农产品销售渠道，增加农民收入。"今年中央一号文件提出，实施农村电商高质量发展工程，推进县域电商直播基地建设，发展乡村土特产网络销售。前不久，商务部、农业农村部等9部门联合印发《关于推动农村电商高质量发展的实施意见》，引导农村电商实现数字化转型升级。

近年来，我国农村电商发展如火如荼，已成为推动乡村产业发展的重要引擎。

农村电商高质量发展，需要网络基础设施提供有力支撑。当前，我国农村电商发展并不均衡，东中西部之间、城乡之间数字鸿沟客观存在。第53次《中国互联网络发展状况统计报告》显示，截至2023年12月，农村地区互联网普及率为66.5%。着眼未来，应着力缩小城乡差距，不断丰富各类应用场景，推动农村地区互联网普及率稳步增长，促进农村数字基础设施建设取得新成效、数字经济实现新突破、数字惠民服务满足农民新期待。

应打通堵点，提升农产品流通效率。发展农村电商，不等于把农产品"搬"到网上，更重要的是赋能产业升级，带动农产品标准化建设，提升产业附加值。一些地方通过完善生产、流通和销售全流程农产品数字化供应链，为乡村产业振兴注入新动能。因此，必须建立健全适应农产品网络销售的供应链体系、运营服务体系和支撑保障体系，搭建起"工业品下乡"与"农产品出村进城"双向流通渠道。同时，还应完善农村电商支撑服务体系，发展农产品产后分级、包装、营销和冷链仓储物流等，推进电商服务网点覆盖到村，解决"最先一公里"和"最后一公里"难题。

人才是关键。手握手机新农具、干起直播新农活，一大批新农人的涌现，为农村电商发展注入了活力。农村电商已成为创业就业大舞台，让更多农民掌握电商这项新技能是当务之急。有报告显示，"农产品上行"电商人才缺口明显。下一步，要加快培育多元化新型农村电商主体，培育农村电商供应链服务企业，培育农村电商带头人；加强对返乡农民工、退役军人等的电商技能培训，引入外部师资支持，定期到乡村指导和教学；强化培训、实习、创业就业衔接，优化吸引电商人才的软硬件环境。

农村电商发展潜力巨大、前景广阔。把农村电商作为统筹推进智慧农业和数字乡村建设的重点工作来抓，助力农村电商与乡村产业深度融合发展，必能为推进乡村全面振兴、加快建设农业强国注入澎湃动能。

资料来源：常钦. 按下农村电商发展"快进键"［N］. 人民日报，2024-04-08（5）.

━ 素养提升 ━▶

监管规范行业发展，直播带货走向健康未来

近日，中国新电商大会在长春举办。会上公布了"优质主播培育工程"首批优质直播间（主播）名单，其中99个营销类优质直播间（主播）中，52个来自抖音电商平台，其他47个分别来源于快手、小红书、京东等电商平台。在网络主播正规化、职业化成为行业趋势的背景下，优质直播间（主播）是推动行业向新向好发展的重要力量。

1. "直播+电商"迅猛发展 立规矩为直播带货"纠偏"

作为基于电商发展而来的新型网络购物形式，直播带货经过近些年来的迅速发展，在社会生活中发挥着越来越重要的作用。对于很多消费者来说，在直播间下单购买商品，方便又实惠。

近几年，"直播+电商"模式，从"草莽时期"迅猛发展，逐渐进入规范时期的稳定向上。直播带货出现初期，由主播引发的舆论热点未曾间断，从知名带货主播薇娅因偷逃税款被罚13.41亿元引发全国范围关注，"口红一哥"李佳琦因"眉笔风暴"到"二选一"的选品逻辑"绑架"商家风波引发众多网友与商家不满，无不挑动着公众的情绪。这些现象在某种程度上反映了直播电商市场发展仍需要监管来约束。为了规范网络直播行业发展，国家及地方相继出台了《互联网直播服务管理规定》《关于进一步规范网络直播营利行为促进行业健康发展的意见》《网络主播行为规范》等系列政策法规，为规范网络直播提供有力的"武器"。今年中央网信办在全国范围内部署开展"清朗·网络直播领域虚假和低俗乱象整治"专项行动，其中就包括整治编造虚假场景人设、无底线带货营销、"伪科普""伪知识"混淆视听等乱象。

欲知平直，则必准绳；欲知方圆，则必规矩。建立超千万网络主播的行业规范刻不容缓，这有利于为直播带货乱象"纠偏"，促进直播电商规范健康发展。据《中国网络视听发展研究报告（2024）》显示，截至2023年12月，短视频账号总数达15.5亿个，职业网络主播数量已达1 508万人；在这样大体量的基础上，今年7月31日，人力资源和社会保障部会同国家市场监督管理总局、国家统计局正式增设"网络主播"为国家新职业。

2. 倡导"真实可信"平台加强创作者内容扶植

一个优秀的带货主播需要具备优秀的选品能力、敏锐的消费市场洞察、良好的沟通能力和真诚的服务态度，应时刻关注市场动态和消费者反馈。换句话说，用好产品、好服务来满足消费者的购物需求。

好内容是连接用户和商品的桥梁。随着内容电商的发展，抖音、快手、B站、小红书等平台上涌现出万千内容主播。通过优质内容激发消费。在内容治理方面，抖音电商强调"真实可信"才是最佳带货技巧。

3. 职业化建设 让灵活就业既有序又可持续

网络主播正规化、职业化正在成为行业趋势，对于带动灵活就业也发挥着积极作用。中国人民大学新闻学院副教授董晨宇表示，平台创作者群体日益职业化，创作者经济的专业化和精细化程度也在不断深化。精益管理的趋势之下，创作者团队的职业细分化程度不断提升，有效带动了行业就业。《中国网络表演（直播与短视频）行业发展报告（2023—2024）》显示，2023年我国网络表演（直播）行业市场营收规模达2 095亿元。由此可见直播带货行业发展的重要性。网络主播、网络视频内容生产行业是中国市场营销、零售业、文化创意产业中不可或缺的有生力量。如何培育、规范并用好这些"网生"力量，还需各方共同努力。

资料来源：周靖杰. 监管规范行业发展，直播带货走向健康未来［EB/OL］.［2024-10-20］. http://www.news.cn/20241011/40802435bc79480bbad6571300d2b1ac/c.html.

➡ 基础训练 ➡

一、单项选择题

1.直播电商的核心优势之一是（   ）。

A.延时性强，适合慢节奏消费　　　　　B.互动性强，能够即时反馈消费者需求

C.成本高，但利润空间大　　　　　　　D.商品展示不直观，依赖文字描述

2.随着互联网的发展，尤其是（   ）的发展，直播的概念已经有了新的延伸，越来越多的基于互联网的直播形式开始出现。

A.市场多样化　　　　　　　　　　　　B.企业产品

C.智能手机的普及和 4G/5G 网络　　　D.人们观念

3.直播电商萌芽期最初在国内出现于（   ）。

A.2016 年　　　　　B.2017 年　　　　　C.2018 年　　　　　D.2019 年

4.直播平台作为商品展示与销售的重要载体，（   ）概括了直播平台的核心特点。

A.高互动性，实时反馈，促进即时购买决策

B.商品种类有限，以特定品牌或品类为主

C.依赖图文描述，缺乏直观展示

D.无法与消费者建立直接联系，沟通效率低

5.短视频作为电商推广与营销中的重要形式，（   ）描述了短视频的核心特点。

A.内容冗长，适合深度解读　　　　　　B.高度精炼，快速吸引注意力

C.互动性差，难以引发用户参与　　　　D.制作成本高，技术要求严格

二、多项选择题

1.直播电商成功的关键因素有（   ）。

A.高质量的商品与服务　　　　　　　　B.主播的专业素养与亲和力

C.精准的目标市场定位　　　　　　　　D.持续的营销投入与活动策划

2.以下（   ）选项属于目前直播电商亟待解决的问题。

A.商品质量与售后问题　　　　　　　　B.消费者权益受损

C.消费体验与心理影响　　　　　　　　D.社会影响与资源浪费

3.直播账号矩阵规划可以通过（   ）途径实现。

A.团队矩阵　　　　B.产品线矩阵　　　　C.地域矩阵　　　　D.品牌矩阵

4.选择合适的直播平台需要考虑的相关因素包括（   ）。

A.明确自身需求　　　B.平台用户规模　　　C.用户画像　　　D.平台属性

5.使用教育类直播平台开展教学的特点包括（   ）。

A.多样化的内容形式　　　　　　　　　B.个性化的学习功能

C.课后进行回放　　　　　　　　　　　D.突破传统教育的时空限制

三、判断题

1.在直播电商中，主播并不是帮品牌商卖商品，而是帮用户买商品。（   ）

2.所有商品都适合通过直播电商进行销售。（   ）

3.直播电商相比传统电商，最大的不同在于其不具备即时互动性。（   ）

4.直播电商的发展经历了起步期、停滞期、探索期几个阶段。（   ）

5.不同产品线构建账号矩阵可以实现个人或企业对用户的精准分流导入。（　　）

四、思考题

1.简述直播电商的产生背景及兴起原因。

2.简述直播有哪些类型。

3.直播电商有哪些优势？

➡ 项目实训 ➡

一、实训目标

1.理解直播电商平台的核心特点。

2.掌握直播电商平台的属性。

3.掌握选择平台的技巧。

二、实训内容

1.对直播平台属性进行分析。

2.通过直播电商平台属性分析，选出典型平台。

3.分析不同直播平台差异，填入表1-2。

表1-2 　　　　　　　　　　　　　**直播平台分析选择**

直播平台分类	典型平台	属性特点	选择理由
娱乐类直播平台			
游戏类直播平台			
电商类直播平台			
教育类直播平台			
体育类直播平台			

三、实训要求

综合分析各平台特点，结合需求灵活选择合适的平台；通过观看商品直播，尝试进行简单统计，记录并总结发言。

1.分析并选择适合自己的直播平台。收集整理资料信息，对平台类型、代表性平台及平台属性特点进行分析，结合自身兴趣爱好，模拟电商创业，阐述选择平台的理由。

2.在淘宝、京东、拼多多、抖音、快手、小红书、B站等手机App上，任选3个平台，观看商品直播，统计不同时间段直播间人数，不同时间段10分钟内的购买量，记录并总结规律。选择一个适合自己的直播平台，并在平台上开通直播功能，每月做总结发言。

项目二　直播流程设计与脚本策划

　　直播电商发展潜力巨大，然而做好直播电商并不是一件轻而易举的事。现在是内容营销时代，好的内容是营销的灵魂，只有创作出的内容更契合用户的需求，才能赢得用户的支持与认可。因此，直播运营者要能够进行内容与活动的策划，熟悉直播的基本流程、控场策略，并掌握一定的技巧，这样才能使直播获得事半功倍的效果。

　　一场成功的直播活动离不开精心的策划与执行，而直播脚本是这场活动的灵魂，它确保了内容的连贯性、互动性及观赏性。本项目旨在引导学生深入了解直播运营团队的组建、直播脚本的设计与整体流程规划，为打造高效、吸引人的直播活动奠定坚实基础。

学习目标

　　知识目标：
　　◇ 熟悉直播运营团队的组建方法；
　　◇ 了解团队成员的工作内容及职业要求；
　　◇ 理解直播脚本的含义和作用；
　　◇ 掌握直播脚本的设计方法；
　　◇ 熟悉直播的整体流程规划和设计方法。
　　能力目标：
　　◇ 掌握策划编辑直播预热文案、制作发布预热短视频的能力；
　　◇ 具备设计完善直播脚本的能力；
　　◇ 掌握直播商品讲解流程、直播脚本设计和直播控场的能力；
　　◇ 具备参与各大直播平台促销活动和特色主题活动策划的能力。
　　素养目标：
　　◇ 贯彻新发展理念，推进直播营销行业高质量发展；
　　◇ 增强遵纪守法意识，规范直播营销文案创作，营造清朗直播环境；
　　◇ 提高理论修养，提升直播营销文案的文化内涵和社会价值。

项目导图

```
项目二　直播流程设计与脚本策划
  ├─ 任务一　直播流程设计
  │    ├─ 明确目标——为何而做
  │    ├─ 选择主播——由谁来做
  │    ├─ 制订方案——如何去做
  │    └─ 直播预热——关键辅助
  └─ 任务二　直播脚本策划
       ├─ 整场布局设计
       └─ 设计单品直播脚本
```

任务一　直播流程设计

一个完善的直播流程不仅能够确保直播活动的顺利进行，提升观众的观看体验，还能有效提升品牌形象。通过精心设计的流程，我们可以更好地控制直播节奏，确保内容的连贯性和吸引力，更好地管理资源，提高团队协作效率，为直播活动的成功奠定坚实基础。

【引导案例】

家居用品促销活动直播策划

一、案例背景

在直播电商领域，直播策划是取得成功的关键步骤之一。一家名为"优品商城"的电商公司计划在国庆假期举办一场大型家居用品直播活动。我们将研究他们的直播策划过程，包括前期策划、商品策划、推广策划、活动策划和内容策划，见表2-1。

表2-1　　　　　　　　　国庆促销直播策划方案（简要版）

活动信息	直播主题	迎国庆大嗨购		直播平台	淘宝
	直播日期	2023-10-01	星期日19：00-23：00	直播地点	公司大型直播间
	主播姓名	王×丽、赵×倩		目标销售额	100万元
商品策划	商品品类	厨房用具、居家装饰品、小家电			
	直播间商品规划	9.9元秒杀款、打折款、满赠款、满减款			
	商品款式数量	30款			
推广策划	新媒体推广渠道	抖音、微博、微信公众号、微信朋友圈、淘宝逛逛、官网			
	合作推广渠道	社交媒体大V			
互动策划	互动环节	问答、投票			
	感恩回馈环节	抽奖、限量秒杀			
内容策划	暖场环节	抽奖、互动			
	销售环节	产品讲解展示、现场使用、销售促进话术			
	分享环节	邀请嘉宾互动聊天			

二、案例解读

1.活动信息

在直播开始前，优品商城的直播团队进行了详细的前期策划，包括确定直播主题、直播日期、直播时间和地点、直播平台、主播以及直播目标销售额，这确保他们在直播中能够有清晰的直播方向。

2.商品策划

他们精心挑选了一系列厨房用具、居家装饰品和小家电，并与品牌合作提供独家优惠。在直播中，需要详细介绍每款产品的特点、使用方法和优势，以激发观众的兴趣和购买欲望。

3.推广策划

为了扩大观众群体，优品商城在各社交媒体包括抖音、微博、微信等渠道进行广告宣传。同时邀请了一些社交媒体大V宣传活动，并提供了优惠码以吸引新观众。

4.互动策划

在直播过程中，优品商城策划了一系列互动活动，如问答环节、抽奖和互动投票。这些活动可增加观众参与感，让他们更积极地参与直播。

5.内容策划

团队需要制订一个详细的内容计划，包括产品展示、家居装饰技巧分享、嘉宾专访等，确保直播内容流畅、有趣，并符合直播主题，让观众保持关注。

这个案例突出了直播策划的重要性和全面性。前期策划确保了直播的针对性和目标导向，商品策划和推广策划帮助吸引观众并提高销售业绩，活动策划和内容策划增加了观众互动性和参与感。所有这些要素相互协作，共同确保直播活动取得成功。

三、案例总结

直播策划是直播电商成功的基础。充分准备和全面策划可确保直播顺利进行，吸引了更多观众，并提高销售效果。成功的直播策划不仅仅是一场直播，更是一场完美的演出，它能够建立品牌形象，吸引观众并促进销售，为公司的长远发展奠定坚实的基础。在竞争激烈的市场中，通过综合性的策划，公司可以与观众建立更紧密的连接，不断扩大影响力，取得更大的商业成功。因此，直播策划应被视为直播电商运营中不可或缺的步骤。

四、案例思考

（1）直播策划在直播电商中的作用是什么？为什么它如此重要？

（2）前期策划包括哪些方面，为什么在直播前进行充分准备很关键？

（3）商品策划如何确保直播中的产品满足观众需求？

（4）推广策划如何扩大观众群体，并引导他们参与直播？

资料来源：编者根据厦门网中网直播销售教学平台（http：//ec.sy.netinnet.cn/ecls/#/home）案例改编。

在整场直播活动中，消费者直接面对、互动交流、沟通反馈的对象一直是主播。因此，很多消费者可能会认为所谓"直播"，就是主播从开始直播到结束直播的整个过程。其实不然，完整的直播活动往往涉及明确直播目标、优化主播选择、制订直播方案、做好直播宣传规划、实时跟进直播活动和直播复盘等流程。消费者的直观感受部分，其实质是其他各个藏身幕后的流程高效运转、有序配合的具象输出。

　　直播规划可以分为直播前规划、直播中规划和直播后规划三个部分（如图2-1所示）。直播前规划的主要任务可以细分为设计整体思路和筹备直播，直播中规划的主要任务是直播执行，直播后规划的主要任务可以细分为做好二次传播和进行复盘总结。

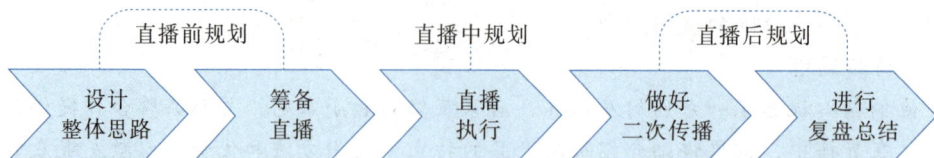

图2-1　直播规划

一、明确目标——为何而做

　　明确直播目标有助于个人或企业有目的、有针对性地策划与开展直播活动。明确直播目标需要将目标具体化，考虑目标的可行性和可操作性，这就需要个人或企业在确定直播目标时，首先要对直播商品与目标消费者进行分析，进行目标量化，明确完成时限。

　　在进行直播前，企业一定要明确直播的目的，是单纯营销还是提升知名度？如果企业只是想提高产品销量，就将直播主题定为卖货的方向，吸引观众购买产品；如果企业是想通过直播提升企业知名度和品牌影响力，就将直播主题定为有效提升目标用户对品牌的认可度，使其对品牌产生更深刻的印象。按照直播的目的，通常将直播营销大致分为短期营销、持久性营销和为提升知名度而进行的营销三种类型，如图2-2所示。

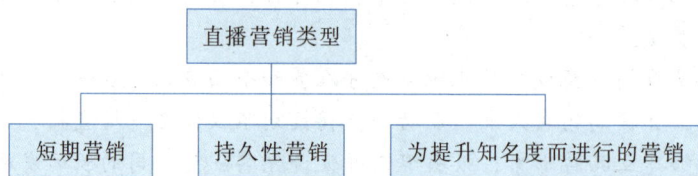

图2-2　直播营销类型

1.直播商品分析

　　主播在选品时要综合考虑多方因素，做好商品结构规划，制定合理的价格策略。

　　（1）选品。选品是直播营销中的重要环节。主播或直播团队在直播前需要找商品，联系供应商，选商品，与商家谈价格等，做好前期选品工作才能保障商品正常上架，优惠信息真实准确。主播选品时要做到心中有数，不能盲目乱选，选品时要综合考虑以下要素。

　　①价格。商品价格不仅影响到观众是否会下单，也会影响到整场直播的收益。主播要清楚什么价位的商品更容易获得目标用户的喜爱，更容易被接受。除价格外，主播还要考虑佣金，对于相同价位区间的类似商品，要优先选择佣金高的产品。

　　②性价比。无论在哪个直播平台上，一般高性价比的商品比低客单价的商品更受观众欢迎，而且更具定价优势和利润空间。高质低价会大大增强观众的购买欲望。

　　③与用户需求的匹配度。直播带货的核心是为了满足用户的需求，如果选择的商品是用户完全不感兴趣的、不需要的，即使客单价再低，转化率也不会高。

④与主播人设契合。尽量选择与主播人设契合、符合账号属性的垂直商品。

⑤复购率。选择复购率高、受众广、高消耗的商品有利于用户的二次转化，用户购买后在短时间内会产生再次购买的想法，如洗衣液、卫生纸这类日常家居商品。

⑥应季性。季节性商品，如端午节的粽子，中秋节的月饼，夏天的风扇、短袖服装、防晒霜及冬天的暖宝宝、帽子、围巾等。此类商品属于用户的刚性需求，一般只有在特定的季节才会大幅度增加销量。主播在选择季节性商品时要提前规划，争取赶上应季流量红利。

⑦品牌知名度。具备品牌知名度的商品往往具有更高的用户认可度，无须主播特意塑造商品价值用户也会放心购买。品牌知名度越高，优惠力度越大，越容易引起观众抢购，如华为手机、小米电视、格力空调等。

⑧商品供应链。商品要有完善的供应链系统，强大的生产和发货能力，在销售火爆时能够保障正常供应，并且能够提供良好的售后服务，让观众放心购买。另外，主播要考虑商品运输问题，用户愉快的购买体验在很大程度上取决于快递、物流体验。例如鲜花、海鲜之类的商品，对运输时限有严格要求，主播在选品时应考虑周全。

（2）定价。直播商品定价是一个十分复杂且非常关键的工作。如果把价格定得太高，商品销量可能不高，甚至卖不出去；如果把价格定得太低，观众疯狂抢购，过早脱销，也就失去了盈利的机会。主播要根据实际情况，在直播间推荐不同客单价的商品，制定合理的价格策略，在保证自身盈利的基础上为观众提供更多优惠，以刺激观众产生购买欲望。

具体来说，直播商品定价策略有以下三种。

①根据主播人设选择价格区间。根据主播的人设类型，其所在的直播间的商品价格区间可以分为三种类型。

专业人设主播在为商品定价时，价格要以高客单价为主，中客单价为辅。

"达人"人设主播在为商品定价时，价格要以中客单价为主，低客单价为辅。

低价人设主播和励志人设主播在为商品定价时，要以中客单价为主，中低客单价为辅。

②商品组合定价法。商品组合定价法是指为了迎合用户的某种心理，特意将有的商品的价格定高一些，有的定低一些，一般将互补商品或关联商品进行组合定价，从而有利于各种商品销售量同时增加。

企业或商家在对关联商品、互补商品进行定价时，将用户不经常购买、价值又相对较高的商品价格定低一些，而对经常购买、价值又相对较低的商品价格定高一些。低价用来打开销路，高价传达了商品的高质量，两者共同起到刺激需求的作用。在电商直播中，商品组合定价法同样适用。

③阶梯策略。阶梯策略又称为花式价格策略，主要用于销售客单价较低或成套售卖的商品，如食品、小件商品或快消品等，相当于传统"买一送一"的升级版。

例如，某件商品线下价格49.9元一件，在直播间内第一件29.9元，第二件19.9元，第三件9.9元，第四件不要钱，免费送。在这种价格策略下，主播往往会向直播间的观众建议："建议数量填4，4件一起拍更划算。"

阶梯式的价格递减可以给观众带来巨大的冲击力，刺激观众很快产生下单购买的欲望。这对于有冲击销量需求的单品来说，是一个非常有效的方法，在完成促销的同时也释放了库存空间。

在使用阶梯策略时，主播要注意价格对比，引导观众关注商品的价格优势。主播可以在身后的屏幕上或以其他方式将商品的原价或线下价格标示出来，清晰地作出对比展示；通过调整语速和音量，向观众突出商品的优惠力度，提升观众的兴奋值，从而刺激他们下单购买，形成转化。

拓展阅读2-1　品牌自播排品策略

排品包括直播间中不同定位商品的数量配比和直播商品在直播间购物袋中所处的位置。为了提高直播商品的转化率，品牌商要做好直播间排品规划，合理规划直播间中不同定位的商品的数量，并合理安排商品的展现位置。

1.直播间商品定位

直播间中出现的每一款商品都应该有明确的定位。品牌商可以根据商品销售潜力、功能、库存情况等对商品进行定位，并根据商品定位进行直播排品策划。直播间商品定位的说明见表2-2。

表2-2　　　　　　　　　　直播间商品定位的说明

定位标准	商品定位	说明
销售潜力	热销款	品牌商大力销售的商品，通常是品牌中销量排名靠前的、销售热度高的商品
	平销款	具有一定的销量，可以提高品牌整体转化率的商品，这类商品具备成为热销款的潜力
	滞销款	销售情况不好，转化效果较差，是比较冷门的商品
功能	引流款	性价比较高，备受用户关注和喜爱的商品，这类商品能为品牌的店铺或直播间带来较大的流量
	秒杀款	以降价"秒杀"的利益点吸引用户购买的商品，是品牌商用来提高直播转化率的商品
	利润款	能够提高品牌店铺或直播间整体销售利润的商品，这类商品转化率一般，但是毛利率较高
库存情况	深库存款	库存较多的商品，如果商品的销量不好，会带来较大的库存压力
	清仓款	库存较少的商品，存在断货的风险

商品的定位并不是唯一的。例如，某款商品既可以是热销款，也可以是引流款；清仓款商品同时可能是"秒杀"款商品。因此，品牌商要对各款商品进行深入分析，灵活设定商品在不同营销阶段的定位。

2.直播间商品曝光量分级

在直播间中，商品的曝光量是呈现梯度分级的。观众点开直播间的购物袋以后，直播商品按照链接号依次被展现出来。最前面是直播间的热门位置，商品曝光量最高，越往后的位置曝光量越低。最新上架的商品会被展现在靠前的位置，展现位置越靠后，说明商品越早上架。

在直播商品数量较多的情况下，购物袋中展示的商品链接会比较长，但并非每个观众都有耐心将直播间购物袋中的商品链接一个个地浏览完。品牌商要尽量将性价比较高的商品，或者是觉得能打造爆款的商品放在购物袋中比较靠上的位置。这样有利于让观众一眼就看到，让商品迅速获得观众的关注，进而提高商品的点击率和转化率。

3. 直播间排品规划

为了提高不同营销阶段的直播转化率和销售额，品牌商要根据不同营销阶段的目的合理规划直播间不同定位商品的配比，并调整商品的展现位置。

（1）日常促销直播排品。为了给品牌自播直播间吸引流量，提高自播直播间的销量，品牌商可以在自播直播间设置不同主题的促销直播，将自播直播间打造成品牌促销专区，创造品牌日常销售小高峰。

例如，某女装店铺在每周三的晚上8：00—10：00都会开设一场全场商品8折优惠的促销直播，满足了一部分观众周三下单购买服装，周五收到货，周末外出即可穿的需求。该店铺这种日常促销直播的方式获得了很多观众的关注和喜爱，每周三的晚上，该店铺的销售额都会形成一个小高峰。

品牌商设置日常促销直播主要是为了帮助品牌直播间积累流量，提高用户的复购率。在一场日常促销直播中，品牌商可以先上架平销款商品，并在平销款商品中设置一些新款商品，吸引观众的关注；然后上架"秒杀"款，带动直播间的氛围，刺激观众下单；最后上架热销款，提升直播间销售额。

在日常促销直播中，不同定位的商品在直播间购物袋中按从上到下的位置排序，不同定位的商品数量占比规划见表2-3。

表2-3　　　　　　　　　　　　　日常促销直播排品规划

商品排序	商品占比	直播玩法
热销款	50%	直播中对此类商品进行详细讲解，以提高观众在直播间的停留时长
"秒杀"款	30%	快速地讲解商品，并频繁强调"秒杀"优惠，以刺激观众下单
平销款	20%	在平销款中放一些品牌新款商品，给观众创造新鲜感，同时借助新款商品拉动平销款的销量

（2）上新直播排品。直播间是孵化新品、帮助新品快速打开市场的有效渠道之一。如果品牌自播的直播间已经积累了一定数量的粉丝，那么品牌商在直播间为新品积累流量就具有天然优势。

在上新直播中，品牌商可以先上架"秒杀"款商品，借助"秒杀"为直播预热，激活直播间的氛围；然后上架引流款、利润款，借助这些商品为直播间引流，增加直播间的销量；最后上架新品，让新品展现在购物袋最靠前的位置，利用新品延长观众在直播间的停留时长。

在上新直播中，不同定位的商品在直播间购物袋中按从上到下的位置排序，不同定位的商品数量占比规划见表2-4。

表2-4   上新直播排品规划

商品排序	商品占比	直播玩法
直播专享价商品	50%	讲解此类商品时要不断向观众强调直播专享价,以直播专享价刺激观众下单,提高直播商品转化率
热销款、引流款	40%	在直播中对此类商品进行重点讲解,为直播间引流,以此保证直播间销量
"秒杀"款	10%	在讲解商品时强调"秒杀"这个利益点,吸引观众在直播间停留,刺激观众下单,在直播间中形成阶段性销售小高峰

2.目标消费群体分析

直播的目标消费者包括主播已有的粉丝(私域流量)和直播平台上的消费者(公域流量)两种类型。为了留住目标消费者,实现预期目标,个人或企业需要对目标消费者的年龄层次、消费能力、直播观看时间段、利益诉求等要素进行综合分析。

(1)年龄层次。年龄层次指目标消费者的年龄段,以及不同年龄段消费者具有的个性特征和语言风格等。通过分析目标消费者的年龄段,个人或企业可以有针对性地设计直播互动和引导策略。例如,对于较年轻的消费者,可以通过在直播间营造热闹的气氛来调动消费者的情绪,或通过促销折扣、礼品赠送等方式配合主播的引导话术,刺激消费者的购买欲望。总之,针对不同年龄层次,主播应设计出符合相应偏好的互动方式和引导话术。

(2)消费能力。不同年龄段的目标消费者有不同的消费能力,而目标消费者的消费能力不仅影响其购买能力,也会影响商品的定价区间。通常,消费能力强的消费者为观看直播投入的时间、精力相对较少,但愿意投入的财力却相对较多,即用较短时间作出消费决定。而消费能力偏弱的消费者对时间的赋值较低,往往会在"货比三家"之后才作出购买决策,"低价好货"策略在此时会发挥巨大的作用。

(3)直播观看时间段。直播观看时间段的选择直接影响观看直播的人数与效果。也就是说,主播应选择目标消费者观看直播的高峰期进行直播。

(4)利益诉求。目标消费者观看直播一般都具有目的性,期望观看直播后有所收获,如获得快乐的心情、高性价比的商品等。

3.直播目标分析

(1)目标量化。个人或企业通过对直播商品和目标消费者进行分析,可以制定出既有可行性又有较强可操作性的直播目标。明确直播目标后,个人或企业还需要将直播目标设定为可量化的指标,这有利于推动直播的开展,方便衡量直播效果。例如,某企业预计通过一场直播达到销售额突破600万元的目标,那么,这600万元便是此次直播目标的量化指标,若销售额未达到600万元,则没有完成目标。又如,某企业预计通过一场直播吸引6 000名粉丝,这6 000名粉丝便是此次直播目标的量化指标。量化指标因目标不同而进行相应的、及时的、准确的调整。

(2)明确目标完成时间。直播目标完成时间的设立一方面是为了方便编制预算,另一方面是为了提高效率，督促相关负责人尽量在计划时间内完成目标。目标的完成时间需要个人或企业根据直播内容的多少、参与项目人员的数量等因素，再通过细化每个环节的时长，进行交叉、叠加，反复测算、调试，最终进行确定。

（3）直播内容的多少。直播内容的多少关系着直播活动工作量的大小：内容多，工作量较大，所花费的时间和精力就相对较多；内容少，工作量就会相对较小，所花费的时间和精力也相对更少。例如，直播中增设服装走秀环节，这就涉及走秀场景搭建等工作，从而增加了工作量。

（4）参与项目人员的数量。参与项目人员的数量关系着直播的效率：人员充足，岗位安排合理，则直播效率更高，目标完成时间就会缩短；反之，时间则会延长。因此，直播团队安排人员要注意参与人数是否充分满足直播任务的需要，以及分工是否合理。

二、选择主播——由谁来做

1.直播运营团队人员配置

根据人员配置规模不同，可将直播运营团队分为低配版团队、标配版团队和升级版团队。

（1）低配版团队。根据工作职能，低配版团队需要至少设置1名主播和1名运营人员，人员构成及职能分工见表2-5。

表2-5　　　　　　　　　　低配版团队人员构成及职能分工

岗位设置	职能分工
主播1人	熟悉商品脚本；熟悉直播活动脚本；做好商品讲解；控制直播节奏；做好直播复盘
运营1人	分解直播营销任务；规划直播商品品类；规划直播商品上架顺序；规划直播商品陈列方式；分析直播间数据
	策划直播间优惠活动；设计直播间粉丝分层规则和粉丝福利；策划直播平台直播活动；策划直播间引流方案
	撰写直播活动规划脚本；设计直播话术；搭建并设计直播间场景；筹备直播道具等
	调试直播设备和直播软件；保障直播视觉效果；上架商品链接；配合主播发放优惠券

（2）标配版团队。标配版团队的核心岗位是主播，其他人员都围绕主播来工作。4人组成的标配版团队的人员构成及职能分工见表2-6。

表2-6　　　　　　　　　　标配版团队人员构成及职能分工

岗位设置	职能分工
主播1人	熟悉商品脚本；熟悉直播活动脚本；做好商品讲解；控制直播节奏；做好直播复盘
运营1人	分解直播营销任务；规划直播商品品类；规划直播商品上架顺序；规划直播商品陈列方式；分析直播间数据
策划1人	策划直播间优惠活动；设计直播间粉丝分层规则和粉丝福利；策划直播平台直播活动；策划直播间引流方案 撰写直播活动规划脚本；设计直播话术；搭建并设计直播间场景；筹备直播道具等
场控1人	调试直播设备和直播软件；保障直播视觉效果；上架商品链接；配合主播在后台发放优惠券

微课2-1

直播团队的类型

（3）升级版团队。升级版团队人员较多，且分工更细化，工作流程也更优化，其人员构成及职能分工见表2-7。

表2-7   升级版团队人员构成及职能分工

岗位设置		职能分工
主播团队3人	主播	（1）开播前熟悉直播流程、商品信息； （2）直播中介绍商品，介绍直播间福利，与观众进行互动； （3）直播后做好复盘，总结直播经验
	副播	（1）协助主播介绍商品、介绍直播间福利活动； （2）试穿、试用商品； （3）主播离开时担任临时主播等
	助理	（1）准备直播商品、道具等； （2）协助配合主播的工作，做主播的模特，在镜头外完成画外音互动等
策划1人		（1）规划直播内容； （2）确定直播主题，准备直播商品； （3）做好直播前的预热宣传； （4）规划好开播时间段，做好直播间外部导流和内部用户留存等
编导1人		（1）撰写商品介绍脚本、直播活动脚本、直播间话术脚本、控评话术脚本； （2）设计直播间场景，例如直播间背景、直播页面中的贴片等； （3）设计主播和副播的服饰、妆容，直播中使用的道具等
场控1人		（1）做好直播设备（如摄像头、灯光等相关直播软硬件）的调试； （2）负责好直播中控台的后台操作，包括直播推送、商品上架、优惠券发放，以及实时直播数据监测等； （3）接收并传达指令，若直播运营有需要传达的信息（如商品库存数量、哪些地区不能发货等），场控在接到信息后要传达给主播和副播，由他们告诉观众
运营2人		（1）分解直播营销任务； （2）规划直播商品品类； （3）规划直播商品上架顺序； （4）规划直播商品陈列方式； （5）分析直播间数据，做好直播推广引流； （6）做好用户分层管理等
店长导购2人		主要辅助主播介绍商品，强调商品卖点，同时协助主播与观众互动
拍摄剪辑1人		负责视频的拍摄与剪辑（例如直播花絮、主播短视频，以及介绍商品相关信息的视频片段等），辅助直播工作
客服2人		（1）配合主播在线与观众进行互动答疑； （2）修改商品价格，上线优惠链接，促进订单转化，解决发货、售后等问题

2.主播的工作内容

主播是整场直播的灵魂，主播在直播中的各种表现在很大程度上决定了直播能否吸引观众的注意。在直播带货中，主播是所有工作开展的核心，其重要性不言而喻。表2-8显示了主播需要高质量完成的工作内容。

表2-8 主播的主要工作内容

工作阶段	主要工作内容
直播前	（1）协助团队成员选品； （2）提前了解品牌和商品信息； （3）确认直播场地； （4）确认直播中互动活动的时间和方式
直播中	（1）详细讲解商品，试穿、试用商品； （2）介绍直播间优惠活动，为观众发放福利； （3）与观众进行互动，活跃直播间氛围； （4）回答观众提出的问题； （5）引导观看直播的观众关注和分享直播间
直播后	（1）处理订单； （2）与团队进行直播复盘； （3）进行下一场直播的准备工作等

3.主播的职业能力要求

主播要想成功地直播带货，就必须具备直播带货必备的专业能力。一名优秀的主播需要具备的职业能力见表2-9。

表2-9 主播的职业能力要求

主播职业能力	具体要求
人设塑造能力	能够塑造主播人设，创造具有自我特色的话术、直播风格等，以体现差异性，提高自己的辨识度
形象管理能力	（1）主播的穿着要整洁、得体，着装要以简洁、自然、大方为原则； （2）直播妆容大方、自然
选品、议价能力	（1）能够根据自身人设特点、粉丝特点选择适合自己的直播商品； （2）能与商品品牌方就商品价格、合作模式进行谈判，为观众争取最优惠的商品价格，提高直播商品对观众的吸引力
商品讲解能力	（1）具备良好的语言表达能力，讲解商品时发音准确，语速得当，具有感染力； （2）深刻了解商品相关信息，清楚商品的卖点，在直播中对商品进行详细的讲解和展示； （3）能使用逻辑性强、具有技巧性的语言激发观众购买商品的欲望； （4）要有一定的镜头感，知道怎样在镜头前展示才能将商品的最佳状态展现出来，彰显商品的美观、美味等特征，让观众有下单购买的欲望
直播控场能力	（1）直播前要做好商品排序，根据直播营销效果随时调整商品上架顺序，单品上架时间一般为10分钟，效果不好可以立即切换商品，效果好可以适当延长上架时间； （2）擅长营造直播间的氛围，知道在什么情况下活跃气氛，调动观众的积极性，如主动引导观众刷屏、点赞，当转粉率较低时积极引导观众关注自己； （3）灵活应对直播中遇到的突发状况，控制直播效果
心理承受能力	要有强大的心理承受能力，面对观众负面、消极的声音时能够理智、冷静地应对。主播在经受各方面的压力与挫折时，要能快速调整自己的心态，善于疏导自己的心理，反省自我

4.主播发展现状与特点分析

经过多年的发展，淘宝网、抖音、快手等平台上直播电商领域的主播格局已经初步形成，主播之间的"马太效应"明显，头部主播数量较少，但在粉丝数量、商品销售额上具有显著优势，在面对商家和直播平台时，在商品价格和佣金分成方面有较大的话语权。腰部主播数量较多，但在粉丝数量、商品销售额上与头部主播的差距较大。尾部主播的粉丝数量和商品销售额就更少。当前，各平台对头部主播的依赖性较强，并与其深度绑定。

5.主播的类型

随着直播电商的发展，主播的类型越来越多。主播的主要类型及其优缺点见表 2-10。

表2-10   主播的主要类型及其优缺点

主播类型	特征	优点	缺点
专业电商主播	早期由电商平台培育的专业的电商主播	（1）专业度高； （2）商品转化率较高	直播的商品种类繁杂；有些主播的售后服务难以保障
网络达人	在抖音、快手等短视频平台上活跃的"达人"，他们先积累粉丝，待粉丝达到一定规模后进入直播电商领域	镜头感较强	（1）通常对直播中的商品不太了解； （2）缺乏专业的直播技能
商家员工	商家的电商客服人员或线下导购	（1）依托品牌知名度，品牌有一定的忠诚用户； （2）直播场次多； （3）熟悉商品	（1）员工直播专业度不高； （2）商品转化率不稳定
名人	大部分将直播带货作为副业，通常会涉足淘宝直播、抖音直播、快手直播等多个直播平台	（1）自带流量，具有一定的影响力； （2）直播带货的同时可以为商品进行推广，提高商品的知名度	（1）通常对商品缺乏详细的了解，缺乏专业的直播技能； （2）商品的转化率不稳定
企业家	在商业领域具有一定的知名度，是商业领域中某个行业比较成功的人士，通常是某企业/品牌的创始人、管理者	（1）具有一定的知名度，自带流量，容易让人信服； （2）对商品比较了解	（1）缺乏镜头感和专业的直播技能； （2）直播时最好配置副播
专家	某个领域的专业人士，如服装设计师、化妆师等	（1）掌握某个领域或行业的专业知识； （2）在直播中销售与其专业领域相关的商品更具说服力和影响力	（1）缺乏镜头感和专业的直播技能； （2）直播时最好配置副播
主持人	专业的主持人，如新闻主持人，掌握专业的主持技巧	（1）具有镜头感； （2）掌握专业的播音技巧	（1）通常对商品缺乏详细的了解； （2）缺乏专业的直播技能

作为直播中的一个节点，主播只有赢得了观众的信任，才能充分发挥自身的作用。主播的作用是通过内容或人设吸引观众，建立自己的私域流量；寻找匹配的供应链；在直播间向观众提供更生动的展示和讲解服务，并依靠价格优势，聚集分散的需求。由此串联起来的"供应链—主播—观众"汇聚成一个个精准高效的分发网络，在流量去中心化、碎片化的电商环境下，提高成交效率。

6.主播人设的打造

人设，即人物设定。主播的人设是指结合主播自身特点与观众喜好，按照市场需求与个人发展方向打造出来的形象，包括主播展现给观众的一切内容。打造主播的鲜明人设可以让观众在脑海中迅速形成一个既定的印象或标签，进而关注主播，成为主播的粉丝。主播的人设越鲜明，就越能获得观众认可，提升个人影响力，带来流量，放大个人的价值。

一个良好的人设定位有助于主播脱颖而出，因为基于人设定位形成的个人品牌代表了知名度、认可度，也代表了个人信誉和口碑，有助于让观众了解自己，获得观众的信任。

主播要善于挖掘自身特色，找出自己在某一细分领域的优势，从而逐渐扩大自己的影响力。一方面，主播可以从自身的才华、天赋出发，决定自己应进入的领域，只有找到能够尽情施展自身才华的领域，才能更快地获得成功；另一方面，主播要从自身积累的知识和经验着手，如果自己在所处的领域已经积累了足够多的专业知识和经验，在打造人设时更容易"厚积薄发"。

人设定位可分为专家人设、"达人"人设、低价人设、励志人设等。

① 专家人设。专家人设可以利用权威效应来增强观众对自己的信任度。主播要持续地进行专业内容输出，强化观众的认知。专家人设的门槛较高，一般需要机构或职称认证，并有专业技术支持，所以很难批量复刻，但这类人设可以在短时间内建立观众信赖，更容易促成转化。

② "达人"人设。与专家人设相比，"达人"人设对专业背书的要求不高，但需要前期运营，建立人设的难度更大，需要丰富的内容为人设做铺垫。主播要在一个垂直领域做精、做深，切忌在多个领域跳转，多领域尝试不但不能通吃，反而会降低自己的权威性和专业性。

③ 低价人设。低价人设分为两种：一是背靠货源地，如生鲜水产、珠宝玉石等，用原产地现货、没有中间商等优势来强调自己推荐的产品物美价廉；二是背后有强大的供应链支持，可以打通链路中的各个环节，能最大幅度地让利给用户。某些主播拥有大面积的仓储基地，或者在各大品牌总部直播带货，用全网最低价吸引用户。

④ 励志人设。励志人设很容易与观众建立深层次的情感认同，这类人设的重点在于对人有情有义，对粉丝一片赤诚之心，对弱势群体充满爱心，对不良现象重拳出击。这类人设通过短视频或直播聊天向观众介绍个人成长经历，输出价值观，努力得到观众的认同。

这种人设与观众之间的情感联系会吸引有着相同或相似经历的观众，他们怀着同情、敬佩或羡慕的情绪，在这个大家庭氛围中抱团取暖。主播一般亲切地称呼粉丝为"家人"，这更加深了这层情感联系，并且一旦形成就很难被打破，粉丝黏性非常强，逐步形成惯性，在从众效应的影响下购买产品，直播转化率很高。

7.其他团队成员的工作内容及要求

（1）副播的工作内容。为了配合主播工作，副播需要高质量地完成如图2-3所示的工作内容。

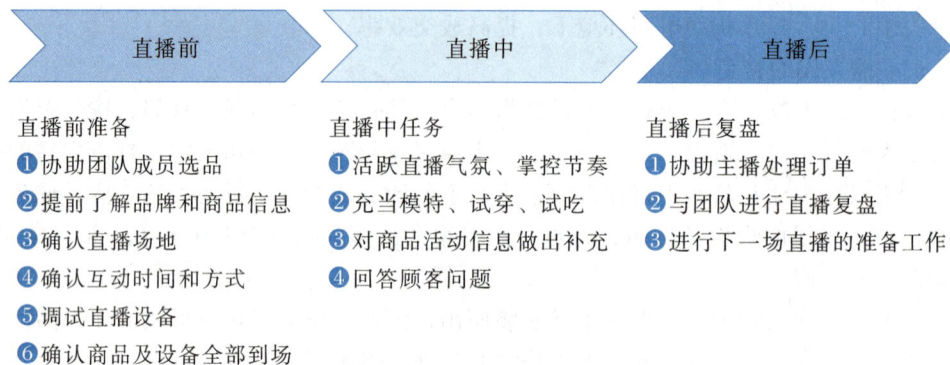

| 直播前 | 直播中 | 直播后 |

直播前准备
❶ 协助团队成员选品
❷ 提前了解品牌和商品信息
❸ 确认直播场地
❹ 确认互动时间和方式
❺ 调试直播设备
❻ 确认商品及设备全部到场

直播中任务
❶ 活跃直播气氛、掌控节奏
❷ 充当模特、试穿、试吃
❸ 对商品活动信息做出补充
❹ 回答顾客问题

直播后复盘
❶ 协助主播处理订单
❷ 与团队进行直播复盘
❸ 进行下一场直播的准备工作

图2-3   副播的主要工作内容

（2）副播的职业能力要求。从实践中总结的经验看，一名优秀的副播至少需要具备四方面能力，见表2-11。

表2-11   **副播的职业能力要求**

副播职业能力	要求
广告传播能力	（1）懂得如何吸引更多的观众，使直播间人气更高，如设计一张足够吸引人的直播封面，策划一场有利于吸粉的直播活动等； （2）善于运用微信、微博、抖音等各类媒体帮助主播进行宣传，扩大主播的影响力
团队沟通协作能力	副播必须与主播保持紧密、良好的沟通。有时主播只是一个眼神或动作，副播就马上明白他需要如何反应，达到"心有灵犀"的默契程度
商品销售能力	了解直播商品的基本信息和卖点。例如，某款衣服最适合哪类人穿、受众对象是谁，怎样挖掘用户的痛点，提供解决用户需求的方案等
直播运营能力	了解直播平台的推荐机制和直播间的运营技巧，懂得如何提高直播间浮现权来尽可能多地获取自然流量，也要深度掌握直播的技巧和需要避开的"雷区"，从而得到更优质的商业流量

三、制订方案——如何去做

1.设计直播流程

一场直播的时间一般比较长，在直播之前制定合理的直播流程规划，可以帮助主播更好地控制直播节奏，保障直播顺利进行。

（1）确定直播目标。对于品牌方来说，直播是一种营销手段，所以它不能只是简单的才艺表演或话题分享，而要围绕品牌方的营销目标来展开，否则直播无法给品牌方带来实际的效益。在直播之前，品牌方要明确直播目标，如品牌宣传、活动造势、销售商品。

（2）直播活动预热宣传。为了收到良好的直播效果，在直播活动开始之前，直播策划者要对直播活动进行宣传。与泛娱乐类直播不同，带有营销性质的电商直播追求的并不是简单的"在线观看人数"，而是"在线目标用户观看人数"。

例如，对于一场推广母婴用品的直播来说，从营销的角度讲，直播策划者应该尽量吸引婴幼儿的父母、爷爷、奶奶之类的人进入直播间，而如果直播策划者因为追求直播的在线观看人数而吸引了很多大学生来观看直播，就很难实现直播目标。因此，直播宣传要有针对性，尽可能多地吸引目标用户来观看直播。

具体来说，直播策划者设计直播宣传规划时，可以从以下方面入手。

①选择宣传平台。不同的用户喜欢在不同的媒体平台上浏览信息，直播策划者要分析目标用户群体的上网习惯，选择在目标用户群体经常出现或活跃的平台发布直播宣传信息，为直播尽可能多地吸引目标用户。

②选择宣传形式。选择合适的宣传形式是指直播策划者要选择符合媒体平台特性的信息展现方式来推送宣传信息。例如，在微博平台上，直播策划者可以采用"文字+图片"的形式或"文字+短视频"的形式来宣传直播活动；在微信群、微信朋友圈、微信公众号中，直播策划者可以推送九宫格图、创意信息长图来宣传直播活动；在抖音、快手等平台上，直播策划者可以通过短视频来宣传直播活动。

③选择宣传频率。在新媒体时代，观众在浏览信息时有较大的自主选择余地，可以根据自己的喜好来选择需要的信息。因此，直播策划者如果过于频繁地向观众发送直播活动宣传信息，很可能会引起他们的反感，导致观众屏蔽相关信息。

为了避免这种情况出现，直播策划者可以在观众能够承受的最大宣传频率的基础上设计多轮宣传。例如，如果观众能够承受"两天一次广告"的宣传频率，那么直播策划者就可以在直播活动开始前6天、前4天、前2天，以及直播活动当天分别向观众推送直播活动宣传信息，以收到良好的宣传效果。

④设置直播标题。同一时间段会有很多人开直播、看直播，而直播标题更吸引人的直播间，人气也更高。直播标题大致分为三种类型：内容型、活动型和福利型。

内容型标题主要体现直播推荐商品的功能和特点。服装类直播会重点介绍如何搭配，如"夏季出街搭配指南""夏季新款减龄内外搭配""粉色显瘦汉服穿搭"；图书类直播会重点介绍商品的功能特点，如"阅读，伴你成长"。

活动型标题大多展示直播间商品的包邮条件、折扣优惠、限时抢购等，这样大部分用户会因为低价或促销活动进入直播间，如"优质文具新品半价""夏季女鞋，新品五折""品牌女包折扣秒杀"等。

福利型标题与活动型标题很相似，都是展示利益点，让用户心动。福利型标题大多为"关注有礼""随机抽奖""直播间赠送商品"等，一般是为了引流，增加粉丝，用少量的成本吸引流量，为之后的销售做好铺垫，如"直播间有好礼""直播下单，送大牌彩妆""直播间点赞免费送"等。

（3）做好直播筹备工作。为了确保直播的顺利进行，在开始直播之前，直播策划者要做好各项筹备工作，包括选择直播场地、筹备并调试直播设备、准备直播物料，以及主播自身准备等。

①选择直播场地。直播的场地分为室外场地和室内场地。常见的室外场地有公

园、商场、广场、景区、游乐场、商品生产基地等；常见的室内场地有店铺、办公室、咖啡馆、发布会场地等。直播策划者要根据直播活动的需要选择合适的直播场地，选定场地后要对场地进行适当布置，为直播活动创造良好的直播环境。

②筹备并调试直播设备和网络。在直播筹备阶段，直播策划者要将直播时使用的手机、摄像头、灯光设备、网络等调试好，防止设备和网络发生故障，确保直播活动顺利进行。

直播设备和网络的调试主要包括以下4项内容，见表2-12。

表2-12　　　　　　　　　　　　　　直播设备和网络的调试

调试内容	说明
机位的设置	在直播过程中，有时需要全景画面，有时需要近景画面，有时需要特写画面，为了保证画面的成像效果，直播策划者要设置多机位。 一般来说，直播间设置的机位主要有以下三种。 （1）商品特写机位：以特写镜头展示商品细节； （2）主播的中、远景机位：塑造商品的使用场景，让观众了解商品全貌，为观众营造代入感； （3）主播的近景机位：拍摄主播的脸部、手部等位置，展示商品的使用过程
网络测试	测试网络的稳定性和网络传输速度
直播间测试	测试直播间的进入渠道、直播画面的清晰度、声音采集效果等
线缆的连接与归置	确保网线、电源线等各个设备的线缆正常连接，并将线缆归置好，以免对人员行动造成障碍

③准备直播物料。直播物料包括商品样品、直播中需要用到的素材及辅助工具等，见表2-13。

表2-13　　　　　　　　　　　　　　直播物料

物料分类	说明
商品样品	商品是直播活动的主角，在直播开始前，直播策划者应该准备上播商品的样品，以便主播在直播过程中能够快速地找到并进行展示。直播策划者要对商品样品进行仔细检查，包括样品的外观、型号和款式等，避免出现样品与上播商品不符的情况
直播中需要用到的素材	直播封面图、直播标题、直播间贴纸、直播脚本等
辅助工具	辅助工具包括线下商品照片，做趣味实验要用到的工具、道具板、手机、平板电脑、电子大屏、计算器等。 在直播过程中，主播可以在道具板上用文字、图片的形式展示商品的尺码、福利信息等；可以使用手机、平板电脑等向观众展示商品卖点、优惠券领取方式等；可以使用计算器计算商品的组合价、折扣等，以突出商品的价格优势，刺激观众下单

④主播自身准备。在开播前，主播要熟悉直播流程和直播中商品的详细信息，这

样才能在直播中为观众详细地讲解商品，回答观众提出的各种问题。此外，主播还要调整好自身状态，以积极的态度和饱满的热情来迎接直播间的观众。

（4）执行直播活动。做好直播前的一系列筹备工作后，接下来就是正式执行直播活动。直播活动的执行可以进一步拆解为直播开场、直播过程和直播收尾三个环节，各个环节的操作要点见表2-14。

表2-14　　　　　　　　　　　直播活动执行环节的操作要点

执行环节	操作要点
直播开场	通过开场互动让观众了解本场直播的主题、内容等，使观众对本场直播产生兴趣，并停留在直播间
直播过程	借助营销话术、发红包、发优惠券、才艺表演等方式，进一步加深观众对本场直播的兴趣，让观众长时间停留在直播间，并产生购买行为
直播收尾	向观众表示感谢，预告下场直播的内容，并引导观众关注直播间，将普通观众转化为忠实粉丝；引导观众在其他媒体平台上分享本场直播或本场直播中推荐的商品

（5）直播活动的二次传播。直播结束并不意味着整个直播工作的结束。在直播结束后，直播策划者可以将直播活动的视频进行二次加工，并在抖音、快手、微信、微博等平台上进行二次传播，最大限度地放大直播效果。

① 明确目标。要想实现直播活动的二次传播，直播策划者首先应明确二次传播要实现的目标，如提高品牌的知名度、美誉度、商品销量等。需要注意的是，直播活动的二次传播要实现的目标并非孤立的，而应当与商家制定的整体市场营销目标相匹配。

② 选择传播形式。明确了传播目标以后，直播策划者要选择合适的传播形式将直播活动的二次传播信息发布到网上。目前常见的传播形式有视频、软文两种，直播策划者可以选择其中一种形式来使用，也可以将两种形式组合起来使用。

③ 选择发布平台。确定了传播形式以后，直播策划者要将制作好的信息发布到合适的媒体平台上。如果是视频形式的信息，可以选择发布在抖音、快手、秒拍、视频号、爱奇艺、微博等平台上；如果是软文形式的信息，可以选择发布在微信公众号、知乎、百家号、虎嗅网等平台上。

（6）直播复盘总结。直播复盘是指直播策划者在直播结束后对本次直播进行回顾，评判直播效果，总结直播经验教训，为后续的直播提供参考。

直播复盘总结包括直播间数据分析和直播经验总结两个部分。其中，直播间数据分析主要是利用直播中形成的客观数据对直播进行复盘，体现的是直播的客观效果。例如，分析直播间累计观看人次、累计订单量和成交额、人均观看时长等数据。直播策划者及时反馈直播效果的数据可以提升粉丝、主播和平台的获得感。

直播经验总结主要是从主观层面对直播过程进行分析与总结，分析的内容包括直播流程设计、团队协作效率、主播现场表现等。直播策划者通过自我总结、团队讨论等方式对这些无法通过客观数据表现的内容进行分析，并将其整理成经验手册，为后续开展直播活动提供有益的参考。

直播策划者可以将直播间相关数据及直播过程中获得的经验为资料做成不同的报告，供直播团队成员查漏补缺，共同学习，不断提升。第一，直播策划者可以复盘一份实时运营报告，把整个直播过程中的粉丝数量、参与时间、转发分享次数、带货的效果等做成报告；第二，直播策划者可以复盘一份互联网监测报告，总结在直播过程中监测到的网络舆情、在互联网上的声量、传播路径、正负面评论等，为下次的直播活动策略制定提供依据；第三，直播策划者可以复盘一份满意度指数报告，研究粉丝反馈和评论数据，为下次直播带货提供直接依据，这也是检验整个直播团队能力的重要指数。

通过直播复盘总结，直播策划者可以了解本次直播的效果。对于效果超过预期的直播活动，直播策划者要分析直播各个环节的成功之处，为后续直播积累成功经验；对于效果未达预期的直播活动，直播策划者也要总结此次直播的失误之处，并寻找改善方式，以避免在后续的直播中出现相同或类似的失误。

2.商品讲解常规流程

在直播电商中，直播的主要内容就是主播通过向观众讲解一款商品，将商品销售出去。目前，主播们在讲解商品时主要采用的流程分为两种，即"过款式"流程和"循环式"流程。

（1）"过款式"流程。"过款式"流程是指主播在直播中按照一定的顺序，一款一款依次讲解直播间里的商品。不过由于一场直播持续的时间较长，直播期间会出现有的观众离开、新观众又不断进入的情况，因此，在采用"过款式"流程直播结束前的20分钟左右，主播可以将本场直播中的所有商品再快速地过一遍，这样不仅可以让新进入直播间的观众了解本场直播中的各款商品，还可以通过"捡漏"形成一些订单，以提升本场直播的成交额。表2-15为一场时长为2个小时的"过款式"流程示例。

表2-15　　　　　　　　　　　　　"过款式"流程示例

时间安排	直播内容
19：00—19：10	暖场互动
19：10—19：30	介绍本场直播第一款商品
19：30—19：50	介绍本场直播第二款商品
19：50—20：00	与用户互动环节
20：00—20：20	介绍本场直播第三款商品
20：20—20：40	介绍本场直播第四款商品
20：40—21：00	再次将本场直播中所有商品快速地介绍一遍

（2）"循环式"流程。"循环式"流程，是指主播在直播中循环介绍直播间里的商品。假如在一场直播中主播要推荐4款商品，那么主播可以采取以30~40分钟为一个周期，将4款商品在一场130分钟左右的直播里循环3~4遍的直播方式，以此强化消费者的商品印象，提升购买的转化率。表2-16为一场时长为130分钟的"循环式"

流程示例。

表2-16　　　　　　　　　　　　**"循环式"流程示例**

时间安排	直播内容
19：00—19：10	暖场互动
19：10—19：40	介绍本场直播中的三款主推款商品
19：40—19：50	介绍本场直播中的一款"宠粉"款商品
19：50—20：20	介绍本场直播中的三款主推款商品（第一次循环）
20：20—20：30	介绍本场直播中的一款"宠粉"款商品（第一次循环）
20：30—21：00	介绍本场直播中的三款主推款商品（第二次循环）
21：00—21：10	介绍本场直播中的一款"宠粉"款商品（第二次循环）

四、直播预热——关键辅助

直播预热就是做直播宣传，其作用是扩大直播的声势，提前为直播引流。好的直播宣传能为最终直播目标的实现发挥突出作用，是直播活动的关键辅助。

1.直播预热方式

直播预热的方式有很多，具体形式和效果存在差异。下面介绍三种常见的直播预热方式。

（1）在个人简介中发布直播预告。主播在开播前，提前将直播预告更新到个人简介中，包括直播时间、直播主题等，以便用户通过个人简介得知直播信息。个人简介中的直播预告通常以简洁的文字形式呈现，如"5月8日13点直播，好物狂欢购"。这种直播预热方式适合有一定粉丝基础的主播。

（2）发布直播预告短视频。直播预告短视频是指借短视频的形式告知用户直播时间、直播主题和直播内容。对于粉丝，主播可以直接发布纯直播预告，简明扼要地告知直播的相关信息；若要吸引新用户，主播可以在短视频中告知直播福利或设置悬念等。

（3）站外直播预热。站外直播预热指主播可在企业网站、微博、微信等第三方平台上进行，商家通过第三方平台进行直播预热能够进一步扩大直播预热的范围。

2.直播预热策略

进行直播预热时需配合一定的策略，以便收到更好的营销效果。下面介绍两种常见的直播预热策略。

（1）发放直播专享福利。商家在直播预热中提前告知直播中会发放的专享福利，以吸引更多的用户观看直播。例如，在预告中告知用户赠品的数量、折扣的力度、福利的类型和获得条件等。

（2）直播PK。直播PK是指不同直播间的主播约定在同一时间进行连线挑战的一种增流方式。商家在直播预热中将直播PK的信息告知用户，不仅可以增加直播的趣味性，还可以扩大直播的影响力。

任务二　直播脚本策划

【引导案例】

直播带货流程脚本设计

一、案例背景

在直播电商领域，直播脚本的设计对于引导直播内容朝着预期方向发展至关重要。一个清晰、详细的直播脚本可以使整个直播过程有序高效，并允许主播及团队在不确定的情况下灵活调整。小鸿所在的公司在带货直播时较为随意，缺少提前规划以及相关脚本设计，导致直播带货效果不尽如人意。现在公司要求小鸿先设计一场直播流程脚本，再对该直播流程脚本进行讨论确认，最后以该流程脚本筹备相关直播工作。

二、案例解读

优质的直播脚本能够帮助主播掌控直播节奏，保障直播工作的顺利进行，实现预期目标，并将直播效果最大化。设计直播流程脚本时，可以从整体和局部两个维度进行综合考量，针对需要解决的重点问题进行专项设计，示例见表2-17。

表2-17　　　　　　　　　　直播带货流程脚本示例

单位名称：××电子商务有限公司		日期：2023-10-18		策划：小鸿
直播主题	健身用品直播优惠	主播		赵××、李××
直播地点	思明区办公区510直播间	直播时间		2023-10-25（19：30-22：30）
注意事项	提升直播间互动频率，站在客户角度思考，提升客户对品牌的好感度； 直播讲解比例：70%产品介绍+20%问题解答+10%互动环节，客观介绍产品的特点，同时安排现场使用分享； 着重对品牌产品的设计理念、功能、适用范围、优惠等进行讲解介绍			
时间段	直播内容/提纲	产品	产品特点讲解	场控
19：30-19：45	开场介绍、品牌活动折扣	品牌所有新品	直播的福利、折扣	
19：45-20：00	需求引导、品牌介绍	品牌所有新品	工艺、色彩、成分等	问题解答
20：00-21：50	产品销售讲解	规划销售的产品	外观、规格、特性、测评	推送链接
21：50-22：10	返场、抽奖环节	福利回馈奖品	爆款返场讲解、客观性、实用性分析	问题解答
22：10-22：30	活动总结、下期内容预告、引导关注			

由表2-17可以看到，直播带货流程脚本主要包含的要素是直播活动的基本信息以及各流程环节的主要安排。直播活动的基本信息包含日期、直播主题、主播、直播地点、直播时间、注意事项；流程环节的内容包含时间段、直播内容/提纲、产品、

产品特点讲解、场控等。

设计直播流程脚本的主要目的是规划整场直播，让相关直播工作人员对整场直播的流程及主要事项具备清晰的认识，具备整场直播全局观，引导直播团队成员协同配合工作。

这个案例突出了直播流程脚本设计在直播电商中的关键作用。直播流程脚本可确保直播活动有序进行，使直播团队成员在工作配合方面步调一致。在此基础上，可以进行更为详细的相关脚本设计，例如产品讲解脚本、直播应急方案脚本等。

三、案例总结

直播流程脚本设计是确保直播顺利进行的关键。一个详细、清晰的脚本不仅可以帮助主播和团队保持方向，还可以在直播中灵活应对各种情况。在竞争激烈的市场中，直播流程脚本是直播电商取得成功的不可或缺的工具。成功的直播流程脚本设计可以帮助直播团队取得更好的直播销售成果。

四、案例思考

（1）直播流程脚本在直播中的作用是什么？为什么需要设计流程脚本？

（2）直播流程脚本需要包含哪些要素？

资料来源：编者根据厦门网中网直播销售教学平台（http：//ec.sy.netinnet.cn/ecls/#/home）案例改编。

一、整场布局设计

很多刚接触直播带货的人经常会出现以下问题：对着镜头无话可说，或者语无伦次，逻辑混乱；不知道如何活跃直播间气氛；不知道如何留住进入直播间的用户；不知道如何把商品推销出去，提高直播间的转化率。其实，一份合格的、专业的直播脚本可以帮助主播解决以上80%的问题。主播首先需要明确：直播活动的任何一个环节都要提前精心准备，因此撰写一份清晰、详细、可执行的直播脚本是直播获得良好效果的有力保障。

为了更好地展示商品特性，很多商家都精心设计了直播脚本。有的直播脚本偏重商品展现，如对关键卖点的展现，凸显商品的闪光点；有的直播脚本偏重商品的使用感受，如应用情景、商品使用全过程；有的直播脚本偏重实际效果展现，如使用后的实际效果和额外使用价值等；有的直播脚本通过讲述一个带有情节的故事引发消费者的情感共鸣。

1.直播脚本的内涵

直播脚本就相当于剧本，包括整场直播的大纲，会让主播很明确地知道在什么时间做什么事情，能够让主播轻松地掌控整场直播的节奏。

在直播脚本中一定要有产品介绍话术。主播仅仅知道产品的优点是不够的，还要以简洁明了的语言把产品的优点传达给消费者。另外，直播团队还要结合产品本身的价格特点制订活动方案，如：对一些客单价高的产品，可以发放直播间专属的大额优惠券；对客单价低的产品，可以通过抽奖提供免单机会等。

2.直播脚本的作用

进行直播时，不能想到哪里就拍到哪里，盲目拍摄会造成素材的冗杂和浪费，直播质量也无法保证。因此，在直播之前要设计直播脚本。直播脚本有以下作用：

（1）提高直播效率。直播脚本最重要的作用在于提高团队的直播效率，虽然写脚本需要花费一定的时间，但完善的脚本能够让直播工作减少很多麻烦。

只有事先确定好直播的主题、内容，直播团队才能有清晰的目标；只有清楚要拍摄的角度、时长等要素，摄影师才能高效完成拍摄任务。另外，直播脚本还能使直播团队提前准备好直播中需要的道具，极大地节省了直播的时间。

（2）保证直播主题明确。主题明确与否是影响直播质量的重要因素。事先写好直播脚本便是明确直播主题的保证，直播团队可以通过反复阅读和修改脚本来确定直播镜头，以保证所有镜头都与主题相关，体现共同的思想。

（3）降低沟通成本，方便团队合作。直播脚本是直播团队进行合作的依据，通过脚本，主播、直播助理、运营人员等能快速领会直播的意图，高质量完成任务，降低了团队的沟通成本。

3.直播脚本的设计步骤

直播脚本的设计步骤如下：

（1）拟大纲，建框架。拟大纲的目的在于提前设计好产品场景之间的联系。

根据店铺定位确定直播主题，建立直播拍摄框架确定角色、场景、时间及所需要的道具，随后开始创作脚本。

（2）正主线，有支撑。直播脚本是直播的核心，不管是产品介绍类脚本还是剧情类脚本，内容有价值才能成为直播的有力支撑。

（3）设计直播内容、时长。设计直播内容、时长的宗旨是留住用户，并把产品的主要特点在有限的时间里详尽、快速地传达给用户。通常在直播时介绍一款产品的时长在60秒左右，一般在第9秒就要有吸引人的细节展现或者剧情引爆点，以吸引用户的注意力或者购买兴趣。

（4）主题升华。要根据粉丝画像和店铺定位探究用户喜欢什么样的视频，会对哪些内容感兴趣。例如，有些情感让用户感同身受，有的产品细节让用户过目不忘等，只需要一个"价值点"就有可能让用户收藏甚至购买产品。可见，在写直播脚本时，一定要在内容中升华主题。

微课 2-2

直播店铺定
位与粉丝
画像

4.整场直播脚本的设计思路和要点

整场直播脚本是对整场直播活动的规划和安排，要做到逻辑清晰并有利于相关人员在直播中控制节奏。为了让大家对直播营销有一个更直观的认识，先来看一个思维导图（如图2-4所示），以帮助大家更清楚地了解整场直播脚本的设计思路和要点。

（1）直播目的。直播营销一定要明白主题是什么，目的是什么。是为了上新、清仓、拉新，还是为了树立品牌形象？在进行每场活动之前，直播团队都要先确定主题和目的。

（2）直播时间。这里的直播时间是指直播从开始到结束的这个时间段，直播团队需要根据直播目的确定直播的时间段。不同时间段的特点见表2-18。

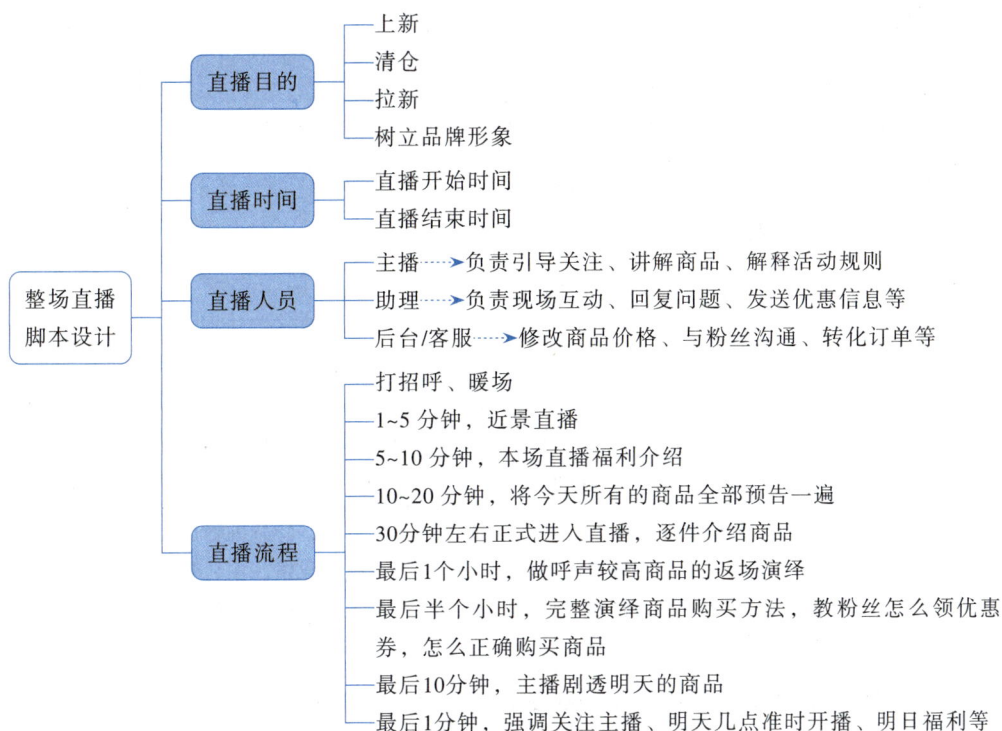

图2-4　整场直播脚本的设计思路和要点

表2-18　　　　　　　　　　　　　　　不同时间段的特点

时间段	特点
6：00—10：00	竞争非常小，属于"圈粉"的一个好时机
12：00—14：00	吃完午饭中间休息的一个时间段，有利于维护粉丝群
14：00—18：00	在这个时间段里，学生用户比较多
19：00—24：00	这段时间内，粉丝的活跃度最高，也是直播的一个高峰期
24：00—次日3：00	基本以玩游戏的用户为主，可以直播销售一些与游戏相关的产品

（3）直播人员。在专业的直播中，往往不只有主播一个人，还有其他人与之配合。例如，主播负责引导关注、讲解商品、解释活动规则；助理负责现场互动、回复问题、发送优惠信息等；后台/客服则需要配合主播修改商品价格、与粉丝沟通、转化订单等。

（4）直播流程。直播流程就是直播过程中的各个环节，在规划直播流程时应根据直播总时长规划各个环节的时长，以及各个环节中不同直播人员的职责。

优秀的直播活动脚本不仅要展现直播的主题、确定直播时间、明确直播人员的工作内容，还要考虑到直播过程中的具体时间规划，让主播从上播到下播都能有条不紊，让每个参与人员、道具都能得到充分调配。

整场布局的关键是进行整场直播活动脚本设计。整场直播活动脚本是对整场直播活动内容和流程的规划与安排，是直播活动的总纲领，重点是规划直播活动中的玩法和直播节奏。因此，设计出科学合理的整场直播活动脚本至关重要。通常来说，整场直播活动脚本应该包括的几个要点见表2-19。

表2-19　　　　　　　　　　　　整场直播活动脚本的要点

直播脚本要点	说明
直播主题	从用户需求出发明确直播的主题，避免直播内容没有营养
直播目标	明确开直播要实现何种目标，是积累用户、提升用户进店率，还是宣传新品等
主播介绍	向直播间观众介绍主播和副播
直播时间	明确直播开始和结束的时间
注意事项	说明直播中需要注意的事项
人员安排	明确参与直播人员的职责。例如，主播负责引导关注、讲解商品、解释活动规则；助理负责互动、回复问题、发送优惠信息等；后台/客服负责修改商品价格、与粉丝沟通、转化订单等
直播的流程细节	直播的流程细节要非常具体，详细说明开场预热、商品讲解、优惠信息、用户互动等各个环节的具体内容和如何操作等问题。例如，什么时间讲解第一款商品、具体讲解多长时间，什么时间抽奖等，尽可能把时间都规划好，并按照规划来执行

　　优秀的整场直播活动脚本不仅要注重整体效果，还要考虑细枝末节，让主播从上播到下播都有条不紊，有据可循，让每个参与人员、道具都得到合理的安排和调配。表2-20为一份整场直播活动脚本示例。

表2-20　　　　　　　　　　　　整场直播活动脚本示例

直播活动概述			
直播主题	元旦狂欢福利专场（护肤品）		
直播目标	流量目标：吸引10万人次观看 销售目标：销售金额达到500万元 吸粉目标：增粉1 000人		
直播人员	主播：小小 助理：果果 客服：甜甜		
直播时间	2024年12月30日，19：30—22：00		
注意事项	合理把控商品讲解节奏：单品讲解+粉丝问题回复+实时互动 适当增加商品功能的讲解时间		
直播流程			
时间段	流程安排	主播	助理	客服
19：30—19：35	打招呼	主播进入直播状态，和用户打招呼，进行简单互动，拉近距离	助理进行简单自我介绍，引导用户点赞	向粉丝群推送开播通知

续表

直播流程				
时间段	流程安排	主播	助理	客服
19：36—19：40	暖场互动	介绍抽奖规则，引导用户关注直播间	演示抽奖方式，回复用户问题，引导用户点赞	向粉丝群推送开播信息
19：41—19：50	活动预告	介绍本场直播的福利，比如互动抽奖、派发红包等	补充主播遗漏内容，引导用户点赞	向粉丝群推送活动预告信息
19：51—20：00	展示所有商品	将本场直播的所有商品快速介绍一遍，不作过多停留，对本场新款商品和主推商品可以多加介绍	助理帮助主播将商品逐一展示	向粉丝群推送直播商品信息
20：01—20：20	讲解商品	介绍引流款商品，展示商品使用方法，分享商品使用经验	配合演示商品用法，展示使用效果，引导用户下单	在直播间添加引流款商品链接，回复关于商品和订单的问题
20：21—20：25	福利抽奖	介绍第1轮奖品和抽奖规则，引导用户参与抽奖	介绍并演示参与抽奖的方法	收集获奖信息，引导用户点赞
20：26—20：45	讲解商品	介绍畅销款商品，展示商品使用方法，分享商品使用经验	配合演示商品用法，展示使用效果，引导用户下单	在直播间添加畅销款商品链接，回复关于商品和订单的问题
20：46—20：50	福利抽奖	介绍第2轮奖品和抽奖规则，引导用户参与抽奖	介绍并演示参与抽奖的方法	收集获奖信息，引导用户点赞
20：51—21：10	讲解商品	介绍利润款商品，展示商品使用方法，分享商品使用经验	配合演示商品用法，展示使用效果，引导用户下单	在直播间添加利润款商品链接，回复关于商品和订单的问题
21：11—21：15	福利抽奖	介绍第3轮奖品和抽奖规则，引导用户参与抽奖	介绍并演示参与抽奖的方法	收集获奖信息，引导用户点赞
21：16—21：25	讲解商品	介绍直播间的"宠粉"活动，介绍"宠粉"商品和加入粉丝团的方法	引导用户加入粉丝团，展示商品用法和使用效果，引导用户下单	在直播间添加"宠粉"商品链接，修改商品价格，回复关于商品和订单的问题等
21：26—21：35	讲解商品	介绍形象款商品，展示商品使用方法，分享商品使用经验	配合演示商品用法，展示使用效果，引导用户下单	在直播间添加形象款商品链接，回复关于商品和订单的问题
21：36—21：40	福利抽奖	介绍第4轮奖品和抽奖规则，引导用户参与抽奖	介绍并演示参与抽奖的方法	收集获奖信息，引导用户点赞
21：41—21：55	商品返场	讲解利润款商品返场	配合演示商品用法，展示使用效果，引导用户下单	在直播间添加利润款商品链接，回复关于商品和订单的问题
21：56—22：00	下场预告	预告下一场直播的时间、福利、直播商品信息等	引导用户加入粉丝团，关注直播间	回复关于商品和订单的问题

微课 2-3

直播脚本设计

二、设计单品直播脚本

单品，顾名思义就是单个商品，单品直播脚本是以单个商品为单位，介绍商品的卖点、品牌、优惠方式。在对单品进行介绍时，主播必须熟悉其特点和营销方案，这样才能更清楚地将商品的亮点和优惠活动更好地传达给直播间的用户，刺激用户购买。单品直播脚本通常会设计成表格形式，将品牌介绍、商品卖点、利益点、直播时的注意事项等内容都呈现出来，这样既方便主播全方位地了解直播商品，也能有效避免对接人员产生疑惑。

为了进行有效的商品推荐，需要对涉及的每个单品进行直播规划，最有效的方式就是设计单品脚本，即针对单件商品设计独立的直播脚本。在一场直播中，主播会向用户推荐多款商品，因此必须对每款商品的特点和优惠措施有清晰的了解，才能更好地将单件商品的特性、优势、亮点以及优惠活动等信息完整准确地传达给用户，从而刺激用户的购买欲望，提高直播转化率。表 2-21 为某品牌一款不粘锅的单品脚本。

表 2-21   **某品牌一款不粘锅的单品脚本**

商品宣传点		具体内容
品牌介绍		××品牌历史悠久，旗下商品销往全球 50 多个国家和地区，其中 6 个品类的商品市场占有率名列前茅
商品卖点	用途多样	具有煎、焖、炸、煮、炒、烙等多种烹饪功能
	商品具有设计感	（1）锅体内表面麦饭石色撒点工艺，时尚美观，耐磨耐用； （2）锅面光滑，烹饪食物不粘黏、易冲洗； （3）锅体为加厚铝合金基材，耐高温，经久耐用； （4）锅体底厚壁薄，导热均匀； （5）磁感应加厚复合锅底，燃气灶、电磁炉均可使用； （6）手柄设计遵循人体工学原理，握感舒适
直播利益点	"双 11"特惠提前享	今天在直播间内购买此款不粘锅享受"双 11"同价，并且赠送可视玻璃锅盖和不粘锅专用铲，下单备注主播名称即可
直播时的注意事项		（1）在直播进行时，直播间界面显示"关注店铺"卡片； （2）主播引导用户关注、分享直播间等； （3）主播引导用户加入粉丝群

━● 素养提升 ━➡

急功近利害电商

近年来，网络直播新业态迅速兴起，在丰富文化供给、促进电商经济发展等方面发挥了重要作用。与此同时，个别网红经纪公司（MCN）为博取流量炮制虚假内容、传播网络谣言、恶意欺骗网民，造成恶劣影响，受到各方谴责。

虚构假人设，伪造"扶贫""助农""患病"等场景，通过"扮穷""卖惨"诱导网民购买低质伪劣商品；炮制婆媳矛盾、性别对立、地域差异等争议话题，煽动网民对立；制作软色情内容，靠黄谣、打擦边球等方式博取眼球；编造虚假社会热点，造谣引流、非法牟利……种种"流量剧本"和"流量话术"不仅仅有辱三观、拉低审美，更已经踩到了公序良俗的底线，冲撞了法律法规的红线。

不久前，中央网信办专门印发通知，在全国范围内部署开展为期一个月的"清朗·网络直播领域虚假和低俗乱象整治"专项行动。聚焦社交、短视频、网络直播等类型重点平台，针对造谣传谣、假冒仿冒、违规营利等突出问题开展专项整治。

非依法严惩不足以震慑效尤，非严加监管不足以激浊扬清。对"悲惨营销""虚假助农"等网络谣言问题，对黑灰产业链借网络流量制假售假等问题，必须发现一起、打击一起。除定期开展专项整治行动，网络视听、网络执法、市场监管等部门也需要强化协同协作，加强综合治理，共同推动网络直播行业朝更加清朗、更加健康的方向发展。

国有国法，行有行规。流量是网络经济的底座，也是网红直播的核心资源。流量的获取和分配需要有起码的规则规制。无论机构还是网红，无论是运用各种工具、策划精彩活动以及投放广告等手段主动获取流量，还是依赖于搜索引擎优化技术增加曝光机会，都应该取之有道、用之有度，切实遵守法律法规和公序良俗。

对直播平台而言，网络直播是其主要业务之一。守护网络直播的"山清水秀"，平台既是责任方，也是受益方。只有自觉规范平台秩序、净化直播环境，方能提升平台的声誉和信任度。平台对违法违规机构应采取暂停权限、限制提供服务、入驻清退等处置措施，以及优化算法推荐机制等举措，对网红经纪公司形成有效约束。

作为连接平台、主播和用户的重要环节，网红经纪公司的出现有其必然性合理性。因为顺应了市场营销的新趋势，其专业服务有助于让优质主播脱颖而出，帮助主播与受众、商品与消费者更好建立良性联系。由此而言，网红经纪公司不应成为流量制造者或者网购幕后黑手，立足自身专长优化服务才是发展正道。

套路行不远，真诚永流传。有统计数据显示，2023年品牌商家店播占比为51.8%，首次超过达人直播占比。店播成为新潮流，本身就是对网红直播乱象的拨乱反正。让直播环境更加清朗，让直播消费更加放心，必能推动直播经济健康有序发展，让互联网真正成为推动社会进步的力量。

资料来源：岳谭. 人民网三评"MCN乱象"之三：急功近利害电商［EB/OL］.［2024-10-10］.
http://opinion.people.com.cn/n1/2024/1010/c1003—40335746.html.

➡基础训练➡

一、单项选择题

1.直播团队需要分工合作完成的任务是（　　）。

A.直播、选品、出脚本、拍摄、剪辑、数据分析、客服

B.推销、营销、策划、设计、培训、配送、售后

C.策划、设计、操作、分析、管理、沟通、反馈

D.策划、直播、运营、场控、剪辑、文案、客服

2.关于直播团队的职能分工是否需要精细化，正确的是（　　）。

A.需要，无论团队规模大小都需要　　　B.不需要，只要任务分配得当就好

C.取决于团队的发展阶段和任务类型　　D.取决于直播主题和商家要求

3.直播脚本设计的目的是（　　）。

A.确定直播主持人和嘉宾的角色　　　　B.指定直播主题和内容

C.制定直播时间安排　　　　　　　　D.安排直播设备和工具

4.（　　　）是指产品具备的与众不同的特点、特色。

A.产品利益点　　　B.产品卖点　　　C.产品使用场景　　　D.产品优惠

5.（　　　）是一场直播活动的"中心思想"。

A.直播主题　　　B.直播目标　　　C.直播时间　　　D.直播流程

二、多项选择题

1.如果直播没有提前设计直播脚本，那么可能出现（　　　）。

A.直播过程无重点，流程混乱，逻辑不清

B.不能达成既定的直播目标

C.主播不知道如何讲解商品

D.直播时不知道怎么活跃直播间气氛

2.直播开场的常见话术有（　　　）。

A.自我介绍话术　　　B.欢迎话术　　　C.关注话术　　　D.感谢话术

3.直播间通常采用（　　　）等方式表达对用户的感谢。

A.直接表达感谢　　　B.点名感谢　　　C.发放福利　　　D.夸赞用户

4.短视频预热适用于（　　　）等渠道。

A.微博　　　B.快手　　　C.抖音　　　D.论坛

5.直播预热内容策划的流程包括（　　　）。

A.选择预热形式　　　　　　　　　　B.确定预热内容主题

C.设计预热内容　　　　　　　　　　D.策划预热方案

三、判断题

1.通过直播脚本的设计能够提前预知可能出现的各种突发情况，减少直播突发情况。　（　　　）

2.做好直播话术策划很重要，有助于主播更加顺利地开展直播活动。　（　　　）

3.直播预热内容策划一般是按照"选择预热形式—设计预热内容—确定预热内容主题—策划预热方案"的流程展开的。　（　　　）

4.欢迎话术是指当用户进入直播间后主播表示欢迎的话术，其目的是让用户觉得自己被重视，增强用户的参与感。　（　　　）

5.在直播运营的不同阶段应设置相同的目标数据。　（　　　）

四、问答题

1.简述直播营销策划方案的要素。

2.简述直播复盘的步骤。

3.梳理直播活动的基本流程。

项目实训

一、实训目标

1.运用Excel电子表格制作直播脚本。

2.熟悉直播脚本的撰写方法，完成直播集成脚本设计方案。

3.能够根据直播销售主题，设定直播带货节奏，拟定脚本大纲。

4.能够提炼产品卖点，并撰写产品使用场景、功能、价格的介绍文案。

二、实训内容

某知名饮料生产企业 A 企业即将开展一场品牌自播活动，以推广夏季新口味饮料。该企业计划在较为安静且隔音性能较好的负一楼会议室进行直播。为此，企业专门成立了直播小组，并在小组中选出 3 名人员分别担任主播、助理和场控。直播时间定于 12 日晚 20：00—22：00。

1.结合本项目所学知识，为该企业的新品推广编写直播脚本。

2.将直播活动各要素填入直播脚本中，梳理直播流程，明确直播活动中的人员分工。

3.在直播脚本设计中，编写直播暖场、促单及常见问题解答的沟通互动脚本。

三、实训要求

创建直播脚本文件，设置直播流程项目，填写直播概述和直播流程内容，完成直播脚本。

1.创建脚本文件。启动 Excel，新建工作簿，保存文件名为"直播脚本.xlsx"。

2.输入脚本标题。在 A1 单元格输入"直播脚本"，合并 A1：E1 单元格并设置字体。

3.创建直播概述项目。在 A2 单元格输入"直播概述"，合并撰写直播脚本 A2：E2 元格并设置底纹和字体；在 A3、A4、A5、A6 单元格依次输入"直播主题""直播时间""直播地点""直播人员"，合并 B3：E3、B4：E4、B5：E5、B6：E6 单元格。

4.创建直播流程项目。在 A7 单元格输入"直播流程"，合并 A7：E7 单元格并设置底纹和字体；在 A8 单元格输入"时间段"，设置字体合并 A8：A9 单元格；在 B8 单元格输入"流程规划"并设置字体，合并 B8：B9 单元格；在 C8 单元格输入"人员分工"并设置字体，合并 C8：E8 单元格；在 C9、D9、E9 单元格依次输入"主播""助理""场控"并设置字体。

5.填写直播概述。在合并后的 B3、B4、B5、B6 单元格中，依次输入"直播主题"为"××系列新口味饮料推广"，"直播时间"为"12 日 20：00—22：00"，"直播地点"为"××大楼负一楼会议室"，"直播人员"为"直播小组全体成员"。

6.填写直播流程。在 A10、A11、A12 单元格依次输入对应的时间段内容；在 B10、B11、B12 单元格依次输入对应的流程规划内容；在 C10～E12 单元格输入主播、助理、场控具体应做的事务。

7.完成表格创建。调整表格的行高和列宽，添加边框线（效果文件所在位置：效果文件\项目二\实战训练\直播脚本.xlsx）。

项目三　打造高效直播团队

在当前的电商零售模式下，直播带货已成为常态，个人和企业纷纷"入局"。然而，要想在直播行业中突出重围，不能仅仅依靠一个人单打独斗。一场直播的顺利进行不仅依赖于主播的专业能力，还离不开直播团队成员之间的默契配合，这样才能保证直播有条不紊地进行。可见，组建一个高效的直播团队尤为重要。一个高效的直播团队，应当是在明确岗位设置的前提下，个人或企业根据自身的业务需求和市场预算，精心规划，最终确定团队的组织结构及人员配置。

学习目标

知识目标：
◇ 了解直播团队的组织架构；
◇ 了解不同层级直播团队人员组成及其职责；
◇ 了解数字人主播的优点；
◇ 掌握主播人设打造策略；
◇ 掌握商家选择主播的策略；
◇ 掌握直播助理的类型、必备技能和工作内容。

能力目标：
◇ 能够根据实际需要组建不同层级的直播团队；
◇ 能够根据需要打造具有自身调性的主播人设；
◇ 能够协助商家选择合适的主播；
◇ 能够根据主播需求培养直播助理。

素养目标：
◇ 树立数字强国理念，以数字直播、虚拟直播带动新型数字经济的发展；
◇ 培养形象管理能力、语言表达能力、灵活应变能力和良好的心理素质。

项目导图

项目三　打造高效直播团队

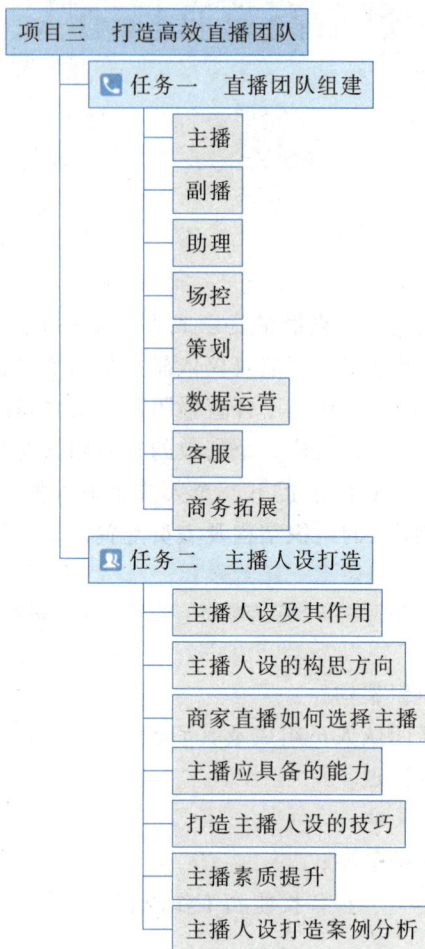

　📞 任务一　直播团队组建

　　主播

　　副播

　　助理

　　场控

　　策划

　　数据运营

　　客服

　　商务拓展

　🔲 任务二　主播人设打造

　　主播人设及其作用

　　主播人设的构思方向

　　商家直播如何选择主播

　　主播应具备的能力

　　打造主播人设的技巧

　　主播素质提升

　　主播人设打造案例分析

任务一　直播团队组建

【引导案例】

美妆主播个人素质的培养

一、案例背景

在直播电商领域，每个主播都有独特的定位，因此主播的个人素质显得至关重要。主播的个人素质包括专业能力、情绪调动能力、学习能力、知识储备、挖掘卖点和随机应变能力。

在这个案例中，我们将分析主播的个人素质培养，以及如何在模拟实际直播场景中体现这些素质。

二、案例解读

小艾是一名美妆博主，她正在进行一场化妆品销售直播。观众来自不同年龄层，直播间热闹非凡，她要随时应对观众的提问和各种正面及负面的评价。

专业能力：小艾展示了她卓越的化妆技巧和丰富的产品知识。她清晰地演示了不同化妆步骤，以及如何选择适合不同肤质的化妆品，充分展示了她的专业能力，赢得了观众信任。

情绪调动能力：在直播过程中针对观众提出的问题，小艾保持了冷静和友好的态度。她感谢观众的参与，并认真解答，无论该问题是正面的还是负面的。她的情绪调动能力有助于营造直播间的积极氛围。

学习能力和知识储备：小艾不断学习最新的化妆技能，更新产品知识。通过了解不同观众的需求，灵活调整直播内容，确保实用性。学习能力和知识储备有助于她不断进步和满足观众的期望。

挖掘卖点和随机应变能力：在直播中，小艾突然接到了一个观众的挑战，要求她尝试一种全新的妆容风格。小艾接受了挑战，展示了她的随机应变能力和挖掘卖点的能力，让观众看到了不同的化妆风格。

这个案例展示了主播个人素质培养的关键要素。专业能力、情绪调动能力、学习能力和知识储备是提供高质量直播内容的基础。此外，挖掘卖点和随机应变能力有助于吸引观众并提供创新内容。

三、案例总结

主播的个人素质是直播电商成功的关键因素。专业能力、情绪调动能力、学习能力、知识储备、挖掘卖点和随机应变能力有助于主播提供有趣和有价值的内容，吸引观众并建立忠诚度。只有不断提升个人素质，主播才能在竞争激烈的市场中脱颖而出，实现长期的职业成功。

四、案例思考

（1）主播为何需要培养专业能力，这对于提供高质量的直播内容有何意义？

（2）情绪调动能力在直播中的作用是什么，如何处理压力和负面情绪？

（3）为什么说学习能力和知识储备对主播的成功至关重要？

资料来源：编者自撰。

在当前直播行业竞争日益激烈的背景下，越来越多的人进入直播行业，这无疑加剧了直播行业的竞争。一场成功的直播并不是主播一个人就能完成的，而是需要团队成员的默契配合。要想从众多直播中脱颖而出，组建一个高效的直播团队显得尤为关键。这不仅要求团队成员各司其职，还需在直播策划、脚本撰写、人员协调、主播表现等方面展现出高度的默契和专业性。

直播团队的组织结构及人员配置确实因业务需求的差异而呈现出多样性。通常情况下，一个完整的直播团队会涵盖多个关键岗位，包括但不限于主播、副播、助理、场控、策划、数据运营、客服以及商务拓展等。在这些岗位中，主播是直播团队的核心，负责吸引观众和展示内容；副播协助主播，确保直播的连贯性和互动性；助理负责日常事务和后勤支持；场控是直播现场的大脑，负责协调各个环节，确保直播顺利进行；策划岗位负责创意构思和内容编排，为直播注入灵魂；数据运营通过对直播数据的分析，优化直播策略；客服团队负责处理观众咨询和反馈，提升用户体验；商务拓展致力于寻找合作伙伴，拓宽直播的商业潜力。了解这些岗位设置，对于组建一个结构合理、功能齐全的直播团队至关重要。

一、主播

主播是基于互联网，以直播、实时交流互动、上传音视频节目等形式发声、出镜，提供网络表演、视听信息服务的人员。主播是直播的直接执行者，作为直播的灵魂人物，其工作职责贯穿直播的始终，从直播前的精心准备到直播中的精彩演绎，再到直播后的细致跟进，其工作职责可细化到直播的各个阶段。

直播前，主播不仅要熟记直播脚本、商品特性和卖点，还要深入了解活动细节和粉丝福利，确保能够游刃有余地引导直播流程。只有这样，主播才能在直播过程中更好地发挥个人能力，统筹全场，流畅地进行商品介绍并与粉丝互动，引导粉丝关注和下单。

直播过程中，主播必须精准地掌控直播的节奏，确保内容推进有序，同时要时刻保持警觉，注意自己的仪态、语言和表情管理，以维护良好的个人形象和专业的直播表现。此外，主播还需运用丰富的互动技巧和话题引导，营造轻松愉快的直播间氛围，吸引和保持观众的注意力，通过巧妙的销售话术和促销策略，激发观众的购买欲望，从而有效促进销售转化，实现直播的商业价值。

直播结束后，主播的工作并未画上句号，而是转入了一个更为关键的复盘阶段。在这一环节，主播需要积极参与内容的回顾与分析，细致评估直播的整体效果，包括观众参与度、互动质量、销售转化率等关键指标。主播还需通过微博、微信等社交媒体渠道，对直播内容进行二次传播，扩大直播的影响力和覆盖范围。此外，主播应定期向粉丝发放福利，如优惠券、限时折扣等，以此巩固与粉丝的关系，树立和维护个人、店铺及品牌的正面形象。这些后续行动不仅有助于提升个人、店铺及品牌的曝光度，还能有效增强粉丝的黏性，为未来的直播活动打好牢固的观众基础。

二、副播

在规模较大的直播团队中，有时会专门设置副播岗位，他们如同主播的得力助手，在直播过程中发挥着不可或缺的作用。副播通常负责在直播间内辅助主播开展直播。当主播需要短暂离开直播间时，副播便承担起继续直播的重任，确保直播的连贯性和观众的持续参与；在马拉松式的长时直播中，多名副播的轮流替播则有效缓解了主播的压力，保证了直播内容的新鲜度和活力；副播在直播间的协同作业也至关重要，他们辅助主播阐述活动规则，详细解说商品信息，与粉丝进行互动交流，以及引导粉丝关注和下单，这种默契的配合不仅提升了直播的专业性，也极大地增强了观众的观看体验和购买意愿，从而与主播共同推动直播活动走向成功。

三、助理

助理即直播助理，主要负责辅助主播开展直播，是直播前端运营中不常出镜的一个角色。助理的工作内容包括：在开播前通过各种渠道发布直播预告，确认商品和道具的准备是否到位；在直播过程中配合场控提醒主播直播活动的关键时间节点。有时，助理也承担副播的工作。

从表面上看，主播、副播及助理的工作主要是在直播间进行的，实际上，他们也可能会参与直播活动的整个运营环节，包括直播间的搭建、直播前的准备、直播后的数据复盘甚至是选品和制定营销策略。另外，他们也需要给直播团队提供一些信息反馈，如粉丝的需求和喜好等。

四、场控

场控主要负责执行直播策划方案，相当于直播现场的"导演"，要在策划人员和主播之间进行协调。与助理一样，场控也是直播前端运营中不常出镜的一个角色。其具体的工作内容如下：

在直播前，场控需要搭建与调试直播的软硬件设备。软件的测试内容包括音频效果、摄像头分辨率、视频播放的流畅性与清晰度、声音和画面是否同步、直播中购买及评论链接的安全性等。硬件设备调试的对象和内容包括计算机、手机、音频设备（如话筒、声卡）、背景布置、镜头设置、灯光设置等。

在正式开播后，场控需要跟进主播的直播进程，管理好所有相关的后台操作，包括直播推送、红包发放、优惠券发放、活动报名、公告信息发布、商品上下架及价格调整等。例如，在主播提示向粉丝发放红包或优惠券时，场控就需要配合主播在后台进行发放红包或优惠券的操作。同时，场控还需要在后台进行实时的直播间数据监测，掌握在线人数峰值、商品点击率等数据。

如果直播过程中发生异常情况，场控需要将信息反馈给策划，同时需要将策划给出的信息传达给助理和主播。例如，当商品库存告急时，场控需要将此信息传达给助理和主播；或者当主播对直播节奏的掌控偏离了计划时，场控需要暗示主播调整节奏，回归预定的直播计划。

五、策划

如果说场控是直播现场的"导演"，策划则在直播团队中扮演着幕后"导演"和"全局规划者"的角色，他们是直播活动的灵魂与大脑，负责制订全面的直播策划方案，构思吸引人的促销活动，精心设计直播脚本，以及针对不同粉丝属性和等级量身定制多样化的福利方案。策划的工作不限于内容的创意与制作，还包括策略性的内容分发，确保信息传递的高效性和针对性。此外，策划还需担任团队与企业的桥梁，与其他部门紧密对接，协调各项工作，如策划预热短视频的拍摄、组织商品抽样检验，以及与仓储部门沟通协调物流事宜，确保直播活动的顺利进行和资源的有效整合。他们的工作贯穿直播前、中、后的每一个环节，是直播成功与否的关键所在。

六、数据运营

数据运营在直播团队中扮演着"分析师"的角色，他们专注于直播数据的收集、整理和分析工作，通过精确的数据洞察，揭示直播中的观众行为、互动效果及销售转化率等关键指标。他们的主要职责是监测数据动态，发现潜在问题，并根据分析结果为策划提供针对性的优化建议，这些建议对于调整直播策略、提升直播质量和观众体验至关重要。数据运营还负责为直播复盘提供坚实的数据支撑，确保团队能够基于事实进行决策，从而不断提升直播活动的效果。

在某些情况下，数据收集和分析的工作也可能由策划亲自完成。这种做法的好处是，策划可以直接根据数据分析的结果，迅速对直播方案进行调整和优化，减少了与数据运营沟通时的信息损耗，确保了策略实施的及时性和准确性。但这也意味着策划的工作负担将显著增加，他们需要在创意策划和数据分析之间进行频繁的角色转换，这不仅要求策划具备跨领域的专业技能，还可能影响到他们工作的专注度和效率。因此，团队在决定是否由策划兼任数据运营职责时，需要权衡利弊，确保既能充分利用数据价值，又不至于过度分散策划的精力。

七、客服

在直播间的生态系统中，客服虽然扮演着辅助角色，但其重要性不容小觑。他们如同直播背后的无名英雄，默默支持着整个直播流程的顺畅进行。客服人员的主要职责是与粉丝进行互动，耐心解答他们的各种疑问，这种即时的沟通不仅能够提升粉丝的观看体验，还能增强粉丝对品牌的信任感。在配合主播进行直播时，客服的积极响应和高效服务，能够极大地提升直播的专业度和观众满意度。

客服人员需要对商品信息了如指掌，在粉丝询问时，准确无误地传达商品的卖点与优势，从而促进销售转化。他们的专业知识不仅体现在对商品性能的熟知，还包括对商品使用方法、维护保养等细节的掌握，这样的全面了解能够帮助客服更好地服务粉丝，消除他们在购物过程中的顾虑。

客服还应具备良好的沟通技巧。在处理粉丝提问时，他们需要展现出同理心，用恰当的语言和态度安抚粉丝的情绪，巧妙地化解可能出现的矛盾。客服在处理商品发货及售后问题时，要保证效率和质量，确保每一位粉丝都能得到满意的解决方案，这样的服务态度和能力是维护品牌形象、提升粉丝忠诚度的关键所在。

八、商务拓展

商务拓展岗位是直播团队中连接企业与市场的关键桥梁，他们肩负着为企业寻找和建立商业合作关系的重任。在这一角色中，商务拓展人员需要根据企业业务发展的实际需求，充分利用MCN机构的资源优势，主动出击寻找潜在的合作伙伴。他们的工作内容包括但不限于策划和制订合作计划，进行高效的合作谈判，以及监督合作项目的实施过程，确保合作双方的利益最大化。

在商品招商方面，商务拓展人员需要具备敏锐的市场洞察力，能够准确识别适合直播销售的商品，并与供应商建立稳定的合作关系。他们还需要不断拓展新的合作渠道，通过多种途径挖掘企业的潜在客户，为企业长远发展寻找并锁定长期合作伙伴，从而为直播内容的丰富化和商业模式的多元化提供强有力的支持。

商务拓展人员需要拥有出色的沟通交际能力，能够在不同场合与各类合作伙伴开展良好的互动；组织协调能力同样重要，以便在多方参与的直播项目中保持步调一致；渠道开拓与管理能力是商务拓展成功的关键，它要求工作人员能够不断创新，有效管理和优化现有的合作渠道，同时开拓新的商业可能性。这些能力的综合运用，将直接影响到直播间商务拓展的成效和企业的市场竞争力。

任务二 主播人设打造

【引导案例】

职业人设账号打造——鹿晨辉

一、案例背景

"职业人设"通常是指在社交媒体上创建的专门用于展示和发展个人职业形象、知识、技能和经验的主播。这些账号旨在提高个人在特定领域的可信度和影响力，通常与个人品牌建设和职业发展有关。鹿晨辉是一位中国男子健美运动员，他在2018年10月23日参加了第十五届健美黄金联赛决赛，成为健美职业组无差别比赛中唯一的中国选手，并荣获男子健美职业组冠军。这一成就让他在健美界建立了显著的声誉。

鹿晨辉的职业人设主要以健美运动员的身份为受众提供内容。他在抖音上创建了个人账号，通过短视频和直播等形式，向观众分享与健美、增肌和减脂相关的内容。他的内容涵盖了训练技巧、饮食建议、身体健康等主题。通过这些内容，他不仅向观众传授知识，还鼓励他们追求健康和良好的身体状态。这一职业人设帮助鹿晨辉在社交媒体上建立了自己的品牌，并吸引了众多与健身和健美相关的粉丝和支持者。

二、案例解读

鹿晨辉的案例突出了以下几个关键点：

1.确定核心专业领域

职业人设的第一步是明确定义自己的核心专业领域。鹿晨辉以健美运动作为自己的专业领域，这是他的职业人设的核心，他深入了解健美运动，获得相关荣誉，并积累了丰富的专业知识和经验。

2.分享专业知识和经验

关键之一是积极分享自己的专业知识和经验。鹿晨辉在社交媒体上发布与健美、训练技巧、饮食建议等相关的内容，为观众提供有价值的信息。这种分享可以通过文章、短视频、直播等形式来实现，用以展示自己在专业领域的专长。

3.构建专业形象

鹿晨辉通过展示自己在健美运动领域的专业形象，建立了自己的专业品牌。他的知识、成就和专业见解使他在社交媒体上备受认可。

4.与观众建立联系

与观众建立深层联系是成功职业人设的关键。鹿晨辉回应观众的问题、提供建议，让观众感到他是一个亲切的专家，他们更愿意与他互动，支持他创作的内容。

三、案例总结

鹿晨辉的案例强调了成功的职业人设不仅建立在专业领域的知识和经验基础上，还需要通过积极分享、建立专业形象和开展深层次互动，激发观众的兴趣。通过在社交媒体上构建亲近的联系并鼓励他人，鹿晨辉成功地将自己打造成一位备受信任的健美运动员，并在特定领域建立了自己的影响力。

四、案例思考

阅读以上案例，思考以下几个问题：

（1）从鹿晨辉的案例中，你能学到如何在特定领域建立个人品牌？有哪些步骤可以帮助你借助职业人设在社交媒体上获得成功？

（2）如果你考虑建立自己的职业人设，会如何选择适当的平台和内容类型？

资料来源：编者根据厦门网中网直播销售教学平台（http://ec.sy.netinnet.cn/ecls/#/home）案例改编。

主播作为直播团队的核心人物，其个人魅力和影响力对于直播的成功至关重要。在直播这个充满竞争的领域中，那些成为大众焦点的主播，往往都拥有自己独特且鲜明的个人形象设定，即"人设"。这种人设不仅包含了主播的外在形象，如角色造型、服装风格、眼神和表情，还深层次地涉及角色的外貌特征和个性特点，它是主播与观众建立情感连接的基石。

在直播电商的舞台上，人设的作用尤为显著，它不仅是一个简单的形象包装，还是一个账号的"名片"，代表着主播的身份、性格、内容风格、态度以及独特的个人魅力，如图3-1所示。

图3-1 主播人设

人物的背景设定是构建一个立体、真实主播形象的重要组成部分，它涵盖了人物的家庭环境、文化程度、职业经历，以及个人擅长的专业领域和具体的职业定位。这些背景信息不仅为观众提供了了解主播的窗口，也为主播的言行举止提供了合理的解释和依据。在电商直播平台上，主播的性格、情绪表达、语速节奏，以及他们的职业背景，都是构成其人设的重要元素，这些元素共同塑造了一个有血有肉、生动鲜明的主播形象。

每个成功的主播人设都有一个或多个特别突出的记忆点，这些记忆点可以是独特的口头禅、标志性的动作，或是鲜明的性格特征。人设的强度直接关系到粉丝对主播的记忆深度和喜爱程度。一个强烈的人设能够让粉丝在众多主播中迅速识别并记住，它像是一个品牌的logo，成为主播个人品牌的象征，有助于主播在竞争激烈的直播市场中脱颖而出，建立起稳定的粉丝群体。

一个精心设计的人设，能够吸引目标观众的注意力，并在他们的心中留下深刻的印象。因此，主播的人设必须经过精心的策划和打造，它需要与主播的真实个性相契合，同时要符合目标市场的期待和喜好。一个成功的人设能够增强主播的辨识度，提升观众的忠诚度，甚至在一定程度上影响消费者的购买决策，从而在直播电商的浪潮中占据一席之地。

一、主播人设及其作用

主播打造个人IP和品牌，本质上是一种个人品牌的塑造过程。这需要主播深入

微课3-2

直播团队人才的选择与培养

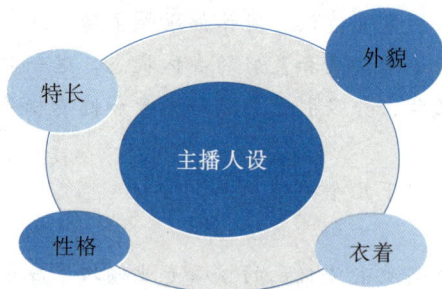

挖掘自身的独特魅力和优势，放大自己的闪光点，明确自己在直播领域的定位，并为自己贴上鲜明的"标签"。这些标签可以是主播的专长、兴趣爱好、独特风格或是其他任何能够代表其个人特色的特点。通过这样的方式，主播能够更有效地吸引那些与之特质相契合的粉丝群体。将主播的特定标签深植于目标粉丝的心智中，让粉丝在众多信息流中迅速识别并记住主播，形成一种特有的、深刻的认知印象。这种印象一旦形成，便能在粉丝心中建立起一种信任感和忠诚度，使得粉丝更愿意追随主播，参与到直播互动中来，甚至转化为消费行为。

主播人设打造通常有以下作用：

1.精准吸引粉丝群体

吸引精准的粉丝群体，关键在于主播人设的塑造能够触动人心。观众对于主播的喜爱，往往不在于其名气有多大，而在于主播的人设能够引起他们的共鸣，或是恰好符合他们的审美和兴趣。无论是温文尔雅的学者型主播、活泼开朗的阳光型主播，还是幽默风趣的搞笑型主播，每一种人设都有其独特的魅力，能够吸引一批忠实的粉丝。这些粉丝因为对主播人设的认同和喜爱，愿意追随主播，共同构建起一个充满活力和共鸣的粉丝社群。

2.提升关注度

人设的强度直接关联到主播在观众心中的印象，人设越突出，越能够迅速抓住人们的眼球，从而在众多直播内容中脱颖而出。一个强有力的人设，就像是一块磁铁，能够吸引观众的注意力，激发他们的好奇心，促使他们停下浏览的脚步，转而关注主播的直播，甚至成为忠实的粉丝。

此外，一个强大的人设还能够帮助主播在社交媒体和直播平台上获得更多的曝光机会。当主播的人设与观众产生强烈的共鸣时，观众更愿意在朋友圈、微博等社交网络中分享主播的内容，这种口碑传播效应极大地提升了主播的知名度和关注度。

3.提升互动，延长粉丝停留时间

一个鲜明的人设能够激发粉丝的好奇心和参与感，使他们更愿意在直播间停留，与主播进行互动。这种互动不限于评论和点赞，还包括参与投票、答题、抽奖等直播活动，从而提升了直播的活跃度和观众的参与度。当粉丝对人设产生共鸣时，他们在直播间的停留时间自然就会延长。长时间的停留不仅增加了粉丝对主播的熟悉度和信任感，也为主播提供了更多机会去展示商品、讲解细节，以及解答粉丝的疑问。粉丝在直播间长时间停留直接提升了转化率。他们在观看直播的过程中，更有可能被主播的推荐所吸引，从而产生购买行为。这对于电商直播来说，无疑是提高成交率的关键。一个强大的人设能够帮助主播在直播平台上获得更高的排名，吸引更多的流量。平台算法通常会倾向于推荐那些观众停留时间长的直播间，这意味着人设强大的主播更容易获得平台的推荐，形成正向循环，带来更多的粉丝和潜在消费者。

4.形成主播标签

主播不仅要在打造自身形象的过程中注重标签中各类要素的体现，更要深化发展各类要素，使这些要素形成系统的语言习惯、动作习惯、直播场景细节，以及直播过程中侧面提及的生活习惯、各类作品包含的艺术冲突点等，如图3-2所示。所以在打造主播人设之前需要考虑清楚想要吸引的目标人群。

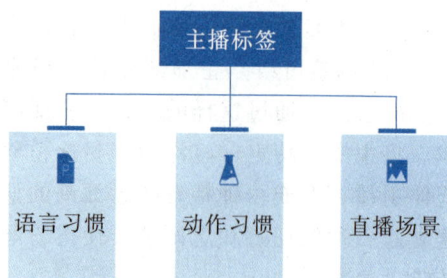

图3-2 主播标签

二、主播人设的构思方向

主播人设有很多类型：专业类、才艺类、阅历类、教育类、组合类、形象类、搞笑类、反差类、娱乐类和明星类等，如图3-3所示。构思打造主播人设的方向对主播的人设定位具有指导意义。

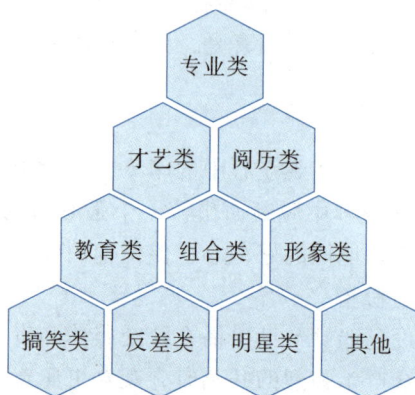

图3-3 主播的方向

1.专业类主播

专业类主播是指在某个特定领域（如美妆、科技、家居等）具有深厚专业知识和经验的主播，他们通过直播形式向观众介绍产品、分享专业知识，并引导观众进行购买。专业类主播在直播带货行业中扮演着重要角色，他们通常具备丰富的专业知识和经验，能够为消费者提供专业的建议和产品评测。

专业类主播首先需要对自身行业比较了解，而且通常会签约业内公司，接受专门的职业培训，掌握一定的专业知识和具备销售能力。公司或机构为主播提供技术、团队等支持，主播的工作便是每天对着直播镜头卖货并运营自己的账号。这些头部主播背后会有一支成熟的运作团队，帮助他们进行选品、协调、售后等。专业类主播中的头部主播吸引了平台上大多数的流量和关注，影响力也与日俱增，可以更清晰地向粉丝介绍产品，而对产品的了解也是优质内容输出的前提。在讲解产品方面，如果没有专业知识的支撑，哪怕再出名也是不行的。

专业类主播需要在特定领域内拥有扎实的知识储备，能够深入解析产品的特点、功能、使用方法等。由于他们的专业背景和经验，观众往往对他们的话术和推荐具有较高的信任度。专业类主播要能够基于自己的专业知识和实践经验，对产品进行客观、准确的评测，为消费者提供有价值的参考信息；能够与观众进行良好的沟通，清晰地解释产品特点和使用方法，同时理解并回应观众的疑问和需求。

2.阅历类主播

阅历类主播通常具备丰富的人生经历和故事，他们能够在直播中分享这些经历，为观众提供独特的视角和参考。这类主播往往能够引发观众的共鸣，因为他们的经历可能触及了观众内心深处的某些情感或记忆。这种情感共鸣能够增强观众对主播的信任和依赖。

由于具备丰富的人生阅历，阅历类主播往往能够从不同的角度看待问题，为观众提供独特的见解和思考。这种独特的视角能够吸引观众的关注，并激发观众的好奇心。这种联系使得观众更加愿意与主播互动、分享自己的故事和想法。例如：曾经在职场上摸爬滚打多年的企业家，通过直播分享自己的创业经历和职场心得；游历过世界各地的旅行家，通过直播向观众展示不同地域的文化风情和人文景观等。

阅历类主播需要积极与观众互动交流，回答观众的问题和关切，加深与观众之间的情感联系，并促进观众对主播的认同和支持。在分享过程中，主播需要投入自己的情感，让观众感受到主播的真诚和热情。

3.才艺类主播

才艺类主播是指那些具备特定才艺技能，如歌唱、舞蹈、乐器演奏、绘画、手工制作等，并在直播平台上进行展示和分享的主播。他们通过自身的才艺表演，为观众带来视觉和听觉上的享受，同时与观众进行互动交流，建立情感连接。才艺类主播的才艺种类丰富多样，通过展示各类艺术才能来吸引观众，以内容创新和娱乐观赏为核心吸引力。

为了吸引观众的关注，才艺类主播需要不断进行创新，尝试新的表演形式和内容。他们可以通过改编经典曲目、展示原创作品等方式，为观众带来新鲜感。除了单纯的表演外，一些才艺类主播还会在直播中展示技能教学，如教授观众如何唱歌、跳舞或制作手工艺品等。这种互动方式不仅增加了直播的趣味性，还有助于提升主播的知名度和影响力。

才艺类主播通过才艺表演使观众在欣赏表演的过程中产生共鸣，增强观众的忠诚度和黏性。在直播过程中，观众可以实时与主播进行技艺交流。主播则可以根据观众的反馈进行调整和改进，提高表演质量。为了增加直播的互动性，才艺类主播会设置各种互动机制，如抽奖、问答、投票等。这些机制能够激发观众的参与热情，提高直播的活跃度和关注度。

随着知名度的提升，才艺类主播可能会吸引到广告商的青睐，从而获得广告赞助收入。一些才艺类主播会开设付费课程，教授观众特定的才艺技能。这种方式能够成为主播稳定的收入来源。

4.形象类主播

形象类主播是指那些通过出众的长相（颜值）以及个人魅力来吸引粉丝和观众的主播。他们通常具有较高的知名度和粉丝基础，能够利用自己的形象优势为产品带来大量的曝光和销售。他们懂得利用自己的形象和气质吸引消费者，打造自己的品牌形象，成为消费者心目中的购物偶像。例如，时尚类电商主播、美妆类电商主播等。

　　形象类主播主要依赖自身的形象和魅力来吸引观众和消费者，这类主播通常已经积累了一定的知名度和粉丝基础，能够轻松吸引大量观众进入直播间。他们擅长通过服饰、妆容、发型等外在形象的塑造来增强自己的吸引力。他们的推荐和分享往往能够引发观众的购买欲望。形象类主播擅长与粉丝进行互动，通过直播、社交媒体等方式建立紧密的社群关系。这种社群关系不仅能够增强粉丝的忠诚度，还能够为品牌带来长期的口碑传播。

　　形象类主播需要明确自己的定位和目标受众群体，以便更好地塑造自己的形象。除了外在形象外，形象类主播还需要注重内在素质的提升，包括语言表达能力、沟通能力、情绪管理能力等。

5.教学类主播

　　教学类主播是指那些利用直播平台，针对特定领域或学科进行知识传授、技能教学或学习辅导的主播。教学类电商主播通常擅长在直播中进行产品使用、操作技巧、样式搭配等方面的演示和教学。他们能够深入浅出地向消费者传授购物知识和技巧，使消费者更好地了解和使用产品，如图3-4所示。例如，家居类电商主播、美妆类电商主播等。

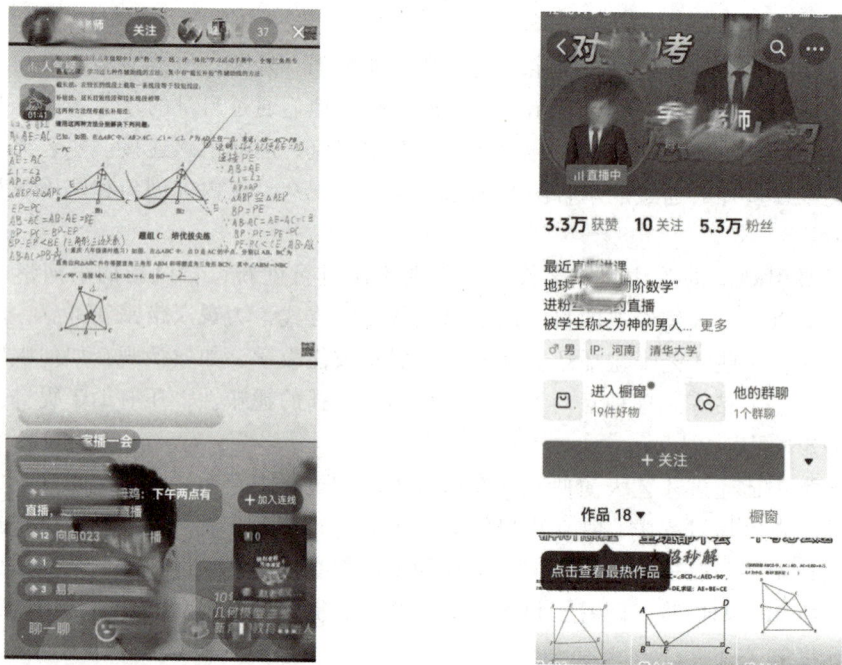

图3-4　教学类主播

　　教学类主播可以通过专业知识和个人魅力在直播领域脱颖而出。例如，通过抖音平台直播讲解升学政策、指导中考志愿填报，以通俗易懂的方式吸引大量家长和学生的关注。教学类主播通过直播将知识传递给更广泛的人群，帮助学习者提升技能和能力，使优质的教育资源通过直播形式得到更广泛的传播和共享，促进了教育公平。随着直播行业的不断发展，教学类主播将更加注重专业化和细分化，AR、VR等前沿技术将逐渐应用于教学类直播中，为学习者提供更加沉浸式和互动性的学习体验。

教学类主播需要具备扎实的专业知识和教学技能，能够准确、清晰地讲解知识点和技巧。由于直播教学具有实时互动的特点，主播可以根据学生的反馈和问题进行即时解答和辅导，打破了传统教育的时间和空间限制，学生可以随时随地进行学习。

6.搞笑类主播

搞笑类主播主要通过幽默的语言、夸张的表情、搞笑的动作以及有趣的互动环节，营造出一种轻松愉快的直播氛围。搞笑类主播是主播类别中极具娱乐性和吸引力的一种，他们以轻松、幽默的方式与观众互动，为观众带来欢笑。他们善于捕捉生活中的点滴趣事，以独特的视角和方式呈现给观众，让观众在笑声中度过愉快的时光。

在直播过程中，搞笑类主播需要反应灵敏，时刻保持警觉，对观众的反应和话题进行快速捕捉和回应。他们能够快速调整直播内容，以满足观众的期待和兴趣。

搞笑类主播需要具备良好的互动能力，能够与观众进行积极的互动和交流。他们能够通过弹幕、评论等方式了解观众的需求和反馈，并根据观众的意见进行改进和调整。

搞笑类主播会分享自己或身边人的搞笑经历，以轻松幽默的方式讲述故事，让观众在笑声中感受到生活的乐趣。主播会展示自己的才艺，如唱歌、跳舞、模仿等，以吸引观众的注意力和兴趣。这些才艺展示往往融入了搞笑元素，让观众在欣赏才艺的同时感受到欢乐。

搞笑类主播会根据直播间的氛围和观众的需求进行即兴表演，如模仿名人、讲笑话等。这些即兴表演往往能够带来意想不到的效果，让观众捧腹大笑。例如，某些主播以搞笑幽默的语言和夸张的表情在直播中带货，即使遇到意外情况也能机智应对，将尴尬转化为笑点；还有些主播则擅长以幽默的方式解读社会热点和时事新闻，让观众在轻松愉快的氛围中了解社会动态。

7.组合类主播

组合类电商主播在直播销售领域扮演着多面手的角色，他们巧妙地融合了多种销售策略，以全方位满足消费者的购物需求。如产品演示、购物引导、产品讲解等，既能够吸引消费者的注意力，也能够有效地促进销售。组合类电商主播要拥有丰富的产品知识和全面的销售技能。在直播过程中，要能够深入浅出地讲解产品特点，针对消费者的疑虑提供专业的解答，让消费者感受到贴心和专业的购物体验，为消费者提供全方位的购物服务。例如，服装类电商主播、美妆类电商主播等。

8.反差类主播

反差类主播是指在网络直播中，通过展现与常规或预期不同的个性、行为或形象，以产生强烈反差效果来吸引观众注意力和兴趣的主播。这种反差可以体现在多个方面，包括性格、外貌、行为方式、直播内容等。物以稀为贵，比如在万千女性美妆博主中突然出现一个男性美妆博主，就会十分吸引观众的眼球。例如，以往卖口红的主播都是女性，但一些男性化妆师，对护肤美妆那么了解，并且说出很专业的建议，这种反差就让人感到很新奇；有些主播在视频中通常表现出来的是气质女神，在直播间却是各种接地气的搞怪画风，没有任何偶像包袱；在游戏主播中也经常存在一些具有强烈反差人设的主播。通过打破观众的固有印象，带来意想不到的惊喜和新鲜感。这些反差会使得主播自身更具有辨别性，增强粉丝的黏性。

9.明星类主播

电商直播蕴含的巨大利益也吸引了大量的明星入驻。明星在其各自领域的平台上已经积累了相当多的粉丝，具备相当大的号召力和影响力。在他们入驻电商直播平台后，明星及其运营团队会在其他社交媒体平台上为直播进行预热，从而将自身的热度和关注度转移到自己的电商直播间。而明星作为品牌代言人，他们通常受品牌方委托参与直播，根据品牌方的要求在直播间为自己代言的品牌站台推荐，业界将这种模式称为"播代言"。

明星虽然没有像专业类主播一样接受过专业培训，但名人效应使其在电商主播中表现出极强的竞争力。明星自带流量进入电商直播平台，吸引粉丝成为电商平台的用户和品牌的消费者，从而贡献交易额。而在直播过程中，他们又会继续吸引新的粉丝关注，让粉丝经济在社交平台和电商平台之间得以有效循环。

当然，一个主播也可以拥有多个人设，如某品牌柜台彩妆师出身让其属于专业类主播，男性美妆博主又使他成为反差类主播。

三、商家直播如何选择主播

有些商家在选择主播时，往往容易陷入盲目追求人气的误区，认为高人气主播必然带来高销量，然而他们忽视了一个关键点：高流量并不等同于高转化率。因此，商家在选择合作主播时，应当遵循一定的原则，采取科学的策略，比如考虑主播与品牌定位的契合度、主播的粉丝群体与目标消费者的匹配度，以及主播的实际带货能力和历史销售数据，这样才能更有效地实现商品销售和品牌推广。

1.明确主播的类型

对于商家来说，主播主要分为三类。

（1）商家主播。商家主播是指由商家负责人亲自上阵，担任主播。一般来说，电商直播行业的中小玩家会选择这种方式。

这类主播的优点在于，商家负责人对自身店铺的经营状况和商品特性有更深入的了解，所以在介绍商品时会更全面，而且会对直播投入大量的精力；其缺点在于负责人的精力和时间有限，直播能力也是因人而异，经验参差不齐。因此，商家主播在刚直播时要多学习同行的直播方法。

（2）客服主播。客服主播是指由外在条件和表述能力较好的客服或员工担任主播。有经营团队的商家一般会用这种主播。

这类主播的优点在于多人可以相互替换，进行持续直播、多时段直播，以获得更多的流量；其缺点在于客服的性质决定了其专业度，他们对平台的把控和对商品特点的了解程度还不够深，在直播时容易出错。因此，商家要对客服主播进行专业培训，并建立相应的考核制度，以增强客服主播对商品知识和用户需求的把控。

（3）机构主播。机构主播是指商家结合自身能力，请专业直播机构或直播达人担任主播。这类主播的优点在于拥有专业的直播知识和技能，直播时间充裕，可以很好地占据热门直播时间段；其缺点在于对商品和商家缺乏足够的了解，在挖掘商家需求上存在一定的难度，且需要商家投入较高的成本。

机构主播适合于有一定直播基础的商家。商家在机构主播撰写直播脚本的过程中要多参与，尤其要将对商品卖点的描述尽可能详细地传达给机构主播。在直播过程中，商家也要及时提醒机构主播，而不能放任其随意直播。

2.多渠道搜集主播资源

商家可以从多个渠道搜集主播资源，寻找合适的主播。搜集主播资源的渠道有以下几种。

（1）渠道供应公司。渠道供应公司在电商直播领域扮演着桥梁的角色，他们专注于渠道外包和渠道营销策划，在主播和品牌方之间搭建起一座有效的沟通与合作平台。凭借丰富的线上和线下资源，这些公司能够为主播提供多元化的展示舞台，同时为品牌量身定制营销方案，以实现双方的共赢。

在这些渠道供应商的手中，掌握着大量经过严格筛选的主播资源。这些主播不仅具备较高的专业素养，而且在流量真实性方面也经过了渠道供应商的严格审核，确保了直播数据能够真实可靠。

渠道供应公司的这种模式，极大地提升了直播营销的效率和质量。他们通过精准匹配主播与品牌的需求，不仅帮助主播找到了合适的展示平台，也为品牌方节省了寻找和筛选主播的时间和成本，提供了更为放心和高效的合作选择，从而在激烈的市场竞争中占据了一席之地。

（2）直播间。商家在直播间发现合适的主播后，确实可以通过私信等渠道主动出击，向主播发出合作邀请。这种直接的联系方式可以让商家迅速传达自己的合作意向，同时也体现了商家对主播的认可和重视。

通常，主播在直播过程中会收到大量的私信，因此在下播后会用专门的时间来浏览和处理这些信息。如果主播对商家的合作意向感兴趣，他们会在下播后主动与商家取得联系，进一步了解合作细节，包括商品信息、合作模式、报酬条款等。

商家应当准备好相关的介绍材料和合作方案，以便在与主播沟通时能够清晰、高效地传达自己的需求和期望，从而提高合作的成功率。同时，主播也会根据自己的定位和粉丝群体的特性，评估合作的可行性和潜在效益，确保合作的双方都能够从直播营销中获得收益。

（3）主播所在的MCN机构。商家在寻求与主播合作时，选择联系MCN机构是一个高效且专业的途径。MCN机构作为主播的管理和运营平台，拥有丰富的行业资源和专业的运营团队，他们能够根据商家的产品特性和市场定位，为其推荐匹配度高的带货主播。这种方式不仅能够帮助商家快速找到合适的直播合作伙伴，还能确保合作的顺畅进行，因为MCN机构通常会提供全面的服务支持，包括合同谈判、活动策划和效果评估等。

同时，对于MCN机构而言，与商家的合作也是其业务增长的重要驱动力。通过与商家的合作，MCN机构能够为旗下主播提供更多优质的货源，这不仅增强了主播的带货能力，也提升了MCN机构在直播电商领域的竞争力。此外，拥有稳定且多样化的货源供给，有助于MCN机构构建更加坚实的业务基础，实现长远的发展和扩张。因此，这种合作模式对于商家和MCN机构来说，是一种双赢的选择。

（4）电商平台。电商平台为商家提供了便捷的营销工具，使得商家能够自主设置直播商品的推广计划。这些工具通常包括商品上传、佣金设置、推广时间安排等功能，便于商家灵活地管理直播带货活动。

商家在设置推广计划时，可以明确商品的佣金比例，这对于吸引主播至关重要。如果佣金设置得合理且符合市场行情，主播会觉得推广该商品有利可图，且与其个人品牌定位相契合，他们就可能主动选择这些商品进行推广。这种模式为商家和主播之间建立了一种直接的合作关系，省去了烦琐的沟通环节。

商家在直播结束后，可以通过电商平台提供的后台数据系统，轻松查看商品的推广效果，包括销售数据、观看次数、转化率等关键指标。这些数据帮助商家评估直播推广的效果，并根据实际销售情况结算佣金给主播。这种透明化的结算方式，不仅提高了结算效率，也增强了双方合作的信任度。

此外，商家还可以根据后台数据反馈，调整推广策略和佣金设置，以优化直播带货的效果，实现商品销售和品牌推广的双重目标。这种基于数据的合作模式，有助于商家和主播双方更好地把握市场动态，提升合作的长期价值。

3. 考虑主播匹配度

在选择主播进行商品推广时，商家确实需要考虑主播与商品属性的匹配度，不同主播擅长推广的商品类型不同。例如，美妆主播可能对化妆品有深入的了解，而数码主播则对电子产品更为熟悉。选择与商品属性相匹配的主播，能确保他们准确、专业地传达商品信息，增加消费者信任。因此，寻找与商品属性相匹配的主播是直播营销成功的关键一环。商家如果对自己的诉求模糊不清，不了解主播在特定商品领域的专业程度，或者对其互动能力缺乏认识，那么在选择主播时很可能出现偏差。这种偏差会导致主播在推广过程中无法准确把握商品的核心卖点，从而使得推荐宣传不够精准，无法有效吸引目标消费者，最终可能导致商品销量不理想。

商家需要深入分析自己的商品特点和目标市场，明确品牌定位和推广目标，然后据此寻找那些擅长推广相应商品且互动能力强的主播。只有当主播的专业领域、粉丝群体、推广风格与商品属性相契合时，他们才能更好地传达商品价值，激发观众的购买欲望，从而提升商品销量，实现品牌推广的目的。

（1）明确自己的诉求。商家挑选主播时，可以借助一些数据查询工具查询主播的直播数据，商家通过直播数据查询工具可以查看主播的粉丝数量、平常的直播频率、直播时间、点赞数、评论数等，还可以进行实时查询，在主播直播时查看同一时段、同一领域的大盘流量，以此来判断主播在行业内的影响力。当然，商家也可以通过榜单排名来查看主播的实力。

商家要明确自己的诉求，根据诉求来确定数据要求，不要盲目追求商品销量或直播间人数，因为有些商家追求的是品牌商品曝光，推广新品；有些商家追求的是商品销量，库存清仓，快速回笼资金；还有些商家追求的是品销合一，既要求一定数量的曝光，也要求有一部分的转化。

（2）了解主播擅长推荐的商品。在选择合作主播时，商家不应仅关注流量数据和直播数据，更应深入分析主播的用户画像和带货数据。通过这些数据，商家可以更准确地评估主播的带货效果和影响力。例如，使用数据分析平台如"蝉妈妈"，商家可以直观地查看主播的直播数据大屏，其中包括"涨粉"量、累计观看人次、商品数、总销量以及独立访客（Unique Visitor，UV）价值等信息，这些都是衡量主播专业带货能力的重要指标。

通过细致的数据分析，商家可以筛选出那些在特定商品领域具有较高专业度和带货效果的主播。掌握主播的用户画像，可以帮助商家判断主播的粉丝群体是否与自家商品的目标消费者相匹配，从而确保推广活动的针对性和有效性。在此基础上，商家可以择优录用那些具有强大带货能力和精准粉丝群体的主播。

（3）了解主播的互动能力。互动能力是商家选择合作主播时的一个重要考量因素。商家可以通过观看主播的直播或回放直播视频来直观感受直播间的粉丝互动率和直播氛围。在直播过程中，一个互动能力强的主播能够有效地与观众进行交流，调动气氛，提高观众的参与度和黏性，这些都是促进商品销售的关键因素。

此外，商家还可以借助数据分析平台来深入查看直播数据，从而更客观地评估主播的互动能力。这些平台通常会提供包括互动次数、评论数量、点赞数、分享量等在内的详细互动数据，以及观众在直播间的停留时间等指标。通过这些数据分析，商家可以更准确地判断主播的互动能力，以及他们的互动风格是否与自家商品和品牌形象相契合，进而作出更明智的合作选择。

总之，商家在寻找主播时要特别慎重，前期需要做充足的准备和数据调研，从多个方面对获得的数据进行综合分析，了解并掌握主播的真实情况，找到真正适合自身商品属性的主播——既要有人气、能力，又要熟悉商品，还能满足自己的诉求。

4.数字人主播

近年来，直播行业迈入快速发展期，成为当下非常火热的一种营销方式，各行各业都可以通过直播来展示产品、服务和内容，吸引用户的注意力和兴趣。不过，直播也面临诸多挑战和问题，如直播间搭建初期的成本投入较大，主播运营难度大、稳定性差等。但是，随着人工智能（Artificial Intelligence，AI）技术被广泛运用，数字人直播迭代传统直播模式，以高质量、低成本、互动性更强的直播形式优化用户体验，这成为数字时代直播的主要趋势，为直播行业带来了新的增长动力。

数字人主播需要定制，画面越精致、口音越自然、与真人的相似度越高，收费就越高。买家一般只需提供一个可以克隆的人物形象、一段时长为3~5分钟的出镜视频素材、一段日常直播时用的话术音频，等待几天就可以拿到一款定制数字人主播。

数字人直播以数字人主播为基础。与真人主播相比，数字人主播具有以下优点。

（1）工作时长不受限制。真人主播的工作时长基本是固定的，而数字人主播可以实现全天候直播，即连续24小时不间断直播。不知疲倦的数字人主播可以充分帮助企业降低成本、提高效率，在市场竞中占据优势。另外，数字人主播可以在几分钟内快速生成口播视频，帮助企业进行营销宣传。

（2）成本较低。企业使用数字人主播进行直播时，只需一台计算机就可以完成直播工作，可以省下真人主播和运营团队的薪资、购买与维护设备的成本，以及租赁和搭建直播场地的费用等，极大地降低了企业的试错成本。另外，一个数字人主播形象可以同时用于多个直播间，在矩阵搭建方面更有优势。

（3）直播形式较为灵活。数字人主播可以根据商家或用户的需求灵活调整直播风格和内容，选择不同的服饰和直播间背景，使直播更具个性和特色。另外，数字人主播可以实时采集用户的互动问题和评论，并即时给予回应，增强用户的体验。

（4）可控性较高。数字人主播的直播话术可以提前设置，不会出现真人主播可能会出现的失误，而且数字人主播是企业的数字资产，没有违规、离职等风险，有利于稳定品牌形象。

当然，数字人主播与真人主播相比也有一些缺点，如表现能力和情感表达能力相较于真人主播还有一定的差距。此外，数字人主播无法像真人主播一样具备独立思考的能力。

因此，很多企业目前只将数字人主播作为真人主播的补充，利用数字人主播增加闲时流量，延长直播时长；在黄金时段或重大节日促销节点，仍然选择真人主播进行直播。

适合使用数字人主播的直播间主要有两种：第一种是"重讲解，轻展示"的直播间，商品品类主要有零食、百货等；第二种是"用户冲着品牌而非主播购买"的直播间，商品品类主要有旅游景区门票、品牌茶饮等。不管哪个主播直播，用户想要的都是低价和优惠。

成功地搭建一个数字人直播团队，需要以下人员。

编导：整个直播的策划者，要有足够的想象力和执行力，能撰写出精彩的直播脚本，能合理安排数字人主播的出场时间和直播内容。

技术人员：数字人直播的幕后英雄，需要应对各种突发事件，还要有一定的服务器和网络技术知识。

随着数字人直播技术的升级和完善，未来数字人主播会更加逼真，能够实现更加自然、流畅的动作和表情，还能进行更加智能的交互和创作。而且随着数字人生产技术的不断提升，人们可以更加轻松地创建自己想要的数字人形象。因此，未来数字人主播在品牌营销和商业变现领域的前景十分广阔，值得重视和期待。

拓展阅读3-1   规范AI数字人直播   浙江省出台网络直播营销行为规范指引

近期，直播带货问题舆情频发，出现了头部主播"互掐"、网红账号被封等事件，成为社会关注的热点，更引发了公众对直播带货行业合规经营的讨论。在上好网红主播合规"第一课"的同时，浙江省市场监管局继续出招。记者10月9日从浙江省市场监管局获悉，为进一步规范网络直播带货行为、保护消费者合法权益、促进行业规范健康发展，该局依据现有法律法规，针对网络直播营销行为乱象，出台《浙江省网络直播营销行为规范指引》（以下简称《指引》），以目录清单的形式列明30条"常讲常新"的经营者合规要求，并为消费者提供直播购物的"防套路手册"。

"此次发布《指引》也是浙江省市场监管局开展网络直播营销规范工作，整治互联网广告领域市场秩序的一个具体实践。"据浙江省市场监管局广告监管处相关负责人介绍，《指引》共分为3部分总计30条重点规范内容，在严禁不良导向、不得欺骗误导消费者、突出违法行为梳理上，精准、全面地指引网络直播营销行业，在虚假引流广告、混淆形式、假专家假人设假事件、功效宣称、优惠活动弄虚作假、鉴定检测造假、各类数据造假、制造虚假紧迫感、虚假代言等方面直面行业内核心症结问题，提出治理方向和有效解决方案。

其中，《指引》明确了8条从事网络直播营销活动不得出现的不良导向情形，主要包括严守政治红线、精神文明、公序良俗以及未成年人保护等内容。

《指引》对从事网络直播营销活动不得出现欺骗误导消费者的情形，列明了12条明确合规要求，具体包括：直播营销可能引起欺骗、误导消费者的行为模式，靶向规定虚假引流广告、各类数据造假等消费者深恶痛绝的问题。

《指引》明确了10条从事网络直播营销活动不得出现的其他违法营销情形，点明了目前直播营销中较为突出、最为常见的其他违法情形，包括损害消费者知情权行为、不正当竞争行为、知识产权侵权行为、价格违法行为、广告违法行为、产品质量违法行为等。这些违法行为涉及的也是直播营销日常品控、话术和售后服务中应该注意的重要方面。

随着科技的不断突破和人工智能的加速演进，AI数字人越来越多地出现在直播营销赛道，也引起了一些争议。记者注意到，《指引》全面回应AI时代直播营销中亟须规范的问题，避免深度伪造技术、数字人技术无序滥用。

直播营销通过深度合成技术生成以假乱真含有名人明星的声音、口型、图像等视频，向直播间引流，使得消费者误以为明星、名人与直播间存在代言关系，从而欺骗消费者。《指引》明确要求："不得通过内容虚假的短视频等方式诱导消费者点击进入直播间，未经授权许可不得使用或者通过AI深度合成技术等方式伪造他人声音、肖像剪辑拼凑音视频为直播间制作引流短视频广告。"

针对AI数字人可能导致公众混淆误认的情况，《指引》中明确："使用应用深度合成服务的AI数字人可能导致公众混淆或者误认的，应当在合理位置、区域进行持续、显著标识，与自然人名义或形象进行明显区分，不得采用技术手段删除、篡改、隐匿区分AI数字人标识。"

浙江省市场监管局广告监管处相关负责人表示，出台《指引》旨在引起广大经营者高度重视，引导其严格遵守本指引要求，注重自我管理自我约束，规范自身网络直播营销行为，保护消费者合法权益，促进网络直播行业规范经营、高质量"长红"发展，同时提醒广大消费者在网络直播购物时注重自我防范，科学理性消费，依法依规维护自身权益。

资料来源：郑铁峰. 范AI数字人直播：浙江省出台网络直播营销行为规范指引［N］. 中国消费者报，2024-10-10（1）.

5.直播助理的培养

直播绝不是一场单人"脱口秀"，其考验的是主播和助理的配合默契度。现在大多数直播间都有助理，助理和主播都是不可或缺的存在。没有助理，主播很难兼顾介绍商品和运营直播间。

（1）直播助理的类型。根据工作性质，直播助理可以分为前场助理和后台助理，前场助理又有出镜、不出镜或很少出镜两种，见表3-1。

表3-1　　　　　　　　　　　　　　　　直播助理的类型及工作职责

直播助理类型	出镜情况	主要工作职责
前场助理	出镜	（1）主要充当主播的模特，试穿衣服，试用商品； （2）帮助主播补充介绍商品信息； （3）回答用户提出的问题； （4）向用户演示领取优惠券的方式或下单流程等； （5）调节直播间的气氛； （6）掌控直播的节奏； （7）在主播有事时临时充当主播的角色
	不出镜或很少出镜	在场外通过画外音或文字的形式对主播提到的商品或优惠信息作出补充，配合主播完成直播
后台助理	不出镜	负责配合直播间的所有现场工作，如调试灯光设备，摆放商品，修改商品价格，上线优惠链接，转化订单，解决发货、售后等问题

有些前场助理经常在直播间里出镜，在主播短暂离开期间代替主播展示商品，而且积累了自己的用户群和粉丝。这类助理属于达人直播的助理，由于与某个固定主播长期合作，在直播间几乎相当于半个主播。

一般商家的直播更加流程化和标准化，其直播模式是"1个主播+1个助理"，助理很少出镜，更多时间在场外通过画外音与主播互动，辅助直播营销。

（2）直播助理的必备技能。一个优秀的直播助理需要掌握四个必备技能，见表3-2。

表3-2　　　　　　　　　　　　　　　　直播助理的必备技能

必备技能	技能说明
广告传媒能力	懂得如何吸引更多的粉丝，使直播间人气更高，如设计一张足够吸引粉丝的直播封面，策划一场有利于"吸粉"的直播活动等
团队沟通协作能力	必须与主播保持紧密、良好的沟通，即使主播只用了一个眼神或动作，自己也能马上明白主播的意图，达到"心有灵犀"的默契程度
商品销售能力	需要了解直播商品的基本行业知识、所有的商品信息和卖点，如某款衣服的受众对象是谁，以及怎样挖掘用户的痛点，提供解决用户需求的方案等
直播引流与运营能力	需要了解直播平台的推荐机制和直播间的运营技巧，研究如何通过提高直播间浮现权来尽可能多地获取自然流量，也要深度了解直播的技巧和需要避开的点，从而得到更优质的商业流量

（3）直播助理的工作内容。无论是前场助理还是后台助理，直播助理的工作都

必须从开播前开始，为直播的顺利开展做好充分的准备。例如，充分了解本次直播的所有商品，与主播一起制定直播策略，熟悉发放优惠券的方式、时间点，以及商品链接、下单流程等，并提前确认直播场地和灯光布置等。直播助理的具体工作内容见表3-3。

表3-3　　　　　　　　　　　　　　直播助理的具体工作内容

直播助理的工作	具体工作内容
直播的准备工作	协助团队成员选品，提前了解商品信息，摆放备播商品，确认直播场地，调试直播设备
掌控直播节奏	活跃直播间气氛，帮助主播掌控直播节奏，如提醒主播直播活动的时间点等，及时回答主播未顾及的用户提出的问题等
运用促单道具完成直播营销	根据活动策划，适时使用计算器、秒表、道具板等道具辅助主播促成用户下单，顺利完成销售目标
主播离席时及时补位	维持直播间的热度；直播时出现声音、画面不正常时，及时检查并维护
应对突发状况	直播出现问题（如商品链接、价格、优惠券、红包与主播宣传不符等）时，灵活应对
配合主播	全方位配合主播，如主播询问商品库存时，助理可以合理地根据直播间人数汇报库存；配合主播试用商品，强调试用商品后的效果，促成用户下单

助理与主播的配合需要掌握好分寸，配合太少无法起到辅助直播的作用，配合得过于频繁可能会引起用户的反感。助理要了解主播的个性特征和直播节奏，这样才能提高配合的默契程度。当然，这种恰到好处的配合并不是很快就会形成的，而是需要经过长时间的团队磨合逐渐形成的。

四、主播应具备的能力

1.培养主播直播的基本能力

在直播行业中，主播是重要的人才资源，高素质主播的直播间往往能获得很好的直播效果。

在直播过程中，主播是商家或企业联系用户的重要环节，主播的各种表现在很大程度上决定了直播能否吸引用户的注意。主播的基本能力是影响直播成果的关键因素，所以培养主播的基本能力至关重要。主播直播的基本能力如图3-5所示。

图3-5　主播直播的基本能力

（1）形象管理能力。形象管理主要是指主播的仪容仪表管理，以及所选的商品要与自身形象气质相契合。其主要体现在以下三个方面。

① 精致的妆容。"爱美之心，人皆有之。"人们都喜欢美好的事物，主播当然要把自己美好的一面展现给用户。精致的妆容既是对自己的尊重，也是对用户的尊重，更容易获得用户的关注。

② 整洁、得体的着装。大方、得体是对主播形象的基本要求。主播的穿着要整洁、得体，以简洁、自然、大方为原则，契合直播主题，争取与直播内容、直播环境、用户群体等层面保持一致，可以突出自身优势但不可触及法律底线。主播切忌为引人注目而穿得过于夸张，或者过于暴露，否则只会适得其反，导致直播失败，甚至被封禁账号。

③ 所选商品符合主播形象。主播应根据自身专业水平或自身性格特征来选择与自己形象气质相契合的商品。例如，活泼可爱型主播可以推荐有创意、好玩、新奇的商品，这样更能吸引"90后""00后"等目标群体；成熟稳重型主播可以推荐性价比高、有实用价值的商品，或者推荐知识教育类商品，为用户提供价值，这样有助于赢得目标用户群体的信任。

造型设计方面，通常职业主播会根据直播主题进行造型管理，同时也会根据实际直播需求确定，而不是按照主播本人意愿决定，如果没有明确的着装要求，主播可以穿着简单的服饰直播，某些特殊品类对直播服装有比较具体的要求。

例如，服饰直播间主播通常要试衣，为了方便换衣服，主播要穿易于更换的纯色衣物；如果是有线下店的品牌直播间，主播通常要穿工作服进行直播。

（2）语言表达能力。主播要想获得用户的认可和支持，除了保持良好的形象，还需要具有良好的语言表达能力，说话要具有亲和力、感染力，并且尽量打造自己的语言特色，用语言来调动直播间的气氛。

① 语言幽默化。幽默永不过时，是吸引用户的一大法宝。幽默的语言不仅能在直播中起到"润滑剂"的作用，还能彰显主播的睿智、内涵与修养。

② 语言要有亲和力。亲和力是一种助力人与人之间沟通交流的能力。直播行业中的知名主播大多具有很强的亲和力，在直播中能热情地对待每一位用户，就像真诚地对待自己的朋友一样。

③ 积极互动，有效沟通。主播与用户互动时要真情实感，对用户说的话进行逻辑分析，探究用户的真实意图。运用语言表达进行有效的沟通，可以避免引起用户的质疑或反感，避免造成用户流失。

④ 表述内容丰富。要想满足庞大的直播用户群体的需要，直播内容必须丰富，因此主播要具有内容创作能力，且内容要有内涵和趣味。主播可以运用自己的专业知识从多方面阐述商品的优势，传递商品的价值，从而赢得用户的信任与追随，最终引导用户完成交易。

（3）良好的心理素质。无论做任何事情，人们都要保持自信、乐观的心态。如果不自信，就会有各种顾虑，产生恐慌。直播不是彩排，主播必须有强大的心理承受能力，面对用户负面、消极的声音时能够理智、冷静地处理。主播在受到各方面的压力与挫折时，要能快速调整自己的心态，善于疏导自己的情绪，及时反省。

在直播最开始的阶段，观看人数可能会比较少，这时主播更需要努力坚持，不要轻言放弃，要有专业的直播精神，尽职尽责地完成每一场直播，从而不断积累经验，快速成长。

（4）灵活应变能力。主播也是一种特殊形式的销售人员，不仅要会推荐商品，还要能快速解答用户的问题，当然，这需要成长和学习的过程。即使准备工作做得再充分，直播过程中也难免会发生突发状况，这时就需要主播具有一定的灵活应变能力，保持冷静、沉稳、机智地处理，这样才有利于提升用户的信赖感。

例如，某主播首次在京东平台上直播售书，刚一开播就出现了各种意外情况，先是10多分钟没有声音，只有画面，接着又出现几分钟黑屏，只有声音。但是该主播反应迅速，没有声音时，就和团队成员上演哑剧小品，表演的内容是"领导训斥工作没做到位的员工，员工想尽办法求放过"，幽默的演绎吸引了更多的用户；出现黑屏时，主播又让团队里擅长唱歌的人一边唱歌一边与用户互动，成功地挽救了"翻车现场"。这种灵活应变能力是优秀主播必备的基本能力，能够使主播在遇到危机时化险为夷，很好地掌控直播现场的节奏。

2.主播直播带货必备的专业能力

主播要想成功地直播带货，除了具备以上提到的基本能力，还必须具备一定的专业能力，如图3-6所示。

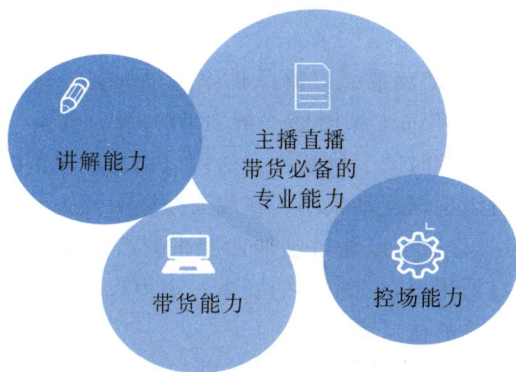

图3-6　主播直播带货必备的专业能力

（1）讲解能力。优秀的主播一定是销售高手。对于销售者来说，了解商品的专业知识且能透彻地介绍商品信息是一种基本能力。主播要熟练掌握商品的基础知识，全面了解商品的信息，清楚商品的卖点，讲解商品时能够突出商品亮点，灵活运用专业词汇为品牌背书，并延伸话题，将商品带入各种应用场景，从而提升用户的信任度。

例如，主播如果要推荐一款面膜，就要熟知面膜的主要功能、正确的使用方法，不同肤质对面膜功能的不同需求，以及这款面膜与其他同类商品的差异等方面的专业知识，再通过互动给予专业性的解答，解决用户提出的问题，塑造专业性较强的主播形象，提升用户的信任度，引导用户作出购买决策。

（2）带货能力。由于承担着销售者的角色，主播必须提升带货能力。当然，主播带货能力的提高不是一蹴而就的，而是循序渐进的，需要经过不断地学习、复盘和总结来积累经验。主播带货能力的提高主要分为三个阶段，如图3-7所示。

第一阶段：
掌握基础知识，熟悉商品信息，清楚商品卖点，能够及时解答用户可能提出的问题

第二阶段：
场景化营销，洞察用户心理，抓住用户需求，营造不同的商品应用场景，为用户提供有针对性的解决方案

第三阶段：
建立IP，逐渐让用户因主播的IP形象下单

图3-7　主播直播带货能力的提升阶段

（3）控场能力。直播控场的目的是根据直播流程，在从冷启动到人气增长再到人气稳定的过程中，把控好直播间的氛围，控制住直播的节奏，引导用户互动，进而促成用户下单。

主播的直播控场能力主要体现在以下几个方面。

①营造直播间的氛围。主播要擅长营造直播间的氛围，知道在什么情况下要活跃气氛，调动用户的积极性。例如，主动引导用户刷屏、点赞；当转粉率较低时积极引导用户关注自己。营造直播间的氛围可以使用户沉浸其中，提升用户的观看体验，延长用户的停留时长，从而带动直播带货的节奏，诱发用户的从众心理，促成其下单。

②上架与讲解商品。直播前要做好商品排序，根据现场营销效果随时调整商品上架顺序或循环上架商品。单品上架时间一般为10分钟，效果不好可以立即切换商品，效果好可以适当延长上架时间。例如，主播可以根据实际情况用"引流"款商品来增加互动和流量，还可以根据互动氛围、在线人数随时插入利润款商品。

③打消用户的顾虑。主播可以通过延伸话题来营造商品的应用场景，提供解决方案，强调价格优势，打消用户在价格上的疑虑；应用权威背书，打消用户对商品质量的顾虑，提升用户对品牌的认可度。

④与助理密切配合。主播在讲解商品时，要与助理密切配合，共同吸引用户的注意力，"种草"商品，引导用户下单，同时及时解决弹幕中用户提出的问题。另外，助理要做好辅助工作，控制直播节奏，及时处理不友好用户。

⑤与用户互动。主播与用户互动的方法如下：

多用问句：问句可以激发用户的交流欲望，活跃直播间的互动气氛，也可以让主播进一步了解用户对商品的需求，如"你们想不想要？喜不喜欢？"

进行商品比价：例如，与淘宝店铺、实体店及其他主播的直播间作对比，凸显自己直播间商品的价格优势。

推出粉丝专享特价款：设置只有主播的粉丝才有机会购买的专享特价款商品，这能在一定程度上为用户关注主播提供心理动力。

实时改价：将商品原价挂出或不设置价格，或者设定一个比较夸张的价格，与粉丝就价格进行互动，等商品上架时临时改价。

主推款送赠品：例如，有的主播会定制一些印有自己头像或名字的抱枕、手机壳

等物品专门送给购买主推款商品的粉丝。

邀好友，承诺赠送福利：直播间的人气不高时，主播可以请求直播间里的用户邀请好友前来观看直播，并承诺直播间观看人数达到多少时会向用户赠送福利，如优惠券等。

3.构建主播自身调性

直播内容决定了直播的大方向和基调，但就主播而言，还需要形成自己的风格，让用户形成对主播的整体认知。每个主播都有独特性，独特性决定了整体调性，而调性是建立在用户认知基础上的。

优秀的主播要构建明确、富有个性的调性，以便圈定特定的目标用户群体，形成共同的话题，吸引用户积极参与话题讨论，并在用户心中留下深刻的印象。

主播的调性对直播的效果起重要作用，也是直播营销的关键。主播与用户分享特定的内容，塑造自己有吸引力的亮点，从而吸引有共同兴趣爱好、共同价值观的用户群体。但是，直播内容对于直播营销来说有一定的局限性，直播内容没有特定的指向性和规律性，因此要想吸引住用户，主播就要形成自己的调性，发挥自己的人格魅力。

主播要构建自身调性，培养独特的直播风格，用个性化的直播方式来调动用户的听觉、视觉、感觉等。在构建自身调性时，主播可以从以下六个方面入手，见表3-4。

表3-4　　　　　　　　　　　　　构建主播自身调性的方法

方面	方法
直播方式	（1）明确风格定位：根据个人特长和观众喜好，从搞笑类、才艺类、形象类等多种直播方式中选择最适合自己的风格； （2）持续尝试与调整：初期可尝试不同风格，通过观众反馈和数据分析，逐步确定并优化自己的直播方式
镜头感	（1）对镜练习：每天对着镜子进行直播模拟，观察自己的表情、动作和眼神，培养自然、自信的镜头感； （2）调整角度与距离：找到最适合自己的摄像头角度和与观众保持的最佳距离，营造亲切、舒适的交流氛围； （3）注重细节：注意自己的着装、发型和背景布置，确保整体形象符合直播调性
情感	（1）倾听与回应：积极倾听观众的观点，并给予真诚、有建设性的回应，建立情感桥梁； （2）分享故事：在直播中分享个人经历、感悟或行业故事，增强与观众的共鸣和情感联系； （3）建立社群：通过社交媒体、粉丝群等方式，与观众建立更紧密的联系，形成稳定的粉丝社群
情绪	（1）保持积极情绪：在直播过程中始终保持积极向上的情绪，用正能量感染观众； （2）情绪表达：通过丰富的面部表情、肢体语言和声音变化，生动、准确地传达商品特点和优势，带给用户愉悦的体验； （3）情绪管理：学会在面对负面评论或突发状况时，保持冷静、专业的态度，有效管理个人情绪

续表

方面	方法
语速、语调	（1）适当提速：将语速调整为平时的1.5倍左右，表达流畅、清晰，保持直播的紧凑感和节奏感； （2）语调变化：根据直播内容和观众反应，自然切换高低起伏的语调，增强语言的感染力和表现力； （3）节奏控制：注意语速与语调的配合，保持整体节奏的和谐与统一
音量	（1）适当放大：确保音量稍大于平时说话的音量，以便在直播环境中清晰地传达信息； （2）热情饱满：用热情洋溢的声音感染观众，增强直播的吸引力和感染力； （3）注意平衡：避免音量过大导致观众不适，保持音量在舒适、可接受的范围内

五、打造主播人设的技巧

1. 人设的构成

（1）主播定位。主播的定位是建立个人品牌和吸引粉丝的关键。每位主播都有其独特的闪光点，这些特点可能是他们的个性、专业知识、生活方式或者其他独特的魅力。将这种被观众喜爱的特质作为主播的优势和定位，能够有效地吸引并凝聚一批忠实的粉丝群体。例如，一位以幽默风趣著称的主播，可以通过幽默的互动和轻松的直播氛围，吸引喜欢轻松愉快内容的观众。

同时，主播的定位必须与直播产品相匹配，这是建立信任和促进消费的基础。如果直播标题标明"大码女装"，但观众进入直播间后却发现主播身材苗条，这种不一致性会让观众感到被误导，从而产生不信任感，影响消费决策。因此，主播在确定自己的定位时，不仅要考虑自身的特点和优势，还要确保这些特点与直播推广的产品相符合，这样才能更好地吸引目标观众，提高直播的转化率和粉丝的忠诚度。

（2）账号名称。账号名称在直播平台上扮演着至关重要的角色，它不仅是主播或店铺的身份标识，也是吸引粉丝的第一印象。账号名称一定要体现个人或店铺特色，让粉丝知道是谁，卖的是什么。一个体现个人或店铺特色的账号名称，能够迅速传达主播的内容方向或店铺的产品类型，帮助粉丝快速识别和记忆。例如，"小丽美妆"这个名称直接表明了主播与美妆相关的内容，让对美妆感兴趣的粉丝能够一眼识别并关注。

对于企业账号而言，选择一个与店铺或产品特色紧密相关的名称同样重要。初期，为了更精准地吸引目标粉丝群体，企业可以选择一个较长且具有明确定位的账号名称。这样的名称有助于在粉丝心中建立清晰的品牌形象。随着品牌知名度的提升和粉丝基础的稳定，企业可以根据市场反馈和品牌发展需要，适时地对账号名称进行调整，使其更加简洁易记，同时保持品牌的连贯性和识别度。

（3）粉丝昵称。粉丝昵称是主播与粉丝之间互动的一种重要方式，它不仅体现了主播对粉丝的尊重和认可，也是构建亲密粉丝社群的关键。很多主播习惯于使用"宝宝"这样的通用称呼，但并非所有粉丝都对此感到舒适，有些粉丝可能会觉得这种称呼过于笼统，缺乏个性。因此，主播应当更加细心地选择粉丝昵称。

例如，一位黑皮肤的旅游主播，他不仅直接在直播中称呼粉丝的名字或昵称，还创造性地给自己的粉丝起了一个独特的名字——"黑粉"。这个昵称既与主播的黑皮肤特征相关，又巧妙地与"粉丝"一词结合，形成了一种幽默而亲切的称呼。这样的粉丝昵称，不仅让粉丝感到自己是被特别关注的，还增强了粉丝之间的归属感和凝聚力。

再比如，一位以推荐流行时尚为主的主播，她为自己的粉丝起了一个昵称"时尚达人"，这个昵称不仅体现了主播的时尚定位，也赋予了粉丝一种身份的象征，让粉丝感到自己也是时尚圈的一部分。在直播中，主播会使用这个昵称与粉丝互动，比如："今天的穿搭技巧，时尚达人们学会了吗?"这样的互动方式，让粉丝感到更加贴近主播，从而增强了粉丝的黏性和参与度。

恰当的粉丝昵称能够有效拉近主播与粉丝的距离，使得粉丝感到自己在一个充满归属感和认同感的小社群中。这种个性化的互动方式，有助于建立更深层次的粉丝关系，提升粉丝对主播的忠诚度，增强粉丝的黏性。

（4）自我介绍和欢迎语。在直播平台上，主播的自我介绍和欢迎语是塑造第一印象的重要环节。每个平台直播间的定位都不一样，要想让新进来的粉丝更快地了解主播，就要提前设计好直播间的互动话语，引导粉丝互动，拉近与粉丝之间的距离。

例如，在一个以生活方式分享为主的直播间内，主播可以这样自我介绍："大家好，我是'生活美学达人'小林，这里是我的生活美学实验室，让我们一起探索生活中的小美好。"这样的介绍既明确了直播间的主题，又激发了粉丝对生活美学的兴趣。

当有新粉丝进入直播间时，主播的欢迎语应当既热情又个性化："欢迎'爱生活的你'加入我们的直播间，很高兴和你一起分享生活中的点点滴滴。如果你有任何生活小疑问或者想要分享的生活小技巧，都可以在评论区告诉我哦!"这样的欢迎语不仅让新粉丝感到被重视，还鼓励他们参与互动，从而快速融入直播活动，增强对主播的认同感和黏性。

通过这些精心设计的互动话语，主播能够有效地引导粉丝参与直播互动，拉近彼此之间的距离，让粉丝觉得自己被重视，使得直播间成为一个充满活力和归属感的小社区。

总之，在给主播设定人设之前，一定要清楚主播的实际情况，而不是盲目地去塑造，要贴合主播的实际情况去挖掘适合主播的人设并将其扩大，从而吸引更多的粉丝。

2.打造独特的主播人设

主播可以通过"我是谁""目标用户是谁""提供什么""解决什么问题"四个维度，准确、快速地打造出属于自己的独特人设。

（1）"我是谁"。主播需要明确自己的身份定位，比如是创业者、职场精英、乐器演奏者或是其他任何具有特色的角色。这种身份的明确有助于粉丝快速识别主播的专业领域和独特价值。例如，一位主播如果是一位创业者，他可以围绕创业经验分享、商业洞察等内容来构建自己的形象，吸引对创业感兴趣的粉丝群体。

主播应该确定自己的形象，以增强识别性。例如，如果主播擅长美妆，那么将形象定位为"美妆博主"能够帮助粉丝在众多主播中迅速找到并记住自己。主播的形象应当与自身的闪光点相结合，这些闪光点可以是专业的知识、独特的才艺、个性化的风格或是其他令人瞩目的特质。

（2）"目标用户是谁"。主播应当根据自己的人设特点，精准地识别和定位目标用户群体。例如，如果主播的人设是时尚达人，那么目标用户可能是对时尚敏感、追求潮流的年轻男女。了解目标用户的性别、年龄、性格、受教育程度、收入水平、消费能力等基本信息，有助于主播更好地"投其所好"，提供符合用户需求和兴趣的内容，从而吸引并留住这部分粉丝。

在明确目标用户群体时，主播需要对这些用户的特征进行深入分析。比如，了解用户的性别和年龄可以帮助主播调整语言风格和内容主题，以适应不同用户群体的偏好；掌握用户的性格和受教育程度可以让主播在互动时更加得体，建立良好的观众关系；而了解用户的收入水平和消费能力则有助于主播在推荐商品或服务时，更好地匹配用户的购买力，提高转化率。通过这样细致的用户分析，主播能够打造出更具吸引力和针对性的个人品牌，实现高效的用户聚集和粉丝互动。

（3）"提供什么"。提供什么即内容的价值输出。有的主播凭借自己的资源优势，为粉丝筛选出性价比高的商品。例如，某主播专注于挖掘优质国货，定期为粉丝推荐物美价廉的护肤品、家居用品等，让粉丝在享受优惠的同时，也能感受到品质的保证。主播可以传授一些实用的生活技巧，帮助粉丝提升生活品质。比如，一位美食主播不仅分享美食制作过程，还教授如何挑选食材、营养搭配，让粉丝在享受美食的同时，也能学会健康生活的秘诀。有的主播通过分享自己的故事和心得，为粉丝提供情感上的支持和陪伴。例如，某情感主播在晚间时段与粉丝聊天，讲述自己的人生经历，为粉丝解答情感问题，让粉丝在心灵上得到慰藉。通过这样的内容输出，在主播与粉丝之间建立了深厚的情感联系。提供有价值的内容是主播建立个人品牌、扩大影响力、实现粉丝互动和增长的关键所在。

（4）"解决什么问题"。解决什么问题是主播在内容创作中需要明确的核心，它直接关联到用户的实际需求，是吸引用户关注并转化为粉丝的关键。解决问题是主播内容创作的出发点和落脚点，精准地抓住用户的痛点和需求，可以为用户提供平时购买同类商品无法得到的效果。比如"穿这条裤子非常显瘦"，这解决了许多消费者在选购服装时对于显瘦效果的强烈需求。主播通过展示裤子的实际穿着效果，提供搭配建议，帮助用户解决穿搭上的困扰，提升形象自信。

有时候用户在购物时有选择困难，主播可以通过专业的商品评测和比较，为用户提供清晰的产品选择指南，比如推荐最适合自己的护肤品、最耐用的家用电器等，帮助用户避免盲目消费，节省时间和精力。主播也可以解决用户在情感和心理上的需求，例如提供职场减压方法、情感咨询等，成为用户的"心灵导师"，通过分享经验和专业知识，帮助用户缓解压力，提升生活质量。

表3-5从以上四个维度分析了某抖音电商达人的人设定位。

表3-5　　　　　　　　　　　某抖音电商达人的人设定位

维度	说明
我是谁	原生电商商家，在使用直播平台进行商品推广和销售之前就已在电商平台进行商品销售；人物形象定位为干练、商务、悠闲，与牛排、红酒类商品匹配
目标用户是谁	目标用户群体以男性用户为主，男性用户是牛排购买的主力军
提供什么	该抖音电商达人有自己的商品品牌、渠道品牌及商品供应链，利用这些优势可以更好地控制商品成本和价格，"把价格降下来"也成为其核心的标签，即使跨界销售鞋包、服饰、手表等品类的商品，仍能坚持"好货低价"的模式
解决什么问题	牛排和红酒类商品具有一定的社交属性，能够满足部分男性用户的需求

　　另外，为了使人设更加饱满、更具有辨识度，主播在进行人设定位时应关注一些细节问题，见表3-6。

表3-6　　　　　　　　　　　人设定位的细节把握

细节	说明
价值体系	主播的价值观输出体系，如强调"理性消费"，引导用户根据自身需求和经济状况进行合理消费
镜头感	主播需具备良好的镜头感，让用户产生面对面交流的感受。可通过对着镜子练习，提升自己在镜头前的表现力和亲和力
语言风格	每位主播都应形成自己独特的语言风格，以加深观众印象。如某主播的口头禅"太好看了吧！"几乎在其每次直播中都会出现，成为其标志性的语言特征
情绪	主播在直播过程中应保持语调高低起伏、自然切换，音量稍大以吸引注意力，语速稍快以保持节奏，同时用简洁的语言说出商品的基本属性和优点，用饱满的情绪表达直播内容，用良好的状态和热情感染用户，提升直播的吸引力和互动性
耐心	在讲解商品的过程中，主播应耐心解答用户的问题，无论问题大小，都应给予充分的关注和解答，以提升用户体验和信任度

　　打造主播人设时还需要注意：主播的人设应具有真实性，不可无中生有，欺骗用户；人设确立后，主播可以在微信公众号、微博、抖音、快手等平台发布图文、视频内容，多渠道宣传自身人设，提高知名度和影响力。

3.设置凸显人设定位的主播账号

　　账号是主播人设定位的直观表现，设置账号是开启直播的第一步。不同直播平台的账号设置板块略有差异，但基本都包含账号名称、账号简介、账号头像和头图、置顶视频等板块。图3-8所示为抖音某主播的账号主页。

　　（1）账号名称。个人账号的名称应与人设定位相匹配，体现个人特色，便于理解、记忆和传播，如"牛排哥""懂车二手车""一鸣特价零食"。部分有一定知名度的主播，其个人账号也常使用自己的真实名字。企业账号可以直接使用企业名或店铺名，如"某某服饰""某某旗舰店"，或者使用能体现商品特色的名称。

图3-8   某抖音主播的账号主页

（2）账号简介。账户简介应通过简单的内容告诉用户该账号所定位的领域，展示个人特色。个人账号头像一般使用真人照片，企业账号头像一般使用企业的商标图案或品牌标志。账号头图是头像上方的背景图片，一般使用真人照片或场景图，也可展示主播特长、联系方式等信息。需要注意的是，账号头像和头图应与账号定位保持统一的风格，且要避免图片模糊不清。

（3）置顶视频。置顶视频是账号主页视频列表中置于顶部的视频，可以是拍摄的短视频，也可以是经过剪辑的往期直播片段。视频内容最好能体现主播的人设，同时该视频的点赞数应较高。

新用户在通过短视频等内容对主播产生兴趣后，可能会进入主播的账号主页，查看其账号信息及观看置顶视频，生成对主播的基本印象，从而确定是否关注该主播。因此，对主播尤其是新手主播而言，设置凸显人设定位的账号非常重要。新手主播可以查看同行热门的账号，借鉴优秀主播设置账号名称和账号简介的方法。

六、主播素质提升

主播人设确立后，还应具备专业能力，这样才能在直播间内持续地输出价值，吸引新粉丝，留住老粉丝。新手主播要想成长为优秀的成熟主播，都要经历自我修炼的过程，通过不断提升自身素质和竞争力来赢得粉丝的喜爱。

1.主播的培养训练

主播在打造人设时，要着重考虑以下几点。

（1）挖掘自身闪光点。在塑造人设的过程中，主播应深刻理解并凸显自己的独特个性，适当放大那些能够引起共鸣的闪光点，同时在镜头前自然展现真实的一面，以此吸引和感染用户；重要的是，人设必须保持真实性，避免塑造过于完美的形象而失去现实基础，确保用户能够感受到主播的真实可信。

例如，拥有好身材的主播可以凭借自身优势成为服装搭配的权威，通过展示服装效果来吸引注重穿搭的粉丝；擅长化妆且肤色健康的主播则可以分享美妆技巧，吸引对美妆感兴趣的观众；而身为"宝妈"的主播，则可以利用自己的经验和同理心，专注于推荐婴幼儿用品（如玩具、绘本、食品等），帮助其他妈妈们解决育儿中的选择难题。

（2）提高自身辨识度。随着直播市场逐渐饱和，一名主播要想在众多竞争者中脱颖而出，就必须实现差异化。这就要求主播有清晰的个人定位，挖掘并确立与自己个性相符的独特标签。例如，在快手平台上，一位美妆主播凭借其商务礼仪老师的背景，将专业的化妆技巧和丰富的美妆护肤经验融入直播内容，这种人设本身就具有与众不同的吸引力。这位美妆主播在直播时宣称"直播不开美颜"，这不仅展现了她对自己美妆技巧的自信，也传递出一种真实、自然的价值观。因此，"拥有丰富的美妆护肤经验"和"直播不开美颜"成为她的专属标签，这些标签不仅提高了她的辨识度，也让她在美妆直播领域树立了独特的个人品牌。

（3）形成风格化的话术。形成个性化的直播话术对于提升直播营销的效果至关重要。主播应当通过多听、多练、多总结的方式来提升自己的话术水平。主播可以细致观察其他成功主播的直播过程，解构他们的话术逻辑，学习他们如何巧妙地引入话题，包括他们的语言、动作、语气、节奏甚至是眼神交流等细节，这些都能为主播提供宝贵的实践经验。通过学习和分析，主播可以逐步提炼出适合自己的直播话术风格，不断提高在直播中的语言表达能力和互动技巧。

（4）强化 IP 在用户心中的印象。要想在用户心中留下深刻印象，主播必须首先建立起信任感，这是吸引用户关注和记忆的关键。专业度是信任的基石，主播可以充分利用自己之前学习的专业知识和从业经验，将这些资历作为强有力的背书，能够迅速得到用户的认可。只有用户认可了主播的专业性，才会愿意相信主播的推荐和分享。

引发共鸣是加深用户记忆的另一重要途径。主播应该将自己的经历、爱好、情感和观点巧妙地融入直播内容中，这样的个人话题能够让用户感受到主播的真实性和独特性，增强人设的魅力。通过这些话题的穿插，主播的人设将变得更加立体和丰富，从而更容易与用户建立起情感上的联系。

人设一旦确立，主播应保持其稳定性和一致性。随意改变人设或盲目追随热点可能会破坏用户对主播的认知，影响信任度。因此，主播需要持之以恒地输出与人设相符的内容，通过这种持续性和一致性的努力，不断加深用户对主播 IP 的印象，进而提高用户的黏性和忠诚度，实现长期的粉丝积累和品牌建设。

（5）选对商品，强化人设。选对商品对于主播来说，不仅是商业成功的关键，更是塑造个人品牌形象的重要环节。合适的商品能够与主播的形象和价值观相辅相成，从而在粉丝心中留下深刻印象。主播在选择商品时，首先要深入分析自身的定位，包括了解自己的兴趣爱好、专业领域以及目标受众的喜好。只有明确了这些要素，主播才能在众多商品中筛选出那些最能代表自己形象和品位的商品。契合自身人设的商品能够强化主播的形象，让粉丝产生共鸣。当主播分享的商品与其生活态度、价值观相一致时，粉丝更容易产生信任感，从而提高转化率。例如，一位热爱健身的主播可以选择运动装备和健康食品作为推广商品，这样既能体现其健康生活的理念，又能吸引志同道合的粉丝，主播的人设也会更加鲜明。

（6）了解目标用户群体，调整人设标签。在进行人物设定时，主播要深入分析自己的主要用户群体。这就要求主播进行细致的市场调研，包括用户的年龄、性别、职业、兴趣、消费习惯等多方面信息。通过这些数据，主播可以绘制出清晰的用户画像。了解目标用户群体的特征后，主播应当据此调整自己的人设标签。例如，如果目标用户群体是年轻妈妈，那么主播的人设标签可以包含育儿专家、生活达人等，这样可以更好地吸引这一群体的关注。在明确了用户画像之后，主播需要从目标用户的视角出发，对人设标签进行筛选和优化。这一过程涉及去除那些与目标用户偏好不符或者可能引起排斥的标签。通过精准匹配用户偏好，主播的人设将更加贴近目标群体的心理需求，从而提高人设的吸引力和亲和力。

为了进一步增强吸引力，主播还可以定期收集用户反馈，不断优化人设，确保其始终与用户需求同步。通过这种方式，主播不仅能稳固现有粉丝，还能不断扩大影响力，吸引更多潜在用户的关注。

2.主播提升自身素质的方法

为了更好地提升自身的素质，主播应掌握一定的方法。

（1）主播日常训练技巧。"台上一分钟，台下十年功。"主播只有通过日复一日的练习，才能熟能生巧，提升自身的素质。下面介绍几种常见的主播日常训练技巧。

① 朗读。每天坚持朗读（大声地读出来）美文，练习发音，保证口齿清晰。同时，朗读时积累的优美语句也可以迁移到自己的口语表达中。对着镜子训练朗读时，应注意自己的表情、眼神和肢体动作。

② 速读。速读即保持一定速度朗读作品，让自己在快速表达时也能做到发音准确、吐字清楚。

③ 背诵。背诵练习在于提升主播的记忆力，便于主播快速记忆商品的特性。

④ 养自己的镜头感。

（2）唇舌练习技巧。主播每天的直播时长基本保持在2小时以上，为了能在长时间的直播中保持良好的状态，主播需要掌握唇舌练习技巧。下面介绍几种常见的唇舌练习技巧，它们有助于主播锻炼自己的唇舌力量和灵活度。

① 双唇练习。双唇闭拢，向前后、上下运动，向左右绕圈。

② 舌的练习。舌尖伸出口外，向前后、左右、上下伸；舌尖顶下齿，上齿刮舌面，同时舌面顶起，把口腔撑开，舌尖在口内顶左右口腔壁；闭口，舌尖在门牙处转圈。牙关开合练习，做夸张的"啃苹果"动作及上下颌用力咬合的"咀嚼"动作。

（3）提升直播礼仪修养。提升直播礼仪修养主要需要注意以下几个方面。

① 着装。着装能展示主播风采，需干净整洁、自然大方，避免穿着与背景颜色相近的服装，佩戴耳环、项链或戴帽子时不得遮挡脸部。

② 妆发。妆发应自然，可重点打造眉毛和眼睛部分的妆容，让自己更有神采，显得精神饱满。睫毛不宜过密过长，腮红不宜过浓，否则会显得不自然。

③ 肢体语言与表情神态。在直播展示商品时，主播往往需要辅以丰富的肢体语言与表情神态。此外，应注意的是，主播还要时刻保持微笑、态度诚恳，直播中不左顾右盼，不做与直播无关的事情。

（4）拜师学艺。主播可以主动联系其他优秀的主播，向他们"拜师学艺"，利用优秀主播的"传帮带"快速提升自己的直播能力。

（5）参加培训。参加培训是主播快速提升自身能力的一个重要途径。主播可以在专业的培训机构进修学习，也可以在其他的综合培训机构参加演讲技巧、语言表达、沟通交流等方面的培训。

七、主播人设打造案例分析

下面以科技创业名人罗某直播幕前幕后人设打造为例进行解析。

1.案例背景

一个清晰的人设，需要结合自己的外形、风格、呈现方式等关键因素，从幕前、幕后两个方面进行打造。总结起来，幕前我们可以通过账号主页背景图片、头像图片、昵称和认证、个人简介、合集系列进行展示。幕后我们可以根据人物性格特点、外在形象、内容输出及个人符号来进行打造。比如罗某，作为一位知名的科技创业者和网络名人，他的个人形象和人设在互联网领域具有广泛的影响力。他以独特的风格和形象成功地树立了自己的个人品牌，如图3-9所示。

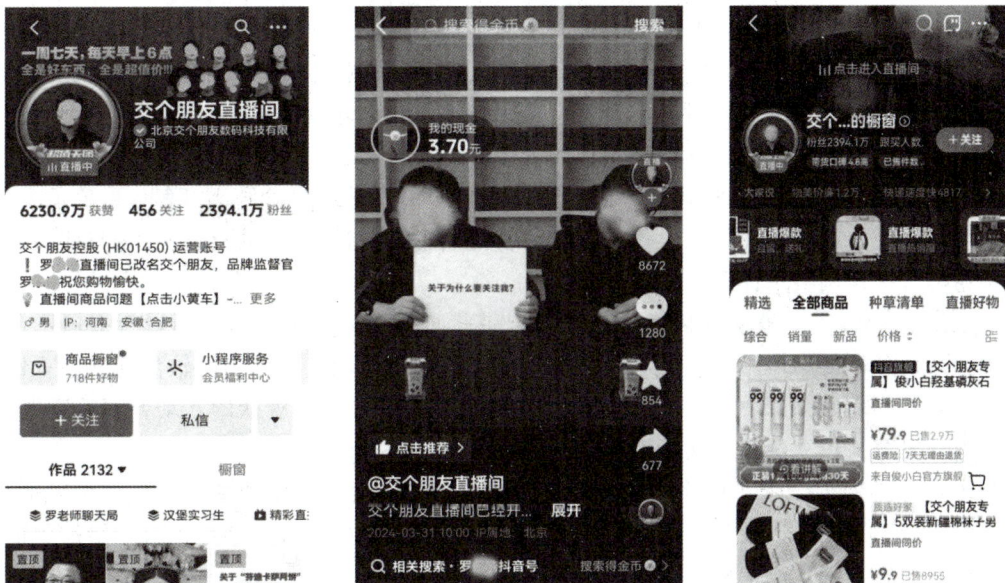

图3-9　科技创业名人罗某直播间主页及直播截图

2.案例解读

（1）幕前。

① 账号主页背景图片。罗某抖音账号主页背景图片告诉我们想交个朋友，通过朋友般的热情来对待每一位粉丝观众，同时也明确注明了罗某直播间的直播时间，让

粉丝能够准时入场。

② 头像图片。罗某直播间的头像是一张清晰、亲近感强的照片，他的面部表情通常是友好、亲切的，更容易与观众建立联系。这张头像有可能是他的微笑照，这种表情传递了积极、友好和真实的形象。

③ 昵称和认证。罗某直播间使用昵称"交个朋友"，表达了一种亲近和友好的语气。这种昵称暗示罗某愿意与观众建立亲密的联系和互动，以增强观众与他之间的情感连结。它暗示了一种平等的、朋友般的关系，而不是单纯的商业关系。

④ 个人简介。罗某直播间内容介绍涵盖了酒水零食、茶饮茶具、生活家具、运动户外、儿童服饰、美妆护肤等多个领域，旨在为观众呈现多样、实用和有趣的产品和生活方式建议。

⑤ 合集系列。罗某直播间橱窗推荐好物，能让粉丝观众更加精准找到以往直播间爆品，这也体现了他的专业性。这种个性化推荐帮助观众更好地了解他的个人品位和偏好，增强了观众对产品的信任和购买欲望。

总的来说，电商主播罗某的人设强调了创新、真实性和实用性。他的人设吸引了观众，使他在电商直播领域脱颖而出，同时他的理想主义和坚韧精神也为他赢得了一大批忠实粉丝。

（2）幕后。

① 人物特色。罗某是一位备受关注的创业者、电商主播和社交媒体名人。他的人设特色鲜明，将情怀、理想主义、工匠精神和创业精神融为一体。这些特色使他在电商直播领域具有独特的吸引力。

② 张力+性格特点。罗某的人设具有张力，这是因为他在创业道路上屡败屡战，从不言败。他敢于承担风险，是一个理想主义者，坚信技术和创新能够改变世界。他性格坚韧、坚持不懈，同时又富有幽默感，能够与观众建立亲近感。他在言谈中流露出对技术和产品的热情，这增加了他的吸引力。

③ 外在形象特点。罗某的外在形象通常是朴实和干练的，他不以奢华形象示人，更注重实用的产品和性价比。他的言谈和打扮通常是舒适、不拘一格的，这与他的人设相契合，强调实用性和真实性。

④ 内容输出。罗某在内容输出方面以带货直播为主要形式，他通过直播展示各种产品，分享使用体验，提供专业建议，以及与观众互动。他的内容输出通常注重性价比和产品实际效果，而不仅仅是营销。他在直播中强调与观众的互动，回答问题，使观众更容易建立信任和购买产品。

⑤ 个人符号。罗某的个人符号包括他的口头语、标志性动作和特定的演讲风格。他的"老罗"昵称以及独特的言辞和幽默风格成为他的标志。这些个人符号增加了他的辨识度，在观众心中树立了独特的形象。

3.案例总结

人设打造是一个全面的策略，包括创造和展现特定的公共形象或个性。本案例以罗某为例，展示了如何成功地打造一个个人品牌，强调了幕前和幕后的关键因素。

总的来说，罗某通过一致的幕前和幕后人设，成功打造了一个具有亲近、友好、真实和实际特点的个人品牌，吸引了观众，建立了信任，取得了成功。这个案例为个人品牌建设提供了有益的启示，即建设一个强大的个人品牌需要在幕前和幕后多个方面的协调和一致性，只有吸引观众、建立信任，才能取得成功。

拓展阅读3-2 **人设：自我提升和自我规范的开始**

无论在艺术创作中，还是在社会生活中，"人设"都在积极发挥作用，它不仅便于传播、交流，也包含自我要求和自我塑造。努力符合不同"人设"定位，意味着主动承担相应的责任、义务

"人设"一词最早是动漫、游戏中"人物形象设定"的简称，原指登场角色的造型、个性设计，随后延伸到其他文艺创作领域，并逐渐成为网络常用语，指某人的社会形象。

作为专业术语，"人设"是创建角色时以图稿、模型、小传等方式规定的人物综合特征，包括造型、性格、爱好、特长等，有时甚至细化到血型、生日这样的细节。艺术真实、特征鲜明、层次丰富的"人设"能让角色和作品拥有持久魅力。比如我们提到孙悟空，脑海中就会显现86版电视剧《西游记》里美猴王的经典造型、嫉恶如仇的个性、七十二变法术以及诸多台词"金句"。近来提到哪吒，年轻人会第一时间想到电影《哪吒之魔童降世》中化着"烟熏妆"的小男孩，想到他桀骜的性格和"我命由我不由天"的倔强顽强——这些元素突破以往的哪吒"人设"，令人耳目一新。可以说，成功的"人设"赋予角色以生命，能够将读者、观众带入作品情境，触发情感共鸣，产生持久的审美体验，不少角色凭借突出的"人设"特质成为艺术画廊中的经典形象。

当前，"人设"跨出专业领域，引申为某人的公众形象。人们将人设与表现人物特征的词语连在一起使用，凸显性格特点，比如"耿直人设""硬汉人设"；突出人物品质，如"学霸人设""敬业人设"；还可以强调生活态度，如"精致人设""勤奋人设"；也可以侧重社会角色，如"好父亲人设""好学生人设"。"人设"既是自我期许，也是他人和社会评价。

"人设"一旦形成，就如一张张递出去的名片，承载着特定信息。现代社会崇尚高效快捷，更需要直截了当、一语中的。"人设"恰恰满足这一要求，凸显人物辨识度，提高信息密度和表达效率，让人在海量信息中快速完成描述、认知、沟通，便于识别志同道合的人、形成群体认同，有助于构建轻松、亲切的社交氛围乃至和谐、共享的公共关系。

可以说，无论在艺术创作中，还是在社会生活的"大叙事"中，"人设"都在积极发挥作用。它不仅便于传播、交流，也包含自我要求和自我塑造。对个人来说，在不同场合会被识别成不同角色，努力符合不同"人设"定位，意味着主动承担相应的责任、义务。

作为公众人物，明星也会在媒介空间塑造自身社会形象，打造"人设"。实际上，明星的"人设"不是新事物，它与电影工业发展史几近同步。电影产业发展初期，制片厂会要求明星按照电影角色性格特点出现在公众视野，作为银幕形象的延伸。"入戏"的观众本来就有将角色与明星本人混同的倾向，银幕内外"人设"的

互相印证又进一步强化这种倾向。这些鲜明的"人设"标签让明星本人更具识别度，有助于得到观众喜爱和认同。随着时代发展，媒介日益发达，明星与观众对话的渠道更加丰富直接，自我展示包装的方式也愈加多样化，不再拘泥于扮演的角色，而转为抓住自身特点予以强化，如"阳光少年""励志偶像"等。一个准确、鲜明的"人设"是对外传播、树立形象的需要，也是汇聚正向力量的有效方式。

从专业术语到网络流行语，再到线下生活的常用语，"人设"的含义、应用范畴不断延伸、扩展，背后是明确定位、建立认同的思维。无论普通个体还是公众人物，当立下积极、正面"人设"时，不妨视作自我提升和自我规范的开始。在这个意义上，"人设"发挥着积极作用。

资料来源：刘洋. 人设：自我提升和自我规范的开始［N］. 人民日报，2020-05-01（8）.

素养提升

智能客服应更智能更友好

随着技术普及，越来越多的行业引入智能客服。然而，诸如答非所问、"踢皮球"式回复、等待人工客服时的音乐"反复播放"等"套路"，受到诟病。

节约成本、便捷高效，是智能客服受到青睐的重要因素。相较于人工客服，智能客服24小时在线，随时响应客户需求。尤其在业务繁忙时段，智能客服可凭借文字读取、语音识别等技术，快速筛选并分流问题，让群众享受到科技进步带来的便利。

也要看到，智能客服并不能完全取代人工客服。目前的智能客服，是把常见问题加以整合，提前储备好答案，通过捕捉识别客户提问的关键词进行答复。一旦遇到超出"储备答案"的问题，智能客服就无法给出解决方案。此外，智能客服也难以感知人的语音、语气等变化，可能在沟通过程中闹出笑话、造成误解，使客户体验打折扣。让智能客服更"聪慧"，需要通过技术研发、系统升级等方式，帮其理解复杂问题、提升服务质量。

智能客服"搞不定"、人工客服"找不到"的现象，也值得关注。有些行业是售前"人工"、售后"智能"，产品出了问题后得不到及时有效解决，这也成为消费者权益保护的热点问题。应当给客户提供多项选择，合理配置智能客服和人工客服的服务时段和方式，对于客户急需解决的问题，最好设置"一键转接、一触即达"的人工客服。

让客户满意是行业发展的目标。客服工作是行业与客户建立沟通的桥梁纽带，是提升品牌美誉度的有效途径。引入智能客服的行业应着眼流程"通不通"、服务"优不优"、体验"好不好"，不断完善客户服务系统。如果只考虑成本与效率，把"响应"视为"解决"，忽视客户的实际需求，则不利于行业整体健康发展。

行业加强科技升级、优化服务方式，部门破除数据壁垒，各方形成合力，才能让智能客服更智能、更友好。

资料来源：孙萍. 智能客服应更智能更友好（纵横）［N］. 人民日报，2024-04-18（5）.

—基础训练—

一、单项选择题

1.以下（　　）角色是电商直播团队中至关重要的角色。

A.场控 B.运营 C.主播 D.副播

2.主播在电商直播中的作用是（　　）。

A.负责场控的工作

B.负责处理直播间所有的现场工作

C.负责出镜展示商品、引导粉丝互动和刺激消费

D.负责制订活动的策划方案

3.场控的主要职责是（　　）。

A.观察直播间的流量及互动情况，及时作出投放调整，或者带动直播间的节奏

B.出谋划策、提供专业策划方案和建议，操作中控台，控制直播间节奏等

C.协助主播进行直播，负责摆放、递送和回收商品，并对商品的特性和作用了如指掌，以引导粉丝下单

D.提供商品，挖掘商品卖点，进行商品知识培训，对商品进行优化等，需要掌握商品的各项优点，刺激粉丝购买

4.直播助理需要在直播前期完成（　　）工作。

A.对灯光、声音和网络等进行调试

B.对直播流程、商品信息以及直播脚本的内容熟悉

C.及时反馈用户的问题

D.A、B都对

5.形象类主播是（　　）。

A.指那些通过出众的长相、颜值以及个人魅力来吸引粉丝和观众的主播。他们通常具有较高的知名度和粉丝基础，能够利用自己的形象优势为产品带来大量的曝光和销售

B.指在某个特定领域（如美妆、科技、家居等）具有深厚专业知识和经验的主播，他们通过直播形式向观众介绍产品、分享专业知识，并引导观众进行购买

C.阅历型主播主要通过自身的丰富人生阅历和故事来吸引观众，与观众建立深厚的情感联系

D.通过幽默的语言、夸张的表情、搞笑的动作以及有趣的互动环节，营造出一种轻松愉快的直播氛围

三、多项选择题

1.主播直播的基本能力包括（　　）。

A.良好的心理素质 B.形象管理能力

C.语言表达能力 D.灵活应变能力

2.主播人设的类型包括（　　）。

A.专业类 B.才艺类 C.阅历类

D.组合类　　　　　　E.形象类

3.直播账户包含（　　）等基本板块。

A.账号名称　　　　　B.账号简介　　　　　C.账号头像和头图

D.置顶视频　　　　　E.主播

4.以下（　　）是直播控场能力的主要体现。

A.营造直播间的氛围　　　　　　B.上架与讲解商品

C.打消用户的顾虑　　　　　　　D.与助理密切配合

E.与用户互动　　　　　　　　　F.设计直播间的装饰

二、判断题

1.搞笑类主播在直播过程中，主要以严肃认真的态度与观众互动，营造紧张的直播氛围。　　　　　　　　　　　　　　　　　　　　　　　　　　　（　　）

2.反差类主播通过展现与常规或预期不同的特质，能够吸引观众注意力和兴趣，增强粉丝的黏性。　　　　　　　　　　　　　　　　　　　　　　　（　　）

3.明星类主播在电商直播中，由于缺乏专业培训，因此竞争力较弱。（　　）

4.组合类电商主播需要具备丰富的产品知识和全面的销售技能，以便在直播过程中为消费者提供全方位的购物服务。　　　　　　　　　　　　　　　（　　）

5.阅历类主播通过分享丰富的人生经历，能够为观众提供独特的视角和思考，从而引发情感共鸣。　　　　　　　　　　　　　　　　　　　　　　　（　　）

三、问答题

1.一个完整的直播团队会涵盖哪些关键岗位，这些岗位的主要作用有哪些？

2.作为一名新手主播，你如何通过自我修炼和提升自身素质来打造一个受欢迎且具有竞争力的直播人设？

3.主播人设与实际个人形象不符的现象屡见不鲜，请问主播应该如何避免这类现象的出现？

━ 项目实训 ➡

一、实训目标

尝试构建主播的人设定位，在直播平台中设置凸显主播人设的账号，策划主播培养计划。

二、实训内容

小彤是一位拥有5年营销经验的食品导购员，后来转行做了带货主播，进行食品销售。其对接的商家提供了低价质优的零食货源，这些食品在各大电商平台和线下实体店同步销售。本次实战训练要把小彤塑造成精通食品选购技巧的美食达人，她全心全意为粉丝寻找更适合自己的品质好货，满足粉丝对商品选品的需求，从众多零食中筛选出既经济实惠又品质上乘的产品。这些精选零食不仅在各大电商平台和线下实体店热销，更是小彤直播间里的明星商品。我们要据此来打造小彤的人设，并策划小彤的主播培养计划。通过本次实战训练，我们应掌握打造主播人设的一般思路、方法和技巧，掌握设置凸显人设的主播账号的方法。

三、实训要求

根据本项目介绍的四个维度构建主播的人设定位，在抖音或快手直播平台中设置凸显主播人设的账号，并策划主播培养计划。

四、实施步骤

1.通过"我是谁""目标用户是谁""提供什么""解决什么问题"这四个维度构建美妆主播的人设定位，将人设定位的内容说明填入表3-7中。

表3-7　　　　　　　　　　　　　**构建主播人设定位**

人设维度	内容说明
我是谁	
目标用户是谁	
提供什么	
解决什么问题	

2.在直播平台上设置账号信息。这里要求在表3-8中填写账号名称、账号简介，说明账号头像和头图的选用类型及置顶视频的类型。具体设置可参考直播平台头部主播的账号设置。

表3-8　　　　　　　　　　　　　　　**账号设置**

设置项目	内容说明
账号名称	
账号简介	
账号头像和头图	
置顶视频	

3.制订主播培养计划，如制订主播日常训练计划，以及提升主播直播带货专业能力的计划，填写表3-9。

表3-9　　　　　　　　　　　　　**主播日常训练计划表**

项目	训练计划
1.	
2.	
3.	
4.	

项目四　直播间装修布置

　　直播间布置在直播行业中具有极其重要的地位，它直接影响到观众的观看体验、主播的形象展示以及直播间的整体氛围，进而影响到直播的吸引力和转化率。一个精心设计的直播间可以提升观众的参与度和销售转化率，同时能够塑造品牌形象和提升销售业绩。在打造直播间时，直播画面以主播的直播内容为主，同时包括所有视觉相关的装饰。直播画面的视觉符号促进了观众与主播、观众与观众之间的互动交流，增强了观众对主播及其粉丝群体的情感认同，满足了观众的购物、社交和娱乐需求，并实现直播的经济效益。在布置直播间时，应从提取经典符号、协调色彩搭配和植入品牌形象等方面入手，以提高观看体验，实现传播效果的最大化。无论是个人主播还是品牌商家，都应该重视直播间的布置工作，努力打造一个既美观又实用的直播空间。本项目将从直播间的布置技巧、灯光的运用等方面，介绍直播间的装修布置。

学习目标

　　知识目标：
　　◇ 掌握直播间搭建流程；
　　◇ 掌握直播间灯光布置技巧；
　　◇ 掌握各类商品在直播间布置的特点和方法。
　　能力目标：
　　◇ 具备合理布置各类直播间场景和灯光的技能；
　　◇ 能够根据直播类型突出直播间特色；
　　◇ 能够根据不同直播需要配备直播间相关设备。
　　素养目标：
　　◇ 提升文化理解、审美感知、艺术表现、创意实践等方面的核心素养。

项目导图

项目四　直播间装修布置
- 任务一　直播间定位
  - 根据商品种类和行业特性进行定位
  - 根据店铺受众人群进行直播间定位
  - 根据店铺特征进行定位
- 任务二　直播间场景布置
  - 规划场地
  - 场景布置
- 任务三　直播间设备配置
  - 室内直播设备的配置
  - 室外直播设备的配置
- 任务四　直播间灯光布置与视角、方向选取
  - 直播间灯光布置
  - 直播视角与方向选取

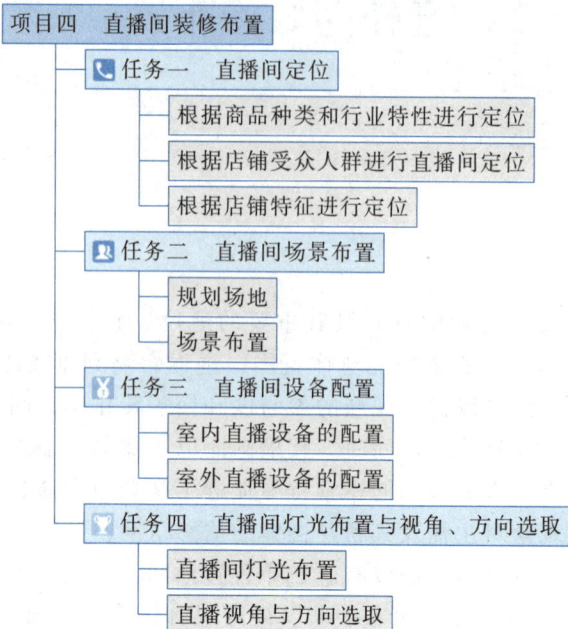

任务一　直播间定位

【引导案例】

"羊羊爱家居"小红书直播间的搭建

一、案例背景

"羊羊爱家居"在小红书平台开设了直播间，如图4-1所示。由于是家居直播间，其场景搭建、光线环境等要求都有别于其他品类的直播间。

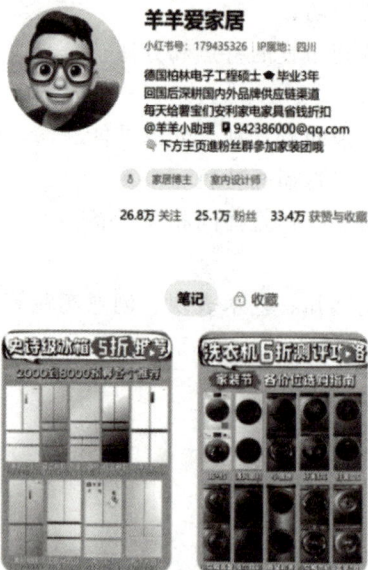

图4-1　羊羊爱家居直播账号主页

　　"羊羊爱家居"的账号昵称、个性签名以及个人标签都是直接链接"家居"，账号引流精准且粉丝定位明确。家居产品如果单独展示未免会显得单调，为了更好地展示产品，让观众有身临其境感，"羊羊爱家居"直播间直接打造了一个居家的环境，如图4-2、图4-3所示。

图4-2　"羊羊爱家居"直播间沙发布景　　　图4-3　"羊羊爱家居"直播间柜子布景

　　环境的布置符合常规家庭环境的布局，有沙发、置物柜、床等，而整个环境中所用到的产品都是羊羊带货的产品。直播间的整体暖黄色直接营造了一个温馨的家的氛围。

　　由于按照家庭环境布局单品，品与品之间的距离较远，"羊羊爱家居"直播间使用可以自由移动的手机直播。虽然直播设备是手机，但是直播间画面十分清晰流畅，且对于产品的细节展示也十分清楚。"羊羊爱家居"直播间从账号的定位、直播间的环境、直播设备等各个环节入手，搭建了一个符合账号定位的直播间，精准引流的同时提升了用户的观看体验，也增强了用户的购买意愿。

　　二、案例解读

　　1.直播间定位

　　"羊羊爱家居"直播间在小红书平台的定位非常明确，确保了账号引流的精准性和粉丝定位的准确性。这种明确的定位有助于吸引对家居产品有需求的用户，提高用户黏性和转化率。

　　2.直播间环境

　　直播间环境的搭建是"羊羊爱家居"成功的关键之一。这种布置方式不仅让产品展示更加生动、立体，也让观众在观看直播时能够产生身临其境的感觉，增强了购物的真实感和体验感。

　　3.直播设备

　　通过选用高质量的直播设备，确保了直播画面的清晰流畅，这种专业的设备配置不仅提升了观众的观看体验，也增强了用户对产品的信任度和购买意愿。

三、案例总结

"羊羊爱家居"小红书直播间的成功搭建，得益于其明确的直播间定位、精心的环境布置以及专业的设备配置。通过模拟真实家庭环境，营造出温馨舒适的直播氛围，让观众在购物的同时也能享受到家居生活的美好。同时，高质量的直播设备也保证了画面的清晰流畅，提升了用户的观看体验和购买意愿。这种综合性的搭建策略，不仅有助于吸引和留住用户，也为商家带来了可观的销售收益。

四、案例思考

（1）在竞争激烈的电商市场中，精准定位有哪些优势？

（2）"羊羊爱家居"直播间还有哪些可以改善的布局？

资料来源：编者根据厦门网中网直播销售教学平台（http://ec.sy.netinnet.cn/ecls/#/home）案例改编。

搭建直播间，首先要确定直播间的风格与类别，即进行直播间定位。不同的平台有不同的特性与玩法，不同的产品类目也具备不同的特性。直播间的搭建需要尽量参考产品的特殊性和目标群体的定位，装修风格应贴合产品风格。

那么，如何进行直播间定位呢？下面将具体分析。

一、根据商品种类和行业特性进行定位

微课4-1

直播间的定位

很多商品和行业都有其自身特性，并有自己独特的视觉设计。例如，婴幼儿用品的直播间常以粉色、蓝色、奶黄色等浅色系为主，如图4-4所示。电子产品通常以蓝色、紫色或灰色为主色调，如图4-5所示。农产品大多以绿色为主，如图4-6所示，并利用相关道具突出健康、无污染的主题。这些都是根据商品和行业特性来定位直播间的主色调和风格。

图4-4 婴幼儿用品直播间　　图4-5 电子产品直播间　　图4-6 助农专场直播间

二、根据店铺受众人群进行直播间定位

有些店铺的受众特征明显，可以从年龄、地区、兴趣、性别、爱好、消费能力、购买偏好等方面进行细分，并根据他们的视觉偏好来打造店铺的视觉形象。

例如，成熟女性偏向温暖柔美的视觉效果，可以选择中性色或温暖色调作为主色，如米色、灰色、深蓝色或酒红色等，这些颜色能够传达出成熟稳重的感觉。同时加入金色、银色或深木色作为点缀，能够增强奢华感和质感，如图4-7所示。还可以选择简约而高雅的背景墙设计，使用纯色或带有细腻纹理的壁纸，挂上一幅与直播内容相关的艺术画作或照片墙。在背景墙上或直播间周围摆放一些装饰品，如书籍、花瓶、雕塑或艺术摆件等，展现出主播的品位和兴趣。

少女服饰直播间可以粉色、浅蓝色、米色或白色等柔和、自然的色调为主，这些颜色能够营造出清新、甜美的氛围。上面可以挂上一些少女风格的装饰品，如蝴蝶结、花朵图案等。还可以根据直播内容布置一些与主题相关的道具，如化妆品展示架、毛绒玩具、书籍等，以增加直播间的趣味性和吸引力。在主色调的基础上，加入一些明亮的辅助色进行点缀，如黄色、紫色等，可以增加直播间的活力和趣味性，如图4-8所示。

成熟商务人士则普遍喜欢大尺寸背景和小尺寸文案的简洁风格。可以选择深色系作为主色调，如黑色、灰色、深蓝色等，这些颜色能够传达出稳重、专业的氛围，与男性服饰的定位相契合，此外，可适量加入金色、银色或暗红色等作为点缀。背景墙可以选择简洁大方的设计，用纯色背景或带有品牌元素的背景墙。背景墙颜色应与直播间整体色调相协调，避免过于花哨或杂乱。如果直播间面积允许，可以设置专门的展示区域，用于摆放男性服饰、配饰等产品。展示区域应设计得整齐有序，方便主播在直播过程中取用和展示产品。还可以适量加入一些与男性服饰相关的装饰元素，如时尚海报、模特展示架、品牌logo等，如图4-9所示，以突出直播间的专业性和品牌特色。

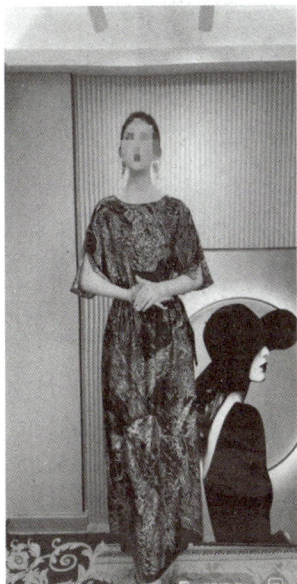

图4-7 成熟女性服饰直播间　　图4-8 少女服饰直播间　　图4-9 i男装直播间

图4-10　折扣商品直播间

三、根据店铺特征进行定位

有些店铺强调商品的品质和稀缺性，这类直播间的视觉设计应偏向清晰、厚重或商务风，尽量减少色彩使用，同时突出公司logo和形象代言人等视觉元素，以突出商品品质的优势，配合销售宣传导向，弱化消费者对商品价格的敏感度。但是在强调性价比、开展低价营销的直播间，视觉设计应注重丰富感和色彩的强烈对比。通过突出的促销海报和商品的堆积摆放，结合营销者的文案，营造热销、低价的氛围，如图4-10所示。

✓ **小提示：**

无论将直播间定位在哪个类别，都要做到突出关键信息，比如有什么样的促销活动，哪款产品是主打产品，服装选码要素及哪个是赠品，等等。

拓展阅读4-1　　**墨河皮草产业园成功打造直播基地**

墨河皮草产业园坐落于新沂市经济开发区墨河街道，是新沂市委市政府大力扶持的具有地区特色、全国规模性的人造皮草服饰贸易市场、生产基地，如图4-11所示。园区致力于成为集产品展销、仓储物流、商务办公、生产加工、生活配套于一体的综合产业园区，覆盖服饰设计、发布、展销、生产、电商、外贸、培训等各个环节，依托良好的产业基础和优越的政策优势，构建起覆盖全生命周期的人造皮草生态产业链，构建城市专业贸易平台，引领区域发展。

图4-11　墨河皮草产业园

自2010年以来，江苏省新沂市墨河街道传统皮草加工产业依托电子商务产业的迅猛发展，保持了持续高速的良好发展态势，交易总额增速迅猛。2024年其交易总额约为17亿元。在国家级新沂保税物流中心（B级）加持下，实现了总产值与对外贸易额的连年增长。

目前，墨河皮草产业园成立直播基地，让越来越多的商家打开了新销路，找到了新的生存载体和发展空间。

从传统的皮草销售到寻求外贸订单，从线上电商销售到直播带货等，墨河皮草产业园的每次转型升级都紧跟行业发展的风口。

越来越多的商户开始加速转型，通过直播带货的方式"试水"销售。很多商户拿出了刚创业时的吃苦劲儿，从零开始，没有主播，店员当主播，不懂设备，就一个一个学，想不出文案，就多看多想，一个一个试。失败是无数次的，但是一次成功的直播就可能带来销售额的倍增。

今年，电商直播带货全面开花，新沂市墨河皮草产业园积极引进人才，招募主播，邀请专家指导，与直播平台合作……在这一长串动作的背后，实则是墨河皮草产业园对自身角色、定位、功能的重新思考。

未来5年，园区将致力于打造集直播电商、传统电商、创业孵化、服饰智能制造、柔性供应链、工业互联网、专业市场电商化转型升级于一体的综合性数字化、智能化产业园区，同时努力成为产业链完善的直播商圈、直播服务平台全链条产业服务高地、淮海经济区直播电商趋势风向地标、淮海经济区品类最完善、价格最具优势的网货集散中心。

资料来源：园区介绍［EB/OL］.［2024-01-02］. http://www.xypicao.cn/home/about/introduction.html.

任务二　直播间场景布置

【引导案例】

一、案例背景

抚顺职业技术学院的日化产品直播间改造

抚顺职业技术学院的师语创业团队计划为抚顺市某日化企业开展带货宣传。带货产品包含油烟净、洗衣液、洗手液、洗洁精等。

针对带货产品的特点，团队成员对直播间开展以下几个方面的操作。

1.确定直播间风格与布局

风格定位采用清新、明亮、家庭化的风格，营造出温馨、舒适的购物环境。利用绿幕打造了简洁大方的虚拟背景，后面融入了品牌logo，提升品牌识别度。设置专门的区域用于摆放和展示带货产品，确保产品摆放整齐、易于观看。为主播设置舒适的座椅和合适的灯光，确保主播形象清晰、自然。

2.配置专业设备

选择高清摄像头，确保直播画面清晰流畅。用八角柔光灯提供主要光源，照亮主播和产品。用球形灯作为辅光灯，填补光线不足的区域，增强画面亮度。在桌面前面加了环形柔光灯，照亮主播和产品。使用蓝牙麦克风和声卡，确保声音清晰、无杂音。直播间网络稳定快速，避免直播过程中出现卡顿或断线。

3.直播间装修与装饰

加入了鲜花、绿植，突出了直播间的温馨感和生活气息。

4.设备测试和场地布置检查

在正式直播前进行设备测试和场地布置检查，确保一切准备就绪，如图4-12所示。

图4-12 做清洁产品测试

二、案例解读

1.直播间装饰

通过装饰，将直播间风格打造为清新、明亮、家庭化的风格，这种风格与洗涤清洁用品的产品性质比较相符，而带logo的装饰提升了直播间的辨识度和精准度，增强了用户黏性。

2.直播设备

通过选用高质量的直播设备，确保了直播画面的清晰流畅，这种专业的设备配置不仅提升了观众的观看体验，也增强了用户对产品的信任度和购买意愿。灯光的设置考虑了产品的呈现效果，尤其有些洗涤用品需要进行现场效果展示，直播间灯光的配备满足了这些需要。

三、案例总结

抚顺职业技术学院师语创业团队通过精准的风格定位、专业的设备配置、温馨的直播间装修以及细致的前期准备，成功搭建了一个既专业又吸引人的直播间环境。这样的直播间不仅能够更好地展示带货产品的特点，还能够提升观众的购物体验和购买意愿，为抚顺市某日化企业的带货宣传活动提供了有力的支持。

四、案例思考

（1）在上述的直播间中，灯光的设置如何兼顾主播的形象和产品的表现？

（2）直播前期还应该做好哪些准备工作？

资料来源：编者自撰。

直播间既是商品展示的场所，也是主播与观众交流互动的场所。直播环境是温馨、高雅、卡通可爱，还是成熟稳重，这些都需要直播者根据自身特征来考虑。直播场景的布置对直播效果非常重要，并在很大程度上影响直播效果。

一、规划场地

微课4-2

[二维码]

直播间的布置

如今的直播环境越来越多样化，可以在户外也可以在室内。因此，我们在规划直播场地时，要根据直播的具体需求来安排。观众一进入直播间就会对其布置产生第一印象，再配合主播的外貌、声音、言谈、肢体语言及其他表现形式，就构成了对直播间的整体印象。这些信息应体现商品种类、特征，甚至主播的地区和喜好等。布置特征鲜明的直播间可以让观众快速了解主播和产品信息,并进一步拉近主播与观众之间的距离,加深观众印象。如果直播间处于"脏、乱、差、吵"的环境中,观众的体验感会非常差,很难第一时间获得所需的信息,这样的直播间通常会让观众"一眼即退"。因此,直播间必须保持干净、整洁。运营人员在开播前应将各种商品和道具摆放整齐,营造一个简洁、大方、明亮、舒适的直播环境。

室内直播可以选择在办公室、会议室、直播室、生产场地、工作室、线下门店或住所等场所进行。通常,室内直播场地需要满足以下要求。

1.环境与分区要求

室内直播场地应安静且空间大小适宜。直播前需测试场地的隔音和回声情况,确保声音清晰,避免杂音和回声影响直播质量。如果隔音效果不佳,可以考虑放置隔音棉或其他隔音材料来改善。场地内的消防设施应完备并符合安全规范。在直播过程中需注意用电安全,避免火灾等事故发生。

直播团队要对直播场地做好分区规划。大多数直播场地可以分为运营工作区、直播展示区、货品准备区、客服处理区等。

运营工作区主要进行商品的上新和下架,审核确认订单信息,安排协调发货时间等,这些工作都需要专业人员来完成,因此主播在直播时要预留出运营工作区。直播展示区是粉丝可以看到的区域,负责商品的展示与介绍,是主播掌控的区域。货品准备区是根据直播团队制订好的排期计划,设立货源备品区,提前摆放好的要直播展示的商品。有时还有进行售后服务的客服处理区,为后台的粉丝进行拍照,回答问题,或者主播在直播中销售完成以后,要让工作人员尽快确认订单,把商品放在物流区,联系物流公司发货。

2.适宜的空间要求

室内直播场地的层高一般控制在2.3~2.5米,既能为顶光灯留出足够空间,又不会因为层高过高导致环境光发散和话筒收音困难。个人直播场地面积一般为8~15平方米。美妆类个人直播场地面积约为10平方米,如图4-13所示。穿搭、服装类直播则需选择15平方米以上的场地。有些直播间将衣架展示区显示在用户视角之外,如图4-14所示,有些直播间将衣架展示区显示在用户视角之中,这时需要的空间要稍微大一点,如图4-15所示。如果是团队直播,场地面积一般为20~40平方米,以便容纳更多人员和设备,同时保持良好的协作空间。直播商品较多时,还需为待播商品、桌椅、黑板等道具和其他工作人员预留空间。如果直播中需要展示体积较大的商品,如钢琴、冰箱、电视机等,要注意场地的纵深,避免摄像头距离商品太近而导致直播画面不能完整展示商品或直播画面不美观的情况发生。

在进行室外直播时,要确保场地安全。检查场地是否有足够的空间供设备和人员使用,并考虑观众的观看角度和舒适度。此外,还要考虑信号与网络情况,选择信号覆盖良好、网络稳定的地方进行直播,避免直播过程中出现断网或卡顿现象。

对电商直播而言,常见的室外直播场地有商品室外产地,如田间地头、蔬果种植园、茶园、室外打包场所、露天集市等,如图4-16所示。例如,现场采摘农产品、现场打包发货、在集市现场挑选海鲜等。这类直播可以带领用户近距离观看商品的采购、加工、包装、发货等过程,不仅能让观众沉浸式体验,还能提升观众对商品的

图4-13　美妆类直播间

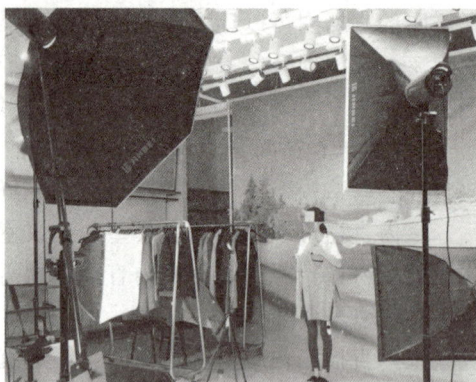

图4-14　备选商品在视角外的服饰类直播间

图4-15　备选商品在视角内的服饰类直播间

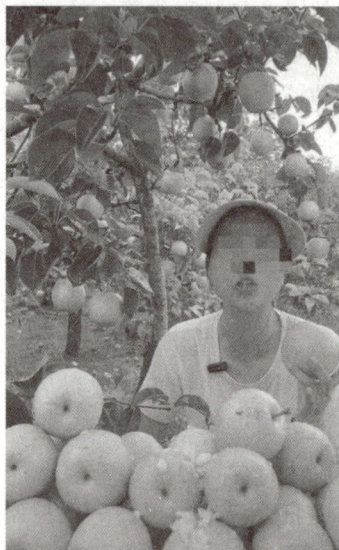

图4-16　室外采摘园直播

信任度。这种直播方式适合直播体型较大或规模较大的商品，或用于展示货源采购现场。

在进行室外直播时，为了确保直播顺利进行并提升观众的观看体验，场地应选择风景优美、有特色的地方，如山脉、湖泊、海滩等，以吸引观众。如果可能，准备备用网络或移动热点，以备不时之需。同时需要关注天气预报，了解天气变化情况。如果遇到恶劣天气（如暴雨、台风等），应及时调整直播计划，因此要设计室内直播的备用方案，以避免因极端天气导致直播延期。

根据天气和环境变化调整直播设备和拍摄角度，确保画面质量和声音效果不受影响。如果选择在傍晚或夜间直播，还需要配置补光灯。室外场地不宜过大，因为在直播过程中主播不仅要介绍各类商品，还要回应用户提出的问题。如果场地过大，主播容易把时间浪费在行走上。

对于室外婚纱照拍摄等对画面美观度要求较高的室外直播来说，一定要保证场地的美观，而且场地中不能出现杂乱的人流、车流等。

二、场景布置

虽然直播间场景的搭建没有统一的硬性标准,主播可以根据自己的喜好进行设计和布置,但作为电商直播间,营销商品是主要目的,所以最好用销售的商品来装饰直播间。可以用摆满商品的货架作为背景,或用带有品牌logo和营销信息的图片作为背景,这样既显得直播背景干净利落,又能凸显品牌效应。

另外,主播可以将实体店作为直播间,以突出直播的场景感,也可以在直播间布置虚拟背景。高清晰度的大幅场景画面不仅可以给用户带来视觉震撼,还能展现商品特征及细节。

1.布景种类

(1)纯色背景。纯色背景是一种很简单的背景,颜色一般以浅色为主,如灰色、粉色、米色或浅蓝色等,分别如图4-17、图4-18所示。纯色背景常用墙纸或幕布搭建,可以带给用户自然的观看感受。也可以在背景墙上添加与直播内容相关的装饰元素,如时尚元素、流行图案或品牌标志,以引起观众的兴趣和共鸣。纯色背景的颜色一般不选用白色,因为白色背景会形成反射,不利于灯光布置。纯色背景常见于服装类直播。需要注意的是,主播要与背景布保持适当的距离。若距离太近,会让人感觉背景对主播有一种压迫感;若距离太远,又会让背景显得不真实。

图4-17 以米色为主要背景的直播间

图4-18 以灰色为主要背景的直播间

(2)商品背景。将商品作为直播间背景,不仅能有效展示商品,还能提升直播间的吸引力和专业性。背景布置要注意主题明确,分类摆放,如图4-19所示。确定直播主题或主打商品类别,如美妆、服饰、家居用品等。根据主题,将同类商品集中摆放,形成统一且有序的背景。可以使用不同高度的架子、托盘或展示台,将商品分层次摆放,增加空间的立体感和层次感。要突出主角,避免杂乱。选择一两件最具吸引力的商品作为主角,放在显眼位置,用灯光或装饰物强调。美妆直播的背景应采用粉色或白色系,颜色要柔和,不能过于刺眼。主播可以在直播间放一些摆件,如盆栽、书籍、鲜花、玩偶等,展示主播的生活态度,并增加视觉吸引力。可以设置互动元素,如二维码、留言板或观众投票区,鼓励观众参与互动,让直播间既丰富又舒适,但不至于拥挤。定期更换背景中的商品,特别是推广新品或季节性商品时,要保持直播间的新鲜感和吸引力。布置时要注意安全稳固,避免直播过程中发生意外。通过精心布置和创意搭配,将商品巧妙地融入直播间背景中,不仅能提升直播间的专业性和吸引力，还能有效促进商品的销售和转化。

（3）绿幕背景。绿幕技术允许主播在直播过程中使用绿幕，做到实时更换背景，无须实际改变物理环境，如图4-20所示。这极大地丰富了直播内容的视觉效果，使直播场景更加多变和吸引人。相比于传统直播间需要花费大量金钱和精力去搭建和装饰不同场景，绿幕直播间只需一块绿幕，通过电脑抠图处理即可生成任何想要的背景，大大降低了成本。主播可以根据自己的喜好和需求，自由选择和定制直播背景，包括颜色、图案、风格等，从而打造独特的直播风格，增强个人或品牌的辨识度。绿幕直播间通常采用高分辨率的摄像机和摄像头，以及专业的灯光布置，确保直播画面的清晰度和色彩还原度，提升观众的观看体验。

图4-19　以商品为背景的直播间

图4-20　绿幕背景直播间

2.物料摆放

直播中的物料主要由商品实物、宣传物料和装饰物等组成。直播物料应整齐放置，不同的物料可以根据主播的表达意图和直播场地的大小摆放在不同位置。

（1）商品实物。直播时，主播要确保商品能够清晰地展示在观众面前，避免被遮挡或放置在不显眼的位置。可以将热销商品、新品或特价商品放在直播间的显眼位置，如画面中心或主播易于触及的地方。食品、化妆品等小件商品一般可摆放在主播正对着的陈列台或陈列桌上，让用户一进入直播间便了解主播主推的商品，如图4-21所示。针对包装可拆的商品，主播可以将包装拆开，直观地展示商品的款式、色泽等。对于服装类等体积稍大的商品，主播可以将其陈列在身后或两侧。商品数量不宜过多，以免给观众带来视觉上的负担和混乱感。一般来说，直播间中商品的占比应控制在1/3以内，保持一定的空间感。将重点推荐或具有特色的商品放在最显眼的位置，如使用特别设计的展示架或灯光效果加以突出。

（2）宣传物料。宣传物料的类型丰富，包括黑板、白板，以及电子屏、海报、贴纸、胸卡、气球等一系列用于展示文字、图片信息的道具，如图4-22所示。白板或黑板应放置在主播易于触及且观众视线能够清晰看到的位置。一般来说，可以将其放置在主播身后或侧面的桌子上，正面朝向观众，确保主播在书写或展示时不会遮挡到商品或其他重要内容。如果条件允许，可以使用可调节角度的支架或夹子来固定白板或黑板，以确保其处于最佳观看角度。在摆放白板或黑板时，要注意避免其表面产生反光现象，可以通过调整灯光位置、使用防反光材料或改变白板、黑板的摆放角度来实现。在白板或黑板上展示的内容应简洁明了，避免过于复杂或冗长的信息。可以使用关键词、短句或图表来概括和传达信息，以便观众能够快速理解和记忆。在直播过程中，主播可以根据需要随时在白板或黑板上更新内容。这可以吸引观众的注意力，增强直播的互动性和趣味性。

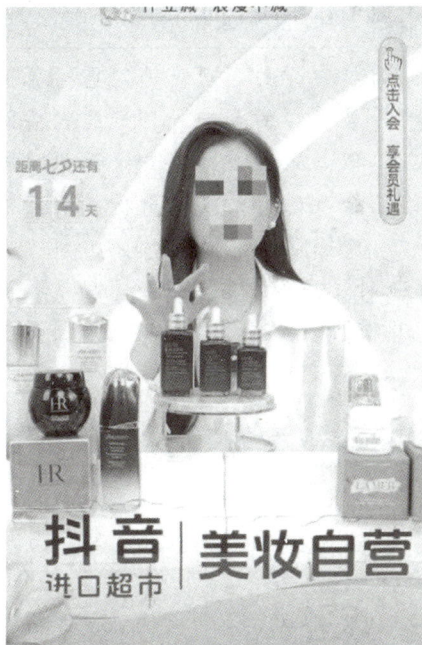

图4-21 直播间的商品摆放　　　　图4-22 利用贴纸提示的直播间

（3）装饰物。如果直播场地面积允许，可以放置一些盆栽、玩偶、壁画等饰件，以丰富直播场景，绿植可以增添直播间的生机和活力，同时净化空气。可以选择一些易于养护的小型绿植，如多肉植物、小型盆栽等，摆放在主播周围或角落位置，如图4-23所示；也可以利用毛绒玩偶或其他装饰物来增强直播间的趣味性和个性化特色，但需注意数量不宜过多，以免分散观众注意力。可以根据主播的喜好和直播风格选择合适的装饰物进行摆放。此外，直播间还可以根据需要配备背景音乐小音箱、营造紧迫感的计算器、秒表，提升氛围感的造风机，以及便于打造主播形象的妆造台。在设计直播间时，可以考虑铺设吸音毯和隔音墙纸来降低直播混响，让每个直播间的隔音效果良好，避免相互干扰。

图4-23 摆放绿植和装饰的直播间

拓展阅读4-2   **如何设计一个高转化的直播间？来看京东高手的总结！**

相信研究过直播间的同学都知道，直播间的装修样式是观众进入直播界面后信息接收占比最大的一部分，对用户体验有着最直接的影响。良好的直播间装修会吸引粉丝驻足，从而提升直播间的人气，但如果直播间布置过于花哨和杂乱，反而会让观众反感而离开。如何去打造一个观感舒适又吸引粉丝的直播间呢？

通过对直播间拆解我们可以发现，影响直播间装修的因素有很多，包括直播间贴片、主播站位、背景灯光等。一般来说，直播间装修除了要保证简洁明亮之外，还与直播主题及直播品类相关。除此之外，对贴片、背景图等也有一定的要求。

一、直播画面安全区

直播画面推流到观众端时，由于手机屏幕尺寸不一致，会存在画面被裁剪的情况。因此在直播间装修时，需预留一定的安全区，从而保证核心信息大部分用户端均可见。

采用全面屏手机进行直播时（包括 vivo、OPPO、华为、苹果等全面屏手机），若观众端为非全面屏手机，观众端直播画面上下高度会被裁剪，因此上下需要各留安全区 300px 左右（约为直播间主播头像中心距屏幕顶部的距离）。

采用非全面屏进行直播时，若观众端为全面屏手机，观众端直播画面左右部分会被裁剪，因此左右需各留安全区 80px 左右（约为直播间主播头像中心距屏幕左边的距离）。

二、直播画面选择

竖屏直播在观看体验和转化上更有优势：竖屏格式更吸引人；竖屏给人的感觉更亲密；竖屏广告的视觉注意力更高；竖屏广告的完成率高达 90% 等。因此，应尽量采用竖屏直播。

三、前：直播间贴片使用方法

1.贴片遮挡高度

贴片的遮挡高度要避免影响直播间的景深，让观众产生压抑感。因此使用上下贴片时建议遮挡高度不超过屏高的五分之一。

2.贴片数量

数量上：为了保持直播间的整洁，让观众更专注于直播内容，贴片使用数量一般为1~2个，最多不超过3个。使用多个贴片时，为避免直播间凌乱，贴片需排列整齐，尽量做到风格统一，切勿散落在各个地方或使用多种不同颜色的贴片。

3.贴片内容

贴片上的元素设计也应该排列整齐。背景要简洁干净，内容不宜过多，不然不仅会影响信息的可读性，还会降低直播间的品质。贴片内容需要突出以下方面。

助力体验提升：放置主播信息、直播时间、优惠预告等基础信息贴片来提升用户体验感。

特色卖点曝光：放置新品、爆品、秒杀品，或者明星、达人等特色卖点贴片来吸引观众停留。

展示优惠折扣：放置直播间可领的优惠券、红包等，或展示优惠折扣口号的贴片来促进用户下单转化。

直播氛围渲染：放置具有节日、时令、季节大促氛围的贴片来渲染直播间氛围，增强感染力从而促进观众购买。

凸显品类/品牌特色：根据品类/品牌特色选择合适的直播间贴片，凸显直播间品牌调性，让观众快速识别并形成记忆点。

举例如下：

数码家电：可以选择未来科技/炫酷新潮/简约中性，蓝色或紫色调的装修风格。

医药健康：可选择清新淡雅，蓝色或绿色调的装修风格。

美妆个护：高端类可选择金色/紫色，中低端可选粉色或者红色的装修风格。

母婴亲子：可选择可爱活泼/粉嫩柔美，偏粉红色/粉蓝色的装修风格。

四、中：主播占位构图

主播占位太小或者太靠下、靠边会与观众产生距离感，降低信任感；若主播距离摄像头太近，充满了直播画面，会给观众产生压迫感。一般来说，主播位于画面中间，占比一般不超过70%较为合适，上下屏幕各预留约五分之一的空间，左右屏幕预留约四分之一的空间。主播可位于直播间背景墙对角线上，从而产生纵深感和空间感。

五、后：直播间背景

直播间背景应该保持干净整洁，避免花哨/杂乱影响产品或主播展示，放一个广告牌或品牌logo就可轻松提升直播间品质。直播间背景色彩尽量使用可以降低曝光、视觉舒适，能够突出商品和主播的灰色系或浅色系。节假日则可短期采用一些色彩强烈的颜色来营造氛围。可选取墙面对角线作为视角，让视觉效果更宽阔。为了让直播间层次感更丰富，也可以在直播间放置沙发/绿植等物品。

如果装修成本过高，可采用虚拟背景图来装修。此时建议使用同一张完整的背景，避免使用拼图导致直播画面不真实。建议在主播前面放一个展示台或小桌子，这样能让背景看起来更自然。同时也要避免抠图后主播悬浮在背景图上或者太小太靠下，影响观感。

资料来源：京东JellyDesign.如何设计一个高转化的直播间？来看京东高手的总结！［BE/OL］.［2024-10-12］. https://www.uisdc.com/live-room-design.

任务三　直播间设备配置

【引导案例】

玉龙溪火爆抚顺冰雪旅游季

一、案例背景

2023年12月28日，2023—2024抚顺冰雪旅游季暨清原冰雪嘉年华活动在清原满族自治县玉龙溪景区正式启动。精彩纷呈的娱乐项目让游客在冰雪中释放激情，助力清原森林冰雪旅游季持续升温。

当日，第二届玉龙溪冰雪趣味运动会正式拉开帷幕，50米冰车竞速、50米冰爬犁竞速、雪地碰碰球、雪地保龄球、单腿驴挑战赛等吸引了来自清原各乡镇社区的100余名冰雪活动爱好者参赛。与此同时，来自省内外的1 000余名游客也参与到了当日的冰雪嘉年华活动中，充分体验纵情冰雪的无限乐趣，领略冰雪文化的独特魅力。现场很多游客纷纷进行直播，将精彩场面分享出去，如图4-24所示。

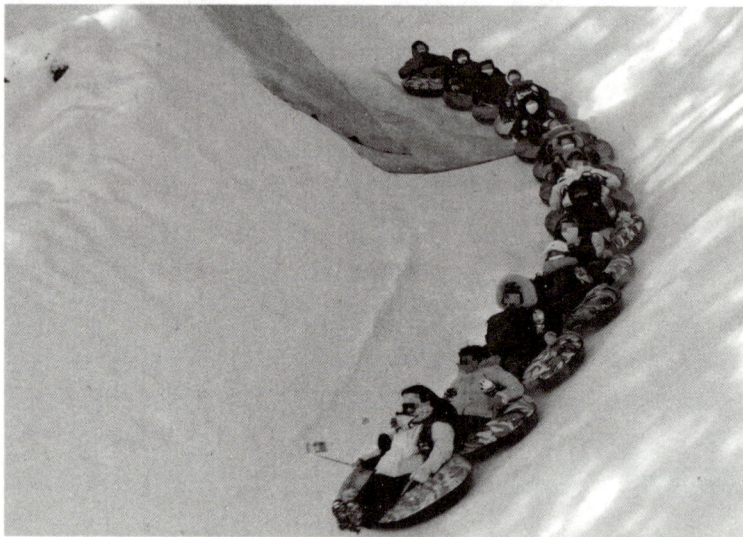

图4-24　玉龙溪雪上娱乐项目

据了解，本次活动由抚顺市文化旅游和广播电视局、清原满族自治县人民政府主办，清原县委宣传部、清原统战部、清原文化旅游和广播电视局、玉龙溪景区承办，旨在促进冰雪旅游+冰雪运动融合发展，有效推进文化和旅游深度融合发展，加大文化和旅游消费市场供给，让冰雪"冷资源"释放出"热效应"，营造祥和的假日文化氛围。

二、案例解读

1.在户外开展直播要注意的问题

（1）户外需要特别注意直播过程中的数据传输是否流畅无阻，避免出现卡顿或掉线等情况影响观众体验感。

（2）冰雪环境中光线反射强烈，直播团队应灵活调整摄像设备参数以适应不同光线条件。

（3）要考虑麦克风的收音效果，以及采取保温措施防止低温影响性能。

（4）要注意运动中的拍摄效果及多角度展示。

2.直播设备

针对以上问题，在直播设备配置上，要重点考虑适合运动项目的拍摄设备，便携式的补光设备，移动中的收音设备。为了呈现丰富多彩的内容，要考虑适合多角度拍摄的设备，以及直播者和设备的保暖装备。

三、案例总结

从对外直播的角度来看，在户外低温的情况下进行直播，需要特别注意直播设备配置、内容呈现、环境适应性和用户体验等方面的问题。只有直播活动顺利进行，才能吸引更多观众的关注和参与。

四、案例思考

（1）根据上述案例，还有哪些在冬季户外直播中需要考虑的问题，该如何解决？

（2）用什么方式拍摄娱乐项目的全景较为合适？

（3）为上述案例设计宣传标语。

资料来源：编者自撰。

一场难忘的直播体验不仅需要主播带动现场气氛，更离不开直播设备的支持。直播设备的性能直接影响直播内容的输出，进而影响用户的视觉和听觉感受。确定直播间定位和直播场景后，直播团队要为用户提供良好的观看和购物体验，就需要本着实用、好用的原则选择直播设备，并在直播前将其调试至最佳状态。根据直播环境的不同，直播可分为室内直播和户外直播；按照直播方式的不同，直播也可以分为移动直播、桌面直播和多平台直播。因此，需要根据直播方式来选择合适的直播设备。

现在主流的直播平台是抖音、快手、陌陌、微信视频号等手机直播平台。直播设备可分为电脑必备硬件和手机必备硬件。对于手机直播来说，必备硬件包括手机、外置声卡、监听耳机、手机支架。而在斗鱼、虎牙等娱乐类直播平台上，用电脑直播的主播较多，必备硬件包括美颜摄像头、电脑、监听耳机、外置声卡和电容麦克风等。在本书中，我们主要针对电商直播，分别从室内直播和室外直播两个角度介绍直播设备的配置。

一、室内直播设备的配置

1.视频摄像头或单反相机

视频摄像头是完成直播的基础设备，大致可分为需要配备固定支架的摄像头（如图4-25所示）、软管式摄像头（如图4-26所示）和可以直接夹在显示器上的摄像头（如图4-27所示）。

微课4-3

直播设备的
配置

图4-25　带固定支架的摄像头　　图4-26　软管摄像头　　图4-27　夹在显示器上的摄像头

带有固定支架的摄像头可以独立放置于桌面，或者夹在计算机屏幕上，使用者可以转动摄像头的方向。这种摄像头的优势是比较稳定，有些带有固定支架的摄像头甚至自带防抖动装置。

软管式摄像头带有一个能够随意变换、扭曲身形的软管支架，这种摄像头上的软管能够多角度自由调节，即使被扭成S、L等形状后仍然可以保持固定，可以让主播实现多角度的自由拍摄。

图4-28　单反相机

有些对画面要求较高的主播使用单反相机（如图4-28所示）进行直播。单反相机拥有更强大的传感器和更优质的镜头，这使得它们能够捕捉到高质量的画面和更丰富的细节。相比传统的USB摄像头，单反相机在色彩还原、清晰度、动态范围等方面都有显著优势。单反相机通常具备快速自动对焦功能，能够准确捕捉人物移动或快速变化的场景，确保直播画面的稳定性和清晰度。单反相机拥有广泛的镜头选择，包括广角、长焦、微距等多种类型，能够适应不同的直播需求。例如，在户外直播时可以使用广角镜头捕捉更广阔的风景，而在室内直播时则可以使用长焦镜头拉近与观众的距离。通过HDMI接口与电脑或手机连接，单反相机能够传输高分辨率和高帧率的直播画面，确保观众能够享受到流畅且清晰的观看体验。不过，单反相机在长时间直播过程中可能会面临续航和散热问题，因此需要准备足够的备用电池和采取必要的散热措施以确保直播的顺利进行。

2. 话筒

选择话筒时，要考虑直播环境和需求，包括噪声水平、空间大小等。目前常用的话筒有电容话筒、动圈话筒、USB话筒和无线领夹话筒。

电容话筒（如图4-29所示）的收音能力较强，能够采集更多的声音细节，使声音更有层次，更饱满、圆润。电容话筒适合在安静的环境下使用，为了防止产生爆音和杂音，使用时可以为其安装防喷罩。电容话筒能将声音转化为电子信号，呈现出色的细节和宽广的频率响应，特别适合需要高质量音频的

图4-29　电容话筒

直播场景，如歌曲演唱或演讲。

如果直播环境较为嘈杂，如户外、咖啡馆或街道，那么需要选择具有出色噪声消除功能的话筒。动圈话筒在这方面表现较好，因为它们能有效抑制背景噪声，适合户外或移动性较高的直播，如图4-30所示。此外，动圈话筒通常较为耐用，适合长时间使用。对于大型直播场地，可能需要考虑使用悬挂式或摄像机话筒，以便更好地捕捉声音并减少回声。

选择话筒的连接方式时，USB话筒因其便捷性和即插即用特性而广受欢迎。它直接连接到计算机的USB接口上，无须提供额外的声卡或混音设备，

图4-30　动圈话筒

如图4-31所示。USB话筒易于设置，适合网络直播、视频聊天或录音等场景应用。虽然其音质可能不及前两类专业话筒，但对于满足一般的直播需求已经足够。

对于需要频繁移动或解放双手的直播场景（如户外拍摄、健身教学等），无线领夹话筒是一个不错的选择，如图4-32所示。它们轻巧便携，佩戴舒适，且收声效果良好。

图4-31　USB话筒

图4-32　无线领夹话筒

3.耳机

耳机的作用是可以让主播在直播时监听自己的声音，从而更好地控制音调和分辨伴奏。用于直播的耳机一般有头戴式和入耳式两种类型，分别如图4-33和图4-34所示。

这里我们简单介绍一下入耳式耳机。入耳式耳机小巧美观，多数主播在直播时会选择使用这种耳机。需要注意的是，使用入耳式耳机进行直播时，音量不宜过大，否则长时间使用可能会损伤听力。入耳式耳机的连接线建议稍长些，一般在2~3米，以便主播有更大的活动空间。另外，主播在直播时可以尝试使用蓝牙无线耳机，尽管其稳定性和接收效果通常不如有线耳机，但使用起来更为方便。主播可根据自己的直播需求选择耳机类型。

图4-33 头戴式耳机

图4-34 入耳式耳机

4.声卡

很多直播间会使用声卡，如图4-35所示。声卡主要用于提升音质、增强音效，并更好地进行声音处理和混音。它可以解决大多数手机在直播过程中无法同时开启直播软件和音乐播放器的问题。此外，使用声卡播放背景音乐或掌声、笑声等音效，可以活跃直播间的气氛，收到更好的效果。

图4-35 声卡

对于专业直播而言，建议选择外置声卡，因为它们通常具有更好的音质和更多的功能。除了声卡，还需要准备话筒（麦克风）、耳机、电脑等直播设备，确保这些设备与声卡兼容，并能满足直播需求。声卡连接方式参考图4-36。

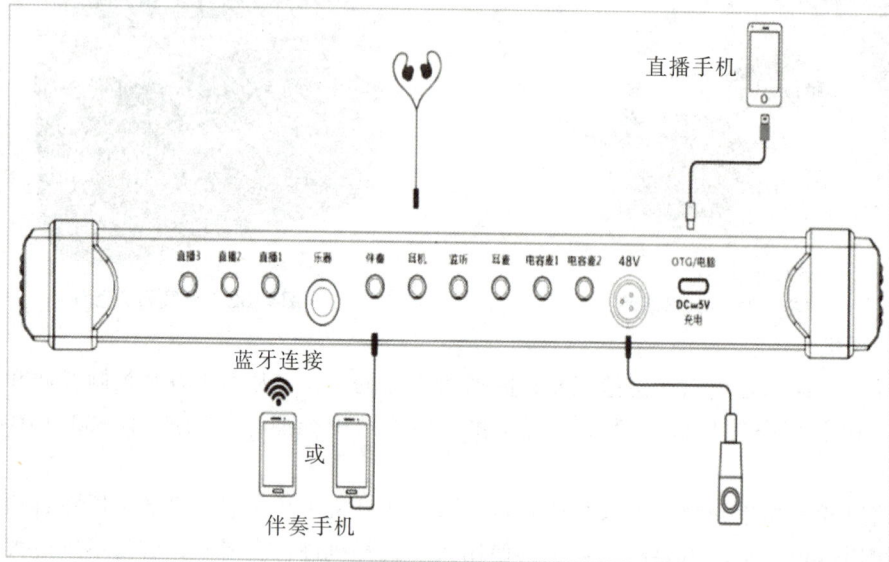

图4-36 声卡连接方式

如果是外置声卡，只需将声卡通过USB线连接到计算机的USB接口上。部分声卡可能需要安装驱动程序，可以从声卡品牌官网或供应商处下载并安装最新版本的驱动程序。

　　将话筒连接到声卡的相应接口（如 XLR、TRS 等），将耳机连接到声卡的耳机接口，以便进行实时监听和调音。

　　启动声卡附带的软件或宿主软件（如 Audition、Studio One 等），这些软件可以帮助我们进行声音设置和调试。在软件中设置声卡的输入（话筒）和输出（耳机或扬声器）通道，确保声音能够正确传输。根据话筒的特性和直播环境，调整麦克风的增益、音量、低音、高音等参数，以获得最佳效果。利用声卡软件中的音效库和混音功能，可以为直播添加背景音乐、掌声、笑声等音效，并进行混音处理。

　　在正式开播前，应进行声音测试，检查话筒的收音效果、耳机的监听效果以及音效的播放效果。根据测试结果，对声卡设置、麦克风参数、音效等进行进一步调整和优化，以确保达到最优。

5.计算机、手机

　　计算机主要用于直播间的运营操作，如产品上下架、发放优惠券、监控直播数据等。这些操作需要较高的处理能力和稳定性，计算机能够提供更流畅、安全的操作环境。

　　直播间数据大屏通常连接至计算机，用于展示观众互动数据和商品售卖情况。主播可以通过这些数据及时调整话术和策略，优化直播效果。

　　计算机可以运行专业的直播软件、视频编辑软件、音频处理软件等，这些软件提供高级功能和效果，如虚拟背景、多画面切换、视频特效等，从而提升直播的专业性和观赏性。

　　手机也是必不可少的。一部手机常用于主播的视角，展示主播的活动或表演，直接让观众感受主播的实时状态和情感表达；另一部手机可能用于展示直播场景或特定画面，如产品展示、背景展示等。这样可以从不同角度展示直播内容，增加丰富性和互动性。

　　手机还可以用于与观众互动，如回复评论、私信、进行抽奖等。即时互动能增强观众参与感和黏性，提升直播活跃度和观看体验。

　　有的主播可能同时开通多个直播平台，每个平台都需要一部手机进行直播。这样可以扩大直播覆盖范围，吸引更多潜在观众。

　　手机还可以作为播放音乐、唱歌及直播背景音乐的辅助工具，为直播营造氛围。手机摄像头也可以用来拍摄直播画面。如需直播计算机屏幕上的内容（如 PPT 课件），可以使用 OBS 视频录制直播软件；如需直播手机屏幕内容，则可在计算机上安装手机投屏软件，然后利用计算机进行直播。

　　总体而言，计算机和手机在直播过程中各有其独特的用途和优势。计算机主要负责运营操作、数据分析和专业软件支持，而手机则更多用于展示直播视角、补充画面、互动反馈以及多平台直播。两者相互配合，共同构成了完整的直播体系。

6.支架

　　支架用来放置摄像头、手机或话筒，它既能解放主播的双手，让主播可以做一些动作，又能确保摄像头、手机、话筒的稳定性。直播间常用的支架包括摄像头三脚架、手机支架和话筒支架，分别如图 4-37、图 4-38 和图 4-39 所示。

图4-37　摄像头三脚架　　　图4-38　手机支架　　　图4-39　话筒支架

7.灯光设备

直播间的灯光设备是构建高质量直播环境的重要组成部分，不仅影响直播画面的清晰度和色彩还原度，还能营造出适合不同直播内容的氛围。以下是一些常见的直播间灯光设备。

图4-40　摄影灯

（1）摄影灯。摄影灯（如图4-40所示）通常具有高显色性，能够真实还原物体的色彩，使直播画面更加鲜明、逼真。同时，它们具备色温可调功能，可以根据直播需求调整光线的色温，营造不同的氛围和风格。此外，摄影灯的稳定性也很好，能确保长时间直播中光线的稳定输出。

在直播中，摄影灯常用作主灯和副灯，为主播和直播产品提供充足照明，有时也用作背景灯或地灯，以增强直播画面的层次感。

（2）柔光灯。柔光灯的外观通常为八角形、环形、方形或球形，分别如图4-41、图4-42、图4-43和图4-44所示。柔光灯配有柔光罩或采用特殊的光学设计，以确保照射出的光线柔和且不刺眼。这种设计有助于光线的均匀扩散，减少直射光造成的阴影和光斑，产生柔和而均匀的光线，使直播画面更加舒适自然，减少观众的视觉疲劳，并使拍摄对象的面部轮廓更加清晰。

图4-41　八角柔光灯　　图4-42　球形柔光灯　　图4-43　环形柔光灯　　图4-44　方形柔光灯

柔光灯通常具备多色温与亮度可调功能，能够适应不同的直播场景和需求。此外，环形灯设计美观实用，能够提升直播间的整体视觉效果。在直播中，环形灯常用作眼神光，使主播的眼神更加明亮有神。柔光灯可以用作主灯、补光灯、顶灯或背景灯，为直播间的背景和地面提供柔和的照明效果，营造温馨、舒适的直播场景。

（3）补光棒。补光棒（如图4-45所示）是一种细长的灯具，具有便携性和高灵活性的特点。它们通常采用高质量的LED光源，能够提供明亮且均匀的光线。此外，补光棒还可以根据需要调整角度和长度，以适应不同的直播场景。在直播中，补光棒常用作辅灯或氛围灯，为直播画面提供额外的照明和补光效果。它们也常用于户外直播或需要频繁更换拍摄场景的直播环境中。

（4）聚光筒。聚光筒是一种能够将光线高度集中，形成明亮且集中的光束的灯光设备，如图4-46所示。它们通常具备调节光束角度和强度的功能，可以根据直播需求进行灵活调整。在直播中，聚光筒常用作背景灯或氛围灯，以突出某个特定区域或物体的照明效果。它们也常用于需要营造特殊氛围或强调细节的直播场景中。

图4-45 补光棒

直播间的灯光设备种类繁多，每种设备都有其独特的特点和应用场景。选择和使用灯光设备时，需要根据直播内容、场地条件以及个人需求进行综合考虑。

8.提词设备

提词器是一种主播在直播过程中用于提示台词或脚本的设备，能够帮助主播更好地控制直播内容，减少忘词现象，提高直播的流畅性和专业性。

手持式提词器小巧轻便，适合个人使用或小型直播场景。它通常具有可调节的字体大小和滚动速度，方便主播根据个人需求进行设置。桌面式提词器则放置在桌面上，适用于需要稳定拍摄角度的直播场景。这类提词器通常具有较大的显示屏，可以显示更多内容，并支持多种设备连接，如手机、平板和相机等。专业级提词器（如图4-47所示）针对专业直播和影视拍摄设计，具有更高的稳定性和清晰度，它们通常配备有专业的控制软件和遥控设备，可以实现更复杂的提词功能，如自动滚动和多行显示等。

图4-46 聚光筒

图4-47 专业提词器

9.网络支持

室内直播时尽量使用有线网络，因为有线网络的稳定性和抗干扰性优于无线网络。如果室内有无线网络且连接设备较少，网络质量较好，也可以选择使用无线网络进行直播。当无线网络无法满足直播需求时，应提前发现并解决问题，或使用移动4G或5G网络。

微课4-4

直播设备连接

二、室外直播设备的配置

现在越来越多的主播选择进行室外直播。旅拍、探险、地区推荐和户外用品等都可以通过室外直播进行展示。

1.手机

手机是室外直播的首选设备，但并非每款手机都适合室外直播。适用于室外直播的手机，其CPU（中央处理器）和摄像头配置均较高。高性能的CPU能够更好地满足直播过程中的计算、编码及解码需求。

2.收音设备

室外直播时，如果周围环境较嘈杂，需要外接收音设备辅助收音。收音设备分为两种：一种是蓝牙耳机，另一种是外接线缆，后者更适合进行多人采访时使用。

3.上网流量卡

网络是室外直播首先要解决的问题，因为它对直播画面的流畅程度有直接影响。如果网络状况较差，直播画面就会出现卡顿，甚至黑屏，这会严重影响用户的观看体验。因此，为了保证室外直播的流畅度，主播要配置信号稳定、流量充足、网速快的上网流量卡。

图4-48　手机云台

4.手持稳定器

在室外直播时，主播通常需要走动，这会导致镜头抖动，影响用户的观看体验。尽管一些手机具有防抖功能，但效果有限，因此需要配置手持稳定器来保证拍摄效果和画面稳定。手机云台（如图4-48所示）是一种单手稳定器，应用了无人机自动稳定协调系统，可以实现拍摄过程中的自动稳定平衡。只要把手机固定在手机云台上，无论拍摄者的手臂呈什么姿势，手机云台都能自动调整手机状态，使其保持在稳定平衡的角度，从而拍摄出稳定流畅的视频画面。

5.运动相机

在户外进行直播时，如果主播不满足于手机的普通拍摄视角，可以使用运动相机（如图4-49所示）。运动相机是一种便携式的小型相机，具有防尘、防震、防水的特性。它体积小巧，佩戴方式多样，拥有广泛的拍摄视角，并且能够拍摄慢动作镜头。主播可以在一些极限运动中使用运动相机进行拍摄。

图4-49　运动相机

6.自拍杆

自拍杆（如图4-50所示）是手机直播时常用的辅助设备。它是一根装有手机的可伸缩金属杆，并配备蓝牙设备用于视频拍摄和直播工作。使用手机直播时，由于手的运动范围有限，拍摄的镜头也受限，使用自拍杆可以使直播画面更加完整，具有更强的空间感。对于室外直播来说，带有美颜补光灯和多角度自由翻转功能的自拍杆更受欢迎。

图4-50　手机自拍杆

7.移动电源

手机是目前直播的主流设备，其便携性大大提高了直播效率，但在进行移动直播时，对手机的续航能力是极大的考验。因此，为保证后续直播的电力供应，避免因电量不足而中断直播，移动电源（如图4-51所示）是必备的辅助设备。

移动电源能够为直播设备（如手机、相机、笔记本电脑等）提供稳定的电力支持，确保直播过程

图4-51　移动电源

不会因为电量耗尽而中断，这对于需要长时间进行户外直播的主播来说尤为重要。在突发情况下，如设备电量突然降低或外部电源不稳定，移动电源可以作为应急备用电源，迅速为设备充电，避免直播中断。移动电源具有较强的便携性，主播可以随时随地为设备充电，无须寻找固定的电源接口，从而提升了直播的灵活性和便捷性。在直播间隙，主播可以利用移动电源快速为设备充电，减少等待时间，提高直播效率。

任务四　直播间灯光布置与视角、方向选取

【引导案例】

俪人珠宝直播间的改造

一、案例背景

俪人珠宝在抖音平台开设了直播间，经营莫桑钻的相关制品。在直播期间，商品的展示效果一直很不理想：有时出现光线不足导致莫桑钻的火彩效果无法充分展现，让观众难以感受到其璀璨夺目的魅力；有时则是背景布置杂乱无章，分散了观众对珠宝本身的注意力；另外主播在讲解时缺乏足够的互动与吸引力，导致直播间人气不高，转化率也偏低。面对这些问题，俪人珠宝决定对直播间进行全面改造，以提升直播效果，吸引更多潜在客户，提高销售业绩。

引入多盏可调节色温与亮度的专业直播灯，确保整个直播间光线均匀且柔和，特别针对莫桑钻的特性，设置聚光灯，精准捕捉并放大钻石的火彩效果，让每一颗莫桑钻都能在镜头前熠熠生辉。使用背景灯，营造温馨的氛围，根据直播主题灵活调整，强化观众的沉浸感。使用淡雅纹理的背景布，确保珠宝成为视觉焦点。布置小型展示架和旋转展台，用于展示不同款式的莫桑钻饰品，方便主播从不同角度展示产品细节。增添一些与珠宝相关的装饰元素，如精致的花瓶、艺术画作或小型雕塑，但需保持整体风格的统一和谐。利用抖音平台提供的数据分析工具，定期分析直播观看人数、互动率、转化率等关键指标，了解观众喜好和需求。根据数据分析结果，不断调

整直播策略、产品选择、互动方式等，持续优化直播效果。

通过上述改造，俪人珠宝直播间不仅解决了原有问题，还成功打造了一个集专业、美观、互动于一体的珠宝直播空间，吸引了大量忠实粉丝，有效提升了销售业绩和品牌影响力。

二、案例解读

1.灯光升级

莫桑钻的直播间对光线要求较高，均匀且柔和的光线能够避免阴影影响观感的情况发生，特别设置的聚光灯，可以精准捕捉并放大钻石的火彩效果，提升用户对产品的好感度。

2.布景改造

背景布置杂乱无章，分散了观众对珠宝本身的注意力，使用淡雅纹理的背景布，确保珠宝成为视觉焦点，旋转展台则满足了多角度展示的需求。

三、案例总结

布景打造、灯光设置、直播策略、产品选择、互动方式等都是直播间的重要元素，这些元素不是一成不变的，而是要根据直播间特点和产品特性，找到搭配类型。

四、案例思考

（1）在珠宝直播间，你认为主播要特别做好哪些功课？

（2）特别绚丽的灯光对珠宝直播间是否更为适宜？

微课4-5

直播间的
灯光布置

一、直播间灯光布置

1.灯光功能分类

根据作用不同，直播间的灯光可以分为主光、辅助光、轮廓光、顶光、背景光和商品光。根据直播需要，不同的灯光采用不同的布置方式，营造出不同的光线效果。

（1）主灯。主灯，也称为关键光或主照明，是直播间中最主要的光源，负责照亮主播或产品的主体部分，提供基本的光照强度和方向。主灯是主导光源，决定着直播画面的主基调，它直接影响到直播画面的整体亮度和质感。主灯应放置在主播的正面，与摄像头上的镜头光轴形成0~15°的夹角。这个位置可以确保光线充足且均匀地照射在主播的脸上或产品的主体上，营造出柔和、自然的光影效果。同时，主灯也是照射主播外貌和形态的主要光线，是实现灯光美颜的第一步。为直播间布光时要首先确定主光，然后再设计添加辅助光、背景光和轮廓光等。根据直播间的实际情况和需求，可以选择不同类型的光源作为主灯，如LED灯、荧光灯或专业摄影灯等。LED灯因其节能、环保、寿命长等优点，在直播间中应用广泛。为了避免主灯产生的光线过于生硬或刺眼，让光线更加柔和、均匀，减少阴影和反光，可以使用柔光箱、柔光罩或反光板等柔光工具对光线进行柔化处理。根据直播间的光线环境和主播或产品的特性，适时调节主灯的亮度，确保光线既不过曝也不过暗，以便呈现最佳画面效果。

（2）辅助灯。辅助灯，又称补光灯，是用来弥补主光不足、平衡画面亮度、增加立体感和细节表现的灯。关于补光灯的种类，我们已经在前面的内容中介绍过了。补光灯通常与主灯配合使用，以营造更加自然、丰富的光影效果。

辅助灯应放置在主播的侧面或斜后方，与主灯形成一定的夹角，这样可以避免光线直接照射到主播的正面，造成过曝或反光，同时为主播的侧面和轮廓提供适当的照明。一般来说，辅助光与主播的夹角应保持在45°左右，这样可以营造出柔和的阴影和层次感。如果辅助光从主播斜后方45°方向照射过来，则可以提升主播后方轮廓的亮度，并与主播前方的灯光效果形成对比，从而增强主播整体造型的立体感。需要注意的是，在调试辅助光时要注意光线亮度的调节，避免因某一侧的光线太强导致主播某些地方曝光过度，而其他地方光线太暗。

（3）顶灯。顶灯从主播头顶位置照射下来，能够让主播的面部产生浓重的投影感，有利于主播轮廓造型的塑造。顶光应尽量选择柔和的光线，避免使用过于刺眼或光线集中的灯具。柔和的光线有助于减少阴影和反光，使画面更加自然。灯光应较好地覆盖直播间顶部区域，提供均匀的照明效果。顶灯的高度也要适中，不宜过低以免造成眩光，也不宜过高导致光线过于分散。部分LED顶灯具有色温调节功能，可以根据直播间的氛围和需要调整光线的冷暖色调。一般来说，自然光色（约5 500K）适用于大多数直播场景。

（4）轮廓灯。轮廓灯主要用于勾勒人物的轮廓，增强画面的立体感，使主播在镜头前更加突出和生动。轮廓光一般选择具有长条形状或能形成一定光束的光源，如LED平板灯、雷达灯、影视灯配合柔光箱等。这些光源能够产生较为集中的光线，有效地勾勒出主播的轮廓。轮廓光通常位于主播的后方，角度较高，使光线从人物背后斜射过来。具体来说，可以将轮廓灯放置在主播后侧方约45°的位置，高度与主播身高一致或略高，以平行或稍微倾斜的角度打向主播。这样的布置能够形成明显的轮廓光效果，使主播的轮廓更加清晰。在布置轮廓光时，要注意避免光线直接射入摄像头而造成观众眩光和不适。轮廓光与直播间其他光源之间应有过渡，避免光线突变导致画面生硬（可以通过调整光源的亮度和角度来实现光线的自然过渡）。

（5）背景灯。背景光，也称环境光，应均匀分布在直播间背景区域，避免出现明显的光斑或暗区（可以通过调整光源的密度和角度来实现光线的均匀分布）。为了避免背景光过于刺眼或影响主播的主体地位，应采用低光亮多光源的布置方式，即使用多个光源以较低的亮度照亮背景区域，使光线更加柔和自然。

此外，主播在讲解商品的过程中，有时需要将商品拿至镜头前进行特写，以向观众展示商品的细节。这时可以在摄像头旁增加一个环形灯或柔光球作为商品灯，提升展示效果。

2.常用直播间布光法

（1）三灯布光法。三灯布光法是一种常用的摄影布光技巧，旨在通过精确布置三盏灯光来优化直播间的光线效果，提升直播画面的质量和观众的观看体验。这种方法借助主光、辅助光和轮廓光或背景光来实现（如图4-52所示）。主光负责照亮主播的主要面部和身体部分，是直播间中最亮的光源。辅助光用于补充主光未能照亮的暗部区域，使画面更加均匀、柔和。轮廓光或背景光用于勾勒主播的轮廓，增强画面的立体感和层次感，使主播与背景分离。

图4-52   三灯布光法

三灯布光法的主光通常放置在主播的左前侧或右前侧斜上方约30°的位置，可搭配深口抛物线柔光箱或灯笼柔光箱，以100%的功率输出。主光的主要目的是照亮主播的正面，使其皮肤看起来干净、通透。辅助光放置在主播的另一侧，即与主光相对的位置，用于补充主光未能照亮的暗部区域。辅助光的功率可以适当调整，以确保画面整体亮度均匀。轮廓光或背景光放置在主播的侧后方，与主光相对的位置。轮廓光或背景光通常采用方形柔光箱或标准罩等附件，以较低的功率（如80%）输出，主要目的是勾勒主播的轮廓，增强画面的立体感。

这种布光法的优势在于能够还原立体感和空间感，适用于服饰、珠宝类直播、人物专访等多种直播场景，具有很强的适用性。

（2）鳄鱼光布光法。这种方法是将主光置于被摄者前上方，一般高位向下45°角照射，作为画面的主要光源，照亮被摄者的面部和身体主要部分。主光通常采用柔光箱等附件来软化光线，使光线更加均匀、柔和。左右两侧各设置一盏灯作为辅助光，分别照亮被摄者的左右两侧，以补充主光未能完全照亮的暗部区域。辅助光的角度和强度可以根据实际拍摄需求进行调整，以确保画面整体亮度均匀。

为了增强画面的立体感和层次感，可以在被摄者侧后方设置一个轮廓光源，勾勒出其轮廓线条。如图4-53所示。但需要注意的是，轮廓光并非三灯鳄鱼光的必要组成部分，可根据实际拍摄场景和效果需求进行选择。

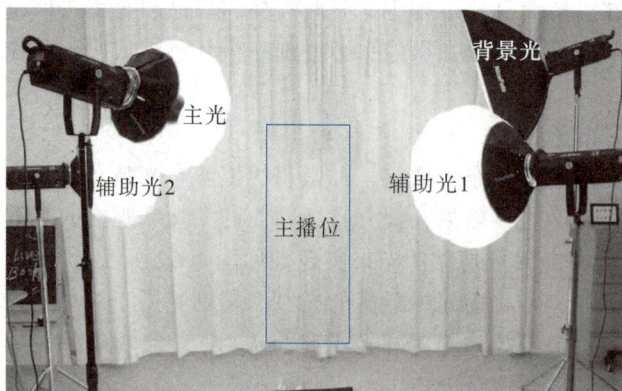

图4-53   鳄鱼光布光法

三灯鳄鱼光是人像摄影中一种特殊的布光方式，会在人物面部形成柔和的光照效果，同时在脸颊两侧产生淡淡的阴影，使人物具有立体感。正前方的灯光不会遮挡拍摄角度，同时人物眼神光也更加明亮。此外，通过调整辅助光和轮廓光的角度和强度，可以创造出不同的光影效果，满足不同的拍摄需求，特别适合人像写真和产品拍摄。它能够营造出柔和、自然的光影效果，使被摄者看起来更加立体、生动。同时，由于光线均匀、柔和，还能够有效减少面部阴影和瑕疵，提升拍摄画面的整体质感。

（3）蝴蝶光、背景光组合布光法。蝴蝶光，也被称为派拉蒙光，是一种对称式照明方式，通过特定的布光方法，使人物面部的高光区域呈现出类似蝴蝶的形状，从而增强面部的层次感和立体感。首先，将主光源放置在相机镜头光轴上方，即被摄者脸部的正前方，由上向下45°方向投射光线。这样可以确保光线能够均匀地照亮面部，并在鼻子下方、眉毛下方和下巴下方形成自然的阴影。然后，根据拍摄需要，调整光源的强度和角度，以获得理想的高光和阴影效果。通常需要使用柔光箱等附件来软化光线，避免产生过强的阴影或反光。

为了增强画面的立体感和层次感，可以在主光源的基础上添加辅助光源。例如，在人物头顶向下放置一盏灯作为顶光，提亮阴影部位；或者在人物侧后方放置一盏灯作为轮廓光，勾勒出身形轮廓。这种布光法能够强调面部的柔和曲线和轮廓，为女性主播带来一种清新、自然的美。在服装、美妆、饰品等直播中，蝴蝶光都有广泛的应用。需要注意的是，这种布光法不适合脸颊过瘦的主播。

无论哪种布光方法，在布光过程中，都要注意控制主光、辅助光和轮廓光之间的光比，避免画面出现过曝或欠曝的情况。

3.其他布光技巧

通过不同的灯光布置和色温调节，可以营造出不同的直播环境氛围。例如，暖色调的灯光能够营造出温馨、舒适的氛围，适合家居、美食等类型的直播；冷色调的灯光给人清新、专业的感觉，更适合科技、时尚等领域的直播。良好的灯光设计能够显著提升直播画面的质感，使画面更加清晰、明亮、有层次感。

通过合理布置主光、辅助光和背景光，可以突出主播的面部特征，减少阴影和反光，使画面更加自然、立体。灯光还能通过光影效果增强直播的视觉冲击力。例如，使用聚光灯或环形灯等特定灯具，可以在主播身上形成明显的光斑或光环效果，增加画面的趣味性和吸引力。通过调整灯光的亮度和角度，还可以创造出不同的光影效果，如侧光、背光等，以展现主播的轮廓和线条美。

通过合理调节灯光，可以优化主播的肤色、面部轮廓和眼神等细节，使主播看起来更加精神、自信、有魅力。这对于吸引观众、提升直播的观看率和互动率具有重要意义。在直播过程中，可能会遇到不同的场景需求，如室内、室外、夜间等。通过灵活调整灯光设置，可以确保在不同场景下都能获得良好的直播效果。例如，在室外直播时，可以使用便携式补光灯来弥补自然光的不足；在夜间直播时，则需要增加灯光亮度并调整色温以模拟白天环境。

二、直播视角与方向选取

直播时的角度和方向对于提升观众的观看体验和增强产品的展示效果至关重要。

1.视角选取

在选取直播角度时，应该考虑以下几个方面。

（1）主视角清晰。主播是直播过程中的核心人物，其视角选择直接影响到观众的观看体验。一般来说，主播应该保持与手机前置摄像头视线平行，手机可略微前倾，主播位于画面正中位置，头部与视频顶框留出一拳到两拳的距离。这样的视角能够让主播看起来更加自然、亲切。直播中要确保主要活动或演讲者的脸部和上半身清晰可见。对于产品展示，确保产品细节能被观众清楚看到。可以使用稳定的三脚架或支架来固定摄像头，避免抖动，提高画面的稳定性。

（2）互动视角。如果直播涉及观众互动，如问答环节或投票等，可以将摄像头稍微转向观众或显示屏幕上的互动内容，让观众感受到参与感。使用分屏技术，同时展示主播和观众互动的画面，增加互动性。

（3）半身特写视角。半身视角能够清晰地展示主播的面部表情和手部动作，增强与观众的互动感，适用于详细介绍产品的各个部分细节以及进行简单的讲解。对于重要或有趣的细节，可以使用特写镜头进行展示。例如，在美妆直播中，可以特写化妆品的质地、颜色或使用效果。用于展示产品的细节和特性，如材质、纹理、功能演示等。特写视角能够让观众更加清晰地看到产品的细节，吸引观众的注意力，并加深他们对内容的理解和记忆，提升购买意愿。

（4）全景沉浸视角。虽然直播主要是从主播的角度进行，但也可以通过模拟观众视角来增强观众的代入感。例如，在展示产品使用效果时，可以从用户可能使用的角度进行拍摄，让观众感受到产品的实际效果。也可以通过全景视角让观众对整个直播间有一个全面的了解，尝试从观众的角度来思考他们最希望看到什么，是产品的全貌的展示？细节的展示？还是使用过程的展示？根据观众的反馈和需求，不断调整和优化直播角度，增加直播的沉浸感。

（5）利用虚拟背景。如果直播软件支持，可以尝试使用虚拟背景来增加直播的趣味性和专业性。虚拟背景可以根据直播内容进行定制，创造出独特的视觉效果。

2.直播方向选取

直播方向主要指的是镜头移动的方向和路径，它对于保持观众的兴趣和好奇心至关重要。

（1）平稳移动。在直播过程中，可以根据需要进行平稳的摄像头移动，以展示更多的产品细节或直播间环境。移动时要注意速度的控制，避免晃动或转移过快引起观众的不适。

（2）切换角度。如果条件允许，可以准备多个摄像头，在直播过程中根据需要切换角度，从不同角度捕捉画面，如正面、侧面、俯视或特写等，增加观看的多样性和趣味性。例如，在烹饪直播中，可以从食材准备、烹饪过程到成品展示等多个角度进行切换。饰品佩戴、服装试穿时，都可以从多角度进行切换展示。

当需要展示产品的细节时，应及时切换角度。切换时要快速、准确，以保持直播的流畅性和连贯性。切换角度也可以为观众带来新鲜感，保持其观看兴趣。

主播在直播过程中可以通过肢体语言和视线引导来引导观众的视线。例如，当介绍某个产品特点时，可以用手指指向该特点并稍作停留，以吸引观众的注意力。

　　直播时的角度和方向需要根据直播内容、产品特性和观众需求进行灵活调整。通过选择适合的整体视角和人物视角，以及合理运用镜头移动和切换技巧，可以为观众带来更加真实、生动的观看体验，从而提升直播的吸引力和销售效果。

◆━素养提升━▶

直播电商规范化发展，要让品质主播唱主角

　　随着行业的不断成熟，直播电商如今也迈向精细化、规范化发展的新时代。不少主播依靠创作短视频积累了大量粉丝，成为网络红人，利用自身影响力开始直播带货。头部主播的巨大流量和带货效应让他们在商业中占据重要位置。

　　但值得注意的是，很多网络红人的直播间里，真正吸引观众的是直播间的互动娱乐氛围，经营销售的本质却被有意无意忽略。这一现象泛滥的本质在于，多数网络红人持"唯流量论"，忽视了直播电商的核心在于优质的商品和服务，以及与之相关的品控、质检、售后服务等多个高度专业化的环节。"红"而不专，甚至"红"而反专，是屡屡翻车的根源。

　　2024年7月1日正式生效的《中华人民共和国消费者权益保护法实施条例》（以下简称《条例》）针对直播带货、大数据杀熟、自动续费、刷单炒信等网络消费乱象进行规范。在《条例》中，特别强调了直播带货的透明度要求，明确规定了主播必须清晰地向消费者说明"谁在带货"以及"带谁的货"。自此，直播行业正式迈入了一个全新的规范化发展阶段。

　　在直播生态中，带货主播作为信息传递和产品展示的关键角色，其表现不仅关乎消费者对产品的认知与感受，更在无形中传递着品牌形象。因此，平台在打造直播生态时，必须对带货主播的专业性和职业素养提出明确要求，并建立起相应的标准体系与审核机制。

　　网红主播想"长红"，直播间的生意想一直红火，关键要把消费者权益放在首位，对商品质量负责。严把选品质量关、避免虚假夸大和误导性宣传，不断提升自己的专业技能，才能对得起"家人们"的信任。让消费者真正放心消费，促进多赢共赢。

　　在直播电商的浪潮中，品质主播不仅是个人品牌的塑造者，更是背后整个供应链乃至产业生态的代言人。他们向消费者推荐的产品，代表着供应链的严格选品、精细管理和高效服务，是"中国制造"向"中国质造"转变的生动体现。相应地，通过直播间，消费者不仅购买到了商品，直播间里沉淀的数据还能直接反馈到生产端，能够高效完成快反订单。根据测试销售数据，能立即反馈工厂，指导调整生产，这也是消费者对中国制造的信任和支持。

　　只有高品质货盘与专业化主播之间形成良性互动，才能确保"中国质造"的杰出成果精准对接消费者的实际需求，才能让消费端的反馈转化为生产的新动力。在高品质商品与专业化主播之间的良性互动中，电商平台、带货主播和品牌厂商应各尽其责，形成强大合力，不断优化产品供给，提升消费者体验，为消费市场蓬勃发展注入源源不断的活力。

　　资料来源：谷雨. 直播电商规范化发展，要让品质主播唱主角［EB/OL］.［2024-09-23］. https：//www.xinhuanet.com/tech/20240923/879d34255c9146e78132d781ee698e4a/c.html.

▬基础训练▬➡

一、单项选择题

1.在进行直播间定位时，如果目标受众是年轻女性且产品为少女服饰，（　　）色调最适合作为直播间的主色调。

A.黑色、灰色　　　　　　　　　　　　B.粉色、浅蓝色

C.紫色、金色　　　　　　　　　　　　D.奶黄色、深蓝色

2.若直播间主要销售农产品，并希望传达健康、无污染的理念，装修风格更为贴切的是（　　）。

A.以深色系为主，强调稳重感　　　　　B.以大量金属色为主，突出奢华感

C.以绿色为主，结合自然元素　　　　　D.以柔和的粉色系为主，营造甜美氛围

3.直播间的环境布置应首先确保（　　）。

A.豪华气派　　　　B.干净整洁　　　　C.充满童趣　　　　D.复古风格

4.对于美妆类个人直播，推荐的场地面积大约是（　　）。

A.5平方米　　　　B.10平方米　　　　C.15平方米　　　　D.20平方米

5.在选择直播话筒时，（　　）适合在安静环境下使用，且能采集更多声音细节。

A.动圈话筒　　　　B.USB话筒　　　　C.无线领夹话筒　　　D.电容话筒

6.在直播过程中，主播选择耳机的主要目的是（　　）。

A.美观　　　　　　　　　　　　　　　B.监听自己的声音并控制音调

C.增加直播间的气氛　　　　　　　　　D.吸引观众的注意力

7.在直播间灯光设置中，负责照亮主播或产品主体部分，提供基本光照强度和方向的光源是（　　）。

A.辅助光　　　　　B.轮廓光　　　　　C.顶光　　　　　　D.主光

二、多项选择题

1.在确定直播间风格时，应考虑（　　）方面的因素。

A.商品种类和行业特性　　　　　　　　B.店铺受众人群的细分特征

C.店铺所在地区的实体店铺　　　　　　D.店铺的品牌形象与特征

2.为了打造针对成熟商务人士的直播间，以下（　　）措施是合理的。

A.选择深色系作为主色调，如黑色、灰色

B.在直播间内摆放大量鲜艳的花朵以增加活力

C.设计简洁大方的背景墙，减少过多装饰

D.加入时尚海报和品牌logo以增强专业性

3.直播间的分区规划通常包括（　　）区域。

A.运营工作区　　　　B.直播展示区　　　　C.货品准备区　　　　D.仓储区

4.室外直播时，需要考虑（　　）因素，以确保直播顺利进行。

A.场地安全　　　　　　　　　　　　　B.信号与网络情况

C.天气预报　　　　　　　　　　　　　D.直播间观众人数

5.直播物料中，（　　）可被用来提升直播间的视觉效果和互动性。

A.商品实物　　　　B.白板、黑板　　　　C.盆栽绿植　　　　D.宣传海报

6.直播间的灯光种类主要包括（　　　）。

A.主光　　　　　　　　B.辅助光　　　　　　C.轮廓光

D.背景光　　　　　　　E.顶光

7.蝴蝶光布光法的特点包括（　　　）。

A.主光源位于相机镜头光轴上方　　　　B.光线由上向下45°方向投射

C.面部高光区域呈现蝴蝶形状　　　　　D.主要用于营造温馨舒适的氛围

三、判断题

1.婴幼儿用品的直播间常常以冷色调为主，如蓝色、紫色等，以符合婴幼儿对色彩的偏好。（　　　）

2.店铺的视觉设计必须严格遵循产品的特殊性和目标群体的定位，以最大程度地提升直播间的吸引力和转化率。（　　　）

3.直播间的层高越高越好，这样可以更好地展示商品。（　　　）

4.在选择直播背景时，应避免使用白色背景，因为它容易形成反射，不利于灯光布置。（　　　）

5.使用入耳式耳机进行直播时，音量可以随意调节，不会影响听力。（　　　）

6.在直播过程中，计算机主要用于展示直播画面和与观众互动。（　　　）

7.直播间的主光应放置在主播的正面，与视频摄像头上的镜头光轴形成0~15°的夹角，以确保光线充足且均匀。（　　　）

8.轮廓光主要用于勾勒主播的轮廓，应放置在主播的正面，与主光平行照射。（　　　）

四、问答题

1.在直播过程中，如何根据直播内容和产品特性灵活调整视角，以提升观众的观看体验和产品的展示效果？

2.为什么说直播间的场景布置对直播效果至关重要？

◀项目实训▶

一、实训目标

1.理解直播间定位。

2.掌握灯光布局技巧。

3.掌握直播间装修要点。

二、实训内容

1.根据直播品类，设计直播间装修风格和主色调。

2.根据带货品类和主播类型，确定灯光布局。

三、实训要求

根据货品类型，考虑商品的独特性、受众的特征，综合考虑直播间装修布局及灯光布局。

1.设计创建一间以出售婴幼儿洗涤用品为主的直播间，主播类型为年轻妈妈。客户是一家专注于婴儿洗涤用品的公司，产品包括婴儿洗衣液、婴儿奶瓶清洁剂、婴儿洗手液等。直播目标为通过直播活动提升品牌知名度，增加产品销售量，并向观众展示产品的安全性和有效性。填写表4-1，注明重点项目的方案、设置目的，绘制效果图。

表4-1   直播活动项目设置

项目	方案	设置目的	效果图
设备种类			
装修色调			
背景设计			
灯光布局			
商品摆放			
其他物料			

2.以预算8 000元以内为标准，设计化妆品直播设备的配置方案。

3.分析图4-54所示直播间的布局特点，指出布局的优点。

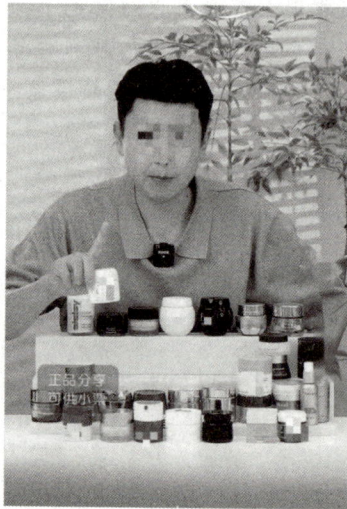

图4-54　直播间布局示例

4.项目组需要在户外开展一次夏季哈尔滨旅游推介直播，请指出所需设备及其用法。

项目五　直播选品及定价策略

在一个高效的直播间，销售转化率的提升往往依赖于对"人、货、场"这三个核心要素的深入融合与巧妙运用。在这三者之中，"货"即直播间所展示和推销的商品，扮演着至关重要的角色。为了提高直播间的商品转化率，主播必须具备卓越的选品能力，并能够对商品价格进行合理规划。选品与直播内容紧密相关，合适的商品可以使直播内容更加丰富和吸引人。好的商品能够吸引观众参与互动，提高直播的活跃度和观看体验，增强观众对主播的信任，培养观众的忠诚度，使他们成为回头客。定价策略影响消费者对商品价值的感知，合理的定价能够激发消费者的购买欲望，让消费者感到物有所值，有助于主播或品牌在市场上的定位，维护或提升品牌形象。在本项目中，我们分别对直播选品策略、直播商品结构规划以及直播商品价格策略进行详细的介绍。

学习目标

知识目标：

◇ 了解直播选品策略；

◇ 了解直播间商品的类型与商品结构规划的重要性；

◇ 掌握直播间商品的陈列与配置方法；

◇ 掌握直播商品定价策略。

能力目标：

◇ 能够根据直播间的主题和受众特点，精准选择符合需求的产品；

◇ 能够合理规划商品结构，制定合理的商品价格策略，并促进消费者下单；

◇ 能够运用各种定价策略制定具有竞争力的价格。

素养目标：

◇ 在选品过程中，坚持诚信原则，不选择假冒伪劣产品，确保所售商品的质量可靠、价格合理；

◇ 关注社会热点和消费者需求变化，积极推广符合社会主流价值观和消费者利益的产品；

◇ 在定价时，遵循公平、公正、透明的原则，不哄抬物价或进行虚假宣传。

项目导图

项目五　直播选品及定价策略

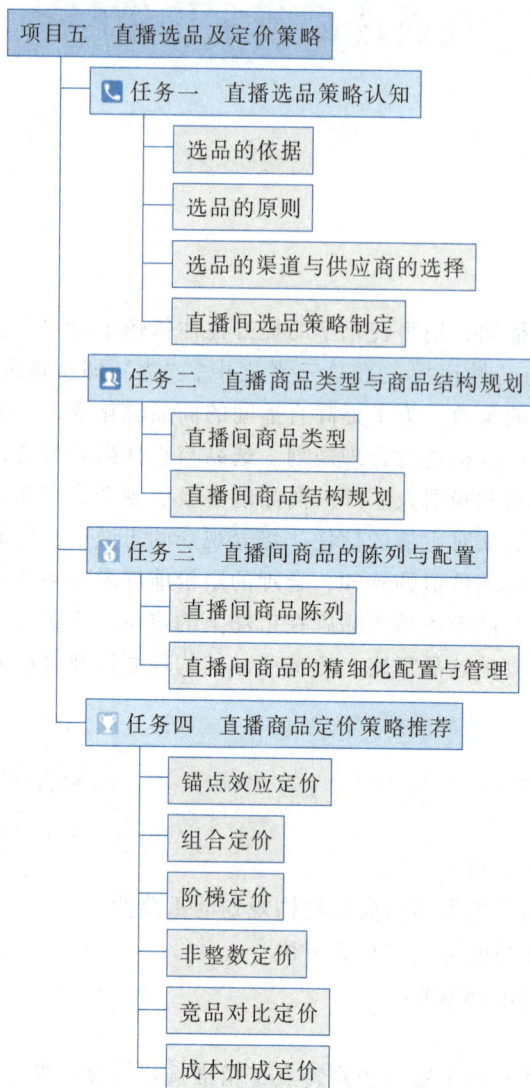

　　任务一　直播选品策略认知

　　　　选品的依据

　　　　选品的原则

　　　　选品的渠道与供应商的选择

　　　　直播间选品策略制定

　　任务二　直播商品类型与商品结构规划

　　　　直播间商品类型

　　　　直播间商品结构规划

　　任务三　直播间商品的陈列与配置

　　　　直播间商品陈列

　　　　直播间商品的精细化配置与管理

　　任务四　直播商品定价策略推荐

　　　　锚点效应定价

　　　　组合定价

　　　　阶梯定价

　　　　非整数定价

　　　　竞品对比定价

　　　　成本加成定价

任务一　直播选品策略认知

【引导案例】

直播大V罗某选品分析

一、案例背景

　　2020年4月20日，大V罗某助力直播销售湖北脐橙（如图5-1所示），在不到10分钟的时间里，大V罗某的直播间人气上涨超过20万。湖北因疫情受创，水果积压无法销售。大V罗某购买了位于湖北宜昌的秭归县生产的60万斤脐橙。在大V罗某的直播间，这里的脐橙以0.01元5斤包邮的价格出售，被戏称为"白菜价"。大V罗某在直播现场宣布，所有收获的打赏将捐赠给湖北。公开资料显示，秭归脐橙稳居湖北省单品水果电商交易额第一，已成为湖北农村电商"第一果"。

图5-1 直播大V罗某直播销售湖北脐橙

二、案例解读

1. 季节性选择

（1）新鲜度和品质：季节性选择确保销售的商品是在其最佳生长季节内采摘或生产的，通常更加新鲜、口感更佳，质量更高。

（2）满足消费者需求：观众更愿意购买应季商品。

（3）价格竞争力：由于季节性商品供应充足，价格更具有竞争力。

2. 数据导向

（1）市场趋势分析：大数据分析可以帮助销售团队深入了解市场趋势，预测哪些商品在未来可能会成为爆款。

（2）产品的可供性：数据导向方法还需要考虑商品（湖北脐橙）的可供性，包括供应链的可行性、库存水平、供应商关系等。

3. 产地合作

（1）确保新鲜度和质量：销售团队可以亲临产地，实地挑选高品质的商品。

（2）支持当地农民和生产者：与产地建立合作关系，为当地农民和生产者提供了销售机会。

（3）地域特色标签：可以充分利用地域特色标签。一些地区以其特殊的气候、土壤和传统种植技术而著称，这些特色可以成为销售亮点。

（4）传播背后故事：与产地合作还有助于传播商品背后的故事。

三、案例总结

大V罗某直播销售湖北脐橙充分体现了直播带货的选品标准和直播技巧。

通过深入了解目标受众的需求，选择差异化和具有情感共鸣的产品，确保产品品质，采用极具竞争力的价格策略，展现社会责任感，确保产品与目标市场一致，以及不断更新产品，大V罗某实现了直播带货的巨大成功，有力地助推了湖北水果产业的发展。

四、案例思考

（1）通过本案例的学习，你觉得在直播带货中如何进行直播选品？

（2）基于本案例直播选品标准和技巧，你认为在某一特定季节，如夏季或冬季，应该选择什么类型的产品进行带货直播才能获得最大的成功？

资料来源：编者根据厦门网中网直播销售教学平台（http：//ec.sy.netinnet.cn/ecls/#/home）案例改编。

直播选品的重要性在于它直接决定了直播营销的成效和观众的体验，优质的选品能够精准契合目标市场的需求，吸引并留住观众，提高商品的曝光度和转化率。同时，它还体现了主播的专业性和品牌形象，有助于构建观众的信任感，培养粉丝的忠诚度，从而在激烈的直播市场竞争中占据优势，实现销售目标的高效达成和品牌价值的持续提升。在直播选品过程中，主播需要综合运用相关标准和技巧，以确保带货直播的成功和可持续性。

一、选品的依据

不管是短视频带货还是直播带货，影响销量的重要因素之一都是选品。商家通常会根据一定标准来选择商品，这就是选品的依据，如图5-2所示。

图5-2　选品的依据

1.符合市场趋势

选品的第一步是观察市场趋势，市场趋势是对消费者需求变化的验证。

（1）品类整体趋势。观察品类整体销售额的增长情况，可以揭示市场容量的变化。如果某一品类的销售额持续快速上升，通常意味着消费者对该类商品的需求正在增长，市场空间广阔，是进入或加大投入的良好时机。通过增长动力探究，分析推动品类增长的主要因素，如消费者生活方式的变化、行业政策的支持、技术创新等，可以为选品提供方向。

（2）细分卖点的趋势。细分卖点的趋势涉及新款式、新技术、新成分、新口味等。了解哪些细分卖点正在获得市场青睐，可以帮助商家精准定位商品。关注行业内的新产品发布和专利申请，这些往往是细分卖点趋势的前瞻性指标。商家应选择具有创新优势的商品，以满足消费者对新鲜事物的追求。如果商家选择的商品拥有符合上升趋势的优势卖点，就容易在竞争中胜出。

（3）价格趋势。有的品类趋向于走平价路线，有的品类则逐渐高端化。通过数据分析，了解不同价格带商品的销售情况，判断市场是倾向于平价商品还是高端商品。结合消费者购买力，确定合理的价格区间。商家了解价格趋势可以更好地了解需求人群的购买力，从而选择价格合理的商品。对于价格敏感型商品，适当的价格策略可以显著提升销量。

（4）话题热度。在直播电商的内容环境中，商品相关的话题热度为商品带来了曝光度，商家可以利用社交媒体分析工具监测商品相关话题的热度，了解消费者关注的焦点，再据此选择商品，进而进行更有效的内容营销。例如，结合节日、季节变化、热门事件等，推出相关商品，借助话题热度提升商品曝光率和销售转化率。另外，分析消费者对商品的正面或负面评论，了解消费者对商品的实际反馈，这对于调整选品策略至关重要。

2.有卖点和优势

明确的商品卖点和优势可以用作主播的销售话术，引导消费者购买商品。一些常见的商品卖点和优势如下：

（1）独特性。商品的独特性是其核心卖点之一，它体现了商品的不可复制性，使得商品在市场上独树一帜。这种独特性可以是设计上的原创性，比如独一无二的外观造型或功能设计，也可以是文化内涵的深度挖掘，比如融入地方特色文化元素，或者是通过特殊工艺制作而成，独特性确保了商品在市场上的唯一性和不可替代性。人无我有的卖点，让商品本身难以被替代。

（2）比较优势。商品的比较优势在于它能够在众多相似产品中脱颖而出，展现出自身的优越性。这可能体现在商品的新风格上，如引领潮流的设计理念；体现在新技术上，如提升效率的创新应用；体现在新成分上，如更健康、更环保的材质选择。这些优势让消费者在选择时倾向于更有竞争力的商品，从而在市场竞争中占据有利地位。可见，比较优势即人有我优的商品优势。

（3）权威背书。权威背书为商品提供了额外的可信度，它向消费者传达了一个信息——该商品经过了专业验证，值得信赖：发明专利证明了商品的创新性和技术含量；官方平台销量数据展示了商品的市场表现和消费者的认可度；权威检测/认证则确保了商品的品质和安全性能。这些背书方式共同构建了商品的可信度，增强了消费者购买的信心。通过权威背书给消费者以安全感。

3.有优质的体验

（1）品牌口碑营销的关键。商品提供优质的体验是品牌口碑营销的关键，它能够激发消费者主动分享自己的使用感受，从而为品牌带来无偿的用户生成内容（UGC）曝光。当消费者对商品体验感到满意时，他们往往愿意在社交媒体上分享自己的故事并作出推荐，这种真实的用户反馈比任何广告都更具说服力，能够有效提升品牌的知名度和好感度。

（2）关联到店铺和商品的评分。优质的商品体验直接关联到店铺和商品的评分，高评分不仅反映了消费者对商品的认可，也是电商平台算法推荐的重要依据。高评分的商品和店铺更容易获得平台的推荐，吸引更多的自然流量，从而降低营销成本，提高转化率。反之，低评分可能导致店铺在搜索结果中的排名下降，甚至受到平台的流量限制，影响整体销售业绩。

（3）复购率的基石。优质的商品体验是维持复购率的基石，它能够培养出一批忠实的用户群体，这些用户不仅会重复购买，还可能成为品牌的倡导者，为品牌带来稳定的销售和利润。稳定的复购率意味着品牌拥有可靠的收入来源，这对于品牌的长远发展和强化市场竞争力至关重要。

4.便于可视化

直播中将商品用视频化语言进行呈现，因此商品的卖点要便于可视化，这样才能真正吸引消费者。卖点可视化的常见思路如下：

（1）展现服装、珠宝首饰等以外观和款式为主要卖点的商品，通常需要设置合适的机位，确保商品能够清晰展现，并通过合适的模特进行试穿、试戴，充分体现商品的设计优势。

（2）展现美妆、护肤、清洁等以功效性为主要卖点的商品，可以通过现场试用、讲解，突出使用商品前后的对比效果。

（3）展现生鲜等商品，可以通过现场试吃来突出感官体验，通过近景拍摄色泽、质地来强调商品质量。

微课 5-1

选品策略

二、选品的原则

选品指的是通过相关方法选择适合直播的商品。选品至关重要，甚至可以说是直播活动成功的重要前提。如果商品没选好，就算直播间人气高，也可能会出现零转化的情况。直播间选品的基本原则包括：高性价比、高匹配度、独特性、需求及时、应季、品质有保障（如图5-3所示）。

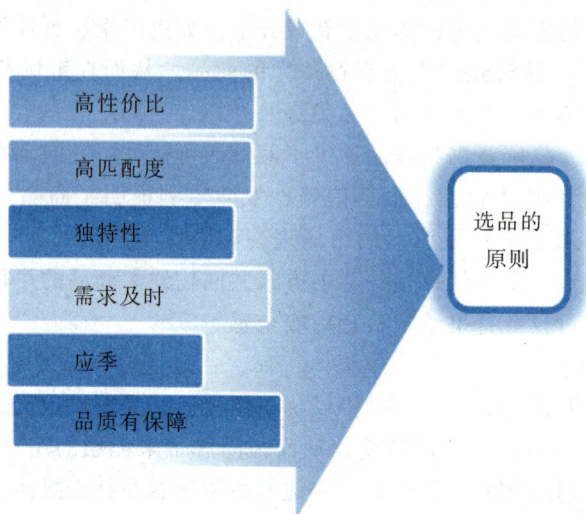

高性价比

高匹配度

独特性

需求及时

应季

品质有保障

选品的原则

图5-3　选品的原则

1.高性价比

在直播电商领域，消费者倾向于寻找那些既经济实惠又具有良好品质的商品，即所谓的高性价比商品。这类商品在直播平台上的流行，主要是因为它们满足了消费者对于便捷和节省成本的双重需求。所以，高性价比的商品更符合用户心中对商品的定位。不管在哪个平台，高性价比的商品都会在直播电商中更占优势。很多头部主播会给用户低价且无条件退换的福利，这一方面最大限度地保障了用户的权益，另一方面也让用户对主播产生了极大的信任感，提高了回购率。

✓ 小提示：

在挑选商品的时候要做好调查，选择性价比高的商品，吸引用户前来购买。性价比的核心是性能与价格的平衡，即在一定的价格范围内，产品能提供多少功能和质量。

2. 高匹配度

在直播电商运营的过程中，选择与主播高匹配度的商品至关重要。精准的匹配不仅能够提升直播的观看体验，还能够有效提高商品的转化率。

这种匹配不仅仅是主播个人形象与商品风格的契合，更涉及主播的受众群体与商品目标消费者的对接。当商品与主播的匹配度较高时，主播能够更加自然和熟练地介绍商品，提高直播的互动性和信任度，从而促进商品的销售转化。

例如，若一位未婚年轻女孩尝试直播销售母婴用品，由于她缺乏相关的育儿经验和专业知识，其推荐的可信度和吸引力可能会大打折扣。反之，如果是一位已婚且有育儿经验的主播来推荐同样的商品，她的亲身经历可以更好地说服观众，提升商品的销售潜力。

同样地，商品的定位必须与主播的粉丝群体相匹配。如果商品的目标消费者是青年群体，而主播的粉丝主要是中老年人，那么即使主播的表现再出色，商品的销售效果也可能不佳。这是因为主播的粉丝群体对这类商品的购买需求不高，导致转化率低下。

为了提高商品的转化率，直播前需要深入分析目标用户的消费心理和需求。了解用户的喜好、生活方式和购物习惯，可以帮助主播更好地准备直播内容，将商品卖点与用户需求相结合，提高用户对直播内容和产品的接受度。

直播时还应考虑潜在用户的特征。潜在用户可能目前并不在目标用户群体中，但他们有可能在未来的某个时间点成为目标用户。例如，一位年轻的主播在推荐时尚服饰时，除了当前的年轻消费者，也可能吸引即将步入这个年龄段的潜在消费者。通过提前布局，主播可以在潜在用户心中烙印品牌印象，为未来的销售打下基础。

3. 独特性

具有独特性的商品一般是直播间的独家商品或某品牌定制的商品。在直播电商的竞争环境中，选择具有独特性的商品作为销售重点，是一种有效的市场策略。这类商品往往具有唯一性或稀缺性，在市场上难以被复制，从而为直播间带来了特定的优势。

具有独特性的商品能够吸引用户的注意力。在众多商品中，独特的设计、限量发售或者是专属定制等元素，都能够让商品脱颖而出，激发消费者的好奇心和购买欲。当用户在直播间购买到独一无二的商品时，他们会感到自己的选择与众不同，这种独特性满足了用户对于个性化和差异化的需求，提升了用户对直播间的整体印象。

具有独特性的商品有助于提升用户黏性。用户为了不错过未来的独家商品，会更倾向于持续关注直播间，甚至会将直播间推荐给朋友，从而增加了用户的忠诚度和直播间的粉丝基础。

4.需求及时

在直播电商的运营中，选择需求及时的商品是提升销售业绩的关键。这意味着主播在直播期间展示的商品，需要紧跟活动趋势和用户需求的变化。活动趋势通常指的是特定的销售日，如"双11"购物节、品牌日等，这些日子是消费者集中购物、购买力显著提升的时刻，因此，主播需要在这些关键时期提供符合节日主题和消费者期望的商品。

例如，在"双11"这样的核心销售日，主播应当准备充足的商品库存，确保能够应对消费者的购买需求。同时，商品的选择要贴合活动的主题，比如在七夕节，主播可以推出与浪漫相关的商品，如情侣装、珠宝首饰等，以迎合节日的氛围；在中秋节，则可以推出与团圆相关的商品，如家庭套餐、月饼礼盒等，以此来触动消费者的情感共鸣。

除了跟随活动趋势，主播还需要密切关注用户的需求。这要求主播在平时就要搜集和分析用户的反馈，了解他们在直播间想要看到哪些商品。通过社交媒体互动、问卷调查、评论分析等方式，主播可以收集到用户的需求信息，然后根据这些信息补充和调整商品品类，确保直播间的商品能够满足用户的期待。主播通过及时满足用户需求，能够塑造出贴心、专业的形象，增强用户对直播间的信任感和忠诚度。

5.应季

每个季节都有其特定的消费场景，因此，直播间应当根据季节变化来调整销售的商品。例如，在夏季，消费者更关心的是如何消暑降温，因此空调、风扇、凉席等商品会更为畅销；而在冬季，消费者则需要保暖，所以保温杯、羽绒服等商品会更受欢迎。

把握旺季，选对商品是提升销量的关键。直播运营团队需要具备敏锐的市场洞察力，能够根据市场趋势、消费者的使用习惯，以及多个平台的历史销售记录来挑选出具有销售潜力的商品。这样做的好处在于，应季商品往往能够满足消费者的即时需求，从而提高商品的转化率。

以夏季为例，由于紫外线强烈，消费者对防晒产品的需求会显著增加。直播运营团队如果能够及时推出防晒霜、防晒喷雾等商品，就能够抓住这一需求，促进商品成交。因为这些商品正是消费者在夏季所急需的，所以其销量很可能会大幅增长。选择应季商品还能够帮助直播间建立起与消费者之间的联系。当消费者发现直播间总是能够提供他们当前最需要的商品时，他们会对直播间产生信任感，这种信任感会转化为重复购买的动机，从而提高用户的忠诚度。

6.品质有保障

在选择商品时要考虑品质较好、质量过硬的商品。品质是一切的根本。消费者当然希望买到品质更好的商品。而对企业来说，高质量的商品不仅可以带来丰厚的利润，更能为企业赢得好的口碑，树立良好的品牌形象，这是一笔无形资产。信任一旦失去了，就很难再回来。如果直播间选择的是小厂家，产品质量不可控，那么很快就会失去粉丝。随着直播带货的火爆，不断有质量差、欺骗消费者的产品被曝光出来，这些被曝光出来的产品将会在很大程度上导致消费者对直播电商失去信任，长此以往，必将导致直播电商失去发展的动力。因此，选择好产品、高质量的产品是直播过程中非常重要的一环。

主播需要对商品进行深入的了解与分析，包括企业的发展历史、商品的特点、消费者、竞争对手、行业信息等情况，只有用户反馈好的商品才能一直畅销。纵观当下，直播受众以年轻群体为主，很多人会因为商品质量和主播的信任背书而成交。

三、选品的渠道与供应商的选择

1.选品的渠道

选品的渠道分为线上渠道和线下渠道两种，各有优劣，商家需要结合自身实际进行选择。

（1）线上渠道。线上渠道的优点就是商家没有囤货的压力，发货比较省时省力，方便且快捷；其缺点是商家有时候无法看到实物，不容易控制商品的质量。目前，线上渠道有以下3类。

①直播平台选品库。很多直播平台都有官方选品库，如抖音精选联盟就是一个连接商家和主播的选品库。符合条件的商家入驻抖音精选联盟，上架自己的商品。主播在线选择商品，试用后直播"带货"，产生订单后，平台按期与商家和主播结算。商家和主播都可以在后台看到销售数据和自己的收益，这一模式公开透明，不易产生不必要的纠纷，因此商家可以将更多的精力放在商品分享上。

②批发网站。批发网站是很多新手商家都会选择的渠道。比较知名的是阿里巴巴（1688.com）批发网。该平台有很多一手货源，拿货会比较便宜，有些商品还支持一件代发。在选择批发平台时，商家应该注意：不同的批发平台拥有不同的商品类别，应选择与自己的商品定位相符的平台；比较不同平台上的商品价格和质量，选择性价比高的供应商；考虑平台的物流、售后等服务支持，确保能够提供良好的购物体验；注意查看供应商的评价和信誉，选择信誉良好的供应商合作。

例如，义乌购是依托于义乌小商品市场的在线批发平台，以小商品为主。适合采购各类小商品、玩具、饰品等。慧聪网是中国领先的B2B电子商务平台，提供丰富的行业信息，适合行业采购，可以找到各类工业品、原材料等。17网是一个综合性的服装批发平台，以服装、鞋帽等为主，适合服装类商家进行采购。环球资源是一个国际性的B2B平台，提供全球采购服务，适合于寻找国际供应商或者出口商品的商家。通过批发平台，商家可以找到合适的货源，为直播电商提供有力的商品支持。

③其他电商平台。商家也可以选择其他电商平台的热销商品，如淘宝、京东、拼多多。商品在其他平台卖得好意味着其在价格、款式、功能等方面具有一定的优势，若在直播平台销售，并做好推广，一般也能取得不错的销量。

✓ 小提示：

线上渠道的劣势在于，畅销品人人都想卖，竞争自然就会很激烈。所以，在选品的时候要清楚该商品在平台的同款数量有多少。商家应尽量挑选在别的平台热销但在直播平台还未被挖掘和发现的一些商品，以减少流量竞争，达到更好的带货效果。

（2）线下渠道。线下渠道比较适合有一定资金实力的商家，商家可根据情况自己控制货源，把控商品。但是，选择线下渠道囤货压力比较大，商家还会增加一些额外的人力成本。目前线下渠道有以下3类。

① 批发市场进货。虽然生产厂家提供一手货，但是其一般会与大客户固定合作，通常不会和小商家合作。批发市场的商品价格一般比较便宜，因此是主播选择最多的渠道。

② 厂家进货。商品从生产厂家到消费者手中，要经过许多环节，其基本流程是：原料供应商—生产厂家—全国批发商—地方批发商—终端批发商—零售商—消费者。如果商家可以直接从生产厂家进货，且有稳定的进货量，就能拿到理想的价格。而且正规的生产厂家货源充足，信誉度高，如果双方长期合作，商家一般都能争取到商品调换和退货还款。但需要注意，生产厂家要求的起批量非常大。以外贸服装为例，生产厂家要求的起批量在近百件或上千件，商家达不到要求是很难争取到合作机会的。

③ 品牌积压库存进货。品牌商品在网上是备受关注的分类之一。很多消费者都通过搜索的方式直接寻找自己心仪的品牌商品。有些品牌商品的积压库存很多，一些品牌干脆把库存全部卖给专职网络销售的卖家。不少品牌商品虽然在某一地域属于积压品，但网络销售具有覆盖面广的特性，因此该商品在其他地域可能成为畅销品。这是因为品牌积压库存有其自身优势。

2. 供应商的考核与选择

电商直播主体不同，在货品的供应链选择上也不尽相同。如果是个人中小卖家或者创业团队，本身不生产产品，需要对外采购，那么关注时下的流行爆款和其他主播经常推荐的货品即可。如果是腰部以上主播、达人，则完全可以依靠自己的粉丝基础及带货优势去找供应商谈货品，甚至还能压低价格。

供应商的考核要素分为短期标准和长期标准。短期标准包括合适的产品质量、较低的成本、较高的整体服务水平和及时交货，供应商能否按约定的交货期限和交货条件组织供货，直接影响商家或主播的信誉。长期标准包括供应商内部组织是否完善、质量管理体系是否健全，以及机器设备保养情况、财务状况是否稳定。商家按照自己设定的重要性顺序采购产品，并且通过量化这个顺序可以对供应商进行评级，将供应商分为合格、可信任、优选、认证供应与丧失资格等。供应商的选择流程如图5-4所示。

图5-4　供应商的选择过程

微课 5-2

构建粉丝画像

四、直播间选品策略制定

进行直播的首要目标是吸引用户，只有有人愿意花时间看直播，才可能促进产品销售。而在直播带货之前，明确目标用户的需求至关重要，只有对目标用户进行深入了解，才能推出他们感兴趣的商品，吸引他们观看并下单。商品类目繁多，哪些类目适合自己，能够卖得好，这是需要直播团队仔细分析的。这是一项几乎可以决定直播盈利或亏损的重要决策，因此直播团队要制定正确的选品策略。

1.分析画像

在直播过程中，主播类似于导购，其主要作用是帮助用户减少购物的决策时间。要想提高直播间的转化率，主播要学会分析用户画像。

用户画像的概念由库珀提出，他认为用户画像是真实用户的虚拟代表，是建立在一系列真实数据上的目标用户模型。将收集到的关于目标用户多方面的信息拼接组合，就可形成用户画像。

用户画像一般由性别、年龄、地域、兴趣爱好、购物偏好等组成，主播在选品时要判断商品是否符合用户画像所描述的需求。

用户画像可以通过一些基本信息对目标人群进行标签化设置。对用户的性别、年龄、生活习惯、常住地区、籍贯、职业、收入等设置一系列标签，用于更加精准化的目标锁定，以达到更准确地触达目标用户、更快速地引导目标用户的目的，促进成交转化。

不同的用户群体，其需要的商品类型不同。如果用户以男性居多，主播应最好推荐科技数码、游戏、汽车用品、运动装备等商品；如果用户以女性居多，建议推荐美妆、服饰、居家用品、食品等商品。只有主播选择了符合用户画像的商品，直播间的转化率才会高。

某直播电商的用户画像如下：女性，35~45岁，一、二线城市居住，爱好时尚美妆、家居生活，喜欢购买高端商品，喜欢直播购物。根据以上信息，直播间选品应当是面向年轻女性的美妆、时装、家居、珠宝等商品。

2.看匹配度

商品与主播之间要相互匹配，至少主播不反感商品，并对商品有自己的认知。主播对商品的介绍不能烦琐、复杂，要把用户诉求与商品卖点在短时间内有条理地表达出来，刺激用户产生购买欲望，进而购买乃至向他人分享商品信息。

不管是达人主播还是商家主播，推荐的商品都要与主播的人设相匹配。例如，推荐美妆产品时，皮肤状态较差的主播就会缺乏说服力，而拥有美妆产品销售经验、皮肤状态很好的主播就有很高的可信度。

直播平台在选择主播时，要把握好主播的定位。主播带货按商品分布类型可分为以下两种情况，如图5-5所示。

品类垂直带货主播的用户画像较为精准，大部分是热衷购买该垂直品类商品的用户群体。品类垂直带货主播的主要作用是帮助用户找到该品类中最适合用户的商品。但是，这种带货类型也存在用户覆盖面窄的劣势，即除了喜欢该垂直品类的用户，其他人很少会进入直播间购物。

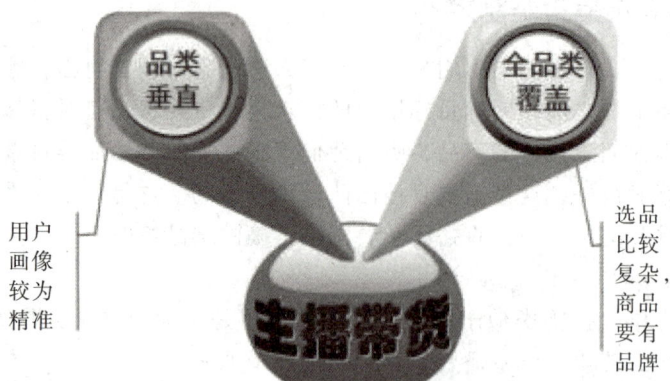

图5-5　主播带货的两种情况

全品类覆盖带货主播的选品比较杂，商品要有品牌，且给出的价位要足够低。除此之外，这类主播还会要求商家向用户发放优惠券、赠品等福利，致力于帮助用户省钱。这种带货类型的优势是人群覆盖面广，劣势是用户画像比较模糊，而且主打低价商品，用户都是冲着低价来的，商品的价格弹性较大，一旦价格升高，用户的购买意愿就会明显降低。

3.受众特征

受众即直播的观看人群，受众特征即这些人具备什么特征。通过对直播受众特征的深入研究，更好地把握他们的生活习惯、性格特点和心理素质，对于直播内容创作和选品至关重要。基于这些信息，可以精准地选择那些与受众兴趣偏好、消费习惯和情感需求相匹配的商品。这样的选品策略不仅能够确保直播内容与受众需求高度契合，还能够确保推广的商品引起受众的兴趣，激发受众的购买欲望。通过巧妙地描述和刺激这些关键因素，直播可以有效地挖掘和利用那些能够促使用户进行购买的利益点，从而提升直播的转化效率。

4.分析需求

对于直播来说，用户之所以关注主播，大多是因为主播推荐的商品可以满足他们的需求。主播可以通过用户画像预估用户的需求，针对用户的年龄层次、男女比例、兴趣爱好等选择合适的商品。

用户的总体需求可以归结为以下三个层面：

（1）保持新鲜感。人都有喜新厌旧的心理，所以主播要提高商品的更新频率，使用户一直保持新鲜感，以此增加用户的黏性。如果长时间只卖相同的两三件商品，用户早晚会有腻烦的一天。

（2）保证商品的品相。主播也要考虑用户的视觉心理。一款商品只有具有良好的品相，才更容易激发用户的购买欲望。因此，主播在选品时，要选择那些在外观、质地、使用方法和使用效果等方面能够对用户形成感官冲击的商品，从而使直播带货充满场景感和沉浸感，并活跃直播间的购物气氛。

（3）保证商品的质量。评估主播带货能力的一个重要标准是用户的复购率，而决定用户复购率的通常是商品的质量。因商品质量问题而引发的带货风波会严重影响头部主播的形象。而对于中小主播来说，商品出现质量问题，更会带来令其难以承受的打击。因此，直播选品的标准必然要以商品质量为核心。

在直播过程中，主播与用户互动时会收到用户的反馈，其中会包括一些用户未被满足的需求。用户会在评论区中说出自己的需求，如"我觉得你的衣服下摆有些长""我想买一台笔记本""我想要吃××薯片"等，主播可以根据他们提出的需求数量来选择相应的商品，及时补充商品品类，尽可能满足更多用户的需求。

主播还可以根据马斯洛需求层次理论来分析用户的需求，并据此进行选品。马斯洛认为，人们的基本需求有五种，按照对个体的重要程度从低级到高级排列依次为生理需求、安全需求、社交需求、尊重需求和自我实现需求。

拓展阅读5-1　如何应用马斯洛的需求层次理论进行选品

1.生理需求

生理需求是人们对维持生理机能运转的基本需求，如对食物、氧气、水、睡眠、衣服等的需求。当生理需求尚未被满足时，用户很难会考虑如何满足其他层次需求的问题。随着社会经济的发展，解决温饱问题已不再是大多数用户的首要问题，如今衣服、食品等商品还能满足用户的精神需求。

在低端市场，生理需求这一层次以价格作为支点，所以这一市场的竞争十分激烈。商品只要具有基本的功能，且价格足够低，就可以进入市场参与竞争。例如，美食特产、女装男装等单品是电商平台销量非常高的品类。

2.安全需求

安全需求主要体现为人们追求对环境、生活的控制力，包括对秩序、规则、健康、人身安全、财产安全等的追求。因此，能够为用户提供安全感、满足用户安全需求的商品（如监控摄像头、头盔、空气净化器等）的销量通常不低。

3.社交需求

社交需求主要体现为人们对爱情、友情、亲情、归属感和被接纳的需求。例如，很多人会在重大节日向朋友、亲人送鲜花，鲜花这一类商品就能满足人们的社交需求，帮助人们向朋友、亲人传达情感，促进双方的关系。

4.尊重需求

尊重需求是指人们希望获得别人的认可、尊重和好评，得到一定的社会地位。这时，人的内在价值和外在价值都显得很重要，人们往往会把商品当成身份的标志，因此很多用户会在挑选商品时注重商品包装、独一无二的功能。

5.自我实现需求

自我实现需求是指人们希望充分发挥自己的潜能，实现自己的理想和抱负的需求。这是一种超越尊重需求的更高层次的需求。例如，一些励志图书或教授专业技能的图书可以帮助人们满足自我实现，所以在电商平台上的销量一直很可观。

对目标用户的需求进行分析，除了要了解用户的基本情况和特点外，还要了解其购买心理，也就是购买动机，并能抓住这些购买动机，找到直播过程中产品或服务与之对应的契合点。一般情况下，用户主要有三个需求需要被满足，即归属需求、仰慕需求、地位需求。

① 归属需求是人类的基本需求之一，是归属某个团体的需求。能满足人们归属需求的产品往往能够表现个人属于某一群体的个性特征，如旅游、户外社交群体的共同爱好。如果是满足大众需求的产品，功能满足即可。

② 仰慕需求是建立在归属需求被满足的基础之上的，是属于能够让人变得更美好的需求。例如，对于让人的形象变得更好的需求，化妆品就可以用以下词汇进行描述：抗皱、滋润、美白保湿、弹嫩密码、臻白娇颜、芳华永驻、永葆青春等。

③ 地位需求是指人们获得社会尊重的需求。能满足人们地位需求往往不是通过产品或服务的基本属性、基本功能来实现的，而是靠产品或服务带给用户的满足感体现的，如昂贵的奢侈品。

5.贴合热度

与短视频发布应贴合热点的逻辑类似，直播带货商品的选择也可以贴合热度。例如，端午节时吃粽子，中秋节时吃月饼，某知名艺人或直播达人近期带火了某款商品，这些都是主播可以贴合热度的点。

因此，主播平时要多关注知名人士、直播达人的微博或微信公众号，这样当这些知名人士、直播达人被电商平台或商家邀请做直播时，主播可以及时看到他们发布的预热文案，从而做好应对的准备。只要抓住机会，就能引来巨大的流量。

例如，某知名艺人参加某平台的电商直播时，身上的黑白短裙吸引直播间用户的目光。很多电商平台的商家看到其中的商机后，纷纷上新同款服装，于是第二天电商平台上就出现了很多打着"××同款黑白短裙，正宗布料制作，只要199元""××同款短裙现在特价出售，只需159元"等宣传语的店铺。

人们当下对这些商品保持了高度关注，即使不买，也会在直播间热烈地讨论相关话题，这有利于提升直播间的热度，吸引更多的用户进入直播间，还会间接提高其他商品的销量。

6.具有特色

直播间选品要有特色，即选择的商品要有卖点，具有独特性。即使是同一款商品，市场上也有很多品牌和风格。用户购买商品不仅是为情怀买单，也会从商品的优势出发，看商品是否具备不同于其他竞品的特色。一款商品如果没有足够吸引人的特色，就不具备长久的竞争能力。

有些主播推荐的商品之所以转化率很低，就是因为商品的卖点不清晰、特色不明显，让用户觉得可有可无。商品卖点足够清晰，才能戳中用户的痛点，使其产生消费冲动，从而提高直播间的转化率。

选出有特色的商品后，主播要提前构思好介绍商品卖点的话术。面对众多的商品，主播可以通过"商品特征+商品优势+用户利益+赋予情感"的方式来诠释各类商品的卖点，如图5-6所示。

7.高性价比

在直播带货过程中，性价比高的商品更受用户欢迎。很多大主播在直播时会为用户提供"超值优惠""无条件退换"等福利，这样就容易让用户感觉自己不仅能享受优惠，还能让自身权益获得保障。用户对主播产生较高的信任时，就愿意多次购买其直播间中的商品，所以这些主播的直播间用户的复购率非常高。

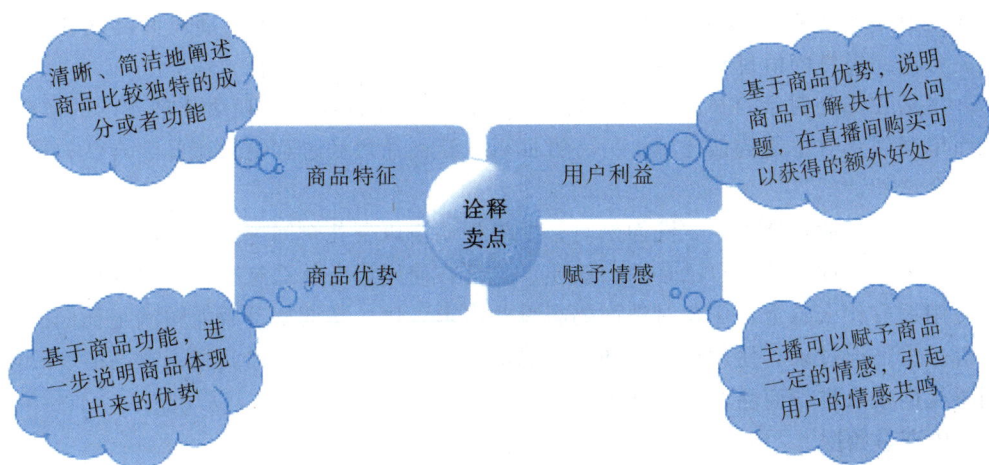

图5-6　诠释各种商品卖点的方式

人们在电商平台上购物的原因无外乎两个，一是方便、快捷，二是商品价格便宜。直播属于电商平台的一种营销工具，所以主播也要满足直播间用户的购物需求。高价位的商品虽然也能在直播间里销售，但很难卖得动，即使是头部主播推荐这类商品，用户也未必会下单。

主播在进行直播营销时，要善于把握用户的"占便宜"心理。在用户眼中，"占便宜"与"性价比高"几乎是同一概念。这就要求主播先厘清"便宜"、"占便宜"和"独占便宜"的区别。

"便宜"是指某件商品的定价比其他同类商品的定价低。例如，单价为100元的电饭煲就很便宜，但单价为100元的手机膜就不便宜。每个用户对商品都有一个预期购入价格，超出预期购入价格太多的商品对用户来说就不便宜了。因此，主播在选品时要多关注竞品的价格，选择价格较低的商品。

"占便宜"是指用户花了较少的钱买到了价位较高的商品。例如，一个电饭煲的原价是300元，商家推出优惠价是99元，这对用户来说就是享受便宜价格。因此，主播可以在介绍商品的同时为用户提供优惠券，尤其是大额优惠券，相当于帮助用户省钱。目前，赠送优惠券已经成为刺激用户下单的有效手段。

"独占便宜"是指只有一个或一类用户可以享受到优惠价，而其他用户需要以原价购买。邀请用户进入粉丝群，推出粉丝专属价格，向粉丝大幅度让利，可以激发用户独占便宜的心理，进而增强用户的黏性。

8. 亲自体验

主播在直播间卖货时不仅担任着导购的角色，还担任着代言人的角色。因此，为了对用户负责，主播在推荐商品前应亲自试用自己要推荐的商品，这样才能知道它到底是不是一款好商品，是不是可以满足用户的需求，以及它们有哪些特性，如何使用、如何推荐等。尤其是在主播原本不熟悉的商品领域，更要事先对商品的性能、使用方式有所了解，预测在直播过程中可能会遇到的突发状况并制订解决方案，以减少直播中的失误。

电商直播间的信息质量越高，就越能提高观众的信任感。观众对电商直播间的不信任是其不愿意在直播间购物的主要原因之一，而当观众认为主播对商品的介绍全面、可靠，提供的信息对自身有帮助时，就会形成对主播的信任。

主播在选品时亲自试用体验商品，一方面可以在直播时向观众分享自己的体验，从而增强观众对主播的信任感；另一方面可以让商品讲解过程更加流畅、自然，销量自然会增长。

例如，主播在推荐一款洗面奶时，要事先搞清以下几个问题：这款洗面奶适合油性皮肤还是干性皮肤，自己是什么肤质，自己在使用后有什么感觉，身边其他肤质的人使用后有什么感觉，用户对洗面奶有哪些需求，这款洗面奶是否能够满足他们的需求等。主播通过亲自使用、测试和调查搞清这些问题后，在直播间根据自己的实际使用感受向观众推荐商品，才能增强说服力。

9.查看数据

有经验的主播和运营团队会根据直播过程中的实时数据变化来调整商品规划，主要参考的数据有实时在线人数、粉丝增长率、点击转化率及粉丝互动频率等。例如，主播可以从与粉丝的互动中了解粉丝对哪些商品或商品的哪些价值点更感兴趣；通过分析某一段时间的粉丝增长率了解自己在这一时间段做的活动或推荐的商品是否能够吸引粉丝。

如果直播间里的观看人数非常多，但购买转化率很低，主播就要考虑商品定位、主播人设等方面存在哪些问题。除此之外，主播还要查看直播间每日成交数据，分析不同商品的销售情况；查看每日直播数据的峰值和低谷，统计每件商品的成交额、人均成交额、点击转化率和停留时长等。

主播在直播结束后也不能大意，还要了解用户的反馈信息，并关注退货、结算、售后等问题，以便根据这些数据及时改变选品的策略。

10.精选货源

直播间商品的来源主要有以下4种渠道。

（1）分销平台。分销平台主要指淘宝网、京东等电商平台，其优点是适合零基础、想快速冷启动的主播，缺点是佣金不稳定（有的商家今天设置的佣金为30%，明天就可能改为20%），发货时间不确定（尤其是商品量大时，可能会延迟发货，影响用户的购买体验）。因此，主播在选品时一定要找靠谱的商家，并提前与商家对接好售后流程。

以淘宝直播为例，主播目前可以通过淘宝联盟或阿里V任务来选品。

通过淘宝联盟选品：打开淘宝联盟，搜索其中有佣金的商品，联系卖家制订定向计划，借助卖家邮寄过来的样品推广店铺的商品，而样品是否归还需要与卖家协商。

通过阿里V任务选品：在阿里V任务中查看需要直播的任务，发现合适的任务后进行申请，完成任务后就可以获得佣金。不过，主播在接单过程中要注意查看商品背后的供应链。因为不管是性价比优势，还是利润空间，爆品背后的支撑是其供应链管理能力。由于目前直播用户大多带有冲动消费的性质，因此会造成退货率很高，优质的供应链能够很好地支撑这样的退货率，并尽可能保证商品的利润。

（2）自营品牌。自营品牌的优点是利润较高，适合头部主播，缺点是对供应链、货品更新、仓储的要求较高。一般来说，只有超级头部主播才有条件建立自己的供应链。

（3）合作商。合作商的优点是品牌货后端有保障，商品的转化率比其他非品牌货高，缺点是品牌货的利润较低，因为品牌商要从中抽走一部分利润。当然，如果是超级头部主播，"坑位费"也很可观。

（4）供应链。供应链的优点是利润非常高，适合超级头部主播，缺点是需要投入大量资金建设供应链，资金压力较大。如果做得好，发展会很顺利；如果做不好，很有可能被建设供应链带来的资金压力拖垮。

任务二 直播商品类型与商品结构规划

【引导案例】

珀莱雅抖音"双12"直播带货

一、案例背景

珀莱雅品牌2003年成立于杭州，起步于日化渠道，以多品类、多渠道的运营机制进军商超、电商等渠道，已形成覆盖全国、立体化的营销服务网络。2018年，珀莱雅开始布局抖音等新兴社交媒体渠道。同时，通过合伙、代理等方式继续拓展品牌矩阵，逐渐发展成为多品类、全渠道的国货美妆企业。

二、案例解读

珀莱雅直播间布局情况如下：

1.账号设置

在抖音上建立了企业矩阵，共开设了7个抖音号，分别是：珀莱雅官方旗舰店、珀莱雅旗舰店、珀莱雅品牌直播杭州、珀莱雅·至上青春/时光秘密、珀莱雅官方福利社、珀莱雅面膜甄选。其中，珀莱雅官方旗舰店粉丝数最多518.4万人，在线观看人数在20：00达到峰值，约1 200人。

2.直播间货品拆解

（1）引流品（9.9元）：珀莱雅藻睡面膜。

（2）留存品（399元）：珀莱雅3D提拉按摩仪。

（3）单品：珀莱雅帆船防晒隔离、红宝石眼霜、双抗妆前乳等。

（4）会员品（59.9元）：氨基酸洗面奶。

（5）组合品（229~709元）：红宝石水乳霜套装、双抗套装水乳洁面套装等。

（6）新品：红宝石面霜（289元）、小夜灯眼霜（259元）。

3.直播间/过品节奏

珀莱雅直播间"双12"营销节日主播主推珀莱雅红宝石水乳霜套装产品，这套产品宣传将近10分钟，主要是介绍套装产品及功效、优惠价格、赠品等营销内容。助播在主播讲解完产品后，重复主播的话术进行催单，然后在直播屏幕前方指导用户拍单步骤并上架商品链接。直播间设定了30秒抽超级福袋活动。

在商品设置的环节，设定了一款价格399元的双抗套装（洁面60g+水60ml+乳60ml）产品作为"双12"主推产品对照物，在主推1号709红宝石水乳霜套装产品的时候更容易促进用户下单。讲品前期，2轮9.9元藻睡面膜福利品抢购测试在线观看人数；讲品中期，主播主要围绕"双12"活动商品进行讲述，讲解的内容分为产品功效、适用群体、价格优惠、赠品力度、产品使用时长等方面，促进用户下单；讲品后期，助播现场指导粉丝拍单步骤，然后上链接供粉丝抢购。

三、案例总结

直播间"双12"线上活动气氛浓厚，直播间设定的30秒抽超级福袋吸引了很大一部分用户留在直播间观看直播。在商品设置的环节，设定了"双12"主推产品的对照物，在主推产品时更容易促进用户下单。商品购物车中设定了超级福袋，引导客户抽奖，新/老粉丝需在公屏回复特定内容，这一系列的设计操作将沉淀下来的用户留在直播间。

四、案例思考

请思考珀莱雅直播间如何根据商品类型和目标消费群体，规划直播间商品结构？"双12"直播活动是如何开展的？

资料来源：阿秋. 珀莱雅抖音直播带货案例拆解［EB/OL］.［2022-12-15］. https：//zhuanlan.zhihu.com/p/591803111.

一、直播间商品类型

一名优秀的直播运营，要懂得合理规划直播间内的商品结构。商品结构规划不仅会影响直播间的销售业绩，还会影响直播间抵御风险的能力。通常来说，一个直播间内的商品应该包括印象款、"引流"款、福利款、利润款和品质款五种商品类型，这五种不同类型的商品在直播间里分别充当不同的角色，发挥不同的作用。

1.印象款商品

（1）印象款商品的作用。印象款商品是指促成直播间印象形成的商品。完成第一次交易后，用户会对主播或直播间产生印象，形成一定的信任度，再次进入直播间的概率会上升，所以印象款商品的重要性是毋庸置疑的。印象款商品的功能主要是塑造品牌形象，提升品牌认知度，因此应选择具有品牌特色和代表性的商品，能够直观地传达品牌的核心理念和特色。印象款商品的特点是实用，且人群覆盖面广，故要求商品质量要过硬，设计新颖。

（2）印象款商品的销售过程。印象款商品可以定价较高，但不必是直播间的主销商品，通过专业的展示和讲解，强化品牌故事和商品价值。印象款商品也可以是高性价比、低客单价的常规商品。例如，在直播间卖包的主播可以将零钱包、钥匙包等作为印象款商品，卖穿搭商品的主播可以将腰带、打底衫等作为印象款商品。

例如，某销售运动鞋的直播间以某款轻便休闲运动鞋为印象款商品。

① 商品描述：采用透气面料和舒适鞋垫，结合时尚的设计元素，适合日常休闲穿着，满足不同年龄段和性别消费者的需求。

② 商品功能：轻便休闲运动鞋因其舒适性和亲民价格，容易吸引消费者进行首次购买。鞋子的舒适度和耐用性能够给消费者留下深刻印象，增强对品牌的信任感。

③ 商品特点：高性价比，鞋子提供良好的穿着体验，价格合理，适合大众消费；低客单价，定价策略旨在吸引更多消费者尝试购买，不造成经济负担；实用性强，适

用于日常行走、运动和休闲等多种场合；人群覆盖面广，男女老少皆宜，满足多样化的消费需求。

互动环节中，主播可以现场试穿，展示鞋子的舒适度和轻便性。邀请观众参与"猜鞋价"游戏，增加直播趣味性。提供限时优惠，比如"买一送一"（送相同或不同款式的袜子）或"满 X 元减 Y 元"的促销活动。

通过这样的直播销售和互动方式，将轻便休闲运动鞋作为印象款商品能够有效吸引新顾客进行首次购买，并增强他们对品牌的好感和信任，为后续的复购和建立品牌忠诚度打下基础。

2. "引流"款商品

（1）"引流"款商品的作用。直播活动中，"引流"款商品的作用是吸引流量，提升直播间的人气。鉴于流量对直播电商的重要性，每一个主播在直播时都应该设置"引流"款商品。这些商品的价格比较低，毛利率属于中间水平。由于人们都有趋利心理，价格低的商品自然会吸引很多人驻足观看，直播间的流量就自然而然地增加了。但是，流量增加不代表商品转化率提升。"引流"款商品应该是大众商品，能被大多数观众接受。

（2）"引流"款商品的引流过程。"引流"款商品一般放在直播的开始阶段推出，如"1 元包邮""9.9 元包邮"等。观众的购买决策成本较低，再加上各种具有紧迫感的促销活动，可以快速提高商品转化率。例如在 2022 年 2 月 16 日，由央视新闻联合拼多多共同举办直播专场，推出了大量"1 元秒杀商品"，包括农产品、日用品等。直播间的商品均在百亿元补贴的基础上进行二次优惠，这场直播吸引了大量观众参与，有效提升了拼多多的品牌知名度和用户活跃度。

有的主播会特地将某一场直播设置为全场低价包邮来吸引观众，达到迅速提升直播间流量、吸引粉丝的目的。主播也可以设置限时抢购活动，让观众在有限的时间内以较低的价格购买商品。主播还可以将"引流"款商品与其他商品搭配销售，以优惠的价格提供套餐。这种策略可以提高整体销售额，同时引发观众对其他商品的购买意向。在直播过程中，可以通过互动环节介绍"引流"款商品，解答观众疑问，建立信任，促进购买。主播还可以根据观众的购买历史和偏好，提供个性化的"引流"款商品推荐。通过推出会员制度，购买"引流"款商品的顾客可以成为会员，享受会员专属优惠和其他商品的折扣。

（3）"引流"款商品引流过程中促销力度和品牌形象的平衡。在有效地利用"引流"款商品吸引流量、提高商品转化率的同时，主播要注意平衡促销力度和品牌形象，避免过度促销导致负面反馈。例如，对于"引流"款商品，可以设定促销的数量限制，一旦达到限定的数量，促销活动即结束。这样可以避免长时间的低价销售；设置促销活动的时间限制，比如只在直播的前 30 分钟或者特定时间段内进行"引流"款商品促销，过后恢复原价；可以通过设置一些购买条件，如会员专享、满额加购等方式，提高消费者的购买门槛，避免非目标顾客仅因价格低廉而购买。通过提供附加价值（如赠品、积分、会员服务）来吸引顾客，减少对价格的依赖，避免让消费者形成"低价=低质量"的印象。通过强调商品价值和质量来支撑价格。通过合理安排商品组合，确保"引流"款商品与其他高利润商品搭配，通过"引流"款商品吸引流量，通过其他商品实现盈利。

"引流"款商品促销成功吸引顾客后，转化顾客购买其他商品是提升整体销售额和利润的关键。在顾客购买"引流"款商品时，推荐与之相关联的商品。例如，如果"引流"款商品是护肤品，可以推荐配套使用的洗面奶或面霜。也可以将"引流"款商品与其他商品捆绑销售，以优惠的价格提供套餐，提升顾客的购买意愿。鼓励顾客升级购买，提供更高品质或更高价位的商品选项，强调其额外的价值和好处。根据顾客的购买历史和偏好，提供个性化的商品推荐，提高推荐的准确性和转化率。提供额外的服务或赠品，如免费配送、延长保修、赠送小样等，增加其他商品的吸引力。可以在直播中设置购物目标或挑战，鼓励顾客达到一定的购买金额或数量，以获得额外的奖励。

例如，直播间以某款厨房清洁巾作为"引流"款商品。"引流"过程如下：

① 直播前预热：在直播开始前，通过社交媒体、直播平台预告、粉丝群等渠道发布即将进行的直播活动信息，强调将有限时优惠的厨房清洁巾发售。制作吸引人的宣传海报或短视频，展示厨房清洁巾的实用性和高品质特征，预告直播时间和优惠信息。

② 直播开始时的推广：直播一开始，主播首先介绍厨房清洁巾的特点，如吸水性强、去油污效果好、可重复使用等。展示多包装的厨房清洁巾，强调其价格优势，比如"5包装仅售9.9元"或"买10送2"等优惠。

③ 互动环节：鼓励观众参与互动，比如通过弹幕回答问题、点赞、分享直播等，参与互动的观众有机会获得额外的清洁巾礼包。主播可以现场演示清洁巾的使用效果，让观众直观地看到其突出的清洁能力。

④ 限时抢购：设置限时抢购环节，比如"前100名下单的用户可以享受额外优惠"或"限时10分钟内购买清洁巾，每包再减1元"。使用倒计时工具，增加抢购的紧迫感，促使观众快速下单。

⑤ 捆绑销售：将厨房清洁巾与其他厨房用品捆绑销售，如"购买厨房清洁巾+洗碗液享受套餐价"。提供组合套餐，如"厨房清洁大礼包"，包含清洁巾、洗洁精、厨房去污剂等，以优惠价格销售。

⑥ 后续推广：在直播过程中，不断向观众发出厨房清洁巾的优惠信息，确保观众知晓。

通过这样的引流过程，直播间可以迅速吸引大量观众，促进厨房清洁巾的销售，同时带动其他商品的销售。

3. 福利款商品

（1）福利款商品的作用。福利款商品一般是粉丝专属，也就是所谓的"宠粉款"。福利款商品是直播带货过程中一种重要的营销手段，通过提供专属的优惠和福利来提升粉丝的忠诚度和参与度。通常情况下，直播间的用户只有加入粉丝团，才有机会购买福利款商品。

福利款商品对销售的影响是多方面的。通过提供价格优惠或赠品等福利，福利款商品可以显著提升观众的购买意愿，从而增加商品的转化率。福利款商品往往与其他高利润商品捆绑销售，这样可以提高整体客单价，增加销售额。通过提供专属福利，可以提升粉丝对品牌的忠诚度，促使他们更频繁地购买该品牌的产品，增加直播间的流量和人气。通过相关活动，可以吸引更多观众加入粉丝团，品牌就可以塑造出亲民、关爱消费者等正面形象。合理设计和实施福利款策略，可以提升直播间的销售业绩和品牌影响力。

（2）福利款商品的销售过程。有的主播将某款商品作为福利免费送出，如在直播中进行抽奖活动，只有粉丝团成员可以参与，中奖者可以获得免费福利款商品；鼓励观众参与直播互动，如点赞、评论、分享等，根据参与程度发放福利款商品作为奖励。有的主播将某款商品降低价格销售，如"原价99元，今天'宠粉'，9.9元，限售1万件"，来激发粉丝的购买热情；或买一送一，购买指定商品可以额外获得福利款商品，增加购买的吸引力。有的主播为粉丝团成员提供专属的会员福利，如定期折扣、新品优先购买权等，根据粉丝团成员的喜好和需求，定制专属的福利款商品。有的主播通过鼓励粉丝在社交媒体上分享直播链接，可以吸引更多人加入粉丝团，分享成功的粉丝则可以获得福利款商品的购买资格。有的主播设置粉丝团专属的话题挑战，如"#我的宠粉日#"，参与话题讨论的粉丝均有机会获得福利款商品。

（3）福利款商品的挖掘。了解用户的年龄、性别、地域、消费习惯等特征，收集用户的历史购买数据、浏览记录、互动行为等信息，分析用户偏好，构建用户画像，利用人工智能和机器学习技术构建个性化推荐系统，实时推荐最可能吸引用户的福利款商品。根据用户的使用情况和反馈，动态调整推荐策略，不断优化推荐结果，提高用户满意度。

例如，为吸引消费者下单购买，直播电商中食品类福利款通常以优惠价格或赠品的形式出现。某食品类福利款商品直播过程如下：

① 直播前预热：在直播前，通过社交媒体、直播平台预告、粉丝群等渠道发布即将进行的直播活动信息，强调将有限时优惠的食品发售。制作吸引人的宣传海报或短视频，展示食品的包装、口味、营养成分等信息，预告直播时间和优惠信息。

② 直播中推广：直播一开始，主播首先介绍福利款食品的特点，如口感、营养价值、产地等。展示食品实物，强调其优惠价格，比如"原价99元的零食礼包，今天福利价只要59元，限售1 000件"。主播现场品尝食品，分享食用体验，让观众直观感受到食品的口感和品质。

③ 互动环节：鼓励观众参与互动，比如通过弹幕回答问题、点赞、分享直播等，参与互动的观众有机会免费获得食品礼包。主播可以设置互动任务，如"点赞数达到1万，福利款食品限时折扣"，提升观众参与热情。

④ 限时抢购：设置限时抢购环节，比如"前500名下单的用户可以享受额外优惠"或"限时10分钟内购买福利款食品，每包再减5元"。使用倒计时工具，增加抢购的紧迫感，促使观众快速下单。

⑤ 捆绑销售：将福利款食品与其他食品捆绑销售，如"购买零食礼包加送一包

坚果",提供优惠价格。提供组合套餐,如"零食大礼包",包含多种零食产品,以优惠价格销售。

⑥后续推广:在直播过程中,不断向观众发出福利款食品的优惠信息,确保观众知晓。直播结束后,可以通过邮件或短信向观看直播的观众发放优惠券,鼓励他们购买。福利款食品的销售能够迅速吸引大量观众,进而带动其他商品的销售,提升直播间整体销售业绩。

4.利润款商品

(1)利润款商品的作用。利润款商品是直播带货中实现盈利的重要部分,它通常面向特定小众群体,满足他们的个性化和独特需求。直播带货的目的是帮助企业或商家实现盈利,所以只设置"引流"款商品和福利款商品是远远不够的,主播一定要推出利润款商品来实现盈利,且利润款商品在所有商品销售中要占较高的比例。利润款商品适用于目标用户群体中的某一特定小众群体,这些人追求个性化,所以这部分商品突出的卖点必须符合他们的心理需求。

(2)利润款商品的定价模式。利润款商品有两种定价模式:一种是直接对单品定价,如"59元买一发二",即购买一件商品实际得到两件商品,从而增加单次购买的利润;"129元买一发三",购买一件商品实际得到三件商品等;另一种是对组合商品定价,如护肤套盒,将多种护肤品组合在一起,如洗面奶、精华液、面霜等,以套装形式销售,提供更大的优惠和便利性。

(3)利润款商品与"引流"款商品的关系。利润款商品与"引流"款商品在直播带货中扮演着不同的角色,"引流"款商品通常以低价或高性价比形式吸引观众进入直播间,而利润款商品则以更高的价格和更大的利润空间来实现盈利。利润款商品要等到"引流"款商品将直播间人气提升到一定高度后再推出,并趁热打铁,这样更容易促成交易,提高转化率。

通过展示利润款商品的特点和优势,如品质、设计、独特性等,突出其价值,吸引观众购买。为利润款商品设置限时优惠,如"限时折扣""限时赠送赠品"等,增加购买的紧迫感。

利润款商品可以展示品牌的质量和价值,提升品牌形象,而"引流"款商品则可以展示品牌的亲民和关怀,塑造品牌形象。通过合理搭配利润款商品和"引流"款商品,可以塑造品牌的全面形象,吸引有不同需求的观众参与。主播可以根据观众的购买行为和反馈,优化商品组合,调整"引流"款商品和利润款商品的数量和比例,以实现最佳的销售效果。根据直播的实时数据和观众的互动情况,主播可以灵活调整利润款商品和"引流"款商品的搭配策略,以应对市场变化和观众需求。如果观众对"引流"款商品反应热烈,主播可以适当增加"引流"款商品所占的比例,反之则增加利润款商品所占的比例。

(4)利润款商品的销售过程。利润款商品的选择主要考虑市场需求、消费者偏好、商品特性、品牌定位和销售目标等因素。通过研究市场趋势,选择热门或即将成为热门的商品作为利润款商品。分析消费者对某一类商品的需求增长情况,选择具有增长潜力的商品。通过调查问卷、社交媒体分析等方式收集消费者反馈,选择与品牌形象相符合的商品作为利润款商品,以增强品牌的一致性和可信度。考虑品牌的高端或中端定位，选择具有独特卖点、高品质或创新功能的商品作为利润款商品。考虑商品的耐用性、独特性、限量性等因素，选择合适的商品作为利润款商品，以提高利润空间。利润款商品选定后，应在直播中进行小规模的测试，观察不同利润款商品的销售情况，根据测试结果，调整利润款商品的选择策略，以便找到最佳的商品组合方式。

利润款商品通常具有较高的价格和较大的利润空间，主要面向追求高品质和个性化的消费者。某直播间利润款智能手机直播带货过程如下：

① 直播前预热：在直播前，通过社交媒体、直播平台预告、粉丝群等渠道发布即将进行的直播活动信息，强调将有限时优惠的智能手机发售。制作吸引人的宣传海报或短视频，展示智能手机的先进技术、创新功能和精美外观，预告直播时间和优惠信息。

② 直播中推广：直播一开始，主播首先介绍利润款智能手机的特点，如高性能处理器、高分辨率摄像头、大容量电池等。展示智能手机实物，强调其价格优势，比如"原价8 999元的最新款智能手机，今天特价只要7 999元"。主播现场演示智能手机的功能，如拍照、游戏、视频通话等，让观众获得直观感受。

③ 互动环节：鼓励观众参与互动，比如通过弹幕回答问题、点赞、分享直播等，参与互动的观众有机会获得智能手机的优惠券或赠品。主播可以设置互动任务，如"点赞数达到1万，智能手机限时折扣"，激发观众参与热情。

④ 限时抢购：设置限时抢购环节，比如"前500名下单的用户可以享受额外优惠"或"限时10分钟内购买智能手机，每台再减100元"。使用倒计时工具，增加抢购的紧迫感，促使观众快速下单。

⑤ 捆绑销售：将利润款智能手机与其他电子产品捆绑销售，如"购买智能手机加送智能手表"，给出优惠价格。提供组合套餐，如"智能设备大礼包"，包含智能手机、智能手表、蓝牙耳机等，以优惠价格销售。

⑥ 后续推广：在直播过程中，不断向观众发出利润款智能手机的优惠信息，确保观众知晓。直播结束后，通过邮件或短信向观看直播的观众发送优惠券，鼓励他们购买。

5.品质款商品

（1）品质款商品的作用。品质款商品又称战略款商品、形象款商品，承担着提供信任背书、提升品牌形象的作用。推出品质款商品的意义在于吸引用户驻足观看，同时让用户觉得价格和价值略高于预期，所以主播要选择一些高品质、高格调、高客单价的小众商品作为品质款商品。

品质款商品通常代表了品牌的高质量标准，能够增强消费者对品牌的信任感。通过展示高品质的商品，可以提升品牌形象，使品牌在消费者心中留下高端、专业的印象。通常情况下，高品质的商品往往具有较高的观赏价值，能够吸引观众的注意力，增加直播间的流量。品质款商品的价格和价值通常略高于普通商品，这有助于提升消费者对直播间其他商品的价值感知。通过推出品质款商品，可以拉升直播间的档次和整体定价水平，为其他商品的定价提供空间。品质款商品的推出有助于提高直播间的平均销售价格，从而能够提升整体销售额。

品质款商品通常针对的是有一定消费能力的高端用户群体，这类用户对品质有较高的追求。品质款商品往往具有较强的话题性，容易在社交媒体上引发讨论和分享，这种口碑传播有助于吸引更多的新用户进入直播间。品质款商品由于其独特性和吸引力，能够有效增加观众在直播间的停留时间，这对提高直播间的活跃度和用户黏性有重要作用。品质款商品有时可以成为与其他品牌或知名人士合作的基础，这种跨界合作能够吸引双方粉丝的关注，进一步增加流量。当然，品质款商品对直播间流量也存在一些潜在的负面影响。例如，如果品质款商品价格过高，可能会让一些对价格敏感的用户望而却步，从而影响流量；如果品质款商品与直播间的整体市场定位不符，可能会造成目标用户的混淆，影响流量的精准度。

（2）品质款商品的销售过程。合理搭配品质款商品，对于提升品牌形象、增加用户黏性以及提高销售额都有着积极的作用。在实际操作中，主播应注意选择具有独特性、设计感强、品质高的商品作为品质款商品，并通过专业的展示手法（如使用假人模特、精心布置的展示环境等）来凸显商品的品质。在直播过程中，通过互动环节让用户更加了解品质款商品的特点和价值。强化企业或商家的商品研发实力，提高所有商品在用户心中的好感度。品质款商品可以是设计师设计的商品，也可以是孤品、断码商品，其真正作用并不一定在于提高销量，而是提高直播间的定价标准，这就是设置品质款的意义所在。

品质款商品如果运用得当，可以显著提升直播间的流量和品牌形象，但需要根据直播间的定位和目标用户群体来精心策划和执行。通过品质款商品提升用户购买意愿，详细展示品质款商品的独特设计、优质材料、精湛工艺等方面，比如由知名设计师操刀，或者采用专利设计，让用户直观感受到商品的价值所在。为品质款商品创造一个吸引人的故事背景，如设计师的灵感来源、制作过程中的匠心独运等，以此提升商品的情感价值。直播中要尽可能多地展示商品实物，让用户能够清晰地看到商品细节，通过不同的角度、光线和背景来展示商品，使其特点更加突出。详细介绍商品所使用的材料，包括其来源、特性、优势等。如果可能，展示材料样本或对比普通材料，以凸显其高品质。展示商品的制作过程，特别是手工或特殊工艺的部分。讲解工艺的复杂性和专业性，以及它如何影响商品的质量和耐用性。可以使用高清摄像头和适当的照明，近距离展示商品的细节，如缝线、图案、雕刻等。强调这些细节是如何提升商品的整体品质和美观度。如果商品获得了专业认证或奖项，一定要在直播中突出展示这些认证标志，解释这些认证的意义和它如何保证了商品的品质。

在直播过程中，让用户参与到品质款商品的互动中来，比如通过问答、投票、抽奖等方式，增加用户的参与感和归属感。通过为品质款商品提供一定的专属优惠，如限时折扣、会员专享价等，让用户感受到实惠。利用知名人士、行业专家或KOL的推荐，为品质款商品提供信任背书，增强用户的购买信心。展示真实用户的正面评价和使用体验，将品质款商品与其他同类商品进行对比，突出其优势，让用户明白为什么它值得购买。提供优质的售后服务承诺，减少用户购买时的顾虑。通过限量发售来突出商品的稀缺性，强调每一件商品都是精心打造的，强调限量版与普通版的不同之处，刺激用户的购买欲望。

　芝华仕618直播品质取胜

　　2023年，芝华仕618的收官战绩出炉，以全网9.6亿元的优异成绩完美收官！同时直播渠道也展现强大的消费实力，多渠道占据行业榜单TOP1，其中在天猫平台累计成交额突破1.1亿元，环比增长达1 069%；抖音累计成交额2.09亿元，同比增长168.8%，直播观看人数更是突破508万。面对大促，不同于其他直播间下场砍价，芝华仕618在直播上转战品质内容场完美展现了自己的过人之处（如图5-7所示）。

　　首先，大促前夕开展"品质618，住进新潮家"的主题直播，聚焦当代消费者生活压力大的情感需求，通过布局芝士、橙意、一平方三大空间场景赋予产品情绪价值，将冰冷的家居变成人们温暖的陪伴者，得到消费者强烈的共鸣。同时在直播间现场进行铁架开合等多项品质测试，让消费者亲眼见证产品的质量和可靠性。这种直接展示产品特性的方式，有助于增强消费者对产品品质的信任。

　　其次，在直播长期规划上设置头等舱品质实验室，直播内容创新。具体包括头等舱健康密码馆、舒适

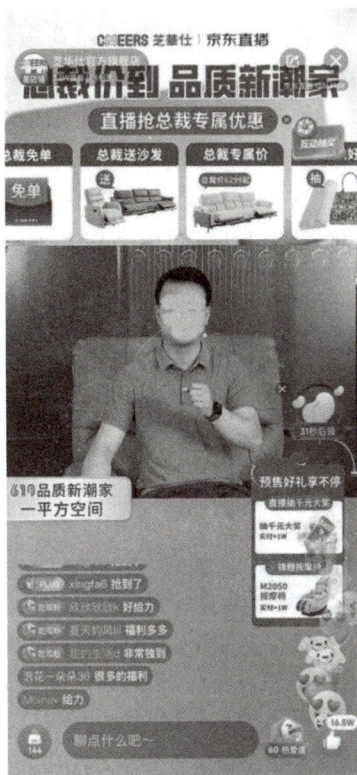

图5-7　芝华仕618直播

密码馆、超值密码馆和时尚密码馆，通过全方位展示芝华仕在材料、功能、工艺及时尚风格上的匠心之处，深化品牌品质内核。也正因为对直播内容创新，成功深化品牌"品质"在消费者心中的认知，此次芝华仕618融入直播的家居好物销量遥遥领先，获得市场的正面反馈。

　　这次芝华仕还有一个强大的外援，那就是和东风天籁跨界合作推出了联名款沙发，芝华仕常务副总裁龙才华携手东风日产汽车销售有限公司总经理刘新宇共同做客张朝阳的物理课直播间，现场向大家揭开零重力背后的奥秘以及芝华仕和东风天籁舒适的原因。龙总在直播中也讲到了相较于传统沙发来说，芝华仕功能沙发是新物种可以满足消费者角度调节的需求、运用了功能铁架等多项新科技、引领者功能沙发乃至整合家居界的新趋势。双方的合作不仅提升了品牌形象，也增加了产品的吸引力，吸引了更多消费者的关注。

　　芝华仕自主研发了开合26万次依然完好无损的功能铁架、让沙发开合更顺畅的硅合胶片、7D加硅太空棉、远超欧盟标准的大推力静音电机等，共计拥有200多项研发专利，而且芝华仕还是极少地拥有自主研发生产海绵能力的品牌，这些

都是芝华仕品质的体现，是芝华仕敢以品质面向消费者并且在618期间大获全胜的主要原因。

直播是市场趋势，品质才是取胜的关键。芝华仕成立31年以来始终致力于为千家万户带来健康、舒适、时尚、超值的家居，坚持舒适源于科技的品牌核心战略不断砥砺前行，用高品质的家居，将头等舱的生活方式送到越来越多消费者家中。

通过这些策略，芝华仕在618期间取得了显著的成绩，不仅提升了品牌形象，还增强了消费者对产品的信任和购买意愿。

资料来源：cici.芝华仕618直播品质取胜 创新模式再造现象级营销案例［EB/OL］．［2024-06-21］．https：//news.mydrivers.com/1/917/917949.htm.

二、直播间商品结构规划

合理的商品结构规划能够确保直播间在吸引流量、提升品牌形象、增加用户黏性的同时，也能实现良好的销售业绩和利润。直播间合理规划商品结构对于提升销售业绩和抵御风险至关重要。运营者需要根据直播效果和市场反馈灵活调整商品结构，以实现最佳的经营效果。一般情况下，直播间的商品结构见表5-1。

表5-1   直播间的商品结构

商品类型	角色与作用	比例
印象款	品牌的主打产品或最具代表性的产品，用于塑造品牌形象，提升品牌认知度，所占比例不宜过高。这类商品更多是用于展示品牌实力和特色，而不是大量销售	10%~20%
"引流"款	吸引观众进入直播间，通常是价格较低、性价比高的商品，所占比例可以稍高。它们是吸引流量的关键，但利润较低	20%~30%
福利款	增加用户黏性和活跃度，通常以限时优惠、赠品或秒杀形式出现。这类商品不追求高利润，主要是为了维护用户关系和直播间的活跃氛围	10%~15%
利润款	直播间的主要收入来源，通常是高利润的商品。这些商品是直播销售的重点，对直播间的整体业绩贡献最大	30%~40%
品质款	展示品牌的高品质形象，提升品牌溢价，可能包括限量版、设计师合作款等。虽然销量可能不如利润款，但它们对品牌形象的提升和用户信任的建立至关重要	10%~20%

需要注意的是，这些比例并非固定不变，应根据直播间的具体情况（如品牌定位、目标用户群体、市场环境等）进行调整。

以某高端化妆品直播间为例：印象款商品可能是某品牌的一款明星产品（如一款高端的面霜），它代表了品牌的最高品质和技术，比例大约为10%；"引流"款商品可能是价格相对较低的化妆工具（如化妆刷），吸引大量观众进入直播间，比例大约为25%；直播间可能会提供一些小样或试用装免费赠送作为福利款商品，用于增加用户的互动性和黏性，比例大约为15%；利润款商品可能是该品牌的热门产品（如热门色号的口红），它们具有较高的利润空间，是直播间的主要收入来源，比例大约为35%；品质款商品可能是与知名设计师合作推出的限量版彩妆盒，它们展示了品牌的高端形象，虽然销量不高，但能提升品牌价值，比例大约为15%。该直播间商品类型比例分布如图5-8所示。

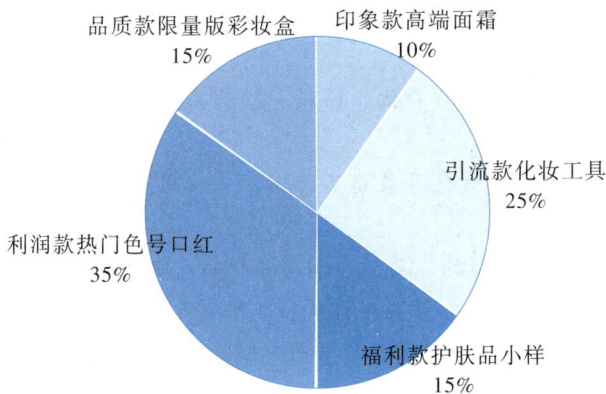

图5-8　某高端化妆品直播间商品类型比例分布

拓展阅读5-3　聚划算&"刘一刀"达人直播解析

　　在达人直播的商品规划中，关键点包括确保内容与商品契合，与品牌合作以有效传达产品特点，精心策划选品以满足观众需求，积极与观众互动以增加销售机会，选择适当的直播时间和频率以吸引观众。主播应具备相关领域的专业知识，掌握直播技巧，设定明确的销售目标，通过数据分析来完善直播活动，确保合规性和诚信度。这些因素协同作用，有助于提高达人直播的效果。

　　在2022年5月18日明星刘某的直播中，4个小时共带货1.48亿元，吸引了超过2 000万人次观看。这场直播之所以如此成功，与刘某的身份和专业性息息相关。作为聚划算官方优选官，这意味着她具有优先挑选商品的特权，能够为观众们推荐高质量的商品。在这场直播中，刘某共挑选了47款商品，多样的产品线覆盖了不同的需求和品类，确保观众可以找到自己感兴趣的商品。这场直播活动吸引了众多观众参与，不仅提升了刘某的知名度，还凸显了她在商品推荐和购物体验方面的专业性。

　　总之，刘某以"刘一刀"的形象成功进军直播带货领域，以其独特的策略创造了新的明星带货模式。她的成功源于四把"刀"：真实分享、专业态度、划算种草，以及新场景下的新服务品牌。刘某深入了解产品，用真诚赢得粉丝的支持与信任，将直播带货视为专业工作，并与平台进行紧密合作。这个案例强调了直播带货规划的关键要点，包括粉丝关系管理、KPI考核、产品选择和推荐策略，以及跨平台整合和业务拓展。在新的消费理念下，规划是成功的关键，而明星刘某的案例为我们提供了成功的范本。

　　资料来源：编者根据厦门网中网直播销售教学平台（http：//ec.sy.netinnet.cn/ecls/#/home）案例改编。

任务三   直播间商品的陈列与配置

【引导案例】

某美妆日化类直播间商品陈列优化

一、案例背景

1.直播间背景

某美妆品牌直播间，以销售口红、面膜、护肤品为主。

2.现状问题

商品陈列较为杂乱，口红色号展示不清晰，导致用户难以快速找到心仪的商品。

二、陈列优化原则

综合考虑前景台面商品陈列、前景台面商品和贴片组合策略、背景实物货柜产品陈列、不同行业商品陈列策略和高/低客单价商品陈列等多个方面因素。例如，对于美妆日化类直播间，建议将口红整齐地摆放在透明的口红收纳盒里，以便用户直观看到色号。

三、某美妆日化类直播间优化策略

（1）将口红色号按照色系分类，使用透明的口红收纳盒整齐摆放，去除口红盖，便于用户直观看到色号。

（2）在近景台面上，将热销商品和当季新品放置在中间低矮位置，使用透明展台或盒子垫高，在确保商品展示效果的同时不遮挡主播。

（3）中远景的商品陈列采用高低错落的方式，将面膜和护肤品摆放于较高位置，将口红等小件商品放在前面，营造层次感。

（4）直播间贴片设计结合美妆主题，使用统一的品牌色调，展示热销商品图片和优惠信息，与实物陈列相呼应。

三、案例总结

通过直播间的商品陈列优化，我们成功解决了商品陈列杂乱、色号展示不清的问题。通过色系分类与透明收纳盒的运用，极大地提升了用户的选购效率与体验。将热销与新品置于近景台面中心，既突出了商品亮点，又保证了主播与观众的良性互动。中远景区域的高低错落陈列，不仅营造了视觉层次感，还根据商品特性进行了合理分区，便于用户全面浏览。直播间贴片的精心设计，进一步激发了观众的购买欲望。这一系列优化策略，不仅可以提升直播间的视觉效果，还能够促进销售转化。

四、案例思考

通过本案例的学习，思考直播间商品陈列的策略，直播间商品的精细化配置优化的作用。

资料来源：编者自撰。

一、直播间商品陈列

商品陈列是烘托直播间氛围的重要手段，陈列方式、空间设计、商品三者合一才能成就完美的直播。观众进入直播间后，第一反应是对商品陈列的视觉反应，商品陈列的水平直接影响留存人数和消费意愿。

直播间的商品陈列主要有主题式、品类式和组合式三种类型。

1.主题式商品陈列

主题式商品陈列即结合某一主题、事件或节日，集中陈列有关的系列商品，渲染气氛，营造一个特定的环境，以利于该系列商品的销售。主题式商品陈列的主要特征是统一，即与直播间的主题或风格保持一致。一般来说，直播间的主题可以分为节假日、季节、商品品类三种类型，见表5-2。

表5-2　　　　　　　　　　　　　　　　直播间的主题

主题	分主题	具体内容
节假日	中国传统节假日	春节（红包、对联、年货礼盒），端午节（粽子、艾草），元宵节（元宵、花灯），中秋节（月饼、赏月用品），清明节（青团、祭祀用品）等
	文化历史节假日	儿童节（玩具、儿童服饰、教育用品），教师节（礼品卡、书籍、花卉），劳动节（户外活动装备、旅行用品）等
季节	春季	春游（野餐垫、户外帐篷、风筝），防雨用具（雨伞、雨衣、雨靴）等
	夏季	清凉降火（凉茶、绿豆汤），防晒（防晒霜、遮阳帽），防蚊（驱蚊液、蚊帐），沙滩玩具（沙铲、水枪），饮料（冰镇饮料、果汁），雪糕等
	秋季	开学用品（文具、书包、教辅书籍），民宿（家居装饰、旅行用品）等
	冬季	保暖御寒（保暖内衣、羽绒服、手套），火锅（火锅底料、食材），润肤乳（保湿霜、护手霜）等
商品品类	零食	干果、罐头、薯片、果冻、酸奶、糖果、巧克力等
	服装	裙子、衬衫、T恤、牛仔裤、西装、羽绒服、冲锋衣、运动鞋等
	美妆	口红、润肤乳、眼影、面膜、化妆刷、香水等
	厨卫	洗涤用品、餐具、厨房用具、卫浴用品等

采用主题式商品陈列的商品可以是一种商品，如某一品牌的某一型号的家用电器、某一品牌的服装等，也可以是一类商品，如系列化妆品、饰品、食品等。

例如，如图5-9所示，卖饰品的主播要在直播间陈列某种特定风格的饰品。

图5-9　主题式商品陈列直播间

2.分类式商品陈列

分类式商品陈列是根据商品质量、性能、特点和使用对象等进行分类，然后将同一类别的商品进行集中陈列，向用户集中展示商品的陈列方法。这种商品陈列方式主要是通过品类的组合，为用户营造琳琅满目、应有尽有的购物氛围，从而让用户购买到自己心仪的商品。图5-10所示为某主播的直播间，该主播所卖的商品品类繁多，有多种化妆品类型，为用户提供了很多选择。通过这种分类式陈列，不仅展示了化妆品的多样性，还方便了消费者根据自己的需求和偏好进行选购。主播在直播过程中可以针对不同类别的商品进行详细介绍和推荐。

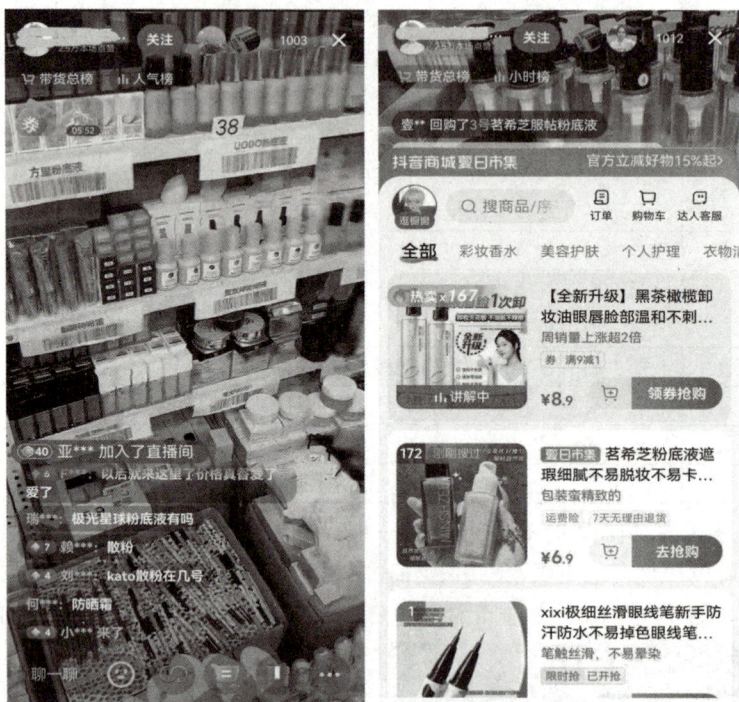

图5-10   品类式商品陈列直播间

3.组合式商品陈列

这种商品陈列方式主要是通过强调商品与商品之间的紧密联系和搭配，引导用户将商品组合起来后同时下单。

服饰类主播可以引导用户购买套装，如给中意的衬衫搭配一条裙子或一件外套。美食类主播可以把美食和制作美食的设备组合起来销售，如将面包和面包机组合销售，营造吃爆米花要喝可乐、吃牛排要喝红酒等场景。

在图5-11所示的直播间中，该主播介绍的商品有益生菌、厨房湿巾、电饭煲和煎炒不粘锅等，目的是让用户了解如何围绕饮食健康进行组合，促使其购买套装。

二、直播间商品的精细化配置与管理

在直播过程中，经常出现的问题是款式不多、利用率不高、单品销量不够等，这主要是因为主播没有把商品根据符合直播需求的逻辑进行合理化的细分。要想扭转这种局面，主播就要对直播间里的商品进行精细化配置与管理。

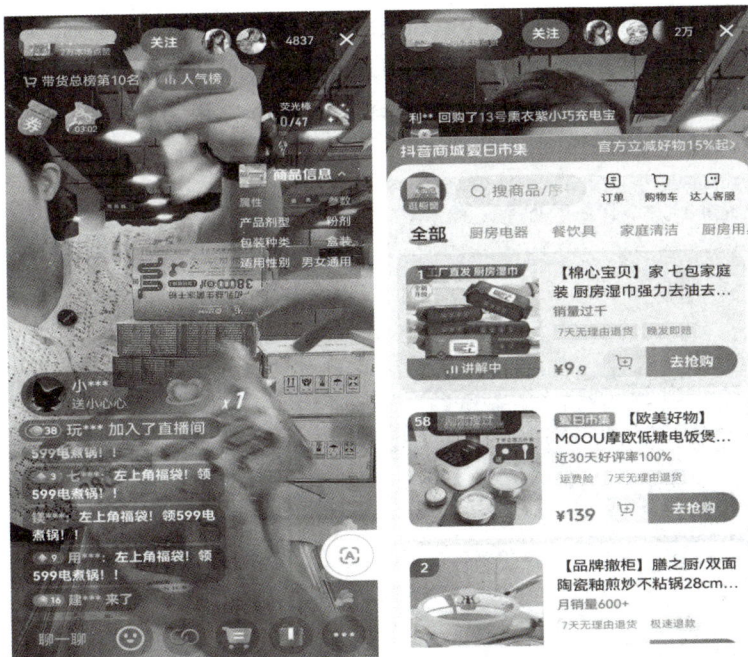

图5-11　组合式商品陈列直播间

1.确定直播主题

电商直播的目的是销售商品，获取利润。主播要对每一场直播进行多样化的主题策划，并以此进行直播内容的拓展和延伸。主播要明确向谁讲述、讲述什么、如何讲述等问题。

做一场直播如同写一篇文章，首先要确定的就是主题。直播主题可以分为两种类型，见表5-3。主播可以根据这两种类型对直播主题进行阶段性规划。

表5-3　　　　　　　　　　　　　　直播主题的类型

直播主题的类型	具体内容
场合主题	休闲、办公、聚会、旅行等
活动主题	上新、打折、节日、事件等

假设以上两种类型中的每个主题都可以做成一场直播，那么主播就拥有了8场直播的主题，主播可以对这8个主题进行不断优化。

确定直播主题后，主播就要根据主题配置相应的内容，如同设计文章的各个段落。不同的直播主题要搭配不同特性的商品。以服装电商直播为例，搭配的两大重点分别是风格和套系，见表5-4。

表5-4　　　　　　　　　　　　　服装电商直播搭配的两大重点

搭配的重点	具体说明
风格搭配	主播风格、人群风格、道具风格、季节风格
套系搭配	单品搭配、一衣多搭、配饰搭配、色彩搭配、层次搭配

只有风格统一、套系整齐，整个直播间的商品调性才会一致。例如，某抖音账号在直播间推荐居家坚果，主播详细介绍商品信息，并及时回答观众的问题，消除观众的顾虑。该直播间陈设的商品都是坚果，风格统一，很好地反映了直播的主题，如图5-12所示。

图5-12 确定直播主题

2.规划商品需求

确定直播主题后，主播可以通过一个简单的表格来规划商品需求，从而清晰地知道每一场直播需要配置什么样的商品。表5-5就是规划商品需求的一个例子。

表5-5   规划商品需求举例

日期	主题	商品数量（件）	商品特征	适合搭配商品
6月16日	夏季出游拍照必学穿搭	500	舒适、色彩鲜艳；透气性能好，穿着舒适	太阳镜、泳衣、平跟凉鞋、遮阳帽
6月17日	清爽出街，打造自身魅力	1 000	显瘦，以裙装为主	高跟鞋、饰品、皮包
6月18日	9.9元包邮"宠粉"活动（项链）	500	小巧精致、凸显气质	耳坠、口红、美妆套装

3.规划商品配置比例

商品配置比例是精细化商品配置的核心之一。在规划商品配置比例时，主播要记住三大要素：商品组合、价格区间和库存配置。合理的商品配置可以提高商品的利用率，最大限度地消化商品库存。商品配置比例的规划类型主要有两种：单品配置比例和主次类目配置比例（如图5-13所示）。

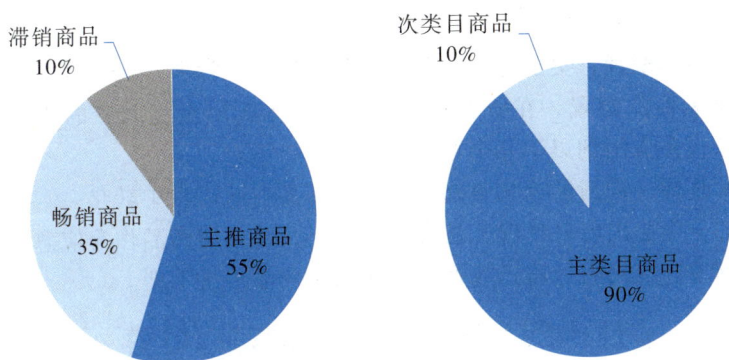

图5-13　商品配置比例的规划类型

确定商品配置比例后，主播只要根据直播时长等条件确定每场直播的商品总数，就可以根据以上两种类型对应的配置方式做好相应数量的选品，见表5-6。

表5-6　　　　　　　　　　　　　一场直播的商品配置比例

直播商品总数	单品配置					主次类目配置	
	主推商品55款		畅销单品35款		滞销单品10款	主类目商品	次类目商品
	新品数量	预留数量	新品数量	预留数量			
100款	30款	25款	20款	15款	10款	90款	10款

4.不断更新商品

主播要在规划好的商品配置比例的基础上不断更新商品。为了保证每场直播的新鲜感，主播要不断更新直播内容，其中商品更新是非常重要的一部分。一场直播更新的商品总数至少要达到该场直播总商品数的50%，其中更新的主推商品占80%，更新的畅销单品占20%。

5.把控商品价格与库存

在商品需求、商品数量及更新比例都确定好的前提下，主播要进一步把控另外两大要素：价格区间和库存配置。

（1）价格区间。主播在设置价格区间时，要综合考虑商品的原始成本、合理的利润，以及一些其他的费用。在设定价格区间时，主播需细致权衡商品的原始成本，确保覆盖材料、生产、运输等基本开支，并在此基础上加上合理的利润，以保障商业运作的可持续性。同时，还需将市场推广、渠道佣金、可能的退换货成本等额外费用纳入考量范围。对于仅存在颜色、属性差异的同类商品，主播应避免设置过大的价格差距，以维护价格体系的公平性和消费者的购买公平感，确保不会因价格差异而影响消费者的选择和品牌形象。

（2）库存配置。库存配置是一个提高直播效果及转化效果的重要措施。库存配置的一个重要原则是"保持饥饿"，主播要根据不同场观（单场直播的总观看人数）和当前在线人数配置不同的库存数量，使直播间始终保持"饥饿"的状态。

要想保持"饥饿"状态，库存数量要一直低于在线人数的50%。如果条件允许，主播可以直接设置店铺库存来配合直播的库存需求。

6.已播商品预留和返场

为了完善商品配置，更加充分地利用商品资源，主播要对已播商品进行预留和返场。主播要根据商品配置，在所有直播过的商品中选出至少10%的优质商品作为预留和返场商品，并应用到以下几个场景中。

（1）日常直播一周后的返场直播，将返场商品在新流量中转化。

（2）当部分商品因特殊情况无法及时到位时，将预留商品作为应急补充使用。

（3）遇到节庆促销时，将返场商品作为活动商品再次上架。

任务四　直播商品定价策略推荐

【引导案例】

9.9元定律：老板们不得不知道的尾数定价法

一、案例背景

平时买东西时，我们总是奇怪超市为什么能标10元的东西，偏偏标成9.9元。更奇怪的是，标10元的商品销量往往远低于标9.9元的商品销量。与此类似，19.9元、29.9元、39.9元……也都有着这样的规律。这种定价策略到底有什么魔力呢？其背后的逻辑是什么？

二、案例解读

1.屡试不爽的尾数定价法

不管是9.9元还是19.9元，甚至是1999元，统称为尾数定价法。

1948年，调查者研究了37个美国城市的3025家零售商店的广告，发现64%的商品价格都是以非整数结尾，接近40%的商品数字结尾是0或者5，比如15.5，或者10这种正常的数字，而有60%的价格结尾为9，比如9.99、19或者15.9。直至今日，不少商家都采用尾数定价法策略，效果非常明显。

2.尾数定价法的心理暗示

"9.9元定律"屡试不爽，今后还会一直流行，其背后的逻辑是什么？搞清楚这个有利于制定合理的价格策略。分析得出三点结论：给用户便宜的错觉；给人以精确感；跟用户的浏览顺序有关。9.9元跟10元虽然仅仅差一角钱，但是在消费者眼中就是几块钱和十几块钱的差别。9.9元约等于几块钱，10元约等于十几块钱。

对于以9为结尾的价格与以0为结尾的价格（例如9.9和10），同样上涨10%，人们对于9.9涨价的感受更低，感觉不到涨了多少。同理，在降价的时候，降到以9为结尾的价格，也会带给人降价更多的感觉。实际上，这是商业社会中常用的尾数定价法。

更为奇妙的是，如果是18元，大家会把它归为20来块钱；只有19.9元才会归为十几块钱，看来只有尾数9才有"神奇的魔力"。

1997年，考希克·巴苏（世界银行副总统兼首席经济学家）用博弈论解释了这个现象：他认为大多数消费者时间都有限，看广告都是瞄一眼就过去了。在这种情况下，消费者对于价格数字都是从左到右，先看大位，而且多数情况下有可能忽略位数。

三、案例总结

尾数定价法还给消费者一种精确感，能够让消费者产生信任。价格敏感型的消费者非常符合"9.9元定律"，对价格不敏感的消费者则反响平平。在制定价格策略时，商家先要对自己的用户群体进行分层，女性群体多的且对价格敏感的，可以采用尾数定价法；而男性群体多的则正常定价。如果走的是中高端路线，尾数定价法就不太适合，因为他们更加注重质量和品位。尾数定价法利用的是消费者心理，心理学在商业中应用很广，比如谈合作、沟通、定价、话术等。

四、案例思考

通过本案例的学习，思考尾数定价法的特点和直播间合理定价的重要意义。

资料来源：罗子帆. 9.9元定律：老板们不得不知道的尾数定价法［EB/OL］.［2021-10-27］. https: //zhuanlan.zhihu.com/p/426205221? utm_id=0.

如果价格太高，产品就可能卖不出去；如果价格太低，产品就可能过早脱销，也就失去了盈利的机会。因此，定价策略直接关乎产品的销售情况。

一、锚点效应定价

锚点效应是心理学名词，是指人们对某人或某事作出判断时，容易被第一印象或第一个接触到的信息所支配，其就像沉入海底的锚一样把人们的思维固定在一个地方。在电商直播过程中，观众的第一印象和决定会成为印记，他们第一眼看到的某个商品的价格会对他们购买这一类商品的出价意愿产生长期影响，这就是锚点效应。利用人们的这一心理，直播间通过设置、改变、移除用户心中用于对比的参照物，继而达到影响用户评价体系的目的。

微课 5-3

定价策略

例如，同一款商品在实体店的售价为6 999元，直播间的销售价格为4 599元并附送赠品。6 999元就是一个锚定价格，它提升了用户对这款商品的价值感知，觉得该商品值6 999元。如果没有这个锚定价格，只有现价4 599元，就会让用户觉得这款商品不值这个价。通过锚点效应制造巨大的价格差，这种方式不是通过观众购买意愿影响市场价格，而是市场价格反过来影响粉丝的购买意愿。直播间锚点效应定价法的应用示例如图5-14所示。

二、组合定价

单品促销容易导致价格对比，从而难以形成有效的利润；通过高客单价产品与低客单价产品进行组合、搭配形成套装价格，从而让顾客短暂丧失对产品应有价格的判断能力，这样能有效促进顾客下单。例如，一盒眼影的售价是50元，通过产品组合，加10元即可获得一瓶卸妆水，最后就是以60元的价格可以获得眼影和卸妆水的组合，这里的眼影就是利润款，卸妆水就是"引流"款。产品组合定价的销售方式会给顾客带来"超值感"。直播间组合定价法的应用示例如图5-15所示。

组合定价的商品多是互补商品或关联商品。如果低价商品与高价商品相互依存并配合得当，那么效果更佳。组合中的低价商品和高价商品应有关联性，例如一瓶卸妆水和一盒卸妆棉。虽然主播也可以搭配其他商品，如奶茶粉、水果等，但不如卸妆棉实用（顾客在使用卸妆水的过程中，会用到卸妆棉）。主播这样做可以让用户感受到一种被关爱、关心的感觉，在保证质量的前提下，即使商品组合定价稍微高些，用户也能够接受。

图5-14　直播间锚点效应定价法应用示例

图5-15　直播间组合定价法应用示例

组合定价还能避免用户比价。例如，一个护肤品套盒做了一个套餐，里面包含了洁面、爽肤水、乳液、面霜等，除了让用户感觉超值，还能避免用户比价的行为。因为用户在购买单品的时候一般都会通过各个平台进行比价，而对于套餐重组类的商品反而不容易去进行比价。

三、阶梯定价

阶梯定价是指按照不同的购买数量来有差别地制定价格。购买一定数量范围内的商品是一个价格，超过一定数量之后是另外一个价格，买得越多，价格越便宜。阶梯定价策略是传统"买一赠一"模式的升级版，适用于食品、小件商品和快消品，主播往往会建议消费者多件一起拍。这种阶梯形的价格递减能给消费者带来强烈的冲击，刺激其购买欲望，引导消费者多件下单，达到高销量，释放库存。一些知名主播的直播间经常会采用阶梯定价策略，如：第一件商品为49元（原价）；第二件便宜10元，只要39元；第三件再减10元，只要29元……如果要冲销量，其也适用于促销商品。实践证明，采用阶梯定价策略，特别能刺激用户消费。

在运用阶梯定价策略时需要注意以下三点：首先，优惠力度不等比，因为购买的数量越大，交易的难度也就越大，优惠幅度要更大才能促成交易；其次，阶梯的上限保持吸引力，不能设得太高，否则无法吸引消费者下单，比如第二件9折，第三件8折，但如果要几十件才打7折，吸引力就不会太大；最后，要把握边际成本，活动最低定价不能低于边际成本，否则卖得越多赔得越多。

四、非整数定价

非整数定价是指定价时不取整数价格而取有零头的价格的策略。直播间的商品，都喜欢定价9.9元、19.9元、199元，这是因为以"9"结尾的价格，会比10元、20元的东西更好卖。实践证明，非整数定价确实能够刺激消费者的购买欲，获得较好的销售效果。如一件本来值10元的商品，定价9.9元，就能激发消费者的购买欲望。

非整数价格虽与整数价格相近，但二者给予消费者的心理信息是不一样的。商家进了一批货，以每件100元的价格销售，可消费者并未踊跃购买。无奈之下，商家只好降价销售，但考虑到进货成本，只降了0.1元，价格变成99.9元。想不到就是这0.1元之差，消费者络绎不绝，货物很快销售一空。首先，100元这个价格会被大家归纳到"上百块钱"里，而99元的东西只会归纳到"几十块钱"里。其次，19.9元的开头是"1"，而20元开头是"2"，开头数字越小，越容易引起消费者的注意，相关示例如图5-16所示。在电商直播中，非整数定价往往能够有效地提升销售效果。

图5-16　直播间非整数定价应用示例

五、竞品对比定价

竞品对比定价是指以竞品价格作为参照物的一种常用的定价策略。用户在决定是否消费的时候，都会将与其有密切关系的同类商品作为价格参照物。因此，了解竞品的定价区间有助于商家制定一个更加有竞争力的价格策略，但是研究竞品价格不代表一味地效仿竞品价格，竞品价格只是一个参考，具体还需要综合品牌定位、目标消费人群等因素进行分析。有一些商品，与同类商品相比很贵，但是换一个对照物，就显得便宜了。例如，面霜上千元一瓶，但是换一个东西对比，比如玻尿酸，价格就显得低了。通过与功能相同的高价产品对比，能够体现商品的价格优势。

　　一些高价产品通过均分到天，能够打消消费者对价格的顾虑。例如，某品牌399元口红，经过测试，一只口红能用1 800次，一天用3次可以用近两年，每天大概花费几角钱。

六、成本加成定价

　　直播成本加成定价是一种基于成本回收的定价方法，它将商品的生产成本或采购成本作为定价的起点。具体来说，商家首先确定单位商品的成本，包括直接成本（如原材料、生产加工费）和间接成本（如管理费用、运输费用）。在确定了成本基础后，商家会按照预设的利润率来计算销售利润，进而得出商品的最终售价。这种方法因其计算的直接性和简便性，在直播销售中被广泛采用。它为商家提供了一个清晰、系统的定价框架，有助于确保每笔交易都能覆盖成本并获得预期利润。

　　在市场环境相对稳定的情况下，成本加成定价策略具有明显的优势。首先，由于成本和利润率在行业内通常较为透明，采用这种定价方法的商家在价格上不会出现剧烈波动，从而避免了恶性竞争。其次，这种方法保证了商家能够获取稳定的利润，有利于企业的长期发展和资金周转。最后，由于同类商品在不同店铺的定价趋于一致，消费者在购物时容易形成价格预期，减少了因价格差异导致的购物犹豫，提高了市场的整体效率。此外，成本加成定价策略易于理解和接受，它给消费者一种商品价格是经过合理计算、不存在暴利的印象，从而增强了消费者对价格的信任感。

　　成本加成定价因其合理性和公平性，通常能够得到顾客的广泛接受。在消费者看来，这种定价方式反映了商家对成本的公开和对利润的合理追求，使得商品价格显得更为透明和可信。在直播销售场景中，主播可以通过解释成本构成和定价逻辑，增强用户对商品价值的认同，从而提高转化率。同时，由于市场环境的变化往往需要定价策略进行灵活调整，成本加成定价因其简单易调的特性，使得商家能够快速响应市场变化，调整利润率以适应新的市场条件。这种策略容易给顾客带来一种合理、公平的感觉，因而容易被顾客接受。

> **拓展阅读5-4　经典的心理定价策略**
>
> 　　心理定价策略主要利用顾客的购买行为和心理等方面的特征进行产品定价，通常包括尾数定价策略、声望定价策略、整数定价策略、招徕定价策略和习惯定价策略。
>
> 　　1.尾数定价策略
>
> 　　尾数定价策略，又称奇数定价策略、非整数定价策略。这种定价策略巧妙地利用了消费者在日常购物中对价格敏感的心理特点，尤其是在选购日用品或低价产品时，消费者往往会对价格的细微变动格外留意。针对这一特性，商家通常采用尾数定价策略，将产品价格设定为带有尾数的数字（如8.98元，而非9.00元），即便这一差异微不足道，却能在心理上给消费者带来显著的"便宜感"。此外，这种定价策略还会给人一种价格经过精确计算和细致考虑的感觉，从而增强了消费者对产品性价比的信任。

2. 声望定价策略

声望定价策略是指利用消费者对于高品质与高价格正相关的心理认知，以显著高于普通产品的价格推向市场，从而迎合某些消费者对地位、财富、身份、名望等方面的心理需求的策略。例如，企业在确定名烟名酒的定价时常采用声望定价策略。

3. 整数定价策略

整数定价策略是利用消费者对于价格计算和结算的简便性，将产品或服务的价格设定为整数的定价策略。这种定价策略旨在减少消费者在购物过程中的认知负担，使价格看起来更加清晰、直接，从而促进消费者的购买决策。例如，原本定价为 99.99 元的商品，采用整数定价策略后被调整为 100 元，从而避免了消费者在心理上对小数点后面数字的过度关注，减少了"找零"或"凑整"的麻烦。

4. 招徕定价策略

招徕定价策略是指企业利用消费者的求廉心理，通过在特定时期内对部分产品实施大幅度降价，以吸引顾客流量，进而带动并促进店内其他正常价格产品销售的策略。这种定价策略在节假日、季节更替等消费高峰期尤为常见，是商家提升顾客进店率、增强品牌曝光度的有效手段。需要注意的是，企业所选的特价产品应广泛满足大多数消费者的日常需求，其市场价格应为广大消费者所熟知，且应适当控制供应量，供应量过多可能导致企业利润受损，供应量过少则难以满足消费者的需求，影响招徕效果。因此，企业应根据销售预测和库存情况合理安排供应量，确保特价活动既能达到预期的促销效果，又能维持企业的正常运营。

5. 习惯定价策略

对在市场上长期销售、已在消费者心中形成一种习惯性价格标准的产品而言，符合这一标准的价格往往能够获得消费者的认可，而偏离这一标准的价格则可能引起消费者的疑虑。因此，当企业为这类产品定价时，应充分尊重并顺应市场中的习惯价格水平。产品的轻易涨价，可能会触动消费者的敏感神经，引发不满情绪；而产品的贸然降价，则可能让消费者误以为产品质量有所下降，从而损害企业的品牌形象与消费者对企业的信任度。

资料来源：汪旭辉. 市场营销学：数智时代的新质营销力 [M]. 大连：东北财经大学出版社，2024.

━素养提升➤

市场监管总局发布"618"网络集中促销合规提示——重点把控直播商品质量

为规范促销经营行为，保护消费者合法权益，市场监管总局近日向综合电商、直播电商、跨境电商等平台企业发布"618"网络集中促销合规提示。

其中要求严格落实平台主体责任，切实落实平台审查核验义务，督促平台内经营者亮照、亮证、亮标经营，确保经营者主体信息真实有效，提升线上经营行为透明度。严格规范促销行为，围绕促销工具、折扣展示、优惠发放、结算支付等关键环节，优化促销规则。严格加强广告内容审核，完善广告业务登记、审核、档案管理，重点规范医疗美容、明星代言等广告行为，有效拦截虚假违法广告。严格禁止"二选一"等违法行为，公平参与市场竞争。采取积极措施防止平台内虚假交易、刷单炒信、虚假宣传等违法行为发生。

严格规范直播营销行为。强化对平台内主播及其经营活动的审核监测，重点把控直播商品的质量，强化对直播选品、直播卖点等环节的审核把关。

严格防范经营假冒伪劣商品行为，严格禁止销售违法违禁商品。严厉打击违法销售危害未成年人身心健康的商品、"专供""特供""内供"商品以及茶叶、粽子过度包装等行为。

同时，畅通消费者投诉举报渠道，及时受理、高效处理投诉举报，积极协助消费者维护合法权益。督促平台内经营者遵守网络购物七日无理由退货、网络购物"三包"等规定。

市场监管部门提示广大消费者理性消费，提高维权意识，遇到违法行为及时向市场监管部门或有关主管部门投诉举报，依法维护自身合法权益。

资料来源：赵文君.市场监管总局发布"618"网络集中促销合规提示［EB/OL］.［2024-06-04］. http://www.news.cn/mrdx/2024-05/31/c_1310776725.htm.

➡ 基础训练 ➤

一、单项选择题

1.（   ）是品牌口碑营销的关键。

A.商品提供优质的体验   B.商品的包装

C.商品的直播过程   D.商品的品牌

2.利润款商品在直播中的作用是（   ）。

A.提供信任背书   B.提升品牌形象

C.吸引用户驻足观看   D.提高商品转化率

3.品质款商品的主要作用是（   ）。

A.提供信任背书   B.提升品牌形象

C.吸引用户驻足观看   D.提高商品转化率

4.非整数定价是（   ）。

A.指定价时不取整数价格而取有零头的价格的策略

B.成本加成定价是一种基于成本回收的定价方法

C.指以竞品价格作为参照物的一种常用的定价策略

D.指按照不同的购买数量定不同的价。购买一定数量内的商品是一个价格，超过一定数量之后是另一个价格，买得越多，价格越便宜

5.分类式商品陈列的主要优势是（   ）。

A.方便消费者根据自己的需求和偏好进行选择

B.展示商品的多样性

C.提高商品的销售额

D.提升品牌形象

二、多项选择题

1.（　　）是直播间选品的基本原则。

A.高性价比　　　　B.高匹配度　　　　C.独特性　　　　D.需求及时

E.应季　　　　　　F.品质有保障

2.线下渠道选品的渠道有（　　）。

A.批发网站　　　　B.批发市场进货　　　C.厂家进货　　　D.品牌积压库存进货

3.（　　）是直播间商品结构中的"引流"款的特点。

A.价格低廉　　　　　　B.毛利率中等　　　　　　C.大众商品

D.能吸引流量　　　　　E.提升直播间人气

4.直播间产品定价考虑的因素包括（　　）。

A.产品成本　　　　B.供求关系　　　　C.顾客心理　　　　D.市场竞争

三、判断题

1.锚点效应定价是利用粉丝的第一印象和决定来影响他们的购买意愿。　（　　）

2.组合定价通过将高客单价产品与低客单价产品组合形成套装价格，让用户暂时失去对产品应有价格的判断能力。　（　　）

3.阶梯定价是指按照不同的购买数量定不同的价，购买越多，价格越便宜。（　　）

4.非整数定价的商品更容易被消费者购买，因为价格更接近"几十块钱"而不是"上百块钱"。　（　　）

5.竞品对比定价是一种基于成本回收的定价方法，它将商品的生产成本或采购成本作为定价的起点。　（　　）

四、问答题

1.如何通过进行精细化商品配置提高商品的利用率和直播间的销售业绩？

2.什么是阶梯定价策略？实施阶梯定价策略时应该注意什么？

▬项目实训▬▶

一、实训目标

1.理解直播选品的重要性。

2.掌握线上选品的渠道。

3.掌握线下选品的渠道。

二、实训内容

1.利用直播平台提供的选品库（如抖音精选联盟），选择热门、高销量的商品。

2.通过批发网站（如阿里巴巴批发网）选择商品。

3.通过其他电商平台（如天猫供销平台）来选择商品。

4.通过线下渠道（如批发市场进货、生产厂家进货、品牌积压库存进货）来选择商品。

三、实训要求

综合运用各种选品策略。考虑商品的独特性、市场需求、价格竞争力等因素，结合直播主题和目标观众，灵活运用不同的选品策略进行选品。通过表格对比各个选品渠道的差异，填入表5-7。

表5-7

选品渠道的差异对比

选品渠道	优点	缺点	适用情况
直播平台选品库			
批发网站			
其他电商平台			
批发市场进货			
生产厂家进货			
品牌积压库存进货			

项目六　　直播间预热引流

　　直播间引流对于提升直播间的曝光度、增强用户互动、促进商品销售以及扩大品牌影响力等方面都起着至关重要的作用。可以通过各种引流方式的合理运用，让更多的人知道并关注到你的直播间。通过各种渠道和策略吸引用户进入直播间，可以极大地提升直播间的曝光度，使直播内容触达更广泛的受众群体。因此，在直播之前，运用多种媒体和方式为直播活动预热，是直播准备的一个必要环节。本项目将介绍直播预热引流的几种方式、时间和技巧，让成功的预热助力直播取得预期效果。

学习目标

　　知识目标：
　　◇ 了解各种引流方式；
　　◇ 熟悉预热方式的开展流程及开展时机；
　　◇ 掌握直播推广的封面和海报的制作要点。
　　能力目标：
　　◇ 能够根据直播内容选择适合的预热引流方式；
　　◇ 能够根据直播内容设计直播预热海报；
　　◇ 能够运用各种直播预热方式综合策划预热方案并实施；
　　◇ 能够根据直播品类进行预热脚本设计并制作推广。
　　素养目标：
　　◇ 坚持诚信原则，不在直播推广中做虚假宣传；
　　◇ 践行社会主流价值观，在推广中坚守底线，拒绝将流量作为衡量直播效果的最高标准；
　　◇ 坚守爱岗敬业、技能强国的信念，着力创新拓宽预热形式。

项目导图

项目六　直播间预热引流

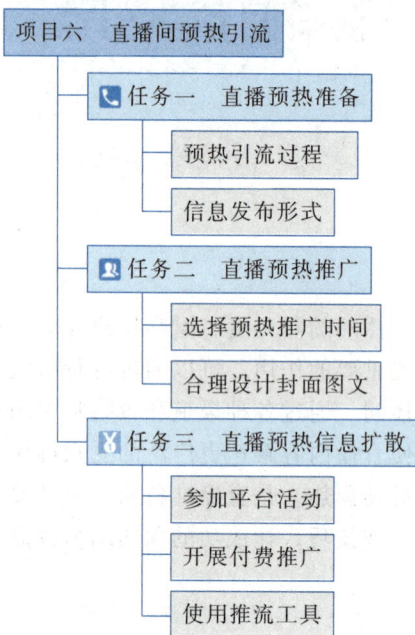

📞 任务一　直播预热准备
- 预热引流过程
- 信息发布形式

👤 任务二　直播预热推广
- 选择预热推广时间
- 合理设计封面图文

🐰 任务三　直播预热信息扩散
- 参加平台活动
- 开展付费推广
- 使用推流工具

任务一　直播预热准备

【引导案例】

张掖市肃南县马蹄藏族乡发展"营地经济+直播引流"拓宽富民增收路

一、案例背景

2023年以来，马蹄藏族乡着眼农村产业发展、群众增收致富，按照"小规模、大群体、小成本、大收入"的思路，鼓励农牧民群众结合实际进一步丰富产业业态，紧跟时代潮流大力推动"电商+""直播+"与传统产业紧密融合，通过举办短视频创作技能培训班、加大推介宣传力度等方式切实支持、培育、培训网络达人，有效提高本土网络达人直播带货、宣传引流能力，全面破解当前农牧村产业转型困难、农产品销路不畅，农牧家乐服务水平不高、服务模式单一等发展瓶颈，进一步激发农牧民群众致富的内生动力，持续推动庭院经济创建与乡村振兴深度融合，共促发展。

时值盛夏，六月酷暑，一场蒙古包的营地之旅必然是避暑乘凉，放松心情的绝佳体验。

作为马蹄藏族乡率先跑入直播带货"快车道"的先锋军，合作社的几位"网红小姐姐"在发展庭院蒙古包经济的方向上也有妙计。该合作社网络直播达人吴红梅介绍，大家的初步计划是让蒙古包营地依靠马蹄寺景区的金字招牌，通过拍摄预热视频+直播推介马蹄寺景区和蒙古包的娱乐项目，让更多的游客知道景区旅游结束后还有一个集"吃喝玩乐"于一体的好去处，为牧家乐的发展引来客流，带来收益，如图6-1所示。

如今，直播引流与实体经营相结合的方式已经成为很多旅游地区的推广方式，而在直播前进行预热也成为推广的必要环节。

图6-1　农牧合作社的网络直播达人直播场景

二、案例解读

1.直播+实体营地在旅游推广中是非常有效的营运方式

旅游推广中的直播+实体营地是一种结合了实时互动与前期宣传的有效营销策略，旨在提升旅游目的地的知名度和吸引力，促进游客的到访。

2.做好直播前预热准备

（1）举办短视频培训班，在直播前用吸引人的短视频开展预热。

（2）打造"网红小姐姐"效应，实现达人引领。

（3）做好线下相关服务，将直播与实体完美结合。

三、案例总结

从马蹄藏族乡发展"营地经济+直播引流"的成功案例可以看出，旅游业的线上营销效应以及随之而来的实体营地的客流量增长，让线上直播、预热短视频宣传的影响力已经超过了地方线下门店、户外广告的影响力，受众更多，而且经过平台算法，进入直播间的用户成为未来消费者的可能性较大。大家的线上反馈也会为地方改进提供直接依据。

四、案例思考

如果将你的家乡作为宣传目标，你想从哪些方面入手开展旅游宣传？

资料来源：李达．张掖市肃南县马蹄藏族乡发展"营地经济+直播引流"拓宽富民增收路〔EB/OL〕．〔2023-06-20〕．https：//www.xuexi.cn/local/normalTemplate.html？itemId=13134129660801287980.

直播预热是直播前的一系列准备推广环节。对于带货直播来说，直播间引流的最终目的是促进商品的销售。通过吸引大量的用户进入直播间，并展示商品的优点、使用效果等，可以激发用户的购买欲望，从而实现商品的快速销售。直播间引流不仅有助于提升当前直播的观看人数和销售额，更重要的是它有助于增强品牌的影响力。当用户通过直播间了解并认可品牌后，他们会在未来继续关注该产品的直播和相关活动，甚至向身边的人推荐品牌。这种口碑传播对于品牌的长期发展具有不可估量的价值。直播间内的限时优惠、满减活动等促销手段也可以进一步刺激用户的购买行为。因此，在直播运营中，我们应该高度重视直播间引流工作，并不断探索和实践更加有效的引流策略。

一、预热引流过程

1.冷启动拉新

所谓冷启动是指在产品或服务刚刚上线时，由于缺乏用户数据和用户基础，导致系统无法提供高质量的推荐或个性化服务的状态。在这个阶段，产品面临的主要挑战是如何吸引第一批用户并让他们持续使用。这一过程中的用户获取策略被称为冷启动拉新。

图6-2   店铺内对直播间
作引导宣传

直播前的冷启动拉新是让更多的用户进入直播间，对直播活动进行更大程度宣传的过程。这就要求直播者要准备相关素材，让用户提前了解直播的大概内容，这样对直播感兴趣的用户就可以及时进入直播间观看直播。直播前冷启动拉新渠道包括私域引流和公域引流。

私域引流是指通过店铺私域、订阅等渠道的预热，如图6-2所示，引导粉丝访问直播间，提高直播间的活跃度，并通过精细化运营，提升用户转化率和长期价值，进而获得更多公域曝光。

私域流量具有可控性、高忠诚度和低成本的特点。私域中的用户通常对品牌或个人有一定的信任基础，愿意接受更多互动和推广。但对于冷启动拉新的私域引流，常常要通过各种宣传手段来进行推广，以此吸引第一批用户群体。

私域引流比较常见的方式是在自己的店铺内、官网上、社群内等开展宣传。用户在电商平台购买后，通过售后服务、订单跟踪等方式，引导用户加入微信群或关注公众号。通过电商平台下单后赠送优惠券或福利，引导用户加入私域流量池。也可以在线下门店、包装、宣传品等位置印制二维码，扫描后加入私域流量池，如关注公众号或添加微信。还可以举办线下活动，通过门票、入场券等方式，引导用户线上互动并进入私域流量池，如图6-3所示。通过老用户邀请新用户，双方均可获得奖励。常见的形式包括现金红包、积分、折扣等。通过社群活动或拼团活动，激励老用户将其朋友或家人引流到品牌的私域流量池中。

图6-3   某品牌线下推广活动现场

公域引流的常见方法是在社交平台（如抖音、微博、B站、微信平台等）发布有价值的内容，吸引用户关注并引导至微信等私域渠道，如图6-4所示，利用社交平台的活动或话题，提供福利或优惠，引导用户参与并关注私域账号。公域引流也包括在线下其他媒体进行直播预告，如硬广告、短视频等。

图6-4 蜂花利用微博进行品牌宣传推广

2.精细化运营

当我们通过引流完成冷启动拉新后，还需要进行精细化运营，实现热度的持续性和品牌影响的延展性。

（1）用户分层管理。根据用户行为（如购买频次、金额）进行分层管理，针对不同层级的用户制定不同的运营策略。为高价值用户提供专属服务，如VIP群体服务、专享折扣等，提升用户忠诚度。

（2）内容营销与互动。定期在私域渠道（如微信群、公众号）推送有价值的内容，维持用户活跃度。通过互动（如投票、问卷、小游戏）增强用户黏性，获取更多用户反馈。

（3）活动和福利。定期策划福利活动（如秒杀、抽奖、拼团），激励用户参与并保持活跃。提供针对私域用户的专属优惠，增加用户归属感。

（4）数据分析与优化。通过数据分析了解用户行为和偏好，优化营销策略和内容，提升用户满意度和转化率，持续追踪和优化引流效果，调整引流渠道和方式。

通过引流，可以逐步构建起一个围绕品牌或产品的用户社群。在这个社群中，可以与用户建立更紧密的联系，了解他们的需求和反馈，进而不断优化产品和服务。同时，用户社群也是进行后续营销和推广的重要资源。直播间引流对于提升直播间的曝光度、增强用户互动、促进商品销售以及扩大品牌影响力等方面都具有重要的意义。因此，在直播运营中，我们应该高度重视直播间引流工作，并不断探索和实践更加有效的引流策略。

在直播前，要做好预热方案、活动流程以及准备相关宣传物料。要根据方案、直播需求，选择合适的发布形式和预热时机，让直播被更多人关注和等待，使宣传工作更加精准有效，从而取得预期的直播效果。

微课6-1

直播活动预热

二、信息发布形式

1.短视频

短视频是一种非常受互联网用户欢迎的内容形式，其时长短、发布时间灵活。当我们在平台浏览时，会看到许多短视频，其中大部分的内容都是为直播做铺垫，如图6-5所示。当粉丝看到预热视频时，对产品感兴趣的用户就会对直播时间产生期待，从而提高观看直播的概率。

短视频具备成本低、曝光率高、客户精准、官方推送等优势。通过短视频能够获得更多的自然流量，对于直播来说，这是成本最低的引流方式。将其发布到各个平台，对直播间的爆款效果最直观。因为内容明确，来到直播间的用户更精准，目的更明确，转化率更高。内容与直播账号及直播内容高度匹配，更容易得到官方流量推荐，提高直播间的权重。

需要注意，即便是账号的活跃粉丝，也未必能看到该账号下的每一条短视频。通常我们要进行一场直播带货，至少需要3个预热视频，这样才能覆盖更多粉丝，如图6-6所示。

图6-5 某直播账号的宣传短视频

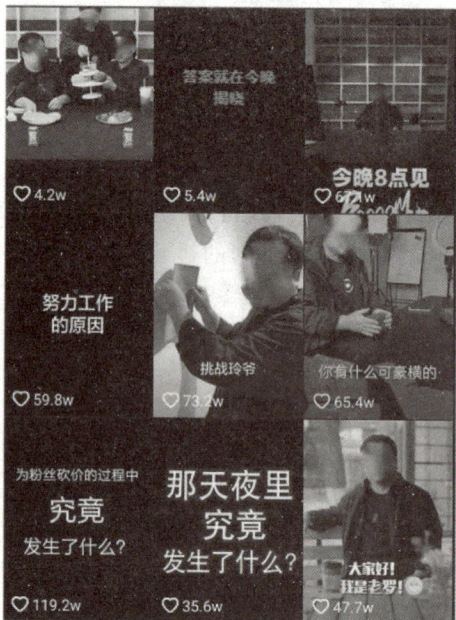

图6-6 网络大V用系列短视频开展预热引流

在制作短视频时，主播可以通过剪辑以往的直播片段或拍摄花絮等方式体现自己直播的特点，并预告直播的时间、内容、优惠等。此外，在短视频中多增加直播预热功能，平台也会根据账号权限不断推荐给新用户，新关注的粉丝也会通过观看过去的短视频作品，了解主播的类型、直播特点和时间规律。因此，这些视频的发布不仅会提示老粉丝关注直播，也会向新粉丝宣传自己。

在抖音中，一个粉丝关注一个主播通常需要看到该主播4条以上的短视频才会最终决定。因此，在短视频作品中合理地加入一些直播预热的元素，一方面可以让短视频的题材更加丰富，另一方面也可以吸引更多新粉丝。而新粉丝的加入并成为活跃粉丝，是账号发展壮大的必要条件。

如果使用纯直播类软件进行直播，通常会有一个直播广场，在直播广场的排名直接决定了开播时的流量。直播广场排名的依据主要是开直播时的人气。人气越高越活跃，排名位置越靠前，展示量越高，直播间的流量也就越高。

提高初始化直播排名要依靠直播订阅量。直播订阅量指的是在直播前订阅这场直播的人数，系统会因为订阅人数多而将直播间位置前置，而订阅量就是通过直播预热带来的。

2.硬广告

硬广告是一种直接宣传商品或服务内容的广告形式，通常具有明显的产品或品牌信息。广告文案中用文字介绍具体时间和相关福利，用图片展示出售的商品，将直播的亮点巧妙地展现出来，可以明确展示产品或服务的特点和优势，或利用人物效应，增加该广告的受众范围，将直播信息进行推广，如图6-7所示。

硬广告具有如下优点：传播速度快，通过广泛的媒体覆盖，能够迅速将产品或服务信息传递给大量受众；"杀伤力"强，通常具有明确的宣传目标和强烈的视觉冲击，因此能够迅速吸引消费者的注意力；涉及对象广泛，无论是网络、电视、广播还是

图6-7　直播信息硬广告推广

报纸杂志，硬广告都能覆盖到不同年龄段、不同社会阶层的受众；能够增加公众印象，通过反复播放或刊登，硬广告能够加深消费者对产品或服务的印象；硬广告通常结合文字、图像、声音等多种元素，使广告内容更加丰富和生动。

对于直播预热来说，硬广告也有明显的缺点：渗透力弱，相对于软广告，硬广告的深度和影响力可能较弱，难以触动消费者的内心情感；商业味道浓，可信程度低，由于硬广告的主要目的是宣传产品或服务，其商业味道较重，可能导致消费者对广告内容的信任度降低；时效性差，一旦发布，其内容和形式在短时间内难以改变，可能无法及时反映市场变化和消费者需求的变化；投入成本高，需要大量资金用于媒体购买、制作和发布等环节；强迫性强，硬广告采用直接、明了的宣传方式，可能给消费者带来一种强迫性的感觉，导致反感。

在现实的直播预热中，硬广告还是显得较为传统，直播是依赖于网络而生的，直播受众大部分为网络用户，硬广告会在投放目标与实际用户之间存在偏差，且投放成本较高，所以在现实中，硬广告在直播预热引流中的应用比重相对较低。

3.软文

软文是相对于传统硬广告而言的软广告，通过撰写具有吸引力的内容，以间接方式推广产品或服务。软文的突出特点是一个"软"字，不同于直接的广告，而是采用隐晦、柔和的方式，将商业信息融入有价值、有趣或有启发性的内容中，从而吸引读者的注意力和兴趣，达到推广产品或服务的目的。企业策划人员或广告策划人员针对企业营销策略，通过撰写技巧性、实战性的文章，吸引读者注意，在提供

精神食粮的同时，将企业品牌和理念深深烙印在读者心中，达到软文营销的效果。软文的标题和开头与直播往往没有太大联系，而是在分享实用性内容后，在正文后半部分引入直播预告信息，如直播主题、福利、商品等，以引导消费者下载直播软件并观看直播。主播若以软文形式发布直播预告，应选择目标消费者活跃的平台，以提升推广效果。

　　例如用户名为"天才小熊猫"的软文创作者所写的一篇名为《千万不要用猫设置解锁手机密码》的软文推介的是一款华为手机，如图6-8所示，文章用诙谐有趣的口吻讲述了自己因突发奇想而引发的事情，文章妙趣横生，充满想象力，让人忍俊不禁，浏览量与转发量数字惊人，将想要呈现的商品信息以润物无声又喜闻乐见的方式传达给广大用户。

图6-8　天才小熊猫所写的华为手机软文部分内容

4.自媒体矩阵

　　利用自媒体矩阵，包括但不限于微信公众号、新浪微博、小红书等，将个人昵称、主页简介等作为天然的直播预告公告板。在重要的直播活动前5天，及时修改相关信息，让用户和观众对直播活动一目了然。宣传内容包括传递直播价值、抛出直播福利、留有直播悬念、善用名人效应、打造直播场景。商家可以采用"预约"方式，即让消费者通过预热活动入口进行预约，在直播开始时提前通知"粉丝"前来观看。

　　预热的推广渠道和正式活动的推广渠道基本一致，不过，商家针对活动预热的推广素材应重点突出活动福利，包括高价值礼品、超低价产品、秒杀资格等。同时要注意促进转发分享，扩大预热推广的覆盖范围，吸引更多新用户关注。另外，如果主播是知名网红，也可着重强调与其相关的权益，如与"粉丝"连麦隔空对话等，毕竟知名主播自带流量有时比产品价格更有优势。以上各种预热形式可以单独或结合使用，以最大限度提高直播曝光度和观众参与度。

任务二　直播预热推广

【引导案例】

辽宁省抚顺市南天门景区成功开展多维度预热推广

一、案例背景

南天门文化旅游风景区位于辽宁省抚顺市清原县大苏河乡，处于辽宁吉林两省交界处，与红河峡谷漂流景区相邻，如图6-9所示。景区占地32平方公里，依绕村而过的大苏河而建，这里山清水秀，四季景异，村舍俨然，民风淳朴，是兼有满族风情和红色旅游的特色景区。

图6-9　南天门风景区

景区集雄、秀、奇、幽于一体，揽山、水、林、洞于一沟。专家赞誉贵在原始，美在天然。它以秀美的山水景观、特有的历史文化、自带流量的网红项目，汇聚"吃、住、行、游、购、娱"六大旅游要素，集商业、商务、居住、度假、观光、休闲、文化等功能于一体，呈现高品位文化旅游综合体。

作为夏季避暑好去处，南天门风景区开展一系列开园预热引流活动。景区举行了开园仪式，邀请行业内相关人士参加，邀请有网络影响力的主播参加体验；并在多个平台开展直播，征集游览体验，吸引更多的参与者，同时针对游客意见和建议指导景区对标改进；开展短视频作品征集评选，让更多的用户加入进来，对接省内地方新闻媒体对南天门进行宣传等。经过多维度多方式的推广，南天门在当季火爆起来。

二、案例解读

1.确定目标

在新的旅游景点推广中，首先应确定目标，策划冷启动拉新的相关方式和策略。在上述案例中，活动目标是扩大知名度，收集改进建议，吸引更多游客。因为景区接待能力有限，所以将信息扩散范围定位在省内。

2.多维实施直播预热

通过预热活动，扩大活动的影响范围，吸引更多的目标群体。创造热点话题，增加活动的话题性和热度。邀请网络红人参与游览直播，对接新闻媒体开展报道，能够在私域和公域上同时进行引流，在短时间内实现宣传信息密集覆盖。

三、案例总结

从南天门的预热引流采用多管齐下的案例可以看出，冷启动拉新只依靠一种方式收效会比较慢。而南天门旅游业务有较强的季节性，要求能够在开园之后吸引大批游客进入，以扩大宣传，打开知名度，因此要采用多种方式并行来进行冷启动拉新。

四、案例思考

（1）如果你是短视频策划人员，在了解南天门景区之后，可以从哪些亮点入手创作视频脚本呢？

（2）你还能想到哪些冷启动拉新的方式？

资料来源：编者自撰。

通常来说，在直播前，要根据直播的主题、内容和目标受众，提前规划预热活动的时间线，确定预热引流的方式，做好预案，然后逐步开展。

一、选择预热推广时间

选择合适的直播预热时机需要考虑多个因素，包括目标受众的活跃时间、热门事件或节日、社交媒体趋势和热点、竞争对手情况以及预热渠道等。通过多次预热、多渠道宣传和不断测试调整，可以提高预热效果并为直播活动的成功打下坚实基础。

1.依据直播时间和媒体浏览高峰

开展预热推广时，首先要考虑到直播准备的时间，如内容策划、物料准备、技术测试等，确定准备充分后，可以按时顺利开展直播，再确定预热推广时间，保证推广活动有足够的时间来产生效果。还要分析目标受众的活跃时间，如工作日晚上、周末全天或特定节假日。一般在工作日上下班的途中或下班后的休息时间，消费者登录新媒体平台浏览信息的频率较高，特别是19：00—22：00是消费者登录新媒体平台的高峰期，主播可选择在该时间段发布直播预热信息。根据受众的活跃时间选择合适的预热时间段，以确保信息能够触达并吸引受众关注。

如果直播预热与正式直播的间隔时间太短，往往不利于预热信息的持续发酵，如果直播预热与正式直播的间隔时间太长，预热信息又容易被消费者遗忘。例如，可以在直播前一周、三天、一天和几小时前分别进行预热，逐渐提高观众的期待感。如果直播是关于新产品发布的，可以在产品上市前的一周或几天内进行预热。

2.利用热门事件或节日

如果直播内容与即将到来的热门事件或节日相关，可以利用这些时机进行预热。还要关注社交媒体上的趋势和热点话题，如果直播内容与这些话题相关，可以抓住时机进行预热。借助热门话题的流量，提高预热信息的曝光度和传播速度。

例如，当某品牌的眉笔因79元价格引发价格偏高的热议事件曝光后，国货品牌蜂花迅速抓住了这一热点，通过一系列巧妙的营销策略成功吸引了公众的注意，吸引大量粉丝涌入该品牌直播间。蜂花上架了多款79元的洗护套餐，并在文案中调侃"79元能在花花这里买到什么"，与某品牌眉笔的价格形成鲜明对比，如图6-10所示。

图6-10　蜂花官方旗舰店上架79元套餐

蜂花旗舰店官方账号在热门视频下留言"能捡粉丝吗",这一举动被网友调侃为"走在吃瓜一线"。蜂花还通过直播等渠道与多个国货品牌进行互动,形成了国货品牌的"团建"效应。蜂花的这一波营销操作迅速吸引了大量网友的关注和讨论,其官方账号的粉丝数量在短时间内大幅增长。蜂花的洗护套餐销量也显著提升,多款产品迅速售罄。蜂花的这一举动不仅提升了自身的曝光度和销量,还带动了消费者对其他国货品牌的关注和讨论,形成了国货品牌的集体"出圈"。成立于1985年的蜂花主要业务为蜂花牌洗护产品的研发和迭代,在过去的很多年里,蜂花可以说是被互联网遗忘的品牌。近两年,凭借着善耕流量,蜂花一次又一次活跃在互联网舆论场,引发消费者关注,并能接二连三地获得消费者支持,不失为一种能力。

3.错峰预热

需要注意的是,如果在同一领域或行业内有竞争对手进行类似的直播活动,可以考虑避开竞争对手的直播时间或提前进行预热。这样可以避免观众分流,提高自家直播的关注度。而且消费者观看网络内容的时间是碎片化的,每天都会面对海量的网络信息,直播活动的预热往往不能只依赖一次预热活动,可以进行多次预热以持续吸引观众。想要尽可能达到预热活动的预期效果,可以在进行正式预热之前,进行小范围的测试预热活动,以评估预热效果并收集反馈。根据测试结果调整预热策略和时间安排,以提高预热效果。

除了社交媒体平台外,还可以利用其他渠道进行预热,如邮件营销、短信通知、线下宣传等。

二、合理设计封面图文

1.直播封面图的设计

直播封面图是增加直播间流量的重要途径,在设计封面图时不要过于随意,直播封面是影响直播间流量的直接关联因素，一个精心设计的封面图具有强大的吸引力，使用这种封面图的直播间获得的流量比使用默认头像的直播间获得的流量大得多。

封面图是直播的门面，是在网络平台中让用户第一眼看到的关于直播间的信息，好的封面图可以提升用户的观看欲望，因此直播封面图要足够吸引人。直播封面有三种规格，分别为 1：1、3：4、16：9，不同尺寸的封面适配不同曝光位推送。

模糊的图片会让人失去点击的兴趣，因此直播封面图应该是清晰整洁的，直播封面图的尺寸一般为 750px×750px，最小不能低于 500px×500px。直播封面图的色彩要鲜艳醒目些，色彩无须过于繁多复杂，应体现直播主题。可以直接用商品图，也可以用人物图。

图6-11　模特穿着商品展示图

当封面的设计以人物为主体时，人物可以是品牌形象代言人、主播、模特展示图等，如果是具有一定知名度的人物，则更能引起消费者的关注。主播是整场直播的主角，如果直播封面图放上主播的照片，对粉丝更有吸引力，不仅可以增加粉丝的信任感，吸引新用户，还可以根据账号的特点突出直播账号的标签特征。在封面中展示人物形象时，最好融入商品，如人物穿、拿、戴直播中推荐的商品，如图6-11所示。

当封面设计以商品为主体时，商品图片应直观立体，让消费者能够直接观察到商品的细节、特点等。当有大型活动时，可以将活动的文案在封面上展现出来。因为直播标题已经有了文字，所以封面图上可以不添加任何文字，鲜花直播封面图如图6-12所示。如果需要文案，文字必须要简明扼要，直击核心，如图6-13所示。

图6-12　鲜花直播封面图

图6-13　西餐食材直播封面图

有时主播为了体现商品来源，会在工厂或者采摘地进行直播，因此封面也可以选择工厂加工图或采摘实景图，如图6-14所示。但要注意，如果直播封面图与直播内容关联不紧密，则用户在进入直播间后会产生巨大的心理落差，有一种被欺骗的感觉，从而退出甚至屏蔽该直播间。

需要注意，在直播封面的设计过程中，要杜绝低俗，虽然在直播领域里，流量是我们要抓住的关键要素，但是在考虑吸引眼球的同时，我们要杜绝并抵制低俗。若商品为内衣等贴身衣物不要使用模特图片，直接展示商品或企业标识即可。如果被系统检测到封面图存在低俗擦边问题，封面图会被重置，严重甚至会被封号。

图6-14　商品来源地类型封面

如果主播的直播尚未形成IP，在直播次数很多时，直播封面图不要使用同一张或极其相似的图片，否则会让用户以为内容是相同的，对直播间的兴趣减退，从而降低直播间的点击率。如果主播的直播已经形成IP，直播封面图就可以直接稳定使用，不必频繁更换。因此，拥有直播IP的主播可以制作符合账号特色和自身人设的直播封面图，让用户在看到直播封面图的第一时间就能确认主播，从而进入直播间。

在同类型直播间的封面图中，尽量保留自己的特色，来区别于其他直播间。让用户通过图片即可确定这是该直播间，直接点击进入，否则只能通过标题筛选。如珠宝翠玉直播间的封面图的同质性非常突出，这时可以在观察其他直播封面图之后，取其优点，再适当做些改变。这些改变可以从灯光的变化、摆放的个性化、个别商品的突出化等方面考虑。

2.直播标题的设计

关键词写在直播标题的最前面，让用户一眼就能关注到。所以直播预热标题的设计对吸引观众、增加直播的曝光度至关重要。另外，直播标题不能过长，标题太长便不能全部显示在页面中，也无法突出重点。一般直播标题的字数在8到10个字。

要注意，在设计直播标题时，请确保标题与直播内容紧密相关，避免夸大其词或误导观众。同时，应根据目标观众的特点和喜好，灵活调整标题风格和表达方式，以提高直播的吸引力和参与度。

（1）产品清单型。例如"厨房用具，一网打尽"。这类标题可以写出产品类别，表明商品特点，这样的标题会直接点明直播的主题和将要呈现的亮点。例如女装系列衣服，可以重点写衣服的风格，如少女风、田园风、学院派、职业装等；如果是品牌旗舰店，可以写品牌加类别；如果是日常百货，可以挑选大类别罗列。这种标题可以让进入直播间的用户更加有针对性，用户转换粉丝的可能性及粉丝黏合性会更高。

（2）利用数字与数据。例如"买1送8，正装0元抢"。现在网络实践的碎片化，会让用户没有时间与精力阅读太多的文字，那么数字往往能够迅速吸引观众的注意力，表明直播内容的实用性和价值。在众多直播界面中，用户对单个直播标题的浏览时间往往不会超过1秒，在标题中使用数字，可以增强标题的辨识度，降低大脑的思考难度，因此可以迅速引起用户的注意。这种数字要在直播间真正体现，不要为了吸引用户而虚构夸大，这样会降低用户的信任感而反感直播间。

（3）制造悬念。例如"来自神秘嘉宾的超燃惊喜"。在标题中，通过设置悬念，激发观众的好奇心，吸引用户的眼球，这些词语的运用可以迅速调动人的情绪，引发点击，如"神秘""逆袭""惊喜""风靡"等，来提升用户观看直播的兴趣，提高他们对直播的期待值，促使其点击进入直播间。

（4）强调限时性与独家性。例如"限时×折，独家优惠，仅此1天""整点面膜1元秒"。在标题中强调直播的限时性和独家性，用折扣数值与独有性，增加用户的紧迫感，提升标题的冲击力，促使观众在限定时间内观看直播并参与活动。比如护肤品直播间的标题，直播中，主播可设定几个核心时间点，定时、定量地为用户提供商品"秒杀"福利，这不仅能够激发观众的参与热情，还能实现用户回流，让用户在下一个"秒杀"时段进入直播间抢购，提升直播间的热度。

（5）强调利益性。例如"手把手教会你打造底妆""丝巾的30种系法"。主播可以把商品中最有吸引力的一个利益点提炼出来，放在标题中，这种利益要符合大量用户的需求。例如一个出售彩妆商品的直播间在标题上针对不会化妆又有化妆需求的女性打出教会底妆的标题，这对她们来说，是有吸引力的；出售丝巾的直播间可以附带教会大家丝巾的多种系法，让大家在购买商品的同时在直播间学习丝巾的搭配，也会增加直播间的热度。也就是说直播间在出售商品的同时，能够让用户得到自己所需的额外价值，用户选择该直播间的可能性就会大幅提高。

（6）邀请名人或专家。例如"某某亲临直播间，与你分享某某秘籍""偶像驾临，精彩不容错过"。利用名人或专家的知名度，能够让直播间热度暴涨，同时也会让用户增加对产品的信任度，提高直播的吸引力，吸引更多观众关注。

（7）直击痛点。例如"教你不做夏季黑美人""你是否也遇到过××问题？今晚直播间为你解答！"这种标题能够针对消费者在生活或工作中所遇到的烦恼和困难，给出方案以帮助消费者解决痛点，引起他们的关注。要想精准地戳中用户痛点，主播要深入挖掘用户的需求，了解他们想要解决的问题，并把商品的功能与用户的问题联系起来。找到共鸣点、痛点，使用情感化词汇，触动观众的情感，增加他们对直播的共鸣和关注。例如做家居商品推荐的主播在直播间推荐枕头时，可以在直播标题上写"选对枕头，高枕无忧"，这对睡眠质量差的用户有很强的吸引力。

（8）结合热点话题。例如"解读××热点事件，直播间带你了解真相"。结合当前时事热点话题，提高直播的时效性和关注度，吸引更多观众参与讨论。在互联网发展无比迅速的时代，实时热点就代表了流量，所以及时抓住实时热点是营销的常用手段。人们对热门事件感兴趣，捕捉实时热点，借助实时热点的热度可以增加直播间的点击率。但是，在捕捉实时热点时，不要去触及法律法规、道德、国家政治、文化信仰和民族利益等内容。而且热点是一把"双刃剑"，用不好也会起到反作用，损害个人或品牌的形象。

3.预热海报的设计

直播预热海报的设计是吸引观众注意、提高直播曝光率的重要手段。一个优秀的直播预热海报应该具备吸引力、明确性和互动性。海报的内容设计应简洁明了，突出直播的主题和亮点，吸引用户的注意力。同时，要注意文字的排版和色彩搭配，使海报整体看起来美观、和谐。

在设计海报时，海报标题要与直播主题契合，通常设计在版面的上下两端。标题包括主标题和副标题，主副标题的文字设计包括字体、字号、排版都会影响到版面的视觉效果。文案包含直播时间、主播介绍、产品信息、促销信息等。副标题字数较多，注意编排、主次分明。需要遵守各平台的相关规定和政策，不要夸大，不要出现违规词，更不能为了博眼球而出现擦边信息，要确保海报内容符合平台要求，避免违规操作导致的风险。主标题需契合直播主题，选用视觉表现力较强的字体，如粗体、立体字体、轮廓字体等。

海报的主体分为产品和人物两种。以产品为主的海报适用于新手主播或主播不固定。以人物为主的海报适用于固定主播或邀请嘉宾，为产品背书。海报的主体以主播或嘉宾照片为主，单人海报人物一般占据版面的三分之二区域，多人海报则采用矩形、三角形的构图即可。

（1）确定直播海报尺寸。直播海报的尺寸可以根据不同的平台和使用场景有所差异。在设计过程中，要充分考虑海报的适应性、内容设计和平台规定等因素，以确保海报能够发挥最佳的宣传效果。

以下是一些常见平台和场景的直播海报尺寸建议。

① 电商平台。淘宝和抖音的直播封面图的尺寸大多为750px×750px，这样的尺寸在平台的直播广场中能够较好地展示，吸引用户点击。除了上述的封面图尺寸外，抖音的竖版视频封面尺寸通常为1 242px×2 208px，适用于竖屏视频的推广。

② 社交媒体平台。微信视频号的直播封面的建议尺寸为810px×1 440px，以适应视频号的直播展示需求。小红书的竖版封面参考尺寸为1 080px×1 440px，方形封面参考尺寸为1 080px×1 080px。

③ 其他平台。b站视频封面尺寸通常为1 280px×800px，虽然这主要是视频封面的尺寸，但在设计直播海报时也可以参考这一比例，以保持视觉上的协调。为了在各种社群平台和移动端进行宣传，预热直播海报的尺寸可以设置为1 080px×1 920px，这样的尺寸可以在大部分智能设备上满屏显示，提升宣传效果。另外，640px×1 138px也是一个可选的尺寸，适用于不同尺寸的屏幕展示。

✔ 小提示：

为了在各种渠道进行宣传，直播宣传海报的通用尺寸可以是1 242px×2 208px，这样的尺寸既适合打印也适合在线展示，能确保海报清晰、完整地展示重要信息。

（2）直播预热海报的设计要点。

①确定海报主题与目的。设计海报需要了解目标受众的喜好和需求，需要明确直播的主题和内容，以便在海报设计中准确地传达给观众，更好地吸引他们的注意。

②规划海报要素。海报主标题应简短显眼，与直播主题高度相关，能够迅速抓住观众的注意力。海报副标题应突出IP或强化主题，表达情感，同时包含直播时间、主播介绍、产品信息、促销信息等。如果主播是固定或有特色的，可以在海报中展示主播的照片及简介，增加亲切感和信任度。海报应明确观众参与直播可以获得的好处或福利，如优惠折扣、抽奖机会等。

如果直播中有价格优惠，海报可以展示部分主推品牌或商品的优惠价格，吸引潜在消费者。海报应提供详细的直播时间，方便观众安排观看。

要在海报中提供平台进入方式，或附上直播间的二维码或链接，方便观众快速进入直播间。

③设计视觉元素。海报中的图片一定要使用高质量的图片，可以是主播的照片、产品的实物图或相关场景图。图片应与直播主题相符，具有视觉冲击力，能够吸引观众的目光。要根据直播主题和品牌风格选择合适的色彩搭配。暖色系背景可以营造温暖、热情的氛围；冷色系背景则带来清爽、干净的感觉。

图6-15　罗某抖音直播预热海报

主题字通常选用易读且符合主题的字体，确保文字信息的清晰表达。需要注意排版要简洁明了，避免过于拥挤或杂乱无章。可以加入一些创意元素，如搞怪的图片、有趣的文字或独特的构图方式，使海报更加有趣味性和吸引力。

以图6-15为例，在该海报中，用诙谐手写的形式将"基本上"一词体现其中，既规避了极限词，让用户觉得风趣亲民，同时将"交个朋友"这一目的在海报中点明，表明此次直播是以涨粉为目的，呼应"基本上不赚钱"，价格相对亲民，配以主播的照片，用来吸引积累的粉丝用户。在海报中标注了时间和平台，以及查找方式等关键信息，为进入直播间提供路径。最后用"全是好东西，全是超值价"强调利益性。由此可见，这是一款设计较为合理、信息齐全且能够抓住用户眼球的海报。

以图6-16为例，加入了以数字3为核心的创意，让数字3与散同音，把不见不散和还有3天巧妙地融为一体，关键信息一目了然。同时将细致的文案置于下方，注明时间地点，让用户被创意吸引的同时，愿意展开阅读，详细了解。

④考虑海报的实用性与互动性。海报设计要确保提供的信息准确无误，方便观众快速获取所需信息并作出决策。在海报中加入二维码、参与方式等信息，鼓励观众扫描二维码参与直播互动或分享海报给朋友。

以图6-17为例，这是一张直播课预告模板。在海报中将关键词即课程名称"零基础学理财"作为海报主题，这是吸引用户的关键信息，做得极为醒目。此模板属于多人海报，将3名讲师呈矩形排列，配出关键信息。在下方设计了课程二维码，方便用户进入和转发，同时在海报中明确了时间以及课程内容，至此关键信息全部展现出来。

图6-16 某公司提前3天的预热海报

图6-17 直播课预告海报模板

⑤制作工具与资源。可以使用Photoshop、Illustrator等图片处理软件或美图秀秀、创客贴等在线工具来设计海报，分别如图6-18、图6-19、图6-20、图6-21所示。借助图怪兽、稿定设计等网站提供的模板资源，可以快速设计出符合要求的直播预热海报。

图6-18 Photoshop软件界面

图6-19　Illustrator软件界面

图6-20　美图秀秀在线工具界面

图6-21　创客贴在线工具界面

⑥测试与优化。在设计完成后，要在多个平台预览海报效果，同时向目标受众展示海报并收集他们的反馈意见，根据反馈进行必要的调整和优化，为直播活动的成功举办奠定坚实的基础。

4.短视频制作技巧

引流短视频最重要是"引流"二字，这不同于日常短视频的更新规则，要在直播前起到直播预告、通知开播的作用。

短视频的内容形式分为产品播报型、故事播报型、字幕播报型。

（1）产品播报型一般包含明确的产品展示画面，并且配上主播的口播。一般采用主播对话形式，真人出镜直奔主题口述直播时间、所售产品、价格、数量、优惠力度等，最后以锁定我的直播间结尾。这种方式简单直接，信息明确，可以在短时间内让用户了解所有关键信息。

（2）故事播报型是指用小剧情的形式，侧面表达我们直播的内容，包括产品是什么，产品优势是什么，然后加上直播信息的提示。给人更真实、贴近的观感，大大提高视频的传播率。如果在这种故事播报型的短视频中，有新颖创意、有趣剧情，随着内容的积累，人设的形成，粉丝黏性也会越来越高。

（3）字幕播报型是指把主要信息通过视频里的字幕进行展示。没有话术，不需要主播开口说话，把主要的信息直接以单纯的文字、字幕播报形式进行硬核播报。这种比较适合有一定内容积累和已有鲜明人设的账号，作为对粉丝的通知信息。

除了预热的短视频外，为了保持账号的活跃度，商家要定期推送其他短视频来保持热度。短视频的内容可以是商家的工作背景、日常花絮、生活经验分享与粉丝互动集锦，或者把直播时主播因为"嘴瓢"出现的小失误进行剪辑来作为短视频，用自嘲的方式进行推送，粉丝不会因为这些失误而取关，相反会因为主播接地气而让粉丝产生共鸣，增加黏性。也可以在日常短视频中加入留言互动活动，在留言中抽取幸运粉丝给予奖励，在留言中征集粉丝关心的问题，作为下次短视频的主题素材，这些都会增加粉丝的参与感，维持商家账号的热度。

任务三　直播预热信息扩散

【引导案例】

嘉合美发利用抖音推广实现引流变现

一、案例背景

沈阳的嘉合美发位于沈阳浑南区某写字楼内，既没有连锁企业的品牌优势，也没有大型商场的客流红利。为了增加客流量，商家开始积极探索抖音平台，通过短视频和直播来展示门店的服务和价值。

商家精心制作了一系列短视频，内容贴近用户需求，展示美发服务的过程和效果，吸引潜在客户的关注。商家在抖音平台上开展直播活动，并持续投放DOU+来扩大直播的曝光度。在首场直播中，商家投入了DOU+小风车引流，这是一种专门针对直播间团购或预约的引流方式。商家在投放DOU+时，设置了地域定向，主要针对门店附近的潜在顾客进行投放，以提高流量的精准度。在直播前，商家发布了预热视频，预热视频不仅提升了直播的期待值，还吸引了大量观众提前关注。

在直播过程中，商家根据直播的实时情况，灵活调整投放策略，如在直播高潮阶段增加福袋和红包，以促进交易。

通过DOU+的推广，商家的首场直播就带来了3万多元的总商品交易额收入，这是一个非常显著的增长。在不到一年的时间里，商家通过持续的投入和创作，带动了业务的快速增长。团队成员从最初的4人增长到了40人，业绩也有了3~5倍的翻番。DOU+的推广不仅带来了直接的销售收入，还显著提升了商家的品牌曝光度。更多潜在顾客通过抖音平台了解了商家的服务，为未来的增长奠定了基础。

二、案例解读

1.系列推广相互配合才会效果明显

在上面的案例中，嘉合美发利用短视频预热、利益驱动、DOU+推广三项联合进行推广宣传，取得了显著效果，尤其针对美发店铺地点设置了地域定向，这种针对性让用户成为顾客的可能性大大提高，提升了商品交易总额，这是一个系列多层推广的典型案例。

2.服务和规模要匹配推广带来的客流

在上述案例中，团队成员的增长既体现了客流规模的扩大，同时也说明商家在为客流的变化提升自己的人员配备和服务水平。否则，如果有顾客体验感不好，这样的宣传会扩大负面影响，从而有损商家形象。

三、案例总结

上述案例充分展示了DOU+在直播推广中的强大作用。通过精准投放、预热视频、直播中灵活调整投放策略等手段，商家能够有效提升直播的曝光度和转化率，从而实现销售增长和品牌提升的双重目标。

四、案例思考

（1）如果为美发店设计一款直播预热海报，应该包括哪些信息？

（2）想一想，如果要吸引非店家附近的用户到店可以如何创意？

资料来源：编者自撰。

一、参加平台活动

直播预热时，主播应通过各种渠道和方法尽可能地扩散直播预热信息，增加直播间的曝光度，提升直播间的人气。那么除了预热短视频、预热海报等宣传方式，还有哪些可以持续扩散的方法呢？

参加直播平台的官方活动可以获得平台的流量支持，增加直播间的曝光度，这对主播来说是一个变现引流的好机会。各个直播平台通常会不定期推出各类活动，如果活动类型与主播的账号定位相匹配，主播就可以积极参与。下面主要介绍淘宝直播活动、抖音直播活动、微信视频号直播活动。

1.淘宝直播活动

淘宝直播活动可以在淘宝主播App的活动广场查看并报名。

首先进入淘宝主播App主页面，在下方的"活动广场"中浏览活动标题，选择所需查看的活动选项。在打开的页面中查看活动详情，包括货品、参与基地、合作模式等。单击"立即报名"按钮，按照操作提示填写资料并提交即可。

2.抖音直播活动

抖音直播活动可以在抖音 App 的创作者服务中心（或企业服务中心）中查看抖音达人活动的详细内容。

首先进入抖音 App 主页面，单击右下角的"我"按钮，在打开的页面单击右上角的图标，然后在打开的设置面板中选择"创作者服务中心"选项。进入创作者服务中心后，单击"商品橱窗"按钮，在"常用服务"栏中单击"达人活动"按钮，选择所需查看的活动选项，在打开的页面中浏览商品，选择所需商品选项。在打开的"商品推广信息"页面中可浏览商品的推广数据，单击"去买样"按钮可以购买样品，单击"加入橱窗"按钮可以直接将商品添加到自己的商品橱窗。

3.微信视频号直播活动

对商家来说，微信视频号是一个不错的选择。从 2023 年数据来看，微信视频号实现了大幅度增长，视频号成为当前重要流量洼地。与主流价格战玩法不同，微信视频号 2023 年的"618"对商家的激励仍以流量激励为主，如图 6-22 所示，从销售额、预约人数、种草视频、发现页推荐四个维度给予商家和达人流量扶持。技术服务"降费"及运费险等多个激励措施可视为视频号在完善商业化布局上更进一步。腾讯 2023 年第一季度财报显示，视频号直播带货销售额同比增长 8 倍，月活跃数量达到 8 亿，多个视频号品牌销量大幅度提升，如图 6-23 所示。

图6-22　视频号激励措施

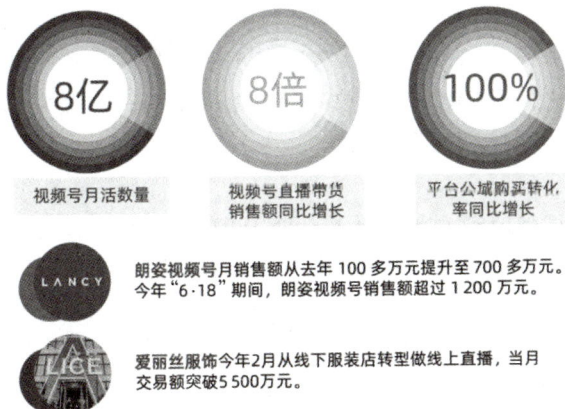

图6-23　视频号数字迅速提升

因此微信视频号的推广活动比较适合新商家。其参与方式与抖音类似，也是进入创作者服务中心，参与创作活动。

此外，快手、小红书等平台也都有相关的活动可以参与，但无论哪种推广活动，在参加之前，都要对平台活动规则、活动时间、参与方式和内容有详细了解，考察是否适合推广本店产品，同时为后续工作做好充足准备。

二、开展付费推广

对直播间进行线上推广除了发布短视频直播预告，利用直播封面图和直播标题引流以外，主播在抖音平台直播时还可以通过付费进行推广。

1.投放DOU+

抖音平台对DOU+的定位是一款专门针对内容创作者的内容加热工具。DOU+的投放门槛很低，只要是抖音的注册用户，就可以投放DOU+。

投放DOU+时，既可以选择在开播前预热投放，即短视频预热，也可以在直播过程中根据实时数据选择定向投放，即直接"加热"直播间。

短视频预热是通过短视频的曝光带动直播间的人数，多了一层转化。例如，主播在直播前发布一条直播预热视频，然后对预热视频投放DOU+。很多人看到预热视频，其中有一部分会点进直播间，这样就完成了引流目的。

直接"加热"直播间的优势在于用户进入直播间以后无法进行上滑操作，只能单击"关闭"按钮才能返回推荐页面，这就提升了用户的留存率。

设置直播预告操作流程如下：

打开抖音App"创作者服务中心"界面，在"我的直播"选项区中单击"直播间设置"按钮，选择"直播公告"选项。设置预告直播时间和频次，然后单击"保存"按钮。启用"预告直播时间"和"开播提醒"功能。打开抖音直播预览界面，上传直播封面图，输入直播标题，然后单击"设置"按钮，在弹出的界面中可以设置直播预告。

设置上热门操作流程如下：

打开抖音直播预览界面，单击"上热门"按钮。弹出"DOU+直播上热门"界面，选择下单金额。设置"你更在意""你想吸引的观众类型""选择加热方式""期望曝光时长"等选项，单击"支付"按钮进行下单即可。

直播DOU+主要是提升用户进入直播间后的互动数据，包括给用户"种草"、用户互动、直播间"涨粉"、直播间人气等，其中给用户"种草"这一维度只出现在带货直播中。要想优化直播DOU+的投放效果，主播也要在直播时加入话术技巧、产品设置技巧一同配合。

✓ 小提示：

为了尽可能获得好的预热推广效果，用DOU+推广短视频时，主播发布短视频要遵循"3小时原则"，即在开播前3小时发布引流短视频。原因是DOU+的最短投放时长为2小时，DOU+通常有半个小时的审核时间，所以在3个小时内开播，配合DOU+投放，可以快速迎来第一波流量高峰。

2.淘宝直播付费推广

淘宝的付费推广可以采用超级直播、淘宝直通车、钻展广告等方式。超级直播是一款可以快速提升直播观看量、增加互动的直播推广工具，提供多个推广资源位，如淘宝直播广场、猜你喜欢等。淘宝直通车适用于直播前的预热宣传，通过设置相关的关键词，可以在用户搜索时优先展示直播间链接，引导潜在客户进入直播间。钻展广告是以图片形式展示的广告，用于直播预告或直播中的产品展示，通过定向投放覆盖更广泛的潜在观众，提升点击率和转化率。

3. 投放FEED流

FEED流是专门给直播间投放广告，无须上传视频素材，在推荐信息流中直接展现实时直播内容的推广方法，这是帮助商家提升直播间流量获取和转化能力的一种商业方式。因此，个人主播是不能投放FEED流的，投放FEED流的主体仅限企业或个体工商户。如果个人主播想投放这种广告，可以与有资格的广告开户账户绑定，但直播中所推商品也必须属于该店。

传统信息投放一般通过优化素材来提高转化率，然后增加投放预算，但在FEED流投放中，落地页直接就是直播间，所有的二级转化目标都要在直播间完成。这对直播间环境、主播能力、引导转化的话术有较高的要求。因此，主播在投放FEED流之前应当先提升自己的直播能力。

FEED流采用的是广告竞价投放模式，投资回报率是最核心的考核目标，直播间环境和主播能力是最重要的条件。除了需要具备能稳定进行转化的重要条件之外，投放FEED流还需要有充足的预算和最起码的信息流相关产品的操盘能力。

投放FEED流前，商家需要开通巨量引擎的广告账号。投放FEED流的具体操作方法如下：

（1）登录巨量引擎广告投放平台，新建一个定向包，单击"新建定向包"按钮。

（2）设置定向包的基本信息，包括定向包的名称、描述、类型，以及投放范围。

（3）根据需要设置"用户定向"中的各个属性，包括地域、性别、年龄、自定义人群、行为兴趣、平台等。

（4）在"行为兴趣"属性中单击"自定义"按钮，然后在"行为"属性中选择行为场景设置行为类目词等，在右侧可以看到覆盖人数。在"兴趣"属性中设置关键词，在"抖音达人"属性中单击"自定义"按钮，选择抖音"达人"或"达人"所在分类定向对这些内容感兴趣的用户。

（5）定向包创建完成后，将其投放到抖音账号即可。

拓展阅读6-1　**以"充值DOU+""主播带货"行骗　浙江温州宣判一起新型诈骗案件**

叶女士经营一家茶叶店，为赶上电商直播经营浪潮，不熟悉直播操作的叶女士发出了招聘抖音运营人员的启事。没想到，本欲抓住互联网流量红利的叶女士，10天被诈骗10余万元。浙江省温州市中级人民法院依法审理此案，裁定维持乐清市人民法院作出的一审判决。

2021年1月6日，自称专门负责抖音推广的卢某来到叶女士的茶叶店应聘抖音运营。"新官"上任三把火，其要求叶女士准备7~8个手机、支付3万元"DOU+"运营费（抖音官方视频推广费用），并聘请主播带货（主播佣金为每单销售金额的50%）。除无法提供多部手机，其余叶女士均按卢某要求操作。

卢某在抖音上挂出"108元一个的红茶礼盒"的链接进行销售，2021年1月11日至17日共出售1 945单。期间，叶女士共向卢某支付订单佣金及充值"DOU+"费用160 875元。

然而，叶女士发现这1 945单均处于要求退款状态。原来卢某并未聘请任何主播，"DOU+"也仅充值了不到5 000元，其擅自在抖音平台进行"一元秒杀"活动，1 945单均是将108元的茶叶改为1元价格出售，制造虚假订单骗取提成和佣金。叶女士转给卢某的钱大部分被卢某用于个人消费。

叶女士报案，2021年9月，卢某被抓捕归案。

经审查，2020年11月—12月，卢某用类似手段向多人实施诈骗。2020年11月，卢某以抖音账户推广、垫付货款等理由，骗取被害人蔡某62 000元；2020年11月27日，卢某以带货主播要查看资金流水、向主播显示实力为由，骗取被害人李某、徐某150 000元；2020年12月18日至2021年1月7日期间，卢某以运营抖音需要购买抖币或以低价出售"DOU+"积分账号等为由，分别骗取被害人邱某、吴某、熊某等资金。

乐清法院经审理后，以诈骗罪判处被告人卢某有期徒刑七年六个月，并处罚金人民币75 000元。责令卢某退赔赃款，返还各被害人。

被告人卢某提起上诉。

温州中院审理后认为，一审法院已经综合考虑卢某的法定、酌定量刑情节，对其判处的刑罚，量刑适当，卢某的上诉理由依据不足，不予采纳，裁定维持原判。

法官提醒：

"互联网+"时代下，直播带货已日渐成为消费者购物的新型模式，在后疫情时代更是蓬勃发展，但网红直播带货往往需要流量支持，于是平台顺势推出流量收费模式，为新商家、中小商家创造广告机会，增加新的商机，却被狡诈的犯罪分子利用，借助正规平台制造虚假订单骗取提成和佣金。

本案人民法院依法惩治了犯罪分子，严厉打击了新业态形式下的犯罪行为，彰显法律指引、评价、教育等功能，为互联网经济健康发展保驾护航。法官提醒，各类电商平台要规范直播运营行为准则，提高直播产业透明度。广大商家更要擦亮眼睛，切勿盲目追求流量，谨防诈骗分子多类型套路。

资料来源：余建华，温萱.浙江温州宣判一起新型诈骗案件［EB/OL］.［2024-06-04］.https：//www.chinacourt.org/article/detail/2022/07/id/6792116.shtml.

三、使用推流工具

1.抖音直播伴侣软件推流

抖音直播伴侣其实就是一个直播的辅助软件，可以在直播的时候设置直播间的文字、图案等，也可以选择性地展示直播背景。用户只需要在抖音上获得推流地址，然后在推流地址窗口中输入你的抖音直播地址，最后点击完成即可开始直播，可谓是抖音主播进行直播的最佳选择。

抖音直播伴侣获取推流码流程如下：

下载推流码获取工具，打开软件，用抖音扫码登录，界面如图6-24所示。

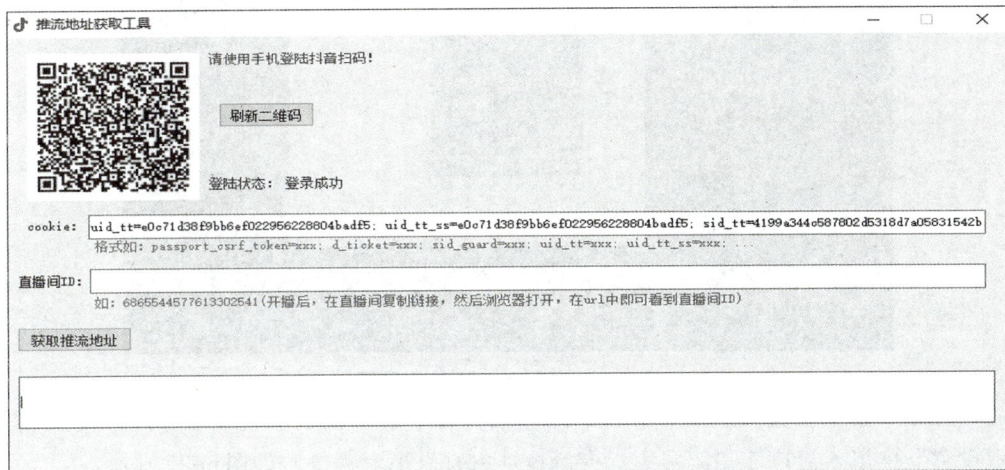

图6-24　抖音直播伴侣界面

（1）通过抖音分享的方式获取推流码。登录抖音，单击右上角的"+"号，然后单击"推流"；单击右下角的"分享"按钮，选择"复制推流码"，将复制的推流码粘贴到推流系统，即可完成推流。

（2）通过抖音官网获取推流码。登录抖音官网，单击"推流"，单击"创建推流"，输入推流标题和推流简介，单击"确定"，复制获得的推流码，粘贴到推流系统，即可完成推流。

（3）通过抖音直播伴侣获得推流码。打开抖音直播伴侣，单击"开播"，进入直播间，单击"…"选择"分享"，选择"复制链接"，打开浏览器，将复制的链接在浏览器中打开，电脑端浏览器进入开发者模式（Windows系统一般按F12进入开发模式），单击"切换设备仿真"按钮，将复制的链接粘贴到浏览器，按回车键进入直播间。然后将浏览器中的直播间ID（reflow/以后的数字）粘贴到推流码获取工具中的"直播间ID"栏，单击"获取推流地址"，打开OBS，单击OBS右下角的"设置"按钮，选择"推流"，服务选择"自定义"，将获取的推流地址复制到OBS中，单击"应用"，然后单击"确定"。

需要注意的是，stream前面部分是服务器地址，stream到结尾是串流密钥。

2.TCLive SP直播推流

TCLive SP聚焦"捕获和输入源""多平台推流""可定制的视觉功能""运动特有的功能"四大基本点，不仅能够在直播过程中针对不同需求进行数据的采集和推流，实现降本提效，还广泛适用于教育行业、峰会论坛、户外活动、企业营销、赛事直播、医疗直播、年会庆典、婚礼直播等，可以实现多平台推流。TCLive SP支持多流传输，允许用户同时对多个平台推流直播，且TCLive SP对数据源无任何限制，可根据自己的实际硬件配置进行导播通道添加，在硬件允许情况下，数量无上限。

设置程序如下：

（1）打开TCLive SP软件，选择"添加采集源"，选择"采集设备"，选择视频设备，单击"确定"，如图6-25所示。

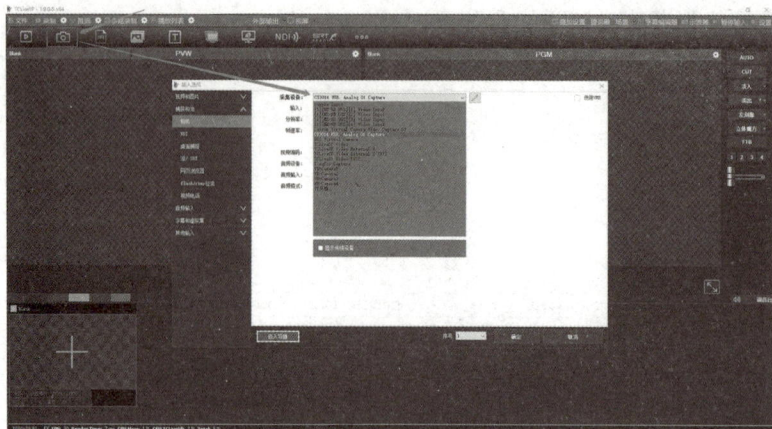

图6-25　TCLive SP软件界面

（2）单击"推流"后设置按键，单击后弹出设置界面，如图6-26所示，在"推流设置"中填入流地址和流密钥（推流地址由直播平台提供）如图6-27所示。

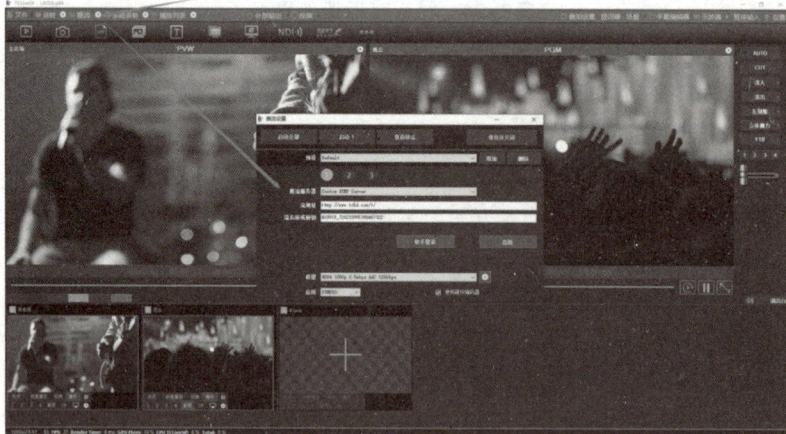

图6-26　进行推流设置

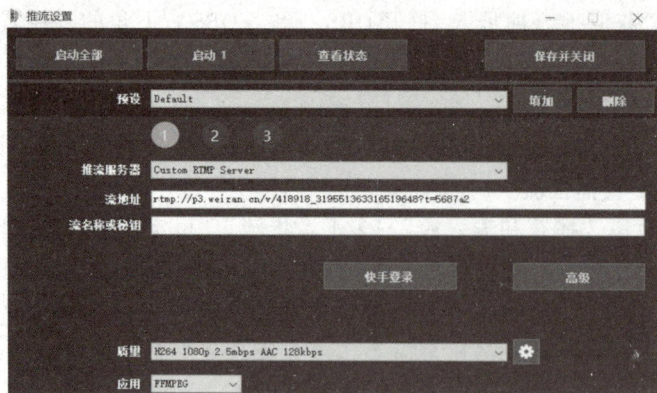

图6-27　地址设置

（3）单击"质量"后设置按键，在弹出界面可设置视频码率（码率越高，画质越清晰，网络资源占用越高）、编码分辨率（默认与当前工程相同），单击"保存"然后"关闭"，如图6-28所示。

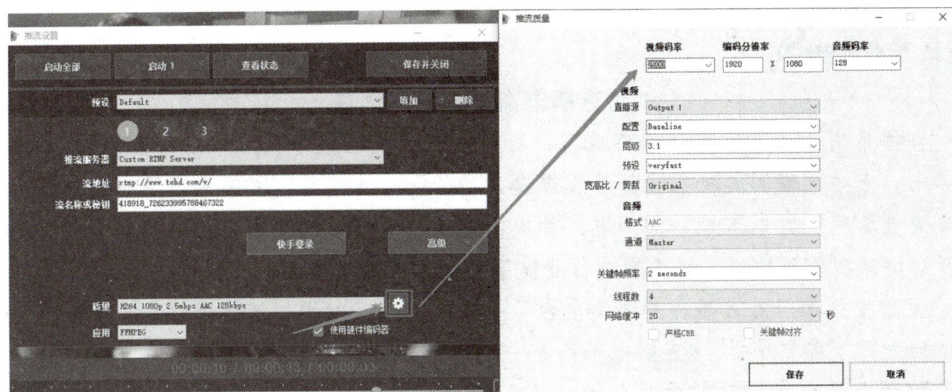

图6-28　设置质量

（4）若启动全部，单击后，可一键启动3路推流。若启动单路，可根据选择通道进行显示，此按钮只控制单路推流启动。若查看状态，单击后可查看当前推流通道状态。然后保存并关闭，可保存当前界面的设置。

（5）预设按钮中，单击下拉可选择预设好的环境编码分辨率（默认与当前工程相同）。添加按钮中，可定义预设名称。单击"删除"按钮，可删除当前选择的预设场景。

TCLive SP按钮功能见表6-1。

表6-1　　　　　　　　　　　　　　TCLive SP按钮功能

按钮	功能
通道选择	单击按钮，可选择不同通道
推流服务器	单击下拉菜单，可以选择推流服务器或选择None
流地址	用于填写推流地址
流名称或密钥	用于填写流名称或密钥
快手登录	单击快手登录按钮，可调出快手登录二维码
高级	用于设置用户名/密码和单击下拉菜单选择不同的用户代理
质量	单击下拉菜单，可根据带宽环境选择相应的流组合等级
应用	单击下拉菜单，可以选择不同的应用方式

（6）单击软件上方"推流"，显示红色表示当前正在进行推流直播，如图6-29所示，这样就可以在平台其他地方观看到直播。

图6-29　推流页面

素养提升

为直播电商筑牢诚信之基

直播带货作为互联网新经济业态，已经成长为我国电子商务市场最大增长点之一。近年来，直播电商因其特殊优势呈现爆发式增长。与此同时，直播电商更高的流量吸引力与流量变现能力也带来一些问题，如虚假宣传、不退不换、假冒伪劣等。这些行为及其背后的诚实信用缺失，成为影响行业健康长远发展的重要因素，亟待规范和引导。

国家相关部门对直播行业陆续出台了一系列规范，对维护消费者权益、规范直播电商市场发挥了重要作用。《直播电子商务平台管理与服务规范》已向社会公开征求意见。

随着直播电商的日益发展壮大，信用应该成为行业的准入门槛。一些电商主播拥有大量粉丝，所谓的"收割"流量、"赚快钱"等行为时有发生。将信用与直播权限相结合，是相关制度设计的一个出发点。征求意见稿针对互联网虚拟性特点，明确提出直播主体"不应是曾在虚假广告中作推荐、证明受到行政处罚且未满三年的自然人、法人或者其他组织"。这将对直播电商行业中存在夸大宣传和虚假宣传等问题的相关主体起到极大震慑作用。

信用的公开和共享是诚信联合惩戒机制的基础，主播、商家和直播服务机构的失信行为既要让社会大众看到，也要通过信用共享机制被各个平台看到。一方面，应让消费者的口碑和评价成为直播行业的指针。另一方面，有必要建立联合惩戒机制。对直播平台来说，应结合主播的信用等级，提供与之相适应的监管等级和权限，确保消费者的正当评价权利并纳入直播评价系统，同时在技术上确保信用等级和消费评价公开透明。

直播电商的健康发展，有助于培育壮大新型消费。只有进一步规范和明确直播电商中"人、货、场"等之间的权责关系，才能促进直播电商健康发展，让大众真正享受到互联网带来的红利。

资料来源：朱巍．为直播电商筑牢诚信之基（人民时评）［EB/OL］．［2021-08-30］．http://opinion.people.com.cn/n1/2021/0830/c1003—32211605.html.

基础训练

一、单项选择题

1.关于直播预热引流的主要目的，以下（　　　）描述最准确。

A.仅仅为了增加直播间的观看人数

B.提升品牌知名度，但不一定促进商品销售

C.通过吸引用户进入直播间并展示商品优点，激发购买欲望，从而促进商品销售

D.纯粹为了增强用户与主播之间的互动

2.在直播前的冷启动拉新阶段，以下（　　　）不属于私域引流。

A.在电商平台购买后赠送优惠券，引导用户关注公众号

B.通过线下门店的二维码扫描，引导用户加入私域流量池

C.在微博、抖音等社交平台发布直播预告，吸引用户关注

D.举办线下活动，通过门票、入场券等方式引导用户线上互动并进入私域

3.精细化运营中，关于用户分层管理，以下（　　　）策略不恰当。

A.对高价值用户提供VIP群体服务和专享折扣

B.对所有用户一视同仁，不区分层级进行统一管理

C.根据用户购买频次和金额进行用户分层

D.针对不同层级的用户制定不同的运营策略以提升用户忠诚度

4.关于短视频在直播预热中的作用，以下（　　）描述是错误的。

A.短视频具有成本低、曝光率高的优势，是成本最低的引流方式之一

B.短视频能覆盖更多粉丝，提高观看直播的概率

C.短视频的内容必须与直播账号及直播内容完全无关，以吸引新用户

D.短视频可以预告直播的时间、内容和优惠信息，提高用户期待

5.在直播预热的信息发布形式中，软文相比硬广告的优势不包括（　　）。

A.渗透力强，能触动消费者内心情感

B.商业味道较淡，可信程度较高

C.投入成本低，适合网络用户为主的直播受众

D.传播速度快，能够迅速将产品或服务信息传递给大量受众

二、多项选择题

1.抖音平台中，关于DOU+的投放，以下（　　）是正确的。

A.DOU+的投放门槛低，抖音注册用户均可使用

B.DOU+可以在直播前预热投放，也可以在直播中实时投放

C.DOU+主要提升用户进入直播间后的互动数据

D.DOU+的投放效果完全取决于投放金额，与直播内容无关

2.关于FEED流广告，以下（　　）描述是正确的。

A.FEED流是专门给直播间投放广告的方式

B.个人主播可以直接投放FEED流广告

C.FEED流广告在推荐信息流中直接展现实时直播内容

D.投放FEED流广告前，商家需要开通巨量引擎的广告账号

3.硬广告在直播预热中的缺点有（　　）。

A.渗透力强　　　　　　　　　　　B.商业味道浓，可信程度低

C.时效性差　　　　　　　　　　　D.投入成本低

E.强迫性强

4.相比硬广告，软文推广的优势主要体现在（　　）方面。

A.内容更隐晦，易于接受　　　　　B.传播速度快

C.受众范围广　　　　　　　　　　D.更能触动消费者情感

E.投入成本低

5.利用自媒体矩阵进行直播预热时，可以采用的策略包括（　　）。

A.修改个人昵称和主页简介

B.发布带有直播预告的图文内容

C.利用"预约"功能让粉丝提前锁定直播

D.强调高价值礼品和超低价产品吸引用户

E.只在微博平台上发布预热信息

三、判断题

1.短视频是直播预热中最有效的引流方式，因为它能迅速吸引大量用户关注直播。（　　）

2.硬广告在直播预热中的应用比重较低，主要是因为其投入成本较高且难以覆盖到实际用户。（　　）

3.在直播预热中，软文推广应尽量避免在文章中直接提及直播的具体时间和内容，以保持内容的"软性"。（　　）

4.直播订阅量越高，直播间的初始化排名就越靠前，这是因为系统会根据订阅人数来推荐直播间。（　　）

5.主播只需发布一个预热短视频，就能覆盖到账号下的所有活跃粉丝，确保他们都能关注到直播信息。（　　）

四、问答题

1.在选择直播预热时间时，除了考虑目标受众的活跃时间外，还有哪些因素需要考虑？

2.直播标题的设计有哪些技巧和注意事项？

项目实训

一、实训目标

1.掌握直播预热和引流的种类和方式。

2.在直播中可以选择适合的方式开展预热和引流。

二、实训内容

根据直播品类，设计短视频脚本、系列引流方案。

三、实训要求

熟练掌握海报、短视频、封面和软文应具备的要素，并合理应用。

1.优越商贸公司现在要在各新媒体平台进行一场回馈企业新老用户的福利直播预告，内容要包括主播名称（陈石）、直播时间（6月17日19点）、直播平台（京东）、商品预告（订书机、跳绳、牛奶、粗粮饼干、双肩包）、活动预告（抽免单、商品秒杀）、直播主题（"6·18"来袭，优越商贸粉丝福利送不停）。

要求：成立宣传组，编写一篇图文宣传预告，应用到预热海报中；根据场景目的，编写短视频脚本，填写表6-2，拍摄成品。

表6-2　　　　　　　　　宣传预告脚本内容

序号	展现目的	场景时长	场景展现
1	故事引入，描述对话场景		
2	引出购买商品的需求和动机		
3	点明消费者顾虑：购买过质量较差的商品		
4	直奔主题，推荐购买渠道		
5	谈及直播间购物体验，获得信任		
6	推荐陈石直播间，介绍直播活动和受众群体		
7	强调推广直播间可获得福利		
8	预告直播时间和直播主题		

2.以休闲食品类直播间为例，设计一款直播封面。

项目七　　开播阶段运营

直播开播阶段运营对直播间积累人气、推广品牌等有很大的作用。通过话术设计、营销策略与互动玩法三大要点的学习，使直播从业者掌握吸引观众、营造氛围、促进互动的关键技能，全方位提升直播效果。本项目聚焦直播电商开播阶段的运营策略与实操技巧，旨在帮助学生掌握如何在直播开始前进行有效的准备与规划，以确保直播活动的顺利进行并最大化其效果。通过学习本项目的内容，学生将能够了解开播前的重要准备工作、如何制订吸引人的直播计划，以及运用各种策略吸引并留住观众，为直播成功奠定坚实基础。

学习目标

知识目标：
◇ 了解话术设计要点，掌握常用类型话术设计；
◇ 理解直播营销"四步法"的步骤，掌握透视消费者需求的方法；
◇ 熟悉并掌握互动玩法。

能力目标：
◇ 能够根据产品和情境灵活调整话术，提高直播间互动效果；
◇ 能够运用直播营销"四步法"设计并制定营销策略；
◇ 能够灵活掌握互动玩法，提升观众参与度和购买意愿。

素养目标：
◇ 能够了解并遵守法律法规和行业规范，确保话术内容的合法性和合规性；
◇ 能够明确各自的职责和任务，发扬高效的团队合作精神。

项目导图

项目七　开播阶段运营

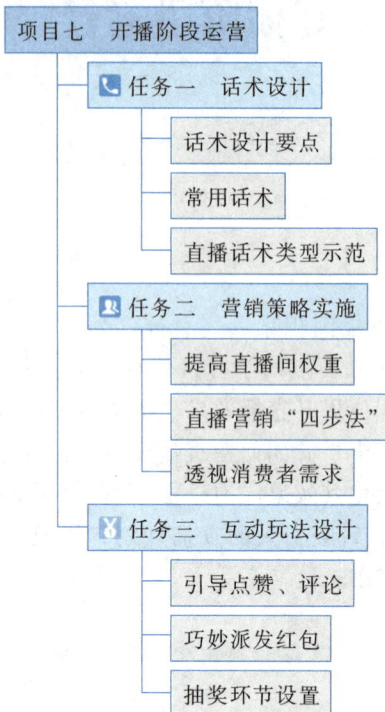

- 任务一　话术设计
  - 话术设计要点
  - 常用话术
  - 直播话术类型示范

- 任务二　营销策略实施
  - 提高直播间权重
  - 直播营销"四步法"
  - 透视消费者需求

- 任务三　互动玩法设计
  - 引导点赞、评论
  - 巧妙派发红包
  - 抽奖环节设置

任务一　话术设计

【引导案例】

直播间开场话术解析

一、案例背景

在直播行业中，直播间的开场话术是吸引观众注意力、建立与观众互动的关键一步。××是抖音平台女装赛道稳居TOP3的直播间主播，深耕女装领域长达10年的时光，在2020年转战抖音一跃成为抖音女装女王。本案例通过分析××直播的开场话术，解析她如何在直播间开播的瞬间吸引并留住粉丝。

二、案例解读

1.开场白（前30秒）

话术：Hello，晚上好！进入直播间的宝宝们大家点一点左上角的关注，很久没开播所以今天给姐妹们准备了很多礼物。

解读：以友好和亲切的方式跟观众打招呼，同时明确自己的身份和今天直播的主题。这样的开场白有助于建立观众与主播之间的亲近感，同时引导观众关注提升直播间的热度。

2.引发兴趣（30秒至1分钟）

话术：我们先过一下今天的产品，小助理先帮我上羽绒服和皮草，我头上的帽子也会上，昨天参加采访节目的那条裙子也会上。

解读：在开场不久，迅速引发观众的兴趣，说明今天直播的内容并在直播一开始就将最简单的帽子单品戴在头上引发观众的提问和兴趣，随后引出自己参加节目的穿搭，蹭了一波节目的热度，鼓励观众留在直播间继续观看。

3.互动引导（1分钟至2分钟）

话术：姐妹们都进来了吗？进来的姐妹们直播间左上角点一点关注，随时可以找到主播，今天给大家准备了超多福利，赶紧锁定这个直播间。

解读：在开场后不久就鼓励观众参与互动，通过点赞和留言与观众建立联系。这种互动性的引导有助于观众感到他们不仅是被动观看者，还可以积极参与直播。

4.主题介绍（2分钟至3分钟）

话术：我们今天是秋冬新款专场，给大家准备了羽绒服、皮草和毛衣，还有很多巨厚的新款大衣是为北方的宝宝们准备的。

解读：主题介绍清晰明了，指出了直播的核心内容，即秋冬新款。这帮助观众明白他们可以期待什么，引导他们留在直播间并持续关注。

5.引导购物（3分钟至4分钟）

话术：这款巨厚的皮草为大家准备了两种颜色，都是非常纯的紫色和绿色，它的内里是厚绒的，北方的冬天穿也非常保暖，这款已经给大家上在1号链接了。

解读：巧妙地过渡到购物环节，通过产品上身展示结合话术讲解产品的特点，并提醒观众他们可以通过点击链接直接购买产品。这种引导有助于将观众的兴趣转化为实际销售，是直播的主要目标之一。

三、案例总结

在直播中，开场话术是与观众建立联系的关键一步。它需要既能吸引观众，又不能违反平台规则。直播间的开场话术在符合直播平台规定的前提下，成功地吸引了观众的注意力，建立了互动，并引导他们参与购物。她的话术充满了亲切感和专业性，展示了她对时尚穿搭领域的知识和热情。这个案例提醒我们，在直播行业中，有效的话术设计是提高直播质量和效果的关键之一。

四、案例思考

查看几位你喜欢的主播，观察他们如何在直播开场时利用话术留住观众。

资料来源：编者根据厦门网中网直播销售教学平台（http：//ec.sy.netinnet.cn/ecls/#/home）案例改编。

一、话术设计要点

话术设计是开播阶段的核心，旨在通过精心设计的语言艺术，持续吸引观众的注意力，提升互动效果。应侧重趣味性与信息性的结合，把握节奏，以生动实例或故事引入，激发听众好奇心。同时，注重语调变化与情感表达，使观众感受到诚意与热情，增强开播阶段的吸引力。在具体实施过程中，我们应针对不同受众群体制订多样化的话术方案，例如在年轻观众群体中使用流行网络语言，以增强共鸣；在专业领域则运用行业术语，展示专业性。此外，适时引入互动环节，如提问、投票等，有效提升了观众的参与度和黏性。直播电商话术设计时需要把握以下要点。

1.深入了解目标受众

把握消费者需求，针对产品特性进行精准的话术包装，以故事化、场景化的方式

微课7-1

直播间的
话术技巧

呈现，提升购买欲望。同时，注意话术的实时更新，紧跟市场趋势，确保与观众保持共鸣。通过数据分析，不断优化话术，以达到最佳的开播效果。深入了解目标受众意味着你需要对你的观众有全面而深入的认识，这不仅仅包括他们的基本信息，如年龄、性别、地域等，更重要的是要理解他们的兴趣、需求、购买习惯以及心理特征。以下是对这一点的详细分析：

（1）明确受众定位。首先需要清晰地定义目标受众是谁，这有助于聚焦直播内容，确保直播话术能够精准地触达他们。例如，如果你的产品是针对年轻女性的时尚服饰，那么你的直播话术就应该更加符合年轻女性的审美和兴趣点。针对该群体，话术应融入流行元素，以轻松幽默的方式，将产品优势巧妙传达，从而引发共鸣，促进转化。此外，结合实时互动，倾听观众的声音，灵活调整话术策略，使直播内容更加贴合受众需求，提升用户体验。

（2）分析受众特征。有效的直播话术需紧密结合受众特征，从年龄、性别、地域文化到兴趣需求等多个维度进行精细化设计，以实现与受众的深度沟通与共鸣，进而提升直播的吸引力和转化率。因此要有针对性地设计话术，深入理解受众特征至关重要。

不同年龄与性别的受众在兴趣偏好、消费能力上存在显著差异，青少年追求新奇潮流，中青年注重实用与性价比，老年人则更看重易用性和健康功能。针对不同性别，男性可能更偏爱科技、体育产品，强调性能与实用性；而女性则对时尚、美妆感兴趣，话术需注重外观设计与情感共鸣。

地域文化背景同样影响受众的价值观和消费习惯，北方受众偏好大气实用，南方则注重细节与时尚感。跨文化交流时，需尊重并融入当地文化元素，避免误解与冒犯。

深入了解受众的兴趣爱好与具体需求是话术设计的核心。通过市场调研与数据分析，精准捕捉受众的兴趣点，设计相关话题引入产品；同时，直接解决受众的痛点或满足其特定需求，增强话术的针对性和吸引力。在创造需求方面，引导受众发现潜在需求，激发购买欲望，促进销售转化。

（3）理解受众心理。在直播营销中，深入理解受众心理是提升转化率与建立长期品牌忠诚度的基石。这不仅关乎产品信息的传递，更在于如何触动受众的内心，激发他们的购买欲望并建立起深厚的信任关系。以下对购买动机、建立信任与情感共鸣三个方面进行具体分析。

① 购买动机作为驱动受众采取购买行为的内在动力，其多样性与复杂性不容忽视。从根本上讲，购买动机涵盖了从基本需求到情感满足的广泛范畴，是驱动受众采取购买行为的内在力量。了解这些动机，对于设计精准有效的促单话术至关重要。一方面，实用性需求是许多购买行为的基石。受众可能因为产品能够满足其日常生活或工作的实际需要而决定购买，如高效能的办公设备、舒适的家居用品等。针对这类动机，促单话术应聚焦于产品的实际效益与解决方案，如"这款智能家电，一键操作，轻松解决家务烦恼，让您的生活更加便捷高效"。另一方面，情感与心理层面的动机同样重要。受众可能因追求时尚潮流、彰显个性、获得社交认同或满足内心欲望而购买产品。在此情境下，促单话术需更具感染力与吸引力，强调产品的独特魅力、情感

价值或社会象征意义，如"这款限量版设计，不仅是一件配饰，更是您独特品位的象征，让您在人群中脱颖而出"。因此，了解并准确把握受众的购买动机，是设计精准有效促单话术的关键。通过深入分析受众的需求、兴趣、情感及心理特征，我们可以量身定制话术内容，触动受众的内心，激发他们的购买欲望，最终实现销售转化。

②建立信任是促成销售的关键。在直播营销中，建立信任是通往销售成功的桥梁。直播作为一种即时互动的销售渠道，赋予了消费者前所未有的参与感和透明度，但同时也要求主播和品牌在短时间内赢得受众的信任。信任的建立，首先依赖于信息的真实性和透明度。主播应如实介绍产品特性、优缺点及适用场景，避免夸大其词或隐瞒关键信息。通过现场演示、用户评价展示等方式，让受众直观感受到产品的实际效果，从而增强信任感。其次，专业性和知识分享也是建立信任的重要因素。主播需具备丰富的产品知识和行业见解，能够为受众提供专业的购买建议和使用指导。通过分享实用信息、解答疑问，展现自己的专业性和可靠性，进一步巩固受众的信任基础。最后，真诚的态度和良好的互动也是建立信任的关键。主播应以诚待人，积极回应受众的反馈和需求，营造出一种亲切、友好的交流氛围。通过建立良好的人际关系，增强受众对主播及品牌的认同感和归属感，最终促成销售转化。

③情感共鸣是拉近与受众距离的有效方式。了解受众的情感需求，如寻求认同感、归属感或满足感，可以帮助你设计更具感染力的话术。情感共鸣，作为人类共通的语言，是直播中拉近与受众距离的神奇钥匙。主播需深刻理解并触动受众的情感需求，无论是温馨的家庭关怀、热血的梦想追求，还是日常的点滴感动。通过分享真实故事、展现人性光辉，让受众在直播中找到共鸣点，感受到被理解和认同的温暖。这种情感上的连接，不仅增强了受众的参与感和归属感，更激发了他们与品牌之间深厚的情感纽带，为销售转化奠定了坚实的情感基础。例如，主播分享真实创业经历，以真诚触动受众内心，激发共鸣与激励，建立深厚情感连接。此策略显著提升直播互动率，驱动购买意愿，增强品牌认同与忠诚度，实现销售与知名度双赢。

2.突出产品亮点与价值

直播电商运营中，突出产品亮点与价值是吸引观众注意力并促成购买的关键步骤。首先，主播需要清晰而准确地阐述产品的独特卖点，如创新的技术应用、卓越的性能表现、独特的材质选择或精致的设计理念等。这些亮点不仅让产品从众多竞争者中脱颖而出，也激发了观众的好奇心和探索欲。其次，主播应强调产品的价值主张，即产品如何精准解决观众的实际问题，满足他们的迫切需求。通过生动的案例分享、使用前后的对比展示或客户见证等方式，主播可以向观众直观展示产品带来的改变和提升。最后，主播还应深入挖掘并传达产品的附加价值，如优质的售后服务、便捷的购物体验或独特的品牌文化等，这些都能进一步增强观众对产品的认同感和购买意愿，为后续的购买转化奠定坚实基础。

3.营造互动氛围

在直播电商运营中，营造互动氛围是提升观众参与感、增强品牌黏性的重要手段。一个活跃、有趣的直播环境不仅能吸引观众的注意力，还能促使他们更深入地了解产品，建立对品牌的信任和好感。

（1）提问与回应。直播过程中，主播应善于运用提问技巧，引导观众积极参与讨论。这些问题可以围绕产品特点、使用场景、观众需求等方面展开，旨在激发观众的思考和表达欲望。同时，主播应密切关注观众的弹幕评论，及时回应他们的疑问和反馈。这种即时的互动不仅能让观众感受到被重视和尊重，还能帮助主播更好地了解观众的需求和偏好，从而调整直播内容和策略。通过持续的提问与回应，主播与观众之间建立起了一座紧密的沟通桥梁，增强了直播的互动性和吸引力。

（2）互动游戏与抽奖。为了进一步提高观众的参与度和黏性，主播可以设计各种互动游戏或抽奖活动。这些活动可以围绕产品特点、品牌理念或当前热点话题展开，形式多样，如答题竞赛、猜谜游戏、限时抢购等。通过参与这些活动，观众不仅能获得乐趣和成就感，还有机会赢取丰厚的奖品或优惠券。这种"边看边玩边赢"的直播体验极大地提升了观众的参与热情和忠诚度。同时，抽奖活动还能有效刺激观众的购买欲望，促进销售转化。

（3）情感共鸣。除了直接的互动游戏和抽奖外，主播还可以通过分享个人故事、体验或情感来与观众建立更深层次的情感连接。这些故事可以是主播自己的创业经历、产品背后的故事、与观众相似的生活体验等。通过真诚的分享和情感的交流，主播能够触动观众内心最柔软的部分，让他们感受到品牌的温度和人文关怀。这种情感共鸣不仅增强了观众对品牌的信任和认同感，还促使他们更加积极地传播品牌信息，形成口碑效应。

4.把握节奏与逻辑，提升观众参与度

在直播销售领域，把握节奏与逻辑、设计清晰的话术结构以及强调限时优惠与紧迫感，是提升观众参与度和促进销售转化的三大核心策略。

（1）把握节奏与逻辑。把握节奏与逻辑是直播销售的基础。直播过程中，主播需要时刻关注观众的反馈和互动，灵活调整话术和内容，以保持直播的新鲜感和吸引力。这要求主播具备敏锐的观察力和判断力，能够迅速捕捉观众的需求和兴趣点，并据此调整直播的节奏和话题。同时，主播的话术也需要具备逻辑性和连贯性，能够清晰地传达产品的特点和优势，避免信息的跳跃和重复，从而提升观众的理解力和购买意愿。

（2）设计清晰的话术结构。设计清晰的话术结构对提升直播效果至关重要。一个有条理的话术结构能够帮助观众更好地理解和接受信息，提升直播的观看体验。具体来说，话术结构应该包括开场、产品介绍、互动环节、促单话术和结束语等部分。开场部分要简洁明了，快速吸引观众的注意力；产品介绍部分要详细阐述产品的特点、优势和使用场景，使用生动的语言和实例来增强说服力；互动环节则可以通过问答、抽奖等方式增加观众的参与度和黏性；促单话术则需要使用具有感染力的语言来激发观众的购买欲望；结束语则要简洁而有力，感谢观众的观看和支持，并提醒他们关注后续的直播或优惠活动。

（3）强调限时优惠与紧迫感。强调限时优惠与紧迫感是促进销售转化的有效手段。在直播过程中，主播需要明确告知观众优惠活动的时间限制和库存情况，营造一种紧迫感，促使他们尽快下单。这种策略能够激发观众的购买冲动和占有欲，从而推动销售高峰的出现。同时，主播也可以通过倒计时、限量抢购等方式来进一步加强紧迫感，提升销售效果。

5.持续优化与调整

持续优化与调整是确保在直播营销领域长期成功的关键。通过深入的数据分析，我们能够精准地把握受众的参与度和购买行为。这包括但不限于观众停留时长、互动频率、商品点击率及转化率等关键指标。利用这些数据，我们可以清晰地识别出哪些话术或策略能够有效吸引并留住观众，哪些则可能显得平淡无奇甚至产生负面效果。

数据分析的结果为后续的灵活调整提供了有力的依据。在话术设计上，我们应当紧跟受众的偏好和需求变化，勇于尝试新的表达方式或话题点。例如，如果发现幽默风趣的语言风格更受观众欢迎，那么可以适当增加这类话术的使用频率；如果某些产品介绍过于冗长导致观众流失，那么就需要精简内容，突出重点。

同时，我们还应积极收集并重视受众的实时反馈。无论是弹幕评论、私信留言还是社交媒体上的讨论，都是了解受众真实想法和感受的重要渠道。通过及时回应和解决受众的疑问和关切，我们可以进一步巩固与受众之间的情感连接，并据此对话术和策略进行微调和优化。

二、常用话术

针对不同产品特性，主播需巧妙运用各类话术，如对比话术强调产品性价比，故事话术引发情感共鸣，权威话术提升产品信任度等。这些话术能有效提高观众购买意愿，促进销售。此外，适时运用赞美、鼓励等语言技巧，增强与观众的情感互动，也有助于建立良好口碑，提高用户黏性。在实践中，不断总结经验，灵活调整策略，才能在直播营销中脱颖而出。因此，对于主播而言，掌握并灵活运用这些话术至关重要。

1.开场话术

主播在直播开场时，可以运用吸引人的开场话术，如："大家好，欢迎来到本次的直播，今天我为大家准备了一系列的超值好物，不仅性价比高，还有丰富的互动环节等着大家。"这样的开场白既亲切又具有吸引力，能够迅速抓住观众的注意力，为后续的产品介绍和互动打下良好的基础。在直播开场阶段，主播的工作通常是欢迎用户和直播暖场，不涉及商品的正式售卖。针对直播开场阶段的工作内容，可将直播开场话术分为欢迎类话术和暖场类话术。

直播开场话术的设计是直播成功的关键一步，它不仅要能够迅速吸引观众的注意力，还要为整场直播奠定一个积极、有趣的基调。以下是对直播开场话术设计要点的详细说明：

微课 7-2

直播间暖场策略

第一，一段热情洋溢的问候是必不可少的。在直播开始时，主播需要用充满活力和热情的语言向观众打招呼，让他们感受到你的热情和诚意。这种问候不仅能够拉近主播与观众之间的距离，还能够迅速营造出一种轻松愉快的氛围，为接下来的直播内容打下良好的基础。

第二，简短明了的自我介绍也是开场话术的重要组成部分。在问候之后，主播需要简短地介绍自己，包括昵称、直播主题或特色等。这能够让观众对主播有一个初步的了解，也能够帮助他们更好地融入直播内容中。同时，自我介绍还能够为主播树立一个独特的形象，增加观众的记忆点。

第三，明确直播主题也是开场话术的重要任务之一。在开场时，主播需要清晰阐述本次直播的主题或内容，让观众一目了然。这能够帮助观众更好地了解直播的核心内容，也能够激发他们的兴趣和好奇心，促使他们继续观看下去。为了进一步吸引观众的注意力，主播还可以在开场话术中制造一些悬念或期待。通过透露一些直播中的亮点或惊喜，激发观众的好奇心，让他们更加期待接下来的内容。这种策略能够有效地提升观众的参与度和黏性，也为直播增添了更多的趣味性和互动性。

第四，在开场话术中，互动引导也是必不可少的一环。主播需要鼓励观众参与互动，如点赞、评论或分享等。这不仅能够增加直播的活跃度和曝光率，还能够让观众更加深入地参与到直播内容中来，提升他们的参与感和归属感。

第五，需要注意的是，开场话术的设计需要适应观众群体的特点。不同的观众群体有着不同的喜好和习惯，主播需要根据目标观众的特点来调整语言风格和内容，确保开场话术能够引起他们的共鸣和兴趣。

2.直播中话术

开场之后，主播应巧妙地过渡到直播的核心部分。在这一环节，主播可运用衔接自然的语言，将观众的注意力引导至直播的核心内容。例如，可以简要概述即将展示的产品特点或活动安排，同时适时提出问题，引发观众思考与互动。此外，适时分享个人经验或趣事，也能有效提升观众的兴趣和情感共鸣，为直播的高潮部分做好铺垫。在整个直播过程中，主播需要保持语言的连贯性和生动性，不断激发观众的参与热情，确保直播氛围活跃、富有吸引力。

直播中话术是在直播开场后的商品推销、成交、催付及与用户互动时用到的话术。恰当的直播中话术可以让主播与用户产生良好互动，达到促进商品销售的目的。直播中话术设计要点的详细说明如下：

（1）引人入胜的开场与互动策略。直播的开头是吸引观众注意力的黄金时刻。主播需精心设计开场白，以独特的风格、幽默的言辞或是直接的利益点（如抽奖、优惠）迅速抓住观众眼球。同时，建立互动机制是维持观众兴趣的关键。主播应主动提问、邀请观众发表意见、进行小游戏或投票，让每位观众都感受到被重视和参与感。这种即时反馈不仅增强了直播的趣味性，也加深了主播与观众之间的情感联系。此外，主播还需具备敏锐的洞察力，从观众的反应中捕捉话题，灵活调整直播内容，确保直播始终充满新鲜感。

（2）精准有效的产品介绍与推销技巧。在直播带货中，产品介绍是核心环节。主播需深入了解产品特性，用通俗易懂、生动形象的语言进行描述，同时结合个人使用经验或专业知识，为观众提供有价值的信息。为了增强说服力，主播可以展示产品细节、进行试用演示或与其他同类产品进行对比。在推销过程中，主播应注重情感共鸣，讲述产品如何满足消费者的需求、改善生活品质或带来美好体验。此外，利用限时优惠、赠品等促销手段，激发观众的购买欲望，促使他们迅速作出决策。

（3）灵活应对突发情况的应变能力。直播过程中难免会遇到各种突发情况，如技术故障、观众质疑或负面评论等。主播需具备强大的应变能力，冷静处理并妥善解决这些问题。面对技术故障，主播应保持镇定，及时与技术人员沟通并安抚观众情绪；面对观众质疑或负面评论，主播应耐心倾听并正面回应，用事实和数据说话，同时展现出良好的职业素养和解决问题的决心。通过积极应对突发情况，主播不仅能够维护直播间的良好氛围，还能赢得观众的尊重和信任。

（4）情感共鸣与品牌塑造的深度融合。直播不仅是商品交易的场所，更是情感交流的平台。主播在直播过程中应注重与观众建立情感联系，通过分享个人经历、生活感悟或社会热点话题，引发观众的共鸣和思考。同时，主播还需注重品牌塑造，通过统一的品牌形象、价值观传递和优质内容输出，逐步建立起自己的品牌影响力和粉丝基础。在直播中融入品牌元素，如品牌故事、文化理念或社会责任等，不仅能够提升品牌形象，还能增强观众对品牌的认同感和忠诚度。最终，通过情感共鸣与品牌塑造的深度融合，主播能够实现个人价值的提升和商业价值的最大化。

3.直播结束阶段的话术及技巧

直播结束阶段的话术种类丰富，特点鲜明。它们通常包括感谢语、亮点回顾、下次预告、互动邀请、关注订阅提醒及社交媒体互动引导等，旨在营造温馨告别的氛围，同时激发观众对下一次直播的期待，增强观众黏性，并促进跨平台互动。这些话术以积极、正面的方式结束直播，给观众留下深刻印象。直播结束阶段的话术设计技巧可概括为以下四点，每一点都旨在提升观众的体验与期待：

（1）情感真挚的告别与感谢。主播需以真诚的态度向观众表达感激之情，通过个性化的感谢和温馨的话语，构建与观众之间的情感纽带，让观众感受到被重视和温暖。例如："非常感谢每一位陪伴我到现在的朋友们，是你们的热情让我今天的直播充满了能量！虽然直播即将结束，但我们的故事未完待续。晚安/再见，愿大家今晚好梦/明天有个好心情！"

（2）亮点回顾与价值强调。简短而精炼地回顾直播中的精彩瞬间和核心内容，强调直播的独特价值和观众的收获，以此加深观众的记忆和认同。例如："回顾今晚，我们一起笑过、学过，还分享了那么多有趣的故事。特别是那个（具体亮点或互动环节），真是太精彩了！希望这些美好瞬间能成为大家难忘的记忆。"

（3）预告未来直播与激发期待。明确预告下次直播的时间、主题或亮点，通过诱人的内容吸引观众的注意力，激发他们的期待感，促使他们持续关注并参与未来的直播。例如："别忘了，我们下周/明天同一时间，还会有更精彩的直播等着大家！到时候会有（简要介绍下次直播内容或亮点），记得定好闹钟，我们不见不散哦！"

（4）互动引导与增强黏性。通过邀请观众分享心得、提问或加入粉丝群等方式，增加观众的参与感和黏性。同时，利用抽奖、优惠券等互动手段，进一步提升观众的参与热情，为直播结束后的互动和转化打下基础。例如："别忘了，我们也在微博/抖音/小红书等平台上活跃着，欢迎大家去那里找我玩，分享更多生活点滴。我们线上线下都是好朋友！""好了，亲爱的朋友们，今天的直播就到这里啦。感谢大家的陪伴和支持，让我们下次直播再相聚，继续传递快乐与正能量！晚安/再见，爱你们。"

三、直播话术类型示范

1.美食类商品直播话术设计要点

美食类商品的直播营销要求主播凭借自己的讲解配合美食的呈现，引发用户的联想，勾起用户的食欲，促进商品的转化，从而提升直播间的营销效果。美食类商品的直播营销话术设计需要主播遵循相关的规范并掌握一些设计要点。美食类商品的讲解可以围绕以下几个方面展开。

（1）安全性。美食类商品的安全性是指食品无毒、无害，符合营养要求。安全是食品消费的基本要求。主播可以围绕商品原材料的选取、清洗、切割、烹饪、制作、包装、储存、运输等一系列流程来介绍食品的安全性，可以用数据、食品安全国家标准进行背书，或者采用现场检测、实验的方式来赢得用户的信任。例如，食品选材绿色健康，添加剂无毒无害，制作工序精良，通过了一系列食品安全认证。

（2）口感风味。每个地方都有特色美食，人们的口味需求也存在差异。主播在销售一些特色美食时，要找准用户群体，投其所好，强调商品特色，以及与同类商品的差异，以赢得用户的好感。主播介绍某些商品属性时，还可以围绕商品的加工制作方法、食用方法等要点组织话术。

例如，主播介绍一款牛肉干时说："现在，我要在直播间里给大家现场展示一下这款牛肉干的制作过程。你们看，这些牛肉块正在被均匀地切割，然后撒上秘制的调味料，接下来就要进入烘烤环节了。整个过程都是纯手工制作，每一块牛肉干都承载着我们的用心和诚意。大家稍等片刻，马上就能闻到那股诱人的香味了！"

美食讲究美感，主播一定要用语言表达出其美感，围绕食物的色、香、味进行描述，突出美食的优势，最好配上图片、视频或实物，这样对用户才更有诱惑力。

例如，"首先，我要给大家介绍的，是我们家的明星产品——手工制作的经典牛肉干。这款牛肉干，每一口都是对品质的坚持和对美味的追求。你们知道吗？它选用的是上等草饲牛肉，经过精心挑选和慢火烘烤，保留了牛肉最原始的鲜美和嚼劲。而且，我们坚持无添加，只为让大家吃得放心，吃得健康！"

（3）价格优势。美食类商品日常消耗量大，但可代替性强，所以客单价低、性价比高的商品更容易成为爆款。价格优势主要是指直播间推荐的商品比其他同类商品价格低。主播可采用商品组合套餐、五折卡、优惠券等形式拉低价格。

例如，"我们是源头工厂，做牛肉干已有20年。市场上的10根牛肉干里就有3根是我们家做的。我们是工厂直销，没有中间商赚差价，所以你花同样的钱买我们家的牛肉干，不仅味道好，吃得放心，数量也多。""为了感谢大家的支持，今天在我们的直播间购买这款牛肉干，可以享受限时优惠哦！原价98元，现在只要68元，而且前100名下单的朋友还将获得我们精心准备的小礼品一份。库存有限，先到先得哦！大家赶紧点击屏幕下方的链接下单吧！"

2.3C类商品直播话术设计要点

对于3C类商品，主播要以开箱为主，从检测、剖析、展示商品的生产工艺、性能、功能、技术指标等方面入手介绍，重点在于突出推荐商品与其他商品的差异和商品的优势。用户在挑选3C商品时最看重的是商品的性能，与现在使用的商品有何不同，能给自己带来什么特殊的体验等。电子产品更新换代快，更新必定能带来新功能，满足新需求。主播在直播时应该着重挖掘用户的痛点。例如，在介绍蓝牙耳机时，要重点突出有线耳机的不便；在介绍5G手机时，要重点介绍高网速、低延迟、多链接等特点。只有抓住核心需求并宣传推广，才能收到良好的直播营销效果。

下面按照直播的一般流程，以手机为例来阐述3C类商品的讲解要点。

（1）介绍商品的外观、颜色，以及不同的版本，并结合广告宣传和发布会等融入主播的个人观点和感受。

（2）开箱检测，展示商品未开封、带有薄膜的状态及所有配件等。

（3）从包装、附件、说明书等方面展开，讲解商品的功能，如手机的快充功能等。

（4）对比市场上的其他手机，介绍外观设计，如屏幕大小、屏占比、屏幕质量、屏幕类型、分辨率、按钮材质、背面材质、闪光灯、卡槽、防水设计、机身宽度、耳机孔直径等。

（5）新商品一般具有特色功能或亮点，主播可以对其进行分析。例如，某新款手机具有超轻薄折叠屏幕、144赫兹的刷新率、90毫米的潜望式长焦镜头和64MP（百万像素）拍摄器。

（6）具体介绍硬件支持，如机身系统、处理器、内存大小、闪存大小、核数，在游戏、视频中的具体表现，各大评测软件的评分情况，同时要对比不同手机，得出有说服力的结果。

（7）介绍续航、快充、电池容量、系统耗电情况，以及完全充满电所需的时间。

（8）介绍系统体验，如流畅度、滑动体验、是否卡屏、系统新增功能等。

（9）根据以上试用情况对性价比等进行客观的综合分析。

拓展阅读7-1 **常见的3C类商品讲解话术**

1.笔记本电脑直播话术

开场白：

"大家好，欢迎来到我们的科技直播间！今天，我将带大家探索一款集性能与便携于一身的梦幻笔记本。无论你是学生、职场精英还是创意工作者，这款笔记本都将是你的得力助手！"

产品介绍：

"首先，看它的外观设计，轻薄金属机身，仅重××克，轻松放入背包，随身携带无负担。"

"屏幕方面，采用了高分辨率全面屏设计，色彩饱满，细节清晰，无论是看电影还是做设计，都能享受沉浸式视觉体验。"

"性能上，搭载了最新一代的处理器和大容量高速SSD，多任务处理游刃有余，大型软件轻松驾驭。"

使用场景：

"想象一下，在咖啡馆里，一杯咖啡，一台笔记本，就能开启你的高效工作模式。或者晚上回到家，用它来追剧、打游戏，享受属于自己的休闲时光。"

2.智能手表直播话术

开场白：

"哈喽，各位科技迷们，今天我要给大家介绍一款超炫酷的智能手表！它不仅是一款时间管理工具，更是你健康生活的贴身小秘书。"

产品特点：

"首先，它的表盘设计非常时尚，多种表盘风格随心换，总有一款能击中你的心。"

"健康监测功能强大，支持心率监测、血氧检测、睡眠质量分析等，让你时刻关注自己的身体状况。"

"还有智能提醒功能，无论是来电、信息还是日程安排，都能及时通知你，让你不错过任何重要信息。"

使用场景：

"无论是晨跑时记录运动数据，还是工作时接收重要信息，这款智能手表都是你的最佳伙伴。让科技与健康同行，每一天都充满活力！"

3.高端耳机直播话术

开场白：

"音乐爱好者们注意啦！接下来，我将为大家揭秘一款音质超群的高端耳机，让你仿佛置身于音乐会现场，享受无与伦比的听觉盛宴！"

音质表现：

"这款耳机采用了高分辨率音频技术，能够还原音乐的每一个细节，无论是深沉的低音还是清亮的高音，都能完美呈现。"

"降噪功能也非常出色，即使身处嘈杂环境，也能让你沉浸在纯净的音乐世界中。"

佩戴体验：

"人体工学设计，轻盈材质，长时间佩戴也毫无压力。"

"智能触控操作，简单便捷，让你在享受音乐的同时，也能轻松控制播放和接听电话。"

适用场景：

"无论是通勤路上的孤独时光，还是运动时的激情释放，这款高端耳机都能成为你的最佳伴侣。让我们一起，用音乐点亮生活！"

3.图书类商品直播话术设计要点

图书作为一种传统媒介，既是精神产品又是物质产品，其精神产品属性集中体现在内容方面，而物质产品属性则主要体现在载体方面。因此，主播在直播间推荐图书类商品时，就需要围绕这两点来讲解，如果作者知名度高，也要重点介绍作者。此外，主播可以针对不同的目标用户群体做具体、有针对性的介绍。

例如，在推荐我国的四大名著时，主播可以根据用户定位来介绍：基于年龄划分，为幼儿群体介绍浅显易懂、配有卡通插画的改编版；为学龄儿童群体介绍注音版；为老年人群体介绍大字版等。

（1）作者简介。简要介绍作者的生平、教育背景、职业经历等，让观众对作者有一个初步的了解。突出作者在该领域的作品成就，如获奖情况、畅销书籍、读者评价等，以此证明作者的实力和书籍的价值。描述作者的写作风格，如幽默风趣、深刻犀利、细腻温婉等，帮助观众判断书籍是否适合自己的阅读口味。强调作者与当前推荐书籍的关联，如该书籍是作者的代表作、新作或是特定题材下的佳作等。

例如：

大家好，欢迎来到我们的直播间！今天，我要给大家推荐一本让无数人感动落泪、深思人生的经典之作——《活着》。这本书不仅是一部文学作品，更是一次心灵的洗礼，让我们在平凡中感受到生命的坚韧与伟大。这本书的作者是中国著名作家余华先生。余华，这个名字在文坛上如雷贯耳，他以独特的叙事风格和深刻的社会洞察力，创作出了多部脍炙人口的佳作。他的作品往往聚焦于小人物的命运，通过细腻的情感描绘和深刻的社会批判，让读者在阅读中感受到人性的光辉与黑暗，以及生命的无常与坚韧。

（2）图书内容。无论是文学作品、学术著作、教材还是其他图书，总是能够体现作者的思想、观点或方法。主播要提前辨别图书内容的类型，提炼图书内容中的灵魂与精华部分，以便在直播时用语言传递给用户。

例如：

《活着》这本书讲述了主人公福贵从一个富家子弟到一贫如洗，再到历经磨难却依然坚韧活着的故事。书中没有华丽的辞藻，没有复杂的情节，却用最朴实的语言，展现了人类面对苦难时的顽强与不屈。福贵的一生充满了苦难与不幸，但他始终保持着对生活的热爱和对未来的希望。这本书让我们明白，无论生活多么艰难，只要我们还活着，就有希望，就有继续前行的动力。

（3）内容载体。虽然用户购买图书主要是消费其精神内容，但是图书的精神内容在形式上还是要靠物质属性来体现的。因此，图书要在纸张、图文表现形式、配套资源、封面设计、版式设计等方面满足用户的使用需求，包括便利性需求、情感性需求和收藏需求等。

图书内容载体的介绍要点包括以下内容。纸张的品种、质量；图文表现形式，是纯文字还是图文结合；配套资源，有声音、图像的表现形式；封面的艺术风格与图书内容相匹配；采用烫金、覆膜、凹凸压印等工艺，可使封面更富艺术感染力；版式设计应适应图书的功能，合理、脉络分明，既方便阅读，又能给读者以美的享受。

拓展阅读7-2　不同载体的图书类商品讲解话术

1.纸质书籍

"大家好，首先给大家带来的，是我们最经典、最传统的图书载体——纸质书籍。纸质书籍有着悠久的历史，它不仅仅是一本书，更是一种文化的传承和情感的寄托。每一页纸，每一个字，都蕴含着作者的心血与智慧。翻开一本纸质书，那种墨香扑鼻、纸张触感细腻的感觉，是电子书无法替代的。对于喜欢沉浸在书香世界中的朋友们来说，纸质书籍绝对是不二之选。"

2.电子书

"当然，除了纸质书籍，我们也不能忽视电子书这一现代化的内容载体。电子书以其便携、易存储、环保等优点，受到了越来越多读者的喜爱。无论是在家中、办公室，还是在旅途中，只要有一部电子设备，就能随时随地阅读。而且，电子书还具备搜索、做笔记、标注等功能，让阅读变得更加高效和便捷。对于追求阅读效率和便捷性的朋友们来说，电子书无疑是一个很好的选择。"

3.有声书

"此外，还有一种非常特别的内容载体，那就是有声书。有声书通过声音的方式，将书中的内容生动地呈现给听众。无论是忙碌的上班族，还是视力不佳的朋友，都可以通过听有声书来享受阅读的乐趣。而且，有些有声书还邀请了专业的配音演员进行演绎，让书中的角色更加鲜活、情感更加饱满。对于喜欢听故事、享受声音魅力的朋友们来说，有声书绝对是一个值得尝试的选择。"

4.其他载体

除了上述三种常见的图书内容载体外，还有一些其他形式的载体，如：

平板阅读器：结合了电子书和纸质书籍的优点，既便携又具备纸质书籍的阅读体验。

电子墨水屏：模拟纸质书籍的阅读效果，减少眼睛疲劳，适合长时间阅读。

任务二　营销策略实施

【引导案例】

灾难中的责任担当与品牌升华

一、案例解读

在2021年的河南郑州"7·20"特大暴雨灾害中，无数企业和个人纷纷伸出援手，共同为灾区人民送去温暖与希望。其中，××尔克作为一家体育用品品牌，以其迅速响应和慷慨解囊的行动，赢得了社会的广泛赞誉，也实现了品牌价值的深度升华。

面对突如其来的灾难，××尔克没有选择沉默或回避，而是立即启动了紧急响应机制，迅速调集资源，向灾区捐款捐物。这种迅速而果断的行动，不仅为灾区送去了急需的援助，更彰显了品牌作为社会一员的责任与担当。××尔克深知，作为一家企业，不仅要追求经济效益，更要积极履行社会责任，为社会和谐与发展贡献自己的力量。

在捐款行动的同时，××尔克还充分利用社交媒体和直播平台，广泛传播捐款信息，提高品牌曝光度和认知度。通过微博、抖音、快手等热门平台，××尔克邀请知名博主和网红进行转发，让更多人了解到品牌的善举。在直播间内，主播们不仅详细介绍了捐款情况，还与消费者进行积极互动，传递出积极向上的正能量。这种真诚的沟通方式，不仅加深了消费者对品牌的了解，也赢得了他们的尊重和信赖。

更为值得一提的是，××尔克在灾难营销中并没有忽视产品本身。在直播间中，主播们巧妙地穿插了产品展示环节，通过介绍产品的品质和特点，让消费者更直观地感受到品牌的价值。这种将社会责任与产品营销相结合的策略，不仅提升了品牌形象，也促进了产品的销售。消费者在购买××尔克产品时，不仅是在购买一件体育用品，更是在支持一个有着社会责任感和使命感的品牌。

××尔克的这一系列举措，不仅赢得了消费者的尊重与信赖，也极大地提升了品牌的知名度和美誉度。在灾难面前，××尔克用自己的行动诠释了"一方有难，八方支援"的精神，展现了企业的社会责任与担当。这种正面的品牌形象，为品牌未来的发展奠定了坚实的基础。

此外，××尔克的灾难营销策略还为我们提供了有益的启示。在面对社会事件时，企业不仅要关注自身的经济利益，更要积极履行社会责任，为社会和谐与发展贡献自己的力量。通过参与公益活动、捐款捐物等方式，企业可以展示自己的良好形象，提升品牌认知度和美誉度。同时，企业还可以将社会责任与产品营销相结合，通过传递正能量和品牌价值来吸引消费者的关注和信赖。

二、案例总结

××尔克在河南郑州"7·20"特大暴雨灾害中的表现充分展示了企业的责任与担当。通过迅速响应、广泛传播、积极互动和产品展示等策略，××尔克不仅赢得了消费者的尊重与信赖，也实现了品牌价值的深度升华。这一案例为我们提供了宝贵的经验和启示，让我们更加深刻地认识到企业在社会中的重要地位和作用。

三、案例思考

通过阅读以上案例，请思考如何通过营销策略优化直播销售效果？

资料来源：编者根据厦门网中网直播销售教学平台（http://ec.sy.netinnet.cn/ecls/#/home）案例改编。

一、提高直播间权重

提高直播间权重是直播运营的核心目标之一，它直接关系到直播间的曝光量、观众吸引力和互动效果。简而言之，提升权重需从内容质量、直播频率、观众互动及合规运营等方面入手。首先应确保直播内容丰富多样，吸引并留住观众；其次应保持稳定的直播频次，培养观众观看习惯；最后应积极促进观众互动，如点赞、评论、分享等，增强直播间活跃度。同时，利用平台提供的工具和资源进行推广，如直播预告、付费推广等，扩大直播间影响力。最重要的是，严格遵守平台规则，诚信经营，避免违规行为导致的权重下降。通过这些综合措施，可以有效提升直播间权重，促进直播业务的长期发展。

1.保证直播时长和频次

对于新手主播来说，保证每次直播的时长至关重要。建议每次直播至少持续2小时，以便观众有足够的时间了解你的内容并产生黏性。如果无法每天直播，至少应保证每周直播2~3次，以维持直播的活跃度和观众的期待感。

尽量保持直播时间的规律性，即固定的直播频次。如每周固定几天的某个时间段进行直播。这样有助于培养观众的观看习惯，提高直播间的稳定性和权重。

2.提升直播互动率

在直播过程中，设计一些互动环节，如问答、抽奖、投票等，以激发观众的参与热情。通过互动，可以增加直播间的活跃度，提高观众的留存率和转化率。主播应主动引导观众进行互动，如点赞、评论、分享等。同时，对于观众的提问和反馈，要及时回应，以增强观众的参与感和归属感。

3.优化直播内容

（1）明确直播内容的定位。选择自己擅长或观众感兴趣的领域进行直播。同时，要保持内容的多样性和新鲜感，避免观众产生审美疲劳。

（2）提高直播内容的质量。这包括画面清晰度、声音效果、内容连贯性等。优质的直播内容可以吸引更多观众进入直播间并停留更长时间。

4.利用平台工具

在直播开始前，利用抖音等平台的直播预告功能进行宣传，吸引潜在观众关注。同时，可以在个人主页或社交媒体上发布直播预告，扩大宣传范围。在直播间人气较低时，可以考虑使用抖音的付费推广功能（如DOU+）来增加直播间的人流量。通过精准投放广告，可以吸引更多目标观众进入直播间。

5.遵守平台规则

在直播过程中，要严格遵守平台的各项规则和政策，避免发布违规内容或进行违规操作。违规行为不仅会导致直播间权重下降，还可能面临封号等严重后果。要保持诚信经营的态度，不夸大产品效果或进行虚假宣传。通过真实、客观地介绍产品，可以赢得观众的信任和口碑传播。

提高直播间权重需要从多个方面入手，包括保证直播时长和频次、提升直播互动率、优化直播内容、利用平台工具和遵守平台规则等。只有综合运用这些策略，才能有效提升直播间的权重和影响力。

微课 7-4

直播营销
"四步法"

二、直播营销"四步法"

直播营销"四步法"，是企业在实施直播营销过程中，为了更有效地吸引目标受众、提升品牌曝光度和促进销售而采取的一系列策略性步骤。以下是一个基于当前市场趋势和成功实践总结的直播营销"四步法"。

1.明确目标与定位

（1）确定营销目标。

① 品牌宣传：提升品牌知名度，塑造品牌形象。

② 产品推广：介绍产品特点，促进产品销售。

③ 用户互动：增强用户黏性，收集用户反馈。

（2）市场定位与受众分析。分析目标市场，明确消费群体特征。首先，深入分析企业的产品类型、特性及品牌定位，明确产品或服务在市场中的独特价值和差异化优势。了解行业趋势和竞争对手情况，为市场定位提供参考。其次，明确目标市场，根据产品特性和品牌形象，确定目标市场的范围，包括目标消费群体的年龄、性别、地域、兴趣爱好、消费习惯等。确保目标市场具有足够的规模和潜力，以支撑直播营销策略的实施。

了解受众需求，制定有针对性的营销策略。首先，受众细分，将目标市场进一步细分为不同的受众群体，如青少年、白领、老年人等，每个群体都有其独特的消费需求和偏好。分析各受众群体的消费能力、购买意愿、信息获取渠道等，为制定有针对性的直播策略提供依据。其次，对受众需求进行洞察，深入了解受众群体的具体需求，包括他们对产品的关注点、痛点、期望等。最后，通过问卷调查、社交媒体分析、市场调研等方式，收集受众反馈和意见，为直播内容和互动环节的设计提供参考。

2.内容策划与准备

"内容策划与准备"是确保直播活动成功吸引观众、提升互动率并促进销售转化的关键环节。

（1）精选产品与服务。在直播营销的"内容策划与准备"阶段，精选产品与服务是至关重要的一环。这一步骤不仅关乎直播内容的吸引力，更直接影响到观众的购买决策和品牌的长期形象。精选产品与服务，首先要确保它们与直播主题和品牌形象高度契合。产品需具备独特的卖点或优势，能够迅速抓住观众的注意力并激发他们的兴趣。服务方面，则应注重提升用户体验，从售前咨询到售后服务，每一个环节都要体现出品牌的专业性和关怀。其次，深入了解目标受众的需求和偏好是精选产品的关键。通过市场调研、用户画像分析等方式，掌握受众的消费习惯、购买动机和关注点，从而选择更符合他们口味的产品与服务。这样的产品不仅能满足受众的实际需求，还能增强他们对品牌的认同感和忠诚度。最后，在准备阶段，要对精选的产品与服务进行细致的展示和介绍。利用高清摄像头、多角度拍摄和生动的讲解，将产品的外观、功能、材质等细节展现得淋漓尽致。同时，结合主播的演示和体验分享，让观众更直观地感受到产品的魅力和价值。这样的内容策划不仅提升了直播的观赏性，还促进了观众的购买欲望和转化行为。

（2）确定直播内容。在直播营销的"内容策划与准备"阶段，确定直播内容是整个流程的核心环节，它直接决定了直播的吸引力和效果。确定直播内容时，首先要明确直播的主题和目标受众，确保内容既符合品牌形象，又能精准触达目标人群。内容应围绕产品特性、行业趋势、用户痛点等展开，通过故事化、场景化的方式，将复杂的信息转化为易于理解和接受的内容。其次，要注重内容的创新性和互动性。在内容策划中融入新颖的元素和创意点，如趣味挑战、互动问答、限时优惠等，以激发观众的兴趣和参与热情。最后，设计多样化的互动环节，让观众能够积极参与其中，增强他们的参与感和归属感。此外，确定直播内容时还需考虑节奏的把控和信息的传递效率。合理安排内容的先后顺序和时长分配，确保直播过程紧凑有序，不拖沓冗长。同时，注重信息的清晰传达和有效沟通，确保观众能够准确理解产品特性和品牌理念。确定直播内容是一个综合性的过程，需要充分考虑品牌、受众、创新性和互动性等多个方面。

（3）技术与设备准备。在直播营销的"内容策划与准备"阶段，技术与设备准备是确保直播顺利进行、提升观众体验的重要环节。技术准备方面，首先需确保网络连接的稳定性和速度，避免因网络波动导致的直播中断或卡顿现象。其次，选择合适的直播平台和工具，根据目标受众的观看习惯和设备兼容性进行考量，确保直播内容能够顺畅地传达给每一位观众。了解并熟悉直播平台的操作界面和功能设置，以便在直播过程中能够灵活应对各种情况。设备准备方面，高质量的直播设备是提升直播效果的关键。这包括高清摄像头、专业麦克风、稳定器以及必要的灯光设备等。高清摄像头能够清晰捕捉主播和产品的细节，提升观众的观看体验；专业麦克风则能确保声音传输的清晰度和稳定性，减少噪声干扰；稳定器则能有效防止拍摄过程中的抖动，保持画面平稳；而适当的灯光设置则能营造出更好的视觉效果，增强直播的吸引力。综上所述，技术与设备准备是直播营销中不可或缺的一环。通过精心准备和调试，可以确保直播过程的顺利进行，提升观众的观看体验，从而为品牌带来更多的曝光和销售机会。

3.直播执行与互动

直播执行与互动是整个策略中最为生动和关键的一环，它直接决定了直播的成效和观众的参与感。在这一阶段，主播的表现、内容的实时传递，以及观众与主播之间的即时互动共同构成了直播的核心魅力。

（1）直播执行。直播执行不仅是简单地按下开播按钮，它要求主播具备高度的专业素养和灵活的应变能力。首先，主播需要对直播内容了如指掌，无论是产品介绍、使用演示还是行业分享，都应做到准确无误，且能够用生动有趣的方式传达给观众。例如，在美妆产品直播中，主播可以亲自试妆，通过对比展示产品的效果，同时分享化妆技巧，让观众在享受视觉盛宴的同时，也能学到实用的知识。其次，直播执行过程中还需注重节奏的把控。主播应合理安排时间，避免内容过于冗长或紧凑，让观众在轻松愉快的氛围中度过直播时光。最后，根据观众的反馈和互动情况，主播应灵活调整直播内容，增加观众感兴趣的话题或环节，以保持直播的吸引力和观众的关注度。

（2）互动。互动是直播营销的灵魂所在，它让直播不再是单向的信息传递，而是成为了一场双向的交流和沟通。有效的互动能够增强观众的参与感和归属感，从而提升他们对品牌和产品的认同感。在直播互动中，主播应主动引导观众参与，通过设置问答、抽奖、投票等互动环节，激发观众的兴趣和热情。例如，在服装品牌直播中，主播可以邀请观众投票选出最受欢迎的款式，并根据投票结果进行试穿展示，这样既满足了观众的参与欲，又增加了直播的趣味性和互动性。同时，主播还应积极回应观众的留言和提问，无论是关于产品的问题还是关于主播的闲聊，都应给予及时的关注和回复。这种即时的反馈机制能够建立起主播与观众之间的信任和情感连接，让观众感受到被重视和尊重。此外，利用直播平台的弹幕、点赞、送礼物等互动功能，也能进一步增强直播的互动性和趣味性。观众可以通过发送弹幕表达自己的观点和看法，与其他观众进行实时交流；而点赞和送礼物则是对主播的一种肯定和鼓励，能够激发主播的积极性和创造力。

直播执行与互动是直播营销中至关重要的一环。通过专业的执行和有效的互动机制，企业可以构建起与观众之间的深度连接和信任关系，从而提升品牌的知名度和影响力。

4.数据分析与优化

数据分析是直播营销优化的基础。在直播结束后，企业应收集全面的数据指标，包括但不限于观看人数、观看时长、互动次数、商品点击率、转化率等。这些数据不仅反映了直播活动的直接效果，还隐藏着观众的行为偏好、兴趣点等重要信息。例如，某美妆品牌在一次直播中记录了详细的观众数据，发现观看人数在直播开始后迅速攀升，但随后逐渐下降；同时，互动次数在特定时间段内显著增加，这些时间段往往是主播进行产品试用或解答观众疑问的时候。此外，商品点击率与转化率之间存在显著的正相关关系，即点击率高的商品往往具有更高的转化率。

（1）识别问题与机会。在收集到数据后，企业需要进行深入的解读和分析，以识别直播活动中存在的问题和潜在机会。这包括对比不同直播场次的数据差异、分析观众行为模式、评估商品选品效果等。继续以美妆品牌为例，通过对比不同场次的直播数据，企业发现某次直播的观看人数虽然较高，但转化率却远低于平均水平。深入分析后发现，该场直播的商品选品与观众兴趣点不匹配，导致观众对商品的关注度不高。此外，直播过程中的互动环节设计不够吸引人，观众参与度较低，也影响了转化效果。

（2）制定优化策略，精准施策。基于数据分析的结果，企业需要制定有针对性的优化策略。这些策略应围绕提升观众参与度、增加商品吸引力、优化直播流程等方面展开。针对上述美妆品牌的例子，企业可以采取以下优化措施：一是调整商品选品策略，根据观众兴趣点和市场需求选择更具吸引力的商品；二是优化直播流程，增加互动环节和趣味性内容，提高观众参与度和留存率；三是加强主播培训，提升主播的专业素养和应变能力，以更好地引导观众参与和购买。

（3）实施与监测，持续优化。优化策略的制定只是第一步，更重要的是实施与监测。企业应确保优化措施得到有效执行，并持续监测数据变化，以评估优化效果并及时调整策略。在美妆品牌的例子中，企业在实施优化策略后，应密切关注直播数据的变化情况。如果数据显示观看人数、互动次数和转化率等关键指标有所提升，则说明优化措施取得了初步成效。此时，企业可以进一步总结经验教训，为未来的直播活动提供借鉴和参考。如果数据表现不佳，企业则需要及时分析问题原因，并调整优化策略以应对挑战。

通过以上四个步骤，企业可以系统地实施直播营销策略，有效提升品牌曝光度和销售额。同时，随着市场的不断变化和技术的不断进步，企业还需保持敏锐的市场洞察力，及时调整和优化直播营销策略，以适应新的市场环境和消费需求。

三、透视消费者需求

直播营销策略在透视消费者需求方面起着至关重要的作用。以下是从多个维度详细分析直播营销策略如何透视并满足消费者需求。

1.消费者需求分析

（1）需求分类。初级的物质需求：消费者为了获取赖以生存的物质产品而产生的需求。高级的精神需求：在物质需求得到满足后，消费者追求非物质层面的满足，如文化、娱乐、社交等需求。

（2）需求特点。消费者需求具有多方面、不确定的特点，需要商家通过深入沟通和观察来发掘和引导。

2.直播营销策略中的消费者需求透视

（1）数据收集与分析。直播电商通过社交媒体、搜索引擎等渠道收集消费者数据，包括购物习惯、喜好、购买能力等，以精准定位目标消费群体。利用大数据分析技术，对消费者数据进行深度挖掘，了解消费者需求的变化趋势，为制定营销策略提供依据。

（2）场景化营销。直播间通过功能区化的场景布置，如前景区展示商品和助播演示、中景区主播演绎、背景区氛围营造等，营造浓厚的购物氛围，吸引消费者停留并产生兴趣。通过产品外观描述、细节/功能展示以及营销活动等方式，让消费者更直观地了解产品，满足其物质需求。

（3）互动与沟通。直播过程中，主播与消费者进行高效互动，回答消费者问题，传递产品信息和品牌价值，增强消费者的信任感和购买意愿。通过互动了解消费者的即时反馈和需求变化，及时调整营销策略和产品推荐。

（4）情感共鸣与认同。主播通过打造独特人设，展示个性、风格和价值观，与消费者建立情感联系，赢取广泛认同。通过分享使用经验、讲述产品体验感受或分享其他用户的使用心得，引发消费者的共鸣和购买欲望。

（5）价格与优惠策略。根据市场需求、竞争对手情况和成本等因素，制定合理的价格策略，确保产品具有竞争力。通过限时优惠、满减券、抽奖等营销活动，激发消费者的购买冲动，满足其对性价比的追求。

（6）心理策略。利用时间限制或限量优惠等方式，制造紧迫感，促使消费者快速作出购买决策。强调产品的独特性和稀缺性，满足消费者追求独特性和个性化的需求。

拓展阅读7-3　直播营销策略示例

以××尔克、×西子、××日记等品牌为例，这些品牌通过直播营销策略成功透视并满足了消费者需求：

案例一：××尔克

在直播间积极与消费者互动，传递品牌正能量和价值观；展示产品品质和特点，提高消费者购买意愿。

案例二：×西子

以古风美妆为定位，吸引追求个性和文化韵味的消费者；与知名主播合作扩大品牌传播范围；定期举办有趣的营销活动吸引粉丝参与。

案例三：××日记

选择与品牌形象相符的主播合作；在直播间详细介绍产品特点和使用效果；提供直播间专享优惠价格吸引消费者下单购买。

直播营销策略通过数据收集与分析、场景化营销、互动与沟通、情感共鸣与认同、价格与优惠策略以及心理策略等方式，深入透视并满足消费者需求。这些策略不仅提高了销售效果，还增强了品牌影响力和消费者忠诚度。

任务三　互动玩法设计

【引导案例】

直播间巧妙化解低俗用语

一、案例背景

某平台主播带货过程中，曾经出现过观众在评论区使用过激的语言，导致运营不得已之下采取拉黑粉丝的操作。主播说："呀，没事没事你不用管导演，那个无所谓，没事，我在这说英语，然后评论区有个朋友说人话，导演害怕我看到了伤心，就把那个给拉黑了，没必要，小时候觉得自己就是无所畏惧，不爽就骂啊，路见不平，甚至给人当头棒喝。那时候觉得自己是一个侠客，可酷了，反正是自己不喜欢的张嘴就来，这个朋友可能是个孩子，还在成长，给他一些耐心啊，我是一个老师呀，我怎么会嫌你幼稚呢？您的意见就是我们的工作方向。"

主播这段回应引来评论区一片好评，巧妙化解的同时，也为直播间拉了一波热度。

二、案例解读

主播巧妙化解直播间粉丝低俗用语的现象，能够进一步表现出主播的职业素养、文化内涵、情绪管理、社交智慧等。

1.职业素养

主播的回应表现出高度的职业素养。他强调自己的教育背景和身份，以一种尊重和尽职的方式与粉丝互动，而非侮辱或挑衅。这种职业素养有助于树立良好的示范，为粉丝提供积极榜样。

2.文化涵养

主播在面对粉丝低俗用语时总是用平和的语气，娓娓道来。对于粉丝的嘲讽，主播淡然的姿态让人感觉到他的风度和涵养，不仅是在直播中应对质疑，更是一种处事的哲学和生活态度。

3.情绪管理

主播在回应低俗用语时保持冷静，不让负面言论影响自己的情绪。这种情绪管理能力有助于维护积极的直播氛围，而不是与粉丝陷入争吵。平静而温和地对粉丝的低俗用语进行回应，不让负面情绪影响自己，而是用理智和耐心回应。这展示了他对情感的掌控和高深的智慧。

4.社交智慧

主播的话术传递出社交智慧。这种社交智慧有助于维持积极的互动环境，避免与粉丝产生冲突。他用社交智慧给粉丝提供了耐心和指导，使那位发表粗俗评论的粉丝有机会改进自己的行为和用词，这体现了他有责任感的一面。

三、案例总结

在直播间使用低俗用语不仅违背了网络礼仪和平台规则，还会对观众产生负面影响，损害主播的形象和信誉。因此主播正确化解直播间低俗用语的做法有助于维护积极的直播氛围，调动观众的积极性，同时也能传达出他们对粉丝的尊重和关怀。主播巧妙化解低俗用语的案例告诉我们，主播可以通过多种方式来巧妙地化解低俗用语和负面评论，同时传递社交责任感，维护积极的互动氛围。

四、案例思考

（1）通过本案例的学习，你觉得主播如何在直播中保持积极、尊重和友好的互动，以吸引观众并建立更好的直播氛围？

（2）通过本案例的学习，你认为主播在面对直播间低俗用语等突发情况时应该怎么做来减少直播间负面影响？

资料来源：编者根据厦门网中网直播销售教学平台（http：//ec.sy.netinnet.cn/ecls/#/home）案例改编。

一、引导点赞、评论

直播间互动玩法对于提升观众参与度、引导点赞和评论至关重要。这些互动不仅能够增强直播的趣味性和吸引力，还能加深主播与观众之间的联系，促进商品销售和信息传递。以下是对直播间互动玩法引导点赞评论的详细分析，虽然由于篇幅限制无法完全覆盖，但将尽可能全面覆盖关键点和策略。

1.直播间互动玩法的重要性

直播作为一种实时互动的信息传递和娱乐形式，其核心在于观众的参与和反馈。有效的互动玩法能够显著提升观众的参与感，激发他们的点赞和评论行为，进而提升直播的活跃度和影响力。这些互动不仅能够帮助主播更好地了解观众需求，还能在潜移默化中推动商品销售或品牌传播。

2.直播间互动玩法分类及策略

（1）弹幕互动。

① 策略分析。弹幕互动是直播中最基础也是最直接的互动方式。观众通过发送弹幕（实时评论）与主播进行即时交流，主播则可根据弹幕内容调整直播内容或回应观众。这种互动方式能够极大地提升观众的参与感和归属感。

② 实施策略。

设置话题引导：主播可以在直播开始前或过程中设置一些有趣或具有争议性的话题，引导观众通过弹幕发表看法。

及时回应：主播应密切关注弹幕内容，及时回应观众的提问或评论，展现真诚和关怀。

控制弹幕数量：为避免信息过载，主播可适当控制弹幕显示速度或设置关键词过滤功能。

（2）礼物打赏。

① 策略分析。礼物打赏是直播中常见的互动方式之一，观众通过购买虚拟礼物表达对主播的支持和喜爱。这种互动方式不仅能够提升直播氛围，还能为主播带来实际收益。

② 实施策略。

设计有吸引力的礼物：确保虚拟礼物的种类和品质与主播的风格和形象相匹配，避免过于商业化或低俗化。

设置奖励机制：对于大额打赏或特定礼物的赠送，主播可以设置一些奖励机制，如抽奖、特别表演等，以增加观众的参与热情。

感谢与回馈：主播应对每一位打赏的观众表示感谢，并适时回馈他们的支持，如点名感谢、赠送小礼物等。

（3）互动游戏与挑战。

① 策略分析。互动游戏和挑战是提升直播趣味性和参与度的有效方式。通过设计一些与直播内容相关的游戏或挑战活动，主播可以吸引观众积极参与并发表评论。

② 实施策略。

设计简单易懂的游戏：确保游戏或挑战的规则简单易懂，易于观众参与。可以设置与主播或直播内容相关的主题和奖品，增加观众的参与热情。

控制游戏时间：合理安排游戏时间，避免过长或过短影响直播节奏和观众体验。

及时公布结果：在游戏或挑战结束后及时公布结果并兑现奖品，增强观众的信任感和满意度。

（4）连麦交流。

① 策略分析。连麦交流是一种多人直播的互动方式，不同主播或观众可以通过连麦进行实时的语音或视频交流。这种互动方式能够增加直播的多样性和互动性，促进主播之间或观众之间的交流与合作。

② 实施策略。

确保设备稳定：在连麦前确保设备的稳定性和质量，避免出现断线、杂音等问题影响交流效果。

尊重隐私：在连麦过程中尊重连麦者的隐私和权益，避免泄露个人敏感信息或发表不当的言论。

控制交流时间：合理控制连麦的时间和频率，避免影响直播的整体节奏和进程。

（5）社交媒体联动。

① 策略分析。通过与社交媒体（如微博、微信、抖音等）的联动，主播可以在直播中引入更多的话题和讨论点，引导观众在社交媒体上参与讨论并带回直播中。这种跨平台的互动方式能够扩大直播的受众范围并提升影响力。

② 实施策略。

分享热门话题：在直播中分享社交媒体上的热门话题或评论，引导观众在社交媒体上参与讨论并分享自己的看法。

预告与宣传：利用社交媒体平台进行直播预告和宣传，增加观众对直播的期待和参与度。

数据分析与优化：利用社交媒体平台的数据分析功能了解观众的行为和喜好，优化直播内容和策略以更好地满足观众需求。

3.引导点赞评论的具体策略

在直播环境中，引导观众点赞和评论是提升直播互动性和参与度的关键手段。以下是对几种有效引导策略的逐条分析，旨在深入探讨如何激发观众的积极反馈。

（1）情感共鸣策略。情感共鸣是人与人之间建立连接的桥梁，在直播中也不例外。主播通过分享个人经历、感人故事或有趣段子，能够触动观众的情感，激发他们的共鸣。当观众感受到主播的真诚与热情时，他们更有可能通过点赞和评论来表达自己的感受和支持。

主播需确保分享的内容真实可信，避免虚假夸大，以真诚的态度打动观众。了解目标观众的情感需求，选择能够引起他们共鸣的话题进行分享。在分享过程中适时设置话题引导，鼓励观众发表评论，同时表达对他们反馈的期待和感激。

（2）话题讨论策略。话题讨论是直播中常见的互动方式，通过提出有争议性、趣味性或时效性的话题，可以激发观众的思考和讨论。这种策略不仅能够增加直播的趣味性，还能促进观众之间的交流，从而带动点赞和评论的增加。

确保话题具有吸引力，能够引起观众的兴趣和关注。主播应积极参与话题讨论，发表自己的观点，并鼓励观众发表不同意见，形成多元化的讨论氛围。在话题讨论结束后，主播可以总结归纳讨论的重点和亮点，并感谢观众的参与和贡献。

（3）奖励激励策略。奖励激励策略是引导观众点赞和评论的有效手段之一。通过设置一定的奖励条件，如点赞达到一定数量、发表精彩评论等，可以激发观众的参与热情，提高他们的积极性。事先明确奖励的标准和条件，确保观众清楚了解如何获得奖励。在评选奖励时，应确保公平公正，避免引起观众的不满和质疑。对于获得奖励的观众，应及时兑现承诺，以维护直播间的信誉和观众的信任。

（4）互动游戏策略。互动游戏是直播中常见的娱乐方式，通过设计有趣的互动游戏，可以吸引观众的注意力，提高他们的参与度。在游戏过程中，观众需要积极参与并发表评论或点赞，从而达到引导的目的。

确保游戏设计简单易懂、有趣味性，能够吸引观众的参与。在游戏开始前，应详细说明游戏规则和参与方式，确保观众了解如何参与游戏。在游戏过程中，主播应积极引导观众参与游戏，鼓励他们发表评论和点赞。

（5）实时反馈策略。实时反馈是直播互动的重要组成部分。主播通过及时回应观众的评论和点赞，可以增强观众的参与感和归属感，从而激发他们的积极反馈。对于观众的评论和点赞，主播应尽快给予回应，避免让观众等待过久。在回应观众时，应保持积极、热情的态度，表达对观众的支持和感激。针对不同观众的评论和点赞，主播可以给予个性化的回复，以展现对观众的关注和重视。

引导点赞评论的具体策略需要主播在情感共鸣、话题讨论、奖励激励、互动游戏和实时反馈等方面下足功夫。通过综合运用这些策略，主播可以有效提升直播的互动性和参与度，与观众建立更加紧密的联系。

二、巧妙派发红包

在直播营销日益盛行的今天，如何吸引并保持观众的注意力，成为了每个主播和品牌关注的焦点。其中，巧妙派发红包作为一种高效且受欢迎的互动方式，不仅能够迅速提升直播间的人气，还能增强观众的参与感和忠诚度。以下是对直播中巧妙派发红包策略的逐条分析，旨在深入探讨其背后的逻辑与效果。

1.设定明确目标与规则

首先，派发红包前必须设定明确的目标和规则。这包括确定红包的总金额、数量、发放时间以及参与条件等。明确的目标有助于主播掌控整体节奏，确保营销活动按计划进行；而清晰的规则能让观众一目了然，减少误解和纠纷，提升活动的公平性和透明度。

2.制造悬念与期待

在直播过程中，主播可以通过制造悬念来吸引观众的注意力，激发他们的参与热情。例如，在宣布即将派发红包时，可以先不透露具体金额或数量，而是设置一些小游戏或问答环节，让观众通过参与获得抢红包的资格。这种方式不仅增加了直播的趣味性，还让观众在期待中保持了高度的关注。

3.结合直播内容设计红包活动

派发红包不应仅仅是一个独立的环节，而应与直播内容紧密结合。主播可以根据当前直播的主题或产品特点，设计相应的红包活动。例如，在介绍某款新产品时，可以设置"产品知识问答"环节，答对的观众即可获得红包奖励。这样既能促进产品的宣传和销售，又能提高观众的参与度和黏性。

4.利用技术手段优化抢红包体验

随着技术的发展，直播平台提供了越来越多的红包发放工具和功能。主播应充分利用这些技术手段，优化抢红包的体验。例如，通过设置定时红包、口令红包等多样化的红包类型，满足不同观众的需求；同时，确保红包系统的稳定性和流畅性，避免在发放过程中出现卡顿或延迟等问题，影响观众的体验。

5.强化互动与反馈

派发红包不仅仅是给予观众物质奖励，更重要的是通过这一环节加强与观众的互动和沟通。主播在发放红包的同时，应密切关注观众的反映和评论，及时回应他们的问题和反馈。这种即时的互动不仅能让观众感受到被重视和关注，还能增强他们对主播和品牌的信任感和归属感。

6.数据分析与复盘

每次派发红包活动后，主播都应对活动效果进行数据分析和复盘。这包括统计红包的发放数量、领取人数、领取率以及观众在活动中的参与度等指标。通过数据分析，可以评估活动的成功与否，发现存在的问题和不足，为下一次活动提供改进的依据。同时，也可以根据观众的行为习惯和偏好，调整和优化后续的营销策略。

7.持续创新与优化

最后，派发红包作为一种营销手段，需要不断创新和优化才能保持其吸引力和效果。主播应关注行业动态和观众需求的变化，及时调整红包活动的形式和内容；同时，也要不断尝试新的营销工具和手段，如虚拟礼物、积分兑换等，以丰富直播间的互动方式和用户体验。

综上所述，巧妙派发红包作为直播营销策略的重要组成部分，具有提升人气、增强互动、促进销售等多重作用。通过设定明确目标与规则、制造悬念与期待、结合直播内容设计红包活动、利用技术手段优化抢红包体验、强化互动与反馈、数据分析与复盘以及持续创新与优化等策略的实施，主播可以更有效地运用红包这一营销工具，为直播营销带来更多的可能性和机遇。

三、抽奖环节设置

直播营销策略中的抽奖环节设置，是提升直播间互动性和观众参与度的重要手段。一个精心设计的抽奖环节不仅能够吸引观众眼球，还能有效促进产品销售和品牌传播。以下是从多个维度对直播抽奖环节设置进行详细分析。

1.抽奖环节的目的与意义

抽奖环节在直播中的首要目的是增加观众的参与感和黏性，通过提供奖品激励观众持续关注和参与直播。同时，抽奖也是品牌宣传和产品推广的有效方式，能够快速提升品牌曝光度和产品销量。此外，抽奖还能增强直播间的互动氛围，提高观众的参与热情和满意度。

2.抽奖形式与模式

直播抽奖通常包括多种形式和模式，以适应不同的直播场景和目标。

（1）形式。

① 图文抽奖：通过展示图片或文字信息，引导观众参与抽奖。

② 文字抽奖：主播在直播过程中口头宣布抽奖规则，观众通过发送特定文字参与。

③ 倒计时抽奖：设置倒计时，时间到后随机抽取获奖者，增加紧张感和期待感。

（2）模式。

① 无门槛活动抽奖：观众无须满足特定条件即可参与，适用于吸引新观众和增加曝光度。

② 有门槛活动抽奖：观众需完成特定任务（如关注、分享、购买等）才能参与，有利于提升用户黏性和转化率。

3.抽奖环节的具体设置

（1）启动时机。抽奖活动应在直播开始不久后即启动，以迅速吸引观众注意力。同时，可根据直播进程和观众互动情况，适时调整抽奖频率和奖品设置。

①奖品设置。奖品的选择应与直播主题和目标观众群体相匹配，既要具有吸引力，又要符合品牌形象和产品定位。例如，在美妆直播间可以设置化妆品、护肤品等奖品；在游戏直播间可以设置游戏装备、道具等。

奖品的价值应适中，既能激发观众的参与热情，又不会让直播间承担过大的成本压力。可以设置多个奖项，包括特等奖、一等奖、二等奖等，以覆盖不同层级的观众需求。

②规则公布。在抽奖前，应通过评论区置顶、图文说明或跑马灯等方式明确告知观众抽奖规则和参与方式。规则应简单明了，避免观众因不了解规则而错过参与机会。

③互动方式。问答形式抽奖是增强互动性的有效方式。主播可以提出与产品相关的问题，观众回答正确即可参与抽奖。这种方式既能推广产品，又能提升观众的参与感和满意度。

截图抽奖也是常见的互动方式。主播通过截取屏幕上的评论或弹幕，随机选取幸运观众进行抽奖。这种方式能够增加直播的趣味性和不确定性，吸引观众持续关注。

（2）技术手段。使用随机数生成器等技术手段来保证抽奖过程的公平性和公正性，避免人为操作带来的质疑和不满。针对不同抽奖形式使用不同的技术手段，如设置幸运转盘、弹幕抽奖等，以提升抽奖环节的趣味性和吸引力。

4.抽奖环节的效果评估与优化

（1）效果评估。通过观察直播间的观众数量、互动率、转化率等指标，评估抽奖环节的效果。同时，收集观众反馈和建议，了解他们对抽奖环节的满意度和改进意见。

（2）优化策略。根据评估结果调整抽奖环节的频率、奖品设置和互动方式等，以不断提升观众的参与度和满意度。尝试新的抽奖形式和模式，以适应不断变化的直播环境和观众需求。

综上所述，直播营销策略中的抽奖环节设置是一个复杂而细致的过程，需要综合考虑多个因素。通过精心设计和不断优化，可以充分发挥抽奖环节的潜力，为直播营销带来更好的效果。

➡素养提升➡

智能媒体时代主播互动能力的升级策略

一、更好地应用智能产品

在智能媒体时代，为了增加直播的吸引力，主播可以更多地借助智能产品，提升效率，每场直播的准备工作，从图文到视频、虚拟场景，甚至虚拟形象都能得到智能产品的支持，大幅提升筹备效率，保证内容呈现的高质量和丰富度。同时，直播平台的功能深研是必不可少的工作。主播所用的直播产品是自己和用户的连接媒介，若能让用户更便利地使用，表达自己的感受，就能指数级提高互动效率，缩短自己和用户的距离。

二、从网友心理出发提升互动设计能力

在大众传媒领域，每一位主播都是信息的传播者，需要懂心理学才能让信息更好地交互。主播具备一定的心理学知识，从用户心理锚点出发更能达成互动效果。

话题互动：直播要学会抛出话题，征求用户意见，获得互动的效果，满足用户表现欲。这个互动方式是比较常见的。

权力转移：给用户权力可以支配主播，让主播帮你做事，满足用户的掌控欲。或者你想看谁节目就放哪位明星的点播机制。或者红毯直播中，用户想问嘉宾什么问题，主播帮用户做到。例如，在直播王××考中戏的过程中，网友可以指挥前方主播，往哪走去哪儿看，主播就是用户的眼睛，让用户能够逛校园。了解用户想了解的所有消息。

人际关系：在每天都有新主播蹿红的当下，主播在有一定粉丝积累期之后需要开启联动破圈。平台是用户们"生活"的地方，建立主播和用户的关系，是直播间的内部关系，建立主播和主播之间的关系，是内容的生态关系。这两种人际互动可以带来更多的内容和新鲜感。

利用虚拟现实技术：用 AI 服装、AI 形象，进行直播交互，既满足视觉的新鲜体验，在特定时间展现真实个人又能满足网友的好奇心。在和不同用户、主播互动的时候可以根据对方喜好实时"变装"，使直播内容充满新鲜感。

资料来源：王昱迪. 智能媒体时代主播互动能力的升级研究［C］. 2024年"传承·弘扬中华文化"高峰论坛论文集，2024.

➡基础训练➡

一、单项选择题

1.直播间营销话术是指直播间主播向粉丝展示产品或服务的特点和利益点，进而促成转化成交的语言表达技巧，其关键在于（　　　）。

A.刺激直播间粉丝的痛点　　　　B.寻找大众粉丝

C.探讨市场需求　　　　　　　　D.展现才艺

2.开场白和欢迎粉丝是主播积极问候新进入直播间的粉丝，说明（　　　）。

A.本场直播的主题和主推商品或服务　　B.商品特性

C.介绍商品优惠券　　　　　　　　　　D.介绍下播时间

3.为了活跃直播间氛围和提升人气，主播要介绍直播间的互动玩法，介绍商品优惠券、限时限量促销、秒杀款等属于直播话术中的（　　）。

A.开场白和欢迎粉丝　　　　　　　　　B.介绍商品或服务

C.直播玩法　　　　　　　　　　　　　D.下次直播预告

4.下列（　　）属于直播间违禁词。

A.今天的价格是9.9元　　　　　　　　B.这件商品会化解小人

C.请点击下方小黄车　　　　　　　　　D.祝大家做个好梦

5.在直播营销"四步法"中，（　　）是结合消费场景提出粉丝的痛点及需求点，给粉丝一个购买的理由，主播要浅浅地提出问题，不要深入讲，也不要立即引入产品，重点是引起话题和共鸣。

A.重视问题　　　　B.引入问题　　　　C.降低门槛　　　　D.提出问题

二、多项选择题

1.直播间营销话术的作用主要体现为（　　）。

A.吸引粉丝　　　　B.创造围观　　　　C.留住粉丝　　　　D.促进转化成交

2.直播间营销话术通常由（　　）构成。

A.开场白和欢迎粉丝　　　　　　　　　B.介绍商品或服务

C.直播玩法　　　　　　　　　　　　　D.下次直播预告

E.介绍同类直播间

3.下列属于直播间违规内容的是（　　）。

A.宣传伪科学　　　　　　　　　　　　B.宣传吸烟可以提神

C.涉及危险驾驶　　　　　　　　　　　D.占卜类

4.直播营销"四步法"是指主播在（　　）环节对商品的功效、优势和利益点进行讲解的营销方法。

A.提出问题　　　　B.重视问题　　　　C.引入产品　　　　D.降低门槛

5.直播电商中，有效吸引观众注意力的话术通常包括（　　）。

A.限时优惠信息　　　　　　　　　　　B.引人入胜的故事或背景介绍

C.冗长无关的个人经历　　　　　　　　D.强调产品独特卖点的语言

三、判断题

1.直播开播后，粉丝决定是否留在直播间的关键在于"黄金30分钟"的体验，如果主播能在粉丝刚进入直播间时就运用营销话术留住粉丝，那么直播间的人气就会越来越旺。　　　　　　　　　　　　　　　　　　　　　　　　　（　　）

2.如果直播的是3C数码产品，主推商品必须都有检测，检测器材、被检测商品、检测的数据必须呈现在直播中，不能附有与其他商品对比的图片。　　　（　　）

3.本场直播结束后，主播不能提前向粉丝预告下次直播时间。　　　　　（　　）

4.直播间商品销售需要遵循一定的模式，其中直播营销"四步法"就是一种典型的销售方式。　　　　　　　　　　　　　　　　　　　　　　　　　　（　　）

5.主播在直播中应该始终保持高亢的情绪和语速，以吸引观众的注意力。（　　）

四、问答题

1.面对观众的质疑或负面评论，主播应该如何运用话术巧妙化解，并转化为正面互动？

2.在策划直播前，如何明确直播的目标和受众定位，以确保营销策略的精准性？

一项目实训一➡

一、实训目标

1.提升销售额与市场份额。

2.优化直播流程，提升主播能力。

3.提升直播活动的吸引力和转化率。

二、实训内容

1.查看产品（即食牛肉）信息（如图7-1所示），熟悉产品的详情及直播销售机制。

2.根据产品的特点及具体的优惠机制，设计一段直播话术，话术内容需要包含产品的基本信息、产品参数、产品功能、产品亮点、直播间销售机制等信息。

即食牛肉	1. 基本信息：	1.原价：99元／6袋
	● 品牌名称：CG	2.直播间价格：89元／袋
	● 产品名称：即食牛肉	3.叠加优惠：关注店铺领取10
	2. 产品参数：	元优惠券
	● 口味：黑胡椒味	4.库存：6 000袋
	● 食品工艺：卤味	5.互动方式：任务抽奖，直播间
	● 产地：中国山西	人数达到XX时抽奖
	● 食用方式：开袋即食	6.奖品：新品鸡肉肠一袋
	● 肉类产品：牛肉脯	7.保障：7天无理由退货，假一
	● 净含量：80g／袋	赔四，上门取退
	● 生产日期：2023年10月30日	8.配送地区：全国发货
	● 保质期：240天	9.物流服务：申通或圆通包邮
	● 资质：拥有生产许可证编号，符合食品质量安全准入标准	
	3. 产品亮点：	
	（1）低脂高蛋白：配料表仅有牛肉、黑胡椒和盐，热量120kcal/袋	
	（2）健身定制牛肉：选自牛的大腿部位，剔除多余筋膜与脂肪口感更鲜嫩，饱腹感强	
	（3）肉质鲜嫩：沿纹理规则切片肉质鲜嫩 入口满满肉香	
	（4）健身餐，不单调：一日三餐随心百变搭	

图7-1　即食牛肉相关信息

三、实训要求

直播话术要亲切、贴近生活用语，避免使用违规用语。填写表7-1。

表7-1　　　　　　　　　　　即食牛肉直播话术

产品	直播话术（不少于800字）
即食牛肉	基本信息：
	产品参数：
	产品功能：
	产品亮点：
	直播间销售机制：

项目八　直播复盘与数据分析

直播结束并不意味着直播工作的完结，通常还需要对直播进行复盘，总结直播的亮点和问题，并做好售后服务，为下一次直播销售积累经验。在直播结束后，通过对本场直播进行复盘，首先分析直播核心数据，评估是否达到直播目的；其次从直播内容和团队工作两个方面进行具体分析，以发现问题和解决问题；最后根据分析结果提出优化意见或建议。本项目聚焦直播后的复盘与数据分析，通过详细解读用户行为、流量变化、转化效果等关键指标，帮助学生掌握优化直播策略的方法。注重提升学生运用数据驱动思维解决实际问题的能力，为提升直播电商运营效率与业绩奠定坚实基础。

学习目标

知识目标：

◇ 了解直播复盘的目的，掌握直播复盘的执行周期；

◇ 了解直播数据分析的流程，掌握处理和分析数据的方法；

◇ 熟悉直播复盘指标，掌握直播优化的方法。

能力目标：

◇ 能够进行数据分析，通过数据分析发现直播销售存在的问题；

◇ 能够进行直播复盘和总结，根据直播销售的不足作出策略性调整。

素养目标：

◇ 能够善于总结和反思自身存在的问题，不断改进，提升专业能力，提升直播效果；

◇ 能够与直播团队、产品团队、运营团队等保持紧密沟通，了解各方需求，确保数据分析工作的顺利进行；

◇ 能够与商家、供应商等外部合作伙伴进行沟通，收集市场反馈，为数据分析提供更多维度的信息。

项目导图

```
项目八　直播复盘与数据分析
    任务一　直播复盘
        直播复盘的目的
        直播复盘的执行周期
        直播复盘指标
        直播复盘与优化
    任务二　直播数据分析
        直播数据分析目标
        获取数据
        处理数据
        分析数据
```

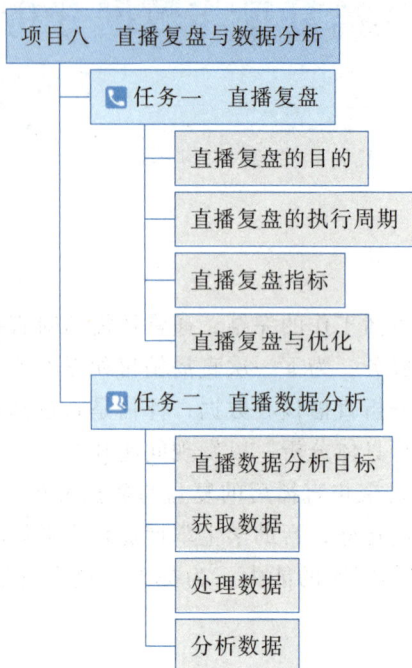

任务一　直播复盘

【引导案例】

直播间差异化引流拉新技巧

一、案例背景

2021年12月28日，某集团转型的农产品直播带货平台直播间开启，但最初两个月观众数和销售额均不如预期。然而，2022年6月，主播凭借双语带货和独特的个人风格迅速出圈，带动了直播间的巨大关注。根据电商数据平台抖查查的数据，该直播间在2022年6月2日至7月2日期间举办了35场直播，场均销售额超过2亿元，总销售额达到了7.17亿元。其抖音电商直播账号的粉丝数量在2022年6月迅速增长，单日粉丝增加了391万，6月18日的单日直播观看人次达到了6 167.3万。截至2022年7月2日，该直播间的粉丝总数已经达到了2 076万。在直播带货领域竞争激烈的情况下，如何结合主播个人优势、如何避免同质化、如何进行引流拉新是该直播间策划者需要考量的问题，通过与当下热点风口相契合的新进路，直播呈现了当下直播带货引流拉新的新路径与新探索。

二、案例解读

1.中华文化的自信表达

中华文化的自信表达对于直播带货业务具有积极的影响。它不仅建立了情感连接和认同感，吸引了特定观众，还有助于文化传承和推广，同时建立了品牌忠诚度和长期关系。这一文化自信的表达在直播带货中的应用是成功引流和拉新的重要因素之一。

2.知识存量的丰富储备

（1）满足观众的求知欲望：观众不仅仅是为了购物而观看直播带货，他们也希望从中获取有趣的知识和信息。

（2）建立观众与主播之间的情感连接：通过分享知识，主播能够与观众建立更深入的情感联系。

（3）增强观众的忠诚度：观众倾向于跟随那些能提供更多价值和知识的主播，因为他们不仅仅是为了购物而观看直播，还因为主播提供了额外的知识和信息价值。这为引流和拉新提供了可持续的机会。

三、案例总结

优秀中华文化的自信表达、主播广博的知识结构、制作精良且颇具网感的短视频以及严格的招商选品，为直播间知识带货的成功发挥了巨大作用。这种"知识＋带货"的方式不仅取得了高流量与高收益，也为直播带货打开了新的窗口，给其他同类型的直播企业提供了引流拉新的新思路以及更多的可能性。

四、案例思考

阅读以上案例，思考主播主要依靠什么方式来进行知识带货？

资料来源：编者根据厦门网中网直播销售教学平台（http：//ec.sy.netinnet.cn/ecls/#/home）案例改编。

一、直播复盘的目的

直播复盘，作为直播营销流程中不可或缺的一环，目的在于精准评估直播效果、优化直播内容与形式、提升主播能力与团队协作、洞察市场趋势与用户需求，以及建立持续改进的循环机制。不仅是对过去直播活动的全面审视与总结，更是对未来直播策略优化与效果提升的驱动力，是推动直播营销向更高水平发展的关键所在。

1.精准评估直播效果

直播复盘的首要目的是对直播活动进行客观、量化的效果评估。这包括但不限于观看人数、互动率（如点赞、评论、分享等）、转化率（商品购买、会员注册等）、用户停留时长等关键指标。通过数据分析，可以直观了解直播的受众规模、用户参与度及最终转化效果，为直播效果的好坏提供科学依据。同时，对比预设目标与实际达成情况，能够迅速识别出直播中的亮点与不足，为后续调整提供依据。

2.优化直播内容与形式

复盘过程中，对直播内容的深入分析是提升直播质量的重要途径。通过分析用户反馈、互动热点及转化路径，可以发现哪些话题、产品介绍方式、互动环节更受用户欢迎，哪些则显得乏味或难以引起共鸣。基于此，直播团队可以有针对性地调整内容策略，如优化脚本、丰富表现形式、增强互动性，使直播内容更加贴近用户需求，提升观看体验和转化率。

3.提升主播能力与团队协作

主播是直播活动的灵魂，其表现直接影响直播效果。复盘时，应重点关注主播的表达能力、产品介绍技巧、临场应变能力等方面，通过回看录像、听取观众反馈，为主播提供具体的改进建议。同时，复盘也是检视团队协作效率的好时机，包括技术支持、商品上架、客服响应等各个环节的流畅度与配合度。通过不断优化团队协作机制，确保直播过程中各环节紧密衔接，提升整体运营效率。

4.洞察市场趋势与用户需求

直播复盘不仅是对单次活动的总结，更是对市场趋势与用户需求的一次深刻洞察。通过分析直播数据与用户行为，可以发现当前市场的热点、用户偏好的变化以及潜在的市场机会。这些信息对于制订未来直播计划、选品策略、营销策略等都具有重要参考价值。同时，也能帮助品牌更精准地定位目标用户群体，实现精准营销。

5.建立持续改进的循环机制

直播复盘的核心价值在于其能够推动直播活动的持续优化与迭代。通过不断复盘，直播团队能够形成一套行之有效的自我评估与改进机制，将每一次直播的经验教训转化为下一次直播的宝贵财富。这种持续改进的循环机制，不仅能够促进直播效果的稳步提升，还能不断提升团队的专业能力和市场敏锐度，为品牌的长远发展奠定坚实基础。

二、直播复盘的执行周期

直播复盘的执行周期可以根据团队的具体需求、直播活动的频率以及数据分析的精细程度来灵活设定。直播复盘周期的设置，直接影响到团队对直播活动的响应速度、策略调整的精准度以及长期发展规划的制定。一个合理的复盘周期，既能够确保团队对直播活动的及时反馈，又能够为长期战略规划提供充分的数据支持。一般来说，常见的直播复盘执行周期包括日复盘、周复盘和月复盘，每个周期都有其特定的目的和关注点。

1.日复盘

直播日复盘是直播运营中至关重要的一环，它旨在通过每日对直播活动的详细回顾与分析，及时发现问题、总结经验并优化后续策略。

直播日复盘是直播运营中的关键环节，旨在通过快速回顾与分析当日直播活动，实现即时反馈与调整。它帮助团队精准识别问题、总结经验，以数据为导向优化直播策略，如选品、营销及互动方式等。同时，复盘过程也是一次团队知识共享和能力提升的机会，能够增加成员间的协作与默契。此外，复盘还能激励团队士气，通过认可成就和明确方向，激发团队成员的积极性和创造力。总之，直播日复盘是提升直播质量、优化运营策略、促进团队成长的重要手段。

直播日复盘的主要复盘内容涵盖了数据表现、内容质量、团队协作等多个方面（见表8-1）。通过对这些内容的全面回顾与分析，团队可以及时发现问题、总结经验并优化后续策略。

表8-1　　　　　　　　　　　　直播日复盘的主要内容

复盘周期	复盘目的	复盘人员		主要复盘内容
日复盘	改善动作	主播运营人员	数据	停留时长、增粉量、互动数、UV、GMV、转化率等。简要复盘，环比分析目标对比数据，排查异常。如无异常，通报即可
			内容	脚本执行度、产品讲解脚本感染力。前者用以检验脚本的可执行程度和主播的执行能力，后者用于优化产品讲解脚本
			团队	主播互动、种草收割状态、萌新主播还需关注表达（言语、肢体语言）；另外关注精神面貌、心理状态是否有异常
			其他	其他异常问题及时提出并处理

2. 周复盘

直播周复盘是优化直播效果的关键环节，旨在全面评估过去一周的直播表现。通过数据分析、内容回顾和团队协作，直播周复盘能识别直播中的亮点与不足，总结经验教训。它不仅关注观看人数、互动率等关键指标，还深入分析内容策划、主播表现、技术稳定性等多个方面。直播周复盘的目的在于调整优化直播策略，如改进内容、提升主播能力、解决技术难题等，以期提升观众体验和转化率。同时，这也是增强团队协作、明确未来方向的重要契机。通过不断复盘与改进，直播活动将更加成熟有效，为品牌或产品带来更广泛的曝光和销售机会。

直播周复盘全面审视过去一周直播表现，同样也从数据表现、内容质量、团队协作等几方面聚焦关键指标，如观看量、互动率、转化率，深入分析内容创意、主播表现、技术稳定性等环节（见表8-2）。通过数据对比与问题剖析，总结经验教训，明确改进方向，旨在优化直播策略，提升观众体验与转化率，同时强化团队协作，为下一阶段直播活动奠定坚实基础。

表8-2　　　　　　　　　　　　　直播周复盘的主要内容

复盘周期	复盘目的	复盘人员		主要复盘内容
周复盘	改善动作	直播经理	数据	GMV、转化率、UV、停留时长、增粉量、互动数、目标达成率等。对照目标详细复盘，检验活动策略、互动、投放效果，找出问题，提出改善意见
		策划人员运营人员	内容	检验脚本可执行度、活动效果，优化改善。检验短视频、图文宣传推广及引流效果
		主播	团队	团队执行能力、工作态度、协同效率
		内容人员等	其他	其他需要协调并处理的问题

3. 月复盘

直播月复盘是直播运营中不可或缺的一环，旨在全面审视过去一个月的直播活动，通过深入剖析数据、内容、技术及市场反馈，精准评估直播成效。其目的在于清晰识别直播过程中存在的优势与不足，提炼成功经验，同时针对暴露出的问题制定有针对性的改进措施。

直播月复盘全面回顾并分析观看人次、互动率、转化率、销售额等核心数据，评估直播的整体效果和趋势（见表8-3）。直播月复盘通过深入剖析直播内容的吸引力、创新性及主播的表现力，识别观众喜好与反馈；通过检查直播过程中的技术稳定性，评估直播流程的效率与顺畅度，提出改进建议。基于复盘结果，调整直播策略，包括内容方向、营销策略、互动环节等，以提升未来直播效果；总结本月直播的亮点与不足，规划下月直播的目标与重点，确保直播活动的持续性和有效性。

表8-3　　　　　　　　　　　　　直播月复盘的主要内容

复盘周期	复盘目的	复盘人员		主要复盘内容
月复盘	改善计划	直播团队	数据	己方、友商及行业的GMV、ROI、转化率、停留时长、UV、直播时长、人群画像等。详细复盘，找出差距、短板，制定改善措施，并根据直播情况调整改善计划

续表

复盘周期	复盘目的	复盘人员	主要复盘内容	
月复盘	改善计划	直播团队	内容	检验脚本可执行度、活动效果，优化改善。检验短视频、图文宣传推广及引流效果
			团队	团队执行能力、工作态度、协同效率（含跨部门）、制度、激励措施等
			产品	产品结构、产品定位、产品定价、销售策略、竞品对比等
			售后	交付效率、响应效率、客户问题总结等
			其他	其他需要公司高管层协调并处理的问题

三、直播复盘指标

微课 8-1

直播电商的
效果评估与
优化

1.流量指标

直播流量指标是衡量直播活动吸引力和观众参与度的重要标准，它们直接反映了直播间的热度和商业价值。以下是几个关键的直播流量指标：

（1）在线人数。在线人数是指在直播过程中，同时观看直播的观众数量。这是直播间流量的核心指标之一。在线人数能够直观地反映直播的实时吸引力和观众的参与度。随着直播的进行，在线人数的变化可以反映直播间内容的吸引力以及观众的兴趣点。

（2）总PV（页面浏览量）。总PV指总的页面浏览量或点击量，用户每次访问直播间一次均被记录1次PV。

总PV反映了直播间的曝光度和观众的访问频率，是评估直播间流量规模的重要指标。

（3）总UV（独立访客数）。总UV指访问直播间的总人数，在同一天内，进入直播间的用户最多被记录一次UV。总UV排除了重复访问的干扰，更准确地反映了直播间的独立访客数量，是评估直播间受众规模和潜在市场的重要指标。

（4）粉丝UV占比。粉丝UV占比是粉丝浏览人数与总UV之比。这个指标反映了直播间粉丝的活跃度和忠诚度，对于直播间的长期发展和粉丝经济的培养有重要意义。

（5）观看时长。观看时长是指观众在直播间停留的平均时间。观看时长不仅反映了直播内容的吸引力，还体现了观众对直播的黏性和兴趣程度。较长的观看时长有助于提升直播间的整体流量和商业价值。

（6）流量来源分布。流量来源分布是指观众进入直播间的不同渠道及其占比。了解流量来源分布有助于直播平台优化推广策略，提高推广效率和精准度。同时，通过分析不同渠道的流量质量，可以评估各渠道的推广效果和潜在价值。

2.互动指标

（1）弹幕数量和互动评论数。弹幕是观众在观看直播时发送的即时评论，互动评论则包括观众在直播间或相关平台上留下的文字评论。弹幕数量和互动评论数的增加显示了观众的积极参与程度，以及对直播内容的兴趣和投入度。这些互动行为能够增强直播的活跃度和互动性，提升观众的参与感和归属感。

（2）点赞数。点赞是观众对直播内容表示喜爱和支持的一种方式，通过单击屏幕上的点赞按钮来实现。点赞数的多少反映了观众对直播内容的认可程度，也是衡量直播受欢迎程度的重要指标之一。高点赞数有助于提升直播间的热度和曝光率，吸引更多观众进入直播间。

（3）分享数。分享是观众将直播内容分享到社交媒体或其他平台上的行为，通过单击分享按钮实现。分享数的高低直接影响了直播内容的传播范围和影响力。观众主动分享直播内容，可以吸引更多潜在观众进入直播间，提升直播间的流量和曝光度。

（4）礼物赠送数量和价值。在直播平台上，观众可以通过赠送虚拟礼物来支持和鼓励主播，礼物赠送数量和礼物的价值反映了观众对主播的欣赏和支持程度。高数量和高价值的礼物赠送不仅为主播带来了经济收益，也是观众忠诚度和参与度的体现。同时，礼物赠送行为还能够激发其他观众的参与热情，形成良好的互动氛围。

（5）用户停留时长。用户停留时长是指观众在直播间停留的平均时间。用户停留时长不仅反映了直播内容的吸引力，还体现了观众对直播的黏性和兴趣程度。较长的停留时长有助于提升直播间的整体流量和商业价值，因为观众在直播间停留的时间越长，越有可能产生购买行为或进行其他形式的互动。

3.转化指标

（1）转化率。转化率是衡量直播营销效果的重要指标，反映了观众从观看转化为购买或其他目标行为（如注册、留资等）的有效性。计算公式通常为：转化率=商品上架后的成交单量/相应时段在线人数×100%。

通过转化率，可以直观地了解直播活动的商业效果，评估直播内容、营销策略以及产品本身对观众的吸引力。高转化率意味着直播活动具有较高的商业价值，能够为品牌或产品带来更多的销售机会和收益。

（2）GPM（每千次观看带来的成交金额）。GPM是衡量直播带货转化效率的一个重要指标，它反映了每千次观看直播能够带来的成交金额。计算公式为：GPM=GMV（成交金额）×1000/场观人次（PV）。

GPM直接影响了直播间的商业价值，它能够帮助主播或品牌方评估直播间的流量质量和转化效率。通过优化直播内容、提升主播能力、改进产品展示等方式，可以提高GPM，从而增加直播间的整体收益。

（3）客单价。客单价反映了平均每个成交用户带来的成交金额，是衡量直播销售效率的重要指标之一。计算公式为：客单价=GMV（成交金额）/成交人数。

客单价不仅与产品的定价策略有关，还与直播间的营销策略、用户画像等因素密切相关。通过提高客单价，可以增加直播间的整体销售额和利润水平。

（4）曝光-点击转化率。曝光-点击转化率反映了观众对直播间商品的关注度和兴趣程度，计算公式为：曝光-点击转化率=直播间商品点击人数/直播间商品曝光人数×100%。

曝光-点击转化率能够在一定程度上反映主播讲解商品的能力以及商品的性价比。高曝光-点击转化率意味着观众对商品有较高的兴趣度，有助于提升商品的购买转化率。

（5）点击-创建转化率。点击-创建转化率反映了主播引导观众下单的能力，计算公式为：点击-创建转化率=直播间创建订单人数/直播间商品点击人数×100%。

点击-创建转化率是衡量直播间销售流程顺畅度的重要指标之一。通过优化直播间内的购买流程、提高主播的促单能力等方式，可以提高点击-创建转化率，从而增加直播间的销售额。

（6）退款率。退款率是指直播期间产生退款行为的订单数量占总订单数量的比例。其计算公式为：退款率=退款订单数量/总订单数量×100%。其中，退款订单数量指的是在直播期间消费者因各种因素（如商品质量问题、与描述不符、个人原因等）申请退款并成功退款的订单总数；总订单数量则是直播期间所有成交的订单数。

微课 8-2

直播电商的
效果判断标准

商品质量、主播描述、消费者需求及售后服务共同作用于退款率。商品若存在损坏、瑕疵或与描述不符等质量问题，会直接导致消费者退款。主播的描述若不准确或夸大其词，也会让消费者感到失望而退货。消费者需求的变化及商品实际效果与描述不符，同样会发生退款行为。而优质的售后服务，如快速响应、有效解决问题，则能有效降低退款率。因此，商家需全面提升商品质量、规范主播描述、关注消费者需求变化，并加强售后服务，以综合降低退款率，提升消费者满意度与品牌忠诚度。

拓展阅读 8-1　**《网络直播主体信用评价指标体系》团体标准解读**

《网络直播主体信用评价指标体系》团体标准（以下简称标准）在 2022 年 7 月 29 日第二届中国新电商大会主论坛上发布。

一、背景意义

随着移动互联网的快速发展，网络直播行业进入快速发展期。网络直播的直观性、即时性和互动性等特点，使其在丰富人民群众精神文化生活，促进电子商务升级，助推数字经济发展等方面发挥了积极作用。网络直播媒体属性、社交属性和商业属性的日益凸显，使其对网络空间生态的影响越来越大。网络直播领域出现的商业营销混乱、充值打赏失范、内容导向等问题严重制约了行业的健康发展。近年来，针对直播领域群众反映强烈的失信问题，相关部门集中开展专项治理行动，推动出台了一系列法律法规，网络生态得到明显改善。

中共中央办公厅、国务院办公厅印发的《关于推进社会信用体系建设高质量发展促进形成新发展格局的意见》明确指出，加强各类主体信用建设，完善信用标准体系，加强信用服务市场监管和行业自律，促进有序竞争，提升行业诚信水平。加强网络直播行业的信用体系建设，形成信用治理的长效机制，对于整个行业的高质量发展至关重要。

为进一步贯彻落实网络直播领域相关政策法规，规范网络直播行为，加强行业自律，推进互联网领域诚信建设，中国网络社会组织联合会、中国经济信息社新华信用牵头，中国标准化研究院重点提供技术支撑，中国网络视听节目服务协会、抖音、B 站等单位共同参与编制《网络直播主体信用评价指标体系》团体标准。

二、标准主要技术内容

(一) 基础内容

标准给出了网络直播、网络主播、直播间运营者、职业信用信息等关键术语和定义；提出了应遵守依法依规、客观公正、公开规范的评价原则；规定了评价主体应具备的资源和能力、管理制度、监测机制等方面要求，给出了开展信用评价的频次建议。

(二) 指标体系

标准从网络主播、直播间运营者两类网络直播主体的角度，设立了基本要求、职业信用、直播管理、行业评价、社会评价、公共信用六个方面的信用评价指标。

基本要求从注册信息、直播账号、职业资质、直播行为四个方面设置三级指标；职业信用从职业能力、信用承诺、直播行为、直播内容四个方面设置三级指标；直播管理从人员管理、信用管理、内容管理、互动管理、禁播情况、管理能力六个方面设置三级指标；行业评价从表彰、惩戒、投诉三个方面设置三级指标；社会评价从媒体报道、第三方评价两个方面设置三级指标；公共信用从行政激励、行政惩戒、司法失信、公益事业四个方面设置三级指标。三级指标分为加分项、减分项两类。

评价主体可根据网络直播的分类特征，按照导向性、科学性、代表性、可行性的指标设置原则，在三级指标下细化设置四级评价指标，以提升标准的适用性。标准旨在"以评促建，以评促优"，指标设置既吸收了政府主管部门有关个人信息保护、未成年人保护、算法安全、网络生态等的相关要求，回应社会热点关切，又纳入了网络主播培训、公益活动、诚信承诺等自律性内容。

(三) 方法和程序

标准提供了定量指标、定性指标的测算方法，信用分计算以及信用等级划分方法。信用分采用千分制，包括基本要求指标600分、加分项三级指标400分；信用分为"五星级""四星级""三星级""二星级""一星级"五个等级。

标准规定了评价前应确定评价目的，成立评价委员会，由评价委员会制订评价方案、采集评价数据、核实分析评价数据、给出评价结果等开展评价的工作程序。

三、预期效果

标准吸收了抖音、B站、快手、YY、阿里巴巴、京东集团等业界主要网络直播平台规则，总结了中国投资协会、中国食品工业协会等行业协会及四川、杭州、衢州、昆明等地先进直播实践经验，为各网络直播平台开展网络主播、直播间运营者的信用评价提供统一的规则。

标准实施将有助于规范网络直播主体行为、建立健全直播行业信用体系、提升行业诚信水平，通过引导和促进网络直播主体依法履行主体责任，践行社会主义核心价值观，倡导行业加强网络文明建设，从而推动网络直播行业高质量发展。

资料来源：张欣亮，张敬娟.《网络直播主体信用评价指标体系》团体标准解读［EB/OL］.［2022-08-09］. https：//www.cspress.com.cn/index.php? c=show&id=164218.

四、直播复盘与优化

1.流量指标的复盘与优化

（1）流量规模不足的优化。流量规模不足的表现：短视频内容与直播间内容不垂直，导致高跳失率；短视频种草效果不佳，商品展示场景、卖点不突出；直播间场景布置不佳，视觉效果差。

优化建议：加强短视频与直播间的内容联动，确保两者之间的垂直度；优化短视频的种草效果，突出商品卖点；优化直播间场景布置，增强视觉效果。

流量规模不足问题的优化建议和实施策略见表8-4。

表8-4 直播流量指标分析1

直播数据指标	存在的问题	优化建议	实施策略
流量指标	流量规模不足	加强短视频内容与直播间内容联动	（1）明确内容定位：确定短视频和直播间的核心主题或产品类别，确保两者在内容方向上保持一致。 （2）制定内容策略：围绕核心主题或产品，规划短视频和直播间的内容序列，确保内容之间有逻辑联系和连贯性。 （3）风格统一：确保短视频和直播间在视觉风格、语言风格、品牌调性等方面保持一致，增强观众的整体认知。 （4）互动引导：在短视频中适当植入直播间预告或引导语，激发观众兴趣并引导他们进入直播间
		优化短视频种草效果	（1）突出商品卖点：在短视频中清晰、简洁地展示商品的独特之处和优势，通过对比、实验等方式证明其效果。 （2）创意展示：采用创意的展示方式，如故事化叙述、情景模拟等，使商品在场景中自然融入，增强观众的代入感。 （3）高质量制作：提升短视频的画质、音效等制作水平，确保内容的专业性和观赏性。 （4）用户评价展示：适当展示真实用户的评价和使用效果，增加商品的信任度和说服力
		优化直播间场景布置	（1）专业设计：聘请专业设计师或团队，根据直播内容和品牌调性进行场景设计，确保布局合理、美观大方。 （2）氛围营造：利用灯光、色彩、背景板等元素营造与直播内容相匹配的氛围，增强观众的沉浸感。 （3）互动区域设置：在直播间内设置互动区域，如弹幕墙、抽奖区等，提高观众的参与度和黏性。 （4）定期更新：根据直播内容和季节变化定期更新场景布置，保持新鲜感，吸引观众持续关注。互动插件：使用直播平台提供的互动插件，如弹幕抽奖、红包雨等，增加互动趣味性。 （5）社交媒体联动：在直播过程中引导观众关注社交媒体账号，并在社交媒体上发起相关话题讨论，扩大互动范围

（2）流量来源单一的优化。直播流量来源单一的问题，通常表现为过度依赖某一渠道或方式获取观众，如仅依赖平台自然推荐或少量固定付费广告。这种情况下，直播间的流量增长受到限制，稳定性差，难以应对市场变化。解决之道在于探索多元化的流量获取策略，如加强与社交媒体、短视频平台的联动，利用KOL合作扩大影响力，同时优化直播间内容吸引自然流量，形成多渠道、多层次的流量来源体系，以保障直播间的持续稳定发展。

流量来源单一问题的优化建议和实施策略见表8-5。

表8-5　　　　　　　　　　　　　直播流量指标分析2

直播数据指标	存在的问题	优化建议	实施策略
流量指标	流量来源单一	多元化付费渠道	（1）探索多种广告形式：不仅限于平台内广告，可以尝试社交媒体广告、搜索引擎广告、行业相关网站广告等，以覆盖更广泛的潜在观众。 （2）定期评估广告效果：根据ROI和转化率定期调整广告策略，优化投放时段、目标受众和广告创意
		增加自然流量	（1）优化直播内容：提高直播内容的质量和吸引力，确保内容与目标受众的兴趣点相契合，增加用户黏性和自然分享率。 （2）利用SEO优化：确保直播标题、描述和标签等关键信息包含相关关键词，提高在搜索引擎中的排名。 （3）建立社群互动：通过直播后的社群维护，增强粉丝黏性，鼓励他们分享直播内容，从而扩大自然流量
		加强跨平台合作与引流	（1）与KOL或网红合作：寻找与自身品牌或直播内容相符的KOL或网红进行合作，通过他们的推荐吸引更多观众。 （2）利用社交媒体和短视频平台：在抖音、快手、微博、微信等平台上发布直播预告、精彩片段或幕后花絮，引导观众进入直播间。 （3）举办联合活动：与其他主播或品牌联合举办活动，共同吸引流量，实现资源共享和互利共赢
		优化直播间设置与互动	（1）提升直播间视觉效果：优化直播间的场景布置、灯光、音效等，提高观众的观看体验。 （2）增加互动环节：设置抽奖、问答、投票等互动环节，提高观众的参与度和留存率。 （3）建立粉丝激励机制：为粉丝提供专属福利、优惠或特权，激发他们的归属感和忠诚度，促进口碑传播

2.互动指标的复盘与优化

（1）互动不足的优化。互动不足是直播互动指标复盘中的常见问题之一。这可能是由于主播缺乏引导、观众兴趣不高或直播内容缺乏吸引力等导致的。

互动不足问题的优化建议和实施策略见表8-6。

表8-6   直播互动指标分析1

直播数据指标	存在的问题	优化建议	实施策略
互动指标	互动不足	增强主播引导能力	(1) 培训提升：定期对主播进行互动技巧培训，包括如何引导观众发言、提问、参与投票等。 (2) 设置话题：在直播前准备一些与直播内容相关的话题或问题，引导观众在弹幕中讨论。 (3) 实时反馈：对观众的弹幕和评论给予及时、有趣的反馈，增加互动的乐趣
		提升直播内容吸引力	(1) 内容创新：保持直播内容的新鲜感和独特性，避免重复和枯燥。 (2) 观众参与：设计更多需要观众参与的环节，如游戏、抽奖、问答等。 (3) 情感共鸣：通过分享个人经历、讲故事等方式与观众建立情感联系，增强观众的代入感和参与感
		利用工具促进互动	(1) 互动插件：使用直播平台提供的互动插件，如弹幕抽奖、红包雨等，增加互动趣味性。 (2) 社交媒体联动：在直播过程中引导观众关注社交媒体账号，并在社交媒体上发起相关话题讨论，扩大互动范围

（2）观众流失严重的优化。观众流失严重也是直播互动指标复盘中的一个重要问题。观众流失可能发生在直播的任何阶段，但通常与直播内容的质量、主播的表现以及观众体验等因素有关。

观众流失严重问题的优化建议和实施策略见表8-7。

表8-7   直播互动指标分析2

直播数据指标	存在的问题	优化建议	实施策略
互动指标	观众流失严重	提高直播内容质量	(1) 内容规划：提前规划好直播内容，确保内容连贯、有吸引力。 (2) 专业讲解：提升主播的专业素养和讲解能力，确保信息传达准确、清晰。 (3) 多样化呈现：结合视频、图片、文字等多种形式呈现直播内容，避免单一形式导致的视觉疲劳
		优化观众体验	(1) 网络稳定：确保直播过程中网络连接的稳定性，避免因网络问题导致的卡顿或中断。 (2) 界面友好：优化直播间的界面设计，确保观众能够轻松找到所需信息并顺畅操作。 (3) 及时响应：对观众的反馈和问题进行及时响应和处理，提升观众满意度
		增强观众黏性	(1) 会员制度：建立会员制度，为会员提供专属福利和特权，增强观众对直播间的归属感。 (2) 社群建设：建立观众社群，如微信群、QQ群等，定期举办线下活动或线上聚会，增强观众之间的交流和联系

3.转化指标的复盘与优化

直播转化指标是衡量直播营销活动效果的关键参数，它直接反映了直播活动对观众购买行为的促进程度。通过对直播转化指标的复盘，我们可以发现直播过程中存在的问题，进而通过优化策略来提升直播效果，实现更高的转化率。

（1）转化率低的优化。转化率低是直播商业变现中的一大难题。如果转化率持续走低，且持续保持在5%以内，意味着选品和直播间的用户匹配度不高，需要进行调整。这可能是由于商品选择不当、主播带货能力不足或观众购买意愿不强等导致的。

转化率低问题的优化建议和实施策略见表8-8。

表8-8　　　　　　　　　　　直播转化指标分析1

直播数据指标	存在的问题	优化建议	实施策略
转化指标	转化率低	精准选品	（1）市场调研：通过市场调研了解目标观众的需求和偏好，选择符合其需求的商品进行推广。 （2）品质保证：确保所推广的商品质量可靠、性价比高，避免因商品质量问题导致的退货和差评
		提升主播带货能力	（1）专业培训：对主播进行带货技巧培训，包括产品介绍、演示、试用等环节的优化。 （2）情感营销：通过讲述产品背后的故事、分享个人使用体验等方式与观众建立情感联系，激发购买欲望
		优化购买流程	（1）简化流程：优化购买流程，减少不必要的步骤和等待时间，提高购买效率。 （2）支付安全：确保支付过程的安全性和稳定性，消除观众的支付顾虑
		利用促销手段	（1）限时优惠：设置限时折扣、满减等优惠活动，刺激观众尽快下单购买。 （2）赠品策略：提供购买赠品或积分兑换等福利，增加购买的吸引力

（2）退款率高的优化。高退款率不仅直接导致直播转化率下降，影响销售效果，还严重损害商家品牌形象与信誉，使潜在消费者因疑虑而犹豫购买。同时，处理退款过程烦琐且成本高，包括运费、检验及审核等，这些都大大增加了商家的运营成本，进而压缩了利润空间，降低了整体盈利能力。因此，控制退款率是直播电商行业提升竞争力和可持续发展的关键一环。

退款率高问题的优化建议和实施策略见表8-9。

表8-9　　　　　　　　　　　直播转化指标分析2

直播数据指标	存在的问题	优化建议	实施策略
转化指标	退款率高	提高商品质量	建立严格的质量管理体系，从原材料采购、生产过程、成品检验等各个环节进行把控。同时，定期进行质量抽查和第三方检测，确保商品符合国家和行业质量标准，以及消费者的期望

续表

直播数据指标	存在的问题	优化建议	实施策略
转化指标	退款率高	准确描述商品	主播在直播时应遵循诚信原则，对商品的特点、优点和缺点进行客观、真实的描述。避免使用夸张、模糊或误导性的语言。同时，商家可以提供详细的商品参数、使用说明和实物图片等，帮助消费者更全面地了解商品
		优化售后服务	商家应建立完善的售后服务体系，包括设立专门的客服团队、制定明确的退换货政策、提供便捷的售后服务渠道等。同时，加强对售后人员的培训和管理，确保他们能够提供专业、耐心、细致的服务
		加强消费者教育	商家可以利用直播、社交媒体等渠道，向消费者普及购物知识、消费者权益保护法律法规等。同时，鼓励消费者理性消费、合理维权，引导他们在购买前充分了解商品信息、比较不同商品之间的优劣等。此外，商家还可以设立消费者反馈机制，及时了解消费者的需求和意见，为改进商品和服务提供参考

任务二　直播数据分析

【引导案例】

"雪山买货"引流案例分析

一、案例背景

根据某平台数据，2021年8月30日的雪山直播成绩斐然，进行了三次直播总观看人次高达81.9万，在线人数峰值达1.2万，同时实现了当日涨粉1.2万的亮眼业绩。此外，该日的销售额也从之前的1.4万元飙升至35.5万元。截至2021年8月31日，与此直播相关的话题"雪山直播卖羽绒服"成功登上抖音热榜，其热度高达553.6万，对于在2021年8月中旬才展开首播的××登山服饰而言，这已经是相当出色的业绩。

二、案例解读

1.人（主播）

（1）吸引力和专业知识：主播的吸引力是吸引观众的第一要素。他们可能拥有特定的外貌、性格或魅力，使他们在直播过程中更容易吸引观众的关注。

（2）讲解技巧：主播应能够生动地介绍产品，解释其特点和性能，以便观众更好地了解产品。在这个案例中，主播可能使用了生动的语言和示范来展示羽绒服的特点，从而提高了观众的参与度。

（3）深入了解产品：主播必须对他们销售的产品有深入的了解，以便能够回答观众提出的问题。通过在直播中分享他们的专业知识，主播可以建立信任感，鼓励观众购买产品。

2.货（产品）

（1）品牌知名度：虽然这是××登山服饰首次尝试直播带货，但品牌的知名度在直播中起到了关键作用。观众可能更愿意购买来自知名品牌的产品，因为他们通常与更高的品质和可靠性联系在一起。

（2）产品特点的展示：主播需要在直播中有效地展示产品的特点和优势。在雪山直播中，主播的讲解和演示技巧起到了至关重要的作用，帮助观众更好地了解羽绒服的性能和设计。

3. 场（环境）

（1）吸引力和特殊性：雪山是一个独特的自然环境，具有自然美、宁静和壮丽的特点。这种场景对观众产生强烈的吸引力，引发他们的向往感，尤其是对那些生活在城市中的观众来说，这种乡村或自然风光的背景提供了一种慢生活和幸福感的氛围。

（2）观看体验：尽管雪山环境独特，但这也带来了一些挑战。信号问题和风声呼啸可能会影响观众的观看体验。这些问题可能会降低观众的满意度，甚至减少他们的互动程度。

三、案例总结

在雪山直播案例中，人、货、场这三要素共同塑造了直播的流量效果。主播的吸引力和专业程度（人）吸引了大量观众，而高质量的商品和促销活动（货）为观众提供了明显的购买动机。特殊的自然环境（场）增加了独特的吸引力，引发观众的向往感，提供一种慢生活和幸福感的氛围。然而，环境也带来了一些挑战，如信号问题和风声呼啸，这可能会影响观众的观看体验。因此，在选择直播场景时需要谨慎考虑，以确保不会影响流畅的直播和良好的声音质量。综合来看，人、货、场三要素的协同作用帮助雪山直播实现了显著的流量增长，将观众吸引到直播间并提高了购买转化率。这个案例展示了在直播带货中如何通过综合考虑这三个要素来取得成功的流量效果。

四、案例思考

在雪山直播案例中，哪些要素为观众提供了购买动机？

资料来源：编者根据厦门网中网直播销售教学平台（http://ec.sy.netinnet.cn/ecls/#/home）案例改编。

一、直播数据分析目标

要进行数据分析，首先要确定数据分析目标。通常来说，数据分析目标主要有以下三个：

第一个目标，寻找直播间数据发生波动的原因，数据上升或下降都属于数据波动。

第二个目标，寻找优化直播内容、优化直播效果的方案。

第三个目标，推测平台算法，然后从算法出发对直播进行优化。

微课 8-3

直播电商
复盘及优化

二、获取数据

进行数据分析首先要有足够多的有效数据。主播可以通过账号后台以及第三方数据分析工具来获取数据。

1.账号后台

通常在主播账号后台会有直播数据统计，主播可以在直播过程中或直播结束后通过账号后台获取直播数据，主播可以通过 PC 端直播中控台获得直播数据。

例如，淘宝直播，主播可以在 PC 端直播中控台首页中依次选择"直播管理""直播详情"选项（如图 8-1 所示）。

图8-1   淘宝直播后台直播管理

2.平台提供的数据分析工具

为了帮助卖家更好地运营店铺，直播平台为卖家提供了一些运营工具，如抖音电商罗盘（如图8-2所示）是抖音电商官方设计的一款能够进行多视角全方位统计的数据产品，旨在帮助商家、达人及机构在抖音生态建立稳定的经营模式，从内容流量、商品服务、用户私域三大命题出发，为各个角色在内容提升、服务提升、流量投放、选品营销、人群转化等方面提供智能化数据指导与分析支持。卖家可以获得与直播相关的数据，并使用这些工具了解自己店铺的直播情况。

图8-2   抖音电商罗盘

3.第三方平台

市场上有很多专门为用户提供直播数据分析的第三方数据分析工具，主播可以利用这些工具搜集自己需要的数据。例如"蝉妈妈""飞瓜"等数据分析工具（如图8-3所示）。

图8-3   "蝉妈妈"和"飞瓜"数据分析平台

三、处理数据

处理数据是指将搜集来的数据进行排查、修正和加工，以便进行后续分析。通常来说，处理数据包括两个环节，第一个环节是修正数据，第二个环节是计算数据。

1.修正数据

无论是从主播账号后台抓取的数据、利用第三方数据分析工具下载的数据，还是人工统计的数据，都有可能出现失误，所以主播首先需要对搜集来的数据进行排查，发现异常数据后要对其进行修正，以保证数据的准确性和有效性，从而保证数据分析结果的科学性和可参考性。

例如，在搜集的原始数据中，某一天某款商品的直播销量为"0"，而通过查看店铺销售记录证实当天该款商品在直播中是有销量的，所以"0"就是一个错误值，需要主播对其进行修正。

2.计算数据

通过修正数据确保数据具有准确性后，主播可以根据数据分析的目标对数据进行计算，以获得更丰富的数据信息，激发更多的改进思路。计算数据包括数据求和、平均数计算、比例计算、趋势分析等。为了提高工作效率，主播可以使用 Excel 的相关功能对数据进行计算。

四、分析数据

直播数据分析是深入洞察直播效果与观众行为的关键过程。通过对观看人数、互动频率、销售额、用户画像等多维度数据的搜集与分析，可以精准评估直播的吸引力、用户参与度及商业价值（如图8-4所示）。这一过程不仅能帮助主播了解观众喜好，优化直播内容，还能助力平台制定更有效的推广策略与商业决策。直播数据分析是提升直播质量、增强用户黏性、促进销售转化的重要工具，为直播行业的持续发展提供了有力支持。

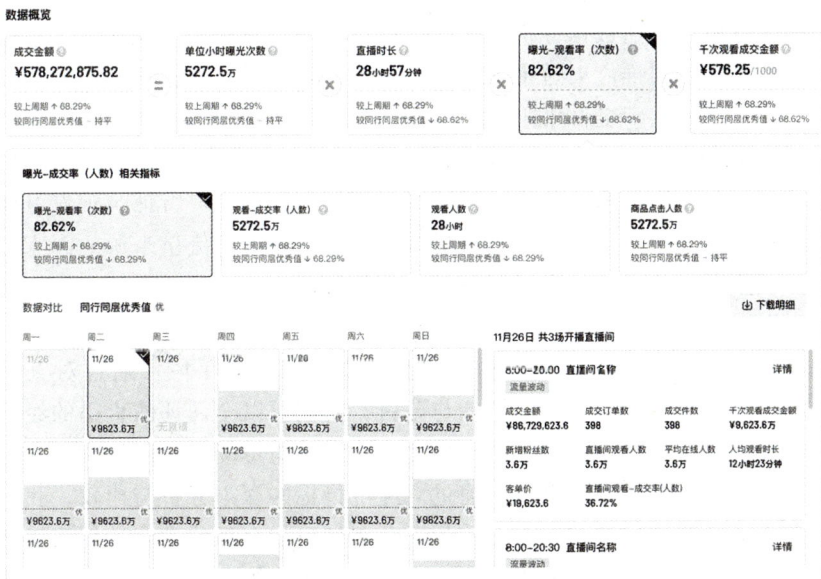

图8-4　直播数据分析

1.观众统计分析

观众统计分析是直播数据分析的基石，它深入探索了观众群体的特性与行为模式。通过综合分析用户的注册信息、观看历史、互动记录等数据，我们能够构建出多维度的用户画像，这不仅涵盖了观众的基本属性如年龄、性别、地域，还揭示了他们的兴趣偏好、观看习惯及忠诚度等深层次信息。这些信息对于直播平台而言具有极高的价值，因为它们能够指导平台制定更加精准的内容推送策略、优化用户体验、增强用户黏性，并促进用户转化与留存。同时，观众统计分析还为平台提供了市场洞察的窗口，帮助平台了解行业趋势、竞争对手动态，以及潜在的市场机会。

2.内容分析

内容分析是直播数据分析中不可或缺的一环，它直接关系到直播的质量与吸引力。通过对直播内容的深入剖析，我们可以评估不同内容类型的受欢迎程度、观众反馈以及主播的表现力。内容分析不仅关注直播的题材选择、表现形式与创意度，还关注内容的连贯性、时效性以及观众的情感共鸣。通过分析观众对不同内容的观看时长、互动频率及反馈意见，我们可以识别出哪些内容更受观众欢迎，哪些内容需要改进或淘汰。这些信息为直播平台提供了优化内容策略的重要依据，帮助平台提升直播内容的吸引力与竞争力。

3.互动情况分析

互动情况分析是衡量直播活跃度与观众参与度的重要指标。通过对评论数、点赞数、分享数及打赏数等互动数据的统计与分析，我们可以直观地了解观众对直播内容的兴趣程度与参与热情。高互动率不仅反映了直播内容的吸引力与观众的认可度，还体现了直播间的氛围与活跃度。互动情况分析还能够帮助主播更好地了解观众的需求与期望，及时调整直播策略与话题选择，以更好地满足观众的期待与需求。同时，互动数据也是评估主播表现与直播效果的重要依据之一，有助于平台对主播进行更加全面与客观的评价与激励。

4.流量来源分析

流量来源分析是直播数据分析中的关键环节之一，它揭示了观众进入直播间的路径与渠道。通过对不同推广渠道带来的观众数量、观看时长及转化率等数据的统计与分析，我们可以评估各渠道的推广效果与投入产出比（如图8-5所示）。流量来源分析不仅有助于平台优化资源配置与预算分配，还能够帮助平台发现新的市场机会与潜在用户群体。同时，流量来源分析还能够揭示不同地区的用户特征与观看习惯，为平台提供更加精准的地域化运营策略与市场推广方案。通过对流量来源的深入分析与挖掘，平台可以不断提升自身的市场竞争力与品牌影响力。

5.经济指标分析

经济指标分析是评估直播商业价值与盈利能力的重要手段。通过对直播间销售额、成本投入及利润贡献等数据的统计与分析，我们可以全面评估直播的经济效益与盈利能力。经济指标分析不仅关注销售额的增长情况与市场份额的扩大情况，还关注成本控制与利润提升等方面的表现。通过对经济指标的深入分析与比较，我们可以发现直播业务中的盈利点与潜在风险点，为平台制订更加合理的商业计划与战略目标提供有力支持。同时，经济指标分析还能够为平台提供决策参考与风险预警功能，帮助平台在激烈的市场竞争中保持稳健的发展态势与盈利能力。

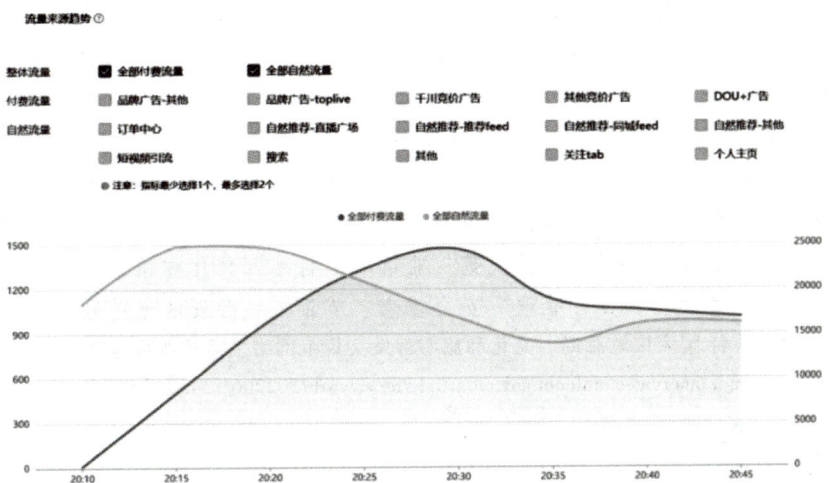

图8-5　直播流量来源数据

━素养提升━➤

《网络主播行为规范》解读

新华社北京6月22日电　近日，国家广播电视总局、文化和旅游部联合印发《网络主播行为规范》（以下简称《行为规范》）。

《行为规范》明确，通过互联网提供网络表演、视听节目服务的主播人员，包括在网络平台直播、与用户进行实时交流互动、以上传音视频节目形式发声出镜的人员，应当遵照本行为规范；利用人工智能技术合成的虚拟主播及内容，应当参照本行为规范。

针对网络主播从业行为中存在的突出问题，《行为规范》分别从正反两个方面规定了网络主播在提供网络表演和视听节目服务过程中应当遵守的行为规范和要求。强调网络主播应坚持正确政治方向、舆论导向和价值取向，积极践行社会主义核心价值观；应坚持健康的格调品味，自觉摒弃低俗庸俗媚俗，抵制破坏网络表演、网络视听生态的不良行为；从事如医疗卫生、财经金融、法律、教育等需要较高专业水平直播的网络主播应取得相应执业资质。同时，列出了网络主播在提供网络表演和视听节目服务过程中不得出现的行为，为网络主播从业行为划定了底线和红线：不得发布违反宪法所确定的基本原则及违反国家法律法规的内容；不得编造、故意传播虚假信息扰乱社会治安和公共秩序；不得蓄意炒作社会热点和敏感问题；不得炒作绯闻、丑闻、劣迹，传播格调低下、违背社会主义核心价值观、违反公序良俗的内容；不得介绍或者展示易引发未成年人模仿的危险行为，不得表现诱导未成年人不良嗜好的内容；不得引导用户低俗互动，组织煽动粉丝互撕谩骂、拉踩引战、造谣攻击，实施网络暴力；不得通过有组织炒作、雇佣水军刷礼物等手段，暗示、诱惑、鼓励用户大额"打赏"，引诱未成年用户"打赏"；不得营销假冒伪劣商品，夸张宣传误导消费者等。

《行为规范》指出，各级文化和旅游行政部门、广播电视行政部门、文化市场综合执法机构、网络表演和网络视听平台及经纪机构、有关行业协会在加强网络主播教育引导、监督管理、违规行为处理等方面应切实履行职责，促进形成合力。《行为规范》要求，网络表演、网络视听平台和经纪机构要严格落实对网络主播管理的主体责任，建立健全网络主播入驻、培训、日常管理、业务评分档案和"红黄牌"管理等内部制度规范。对出现违规行为的网络主播，要强化警示和约束；对问题性质严重、多次出现问题且屡教不改的网络主播，应当封禁账号，将相关网络主播纳入"黑名单"或"警示名单"，不允许以更换账号或更换平台等形式再度开播。对违法失德艺人不得提供公开进行文艺表演、发声出镜机会，防止转移阵地复出。网络表演、网络视听经纪机构要依法合规为网络主播提供经纪服务，维护网络主播合法权益。平台和经纪机构规范网络主播情况及网络主播规范从业情况，将纳入文化和旅游行政部门、广播电视行政部门许可管理、日常管理、安全检查、节目上线管理考察范围。

资料来源：佚名.国家广电总局、文化和旅游部发文规范网络主播从业行为［EB/OL］.［2024-10-20］. http://tradeinservices.mofcom.gov.cn/article/news/ywdt/202206/134591.html.

基础训练

一、单项选择题

1.以下不属于活动运营"执行阶段"的是（　　）。

A.活动预热　　　　B.活动发布　　　　C.过程执行　　　　D.效果评估

2.以下关于直播电商的效果判断标准，说法正确的是（　　）。

A.直播间点击量是判断直播电商效果的标准之一

B.直播间曝光量越高，直播效果越好

C.直播间跳出率是指观众在直播间点击链接后，立即退出的次数

D.直播间转化率越高，直播效果越好

3.直播复盘中最关键的数据指标之一是（　　）。

A.在线观看人数　　B.主播颜值　　　　C.直播间背景音乐　D.商品库存数量

4.在直播复盘时，发现直播间平均停留时长较短，可能的原因是（　　）。

A.主播话术吸引人　　　　　　　　B.直播间内容不吸引人

C.商品价格过低　　　　　　　　　D.直播设备高端

5.直播过程中，提升观众互动率的有效方法是（　　）。

A.减少抽奖次数　　　　　　　　　B.忽视观众评论

C.设置互动话题和问答环节　　　　D.延长广告时间

二、多项选择题

1.以下（　　）指标是直播电商的效果评估指标。

A.观看人数　　　　B.销售额　　　　　C.在线人数　　　　D.粉丝UV占比

2.直播复盘时，通常需要关注（　　）指标。

A.在线观看人数　　　　　　　　　B.观众停留时长

C.互动率（如点赞、评论、分享）　D.商品转化率

3.影响直播效果的因素可能包括（　　）。

A.直播内容的吸引力和质量　　　　B.主播的表现力和专业度

C.直播间的布置和氛围　　　　　　D.营销策略和促销手段

4.直播复盘过程中，为了提升观众互动率，可以考虑（　　）策略。

A.设置互动话题和问答环节　　　　B.增加抽奖和福利活动

C.鼓励观众分享直播内容　　　　　　　D.延长广告时间（这通常会降低互动率）

5.分析直播中商品销量不佳的原因时，以下（　　　）因素可能是导致商品销量不佳的原因。

A.商品价格不合理　　　　　　　　　　B.商品与观众需求不匹配

C.主播对商品介绍不充分或不准确　　　D.营销策略缺乏吸引力

三、判断题

1.在线人数是直播电商的效果评估指标之一，它是反映直播间流量的核心指标，通常最值得关注的流量指标就是在线人数。　　　　　　　　　　　　　　（　　　）

2.销售额是直播电商的效果评估指标之一，销售额高的直播电商，说明其产品受欢迎程度高，直播电商的运营也更加成功。　　　　　　　　　　　　　　（　　　）

3.直播电商的转化指标中，观看人数是唯一一个不能直接反映直播电商转化效果的指标。　　　　　　　　　　　　　　　　　　　　　　　　　　　　　　（　　　）

4.在线人数是直播间流量的核心指标，通常最值得关注。　　　　　　（　　　）

5.观看人数是直播电商流量指标之一，它反映了直播间的观众数量。　（　　　）

四、问答题

1.如何根据本次直播的复盘结果，为下一次直播制订更优化的策略和计划？

2.观众在直播中的行为数据（如停留时长、跳出率、转化率）揭示了哪些关于我们直播的问题？

项目实训

一、实训目标

1.评估直播效果，精准识别问题。

2.分析、优化直播策略与流程，提升数据驱动能力。

3.强化团队协作，共同制订优化方案。

二、实训内容

1.互动数据指标（相关数据如图8-6至图8-9所示）

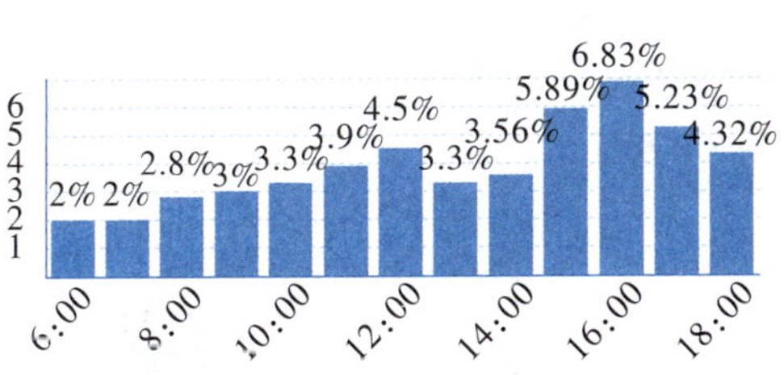

图8-6　各时点直播互动率对比

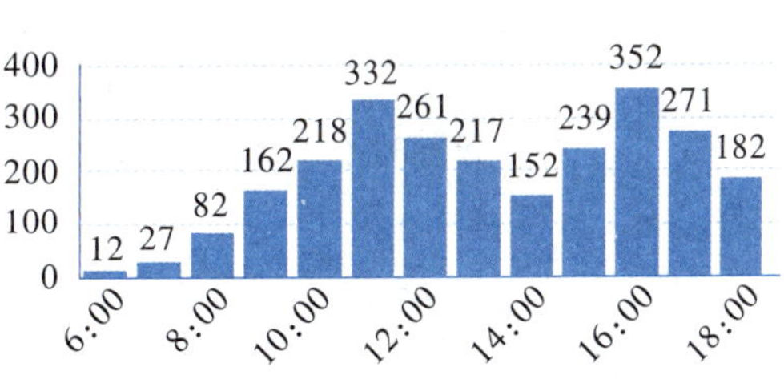

图8-7　各时点直播间涨粉数对比（人）

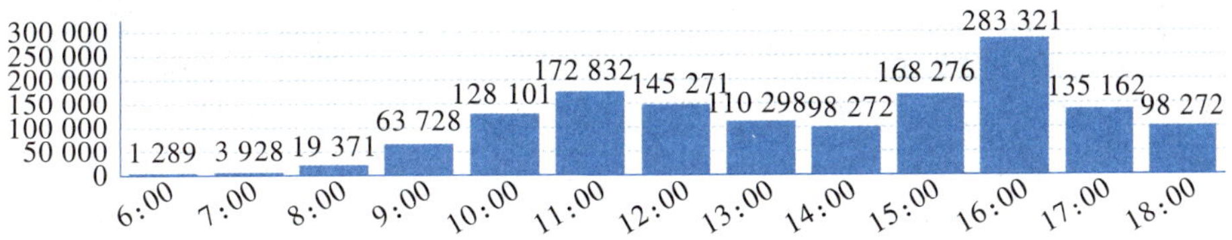

图8-8　各时点直播间点赞数对比（次）

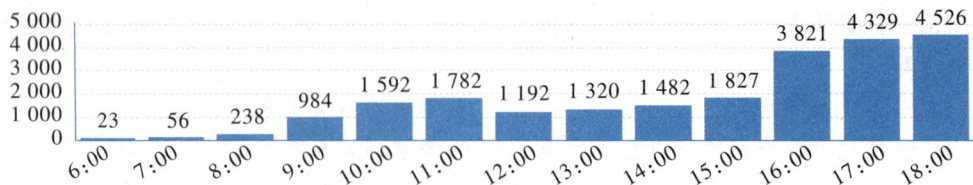

图8-9　各时点直播间评论数对比（条）

2.人气数据指标（相关数据如图8-10至图8-13所示）

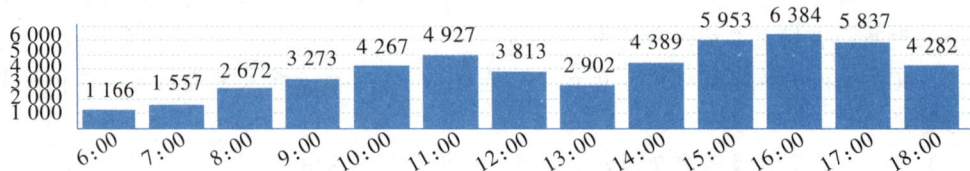

图8-10　各时点平均直播实时在线人数对比（人）

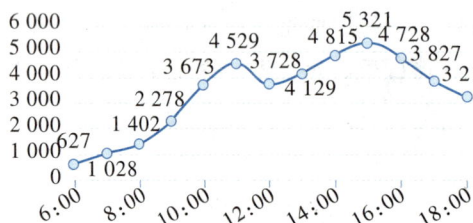

图8-11　各时点推流速度趋势（人）

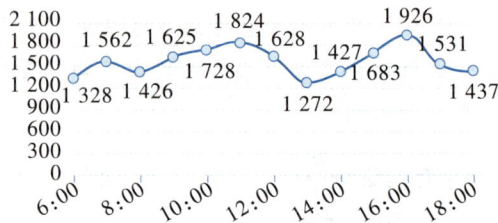

图8-12　各时点直播留存指数趋势

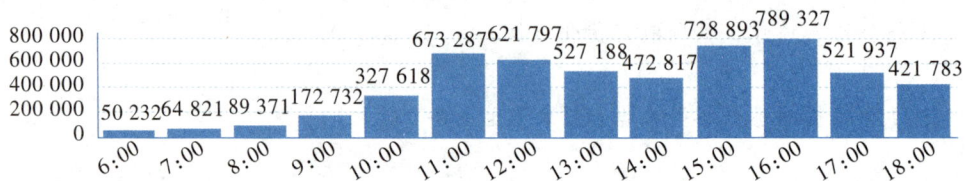

图8-13　各时点直播观看人次对比（人）

3.商品数据指标（相关数据如图8-14至图8-19所示）

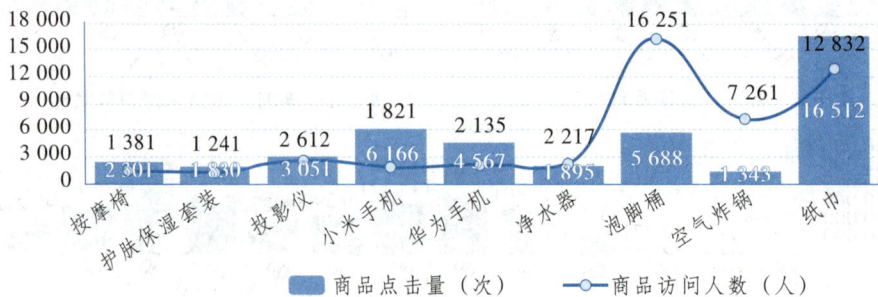

商品点击量（次）　　商品访问人数（人）

图8-14　直播商品数据流量对比

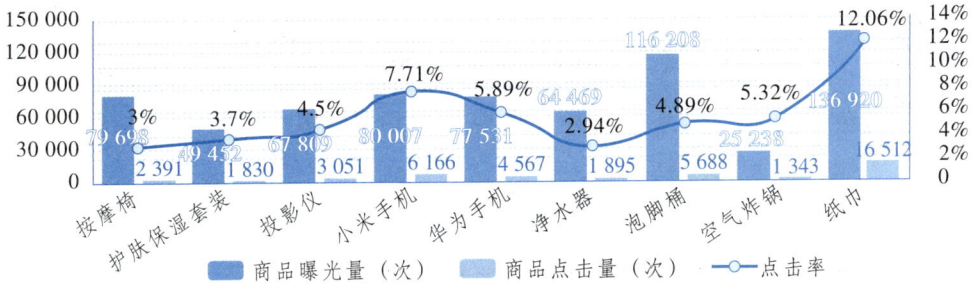

图8-15　直播商品点击数据对比

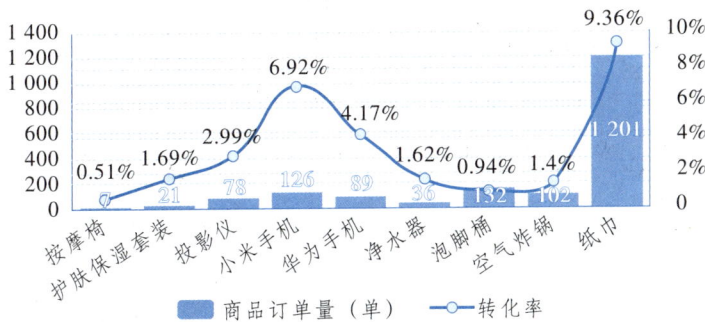

图8-16　直播商品转化数据对比

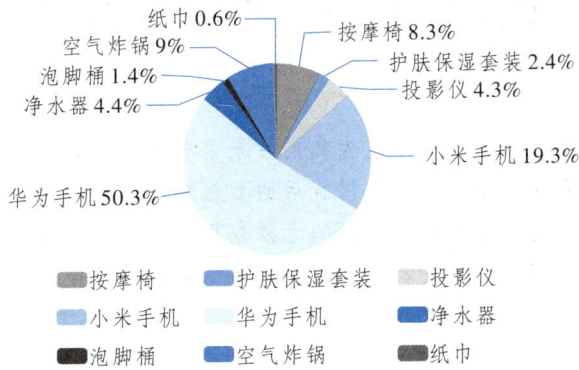

图8-17　直播商品销售额占比分布

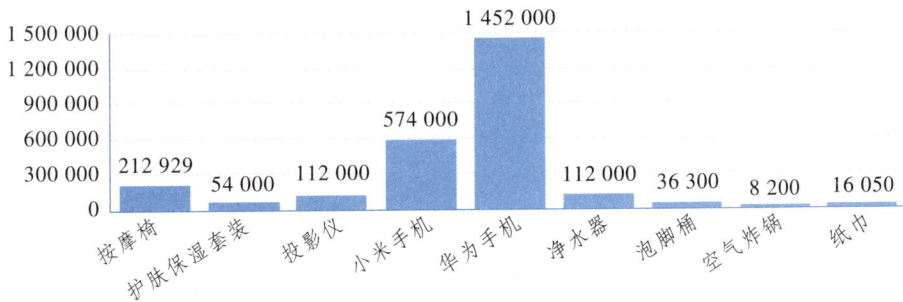

图8-18　直播商品销售额对比（元）

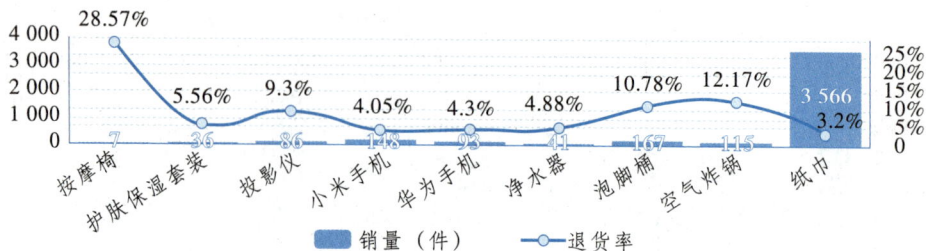

图8-19 直播商品销售及退货率对比

4.成交数据指标（相关数据如图8-20至图8-22所示）

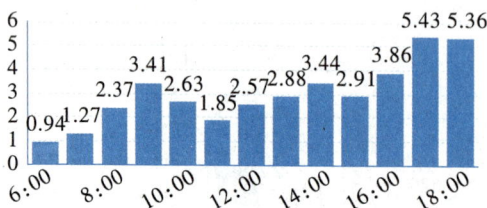

图8-20 各实点UV价值对比（元）

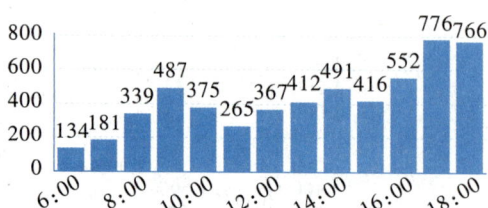

图8-21 各时点千次观看成交额趋势（元）

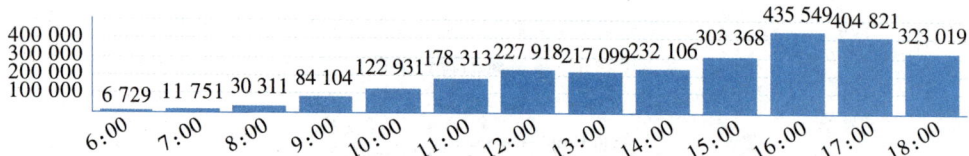

图8-22 各时点新增销售额对比（元）

三、实训要求

某直播间在近期的直播带货中，为我们带来了引人瞩目的直播成果。为了更好了解本次直播活动的表现，揭示本次直播背后的数据情况，以便在未来的直播活动中更有针对性地优化。请逐一分析数据反馈的直播数据指标（人气数据指标、成交数据指标、互动数据指标、商品数据指标）并撰写直播复盘分析报告。

项目九　三大主流电商平台带货

直播电商作为新兴的电商模式，正以其独特的魅力和巨大的市场潜力吸引着越来越多的消费者。现在我们将进入实操阶段，通过实操，你将亲身体验直播电商的魅力，并不断提升自己的直播技能和营销能力。我们会根据不同的平台进行划分，针对不同的平台进行实操内容讲解。

学习目标

知识目标：

◇ 了解淘宝平台的基础知识；

◇ 了解抖音平台的基础知识；

◇ 了解快手平台的基础知识；

◇ 熟悉直播带货的基本操作。

能力目标：

◇ 能够使用淘宝平台进行直播；

◇ 能够使用抖音平台进行直播；

◇ 能够使用快手平台进行直播；

◇ 能够掌握不同平台之间直播的差异。

素养目标：

◇ 引导学生树立正确的世界观、人生观、价值观，强调在直播电商领域诚信经营的重要性，拒绝虚假宣传、夸大其词等不良行为，维护消费者权益，树立行业良好形象；

◇ 加强法律法规教育，使学生了解并遵守与直播电商相关的法律法规，提升依法经营的能力，避免因法律意识淡薄而导致的法律风险；

◇ 鼓励学生敢于创新，勇于尝试新的直播形式、营销策略和技术手段，提升直播电商的吸引力和竞争力。

项目导图

项目九　三大主流电商平台带货
- 任务一　淘宝直播实战操作
  - 开通淘宝店铺直播
  - 发布直播预告信息
  - 在移动端进行直播
  - 在PC端管理直播
  - 直播运营
- 任务二　快手直播实战操作
  - 开通快手直播
  - 开通快手小店
  - 添加快手好物联盟的商品
  - 添加第三方平台商品
  - 管理快手小店商品
  - 快手本地生活运营
- 任务三　抖音直播实战操作
  - 开通抖音直播
  - 开通商品分享权限
  - 添加抖音电商精选联盟商品
  - 添加第三方平台商品
  - 管理抖音商品橱窗
  - 设置直播预告
  - 设置抖音直播间

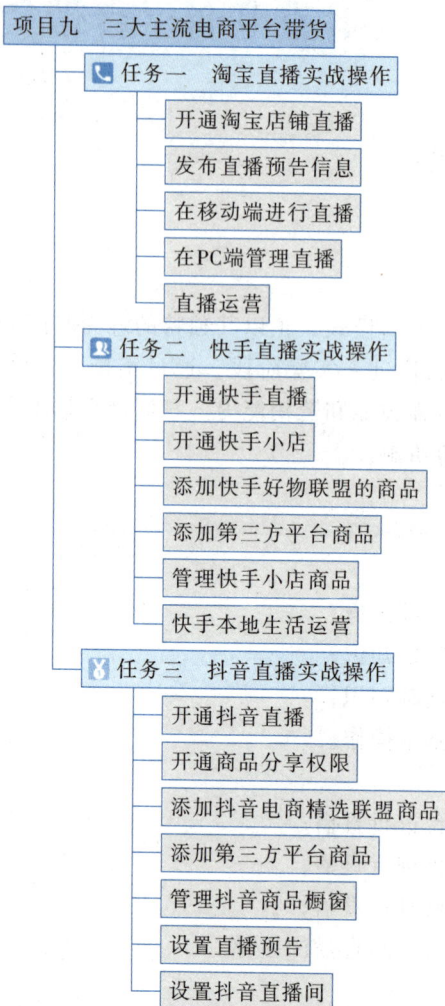

任务一　淘宝直播实战操作

【引导案例】

淘宝主播烈儿宝贝案例分析

一、案例背景

烈儿宝贝是淘宝直播平台上的一位超头部主播，以其独特的直播风格和专业的选品能力赢得了大量粉丝的喜爱。她不仅在直播带货领域取得了显著的成绩，还积极投身于公益事业，展现出强烈的社会责任感。近年来，随着直播电商行业的迅猛发展，烈儿宝贝的直播间成为了众多品牌合作的首选，其年销售额数十亿元，是淘宝直播主播排名中的佼佼者。

二、案例解读

1.个人成长与转型

烈儿宝贝原本是一名模特，因电商直播的兴起而转型为主播。她凭借多年的电商从业经验和喜欢分享的个性，迅速在直播领域崭露头角。

在转型过程中，烈儿宝贝不断学习和提升自我，不仅亲自参与选品，还注重直播内容的多元化，从最初的服装品类逐渐扩展到美妆护肤、生活家居、健康美食等全品类带货。

2.专业选品与品质把控

烈儿宝贝对选品有严格的标准，她和团队会对商品的品牌、品质、价格等进行综合评估，并进行内部试用，部分商品还会递交第三方进行质检，确保直播间的商品品质。

然而，尽管有严格的选品流程，烈儿宝贝也曾因带货侵权产品而引发争议，这反映出在快速变化的直播电商行业中，选品和审核机制仍需不断完善。

3.直播内容创新与互动

烈儿宝贝的直播间不仅限于商品介绍，她还经常与粉丝分享生活中的趣事，增强与粉丝的互动和黏性。

她还开创了多个IP节目，如《环球烈手》《大国好物》等，通过产地直播等方式为粉丝带来更多元化的购物体验。

4.公益与社会责任

烈儿宝贝积极参与公益直播和助农直播，助力乡村振兴和区域经济发展，同时输出社会文化价值和社会公益价值。

她还创立了自有品牌"Lierkiss"和高定品牌LRKS，为原创设计师提供平台和支持，推动中国原创设计的发展。

三、案例总结

烈儿宝贝的成功案例展现了直播电商行业的巨大潜力和主播个人成长的无限可能。她通过专业选品、品质把控、内容创新和公益行动等多方面的努力，赢得了消费者的信任和喜爱，成为了淘宝直播平台的佼佼者。然而，在快速发展的行业中，主播及其团队仍需不断学习和完善选品、审核等机制，以应对可能出现的风险和挑战。

四、案例思考

（1）通过本案例的学习，想一想淘宝主播在直播中应该如何树立自己的形象，打造主播的IP形象？

（2）通过本案例的学习，想一想淘宝主播应该如何打造自己的公益形象？

资料来源：编者自撰。

淘宝直播，作为淘宝电商体系下的创新服务方式，于2016年3月正式亮相，它巧妙融合了直播技术，实现了商品的直观展示与消费者的即时互动，开启了新型消费模式的篇章。

近年来，直播电商领域热闹非凡，罗永浩的"交个朋友"、东方甄选、遥望科技以及TVB等知名IP相继入驻淘宝直播，不仅为平台注入了新的活力，也进一步巩固了淘宝直播在业界的领先地位。据统计，直播行业十大头部带货直播间中，有七席稳坐淘宝，吸引了众多明星的加入，网友戏称"半个娱乐圈都在淘宝直播"，足见其影响力和吸引力之大。

一、开通淘宝店铺直播

淘宝直播作为阿里巴巴集团倾力打造的一站式消费生活类直播平台，不仅是新零售浪潮中一颗璀璨的明珠，更是推动消费模式革新、促进消费量持续攀升的关键力量。在这个数字化、个性化的消费时代，淘宝直播以其独特的魅力，构建了一个前所未有的新型购物场景，让消费者在享受购物乐趣的同时，也能感受到沉浸式的互动体验。

该平台几乎覆盖了现代人生活的方方面面，从引领潮流的时尚穿搭与美妆教程，到精致细腻的珠宝饰品展示；从新鲜直达餐桌的美食生鲜，到激发活力的运动健身指导；从细致入微的母婴育儿知识分享，到提升生活品质的家居好物推荐；从专业权威的健康咨询服务、灵活便捷的在线教育课程，到灵魂共鸣的音乐旅行体验……淘宝直播以其无限的创意与深度，不断拓宽着直播内容的边界，满足着消费者日益增长的多元化、个性化需求。

尤为值得一提的是，淘宝直播背后拥有数百家专业的直播机构作为坚实后盾，这些MCN机构凭借深厚的行业洞察力与丰富的运营经验，为商家和品牌量身定制内容化的一站式服务。从内容策划、主播孵化、营销推广到数据分析，每一个环节都力求精准高效，助力商家在激烈的市场竞争中脱颖而出，实现品牌价值的最大化。

1.淘宝直播开通准备

（1）淘宝开店。建议开播之前先开一个淘宝店，这样方便自己将直播流量沉淀在自己店铺中，也可以通过淘宝直播逐渐将自己的淘宝店做起来，实现真正的"直播开店"。

如图9-1所示，共有两种身份可以开店，分别是个人和企业。

图9-1　淘宝注册界面

个人店铺的开设无须营业执照，可以使用个人身份，并配合支付宝进行开店。

企业店铺需要提供营业执照，绑定企业支付宝，店铺归属企业，平台自动支持亮照，企业主体展示"企"字标，增强用户信任感。

（2）淘宝直播申请。卖家需要登录淘宝卖家后台，并完善自己的个人信息，包括头像、昵称、个人简介等。这是为了让用户更好地了解卖家并建立信任感。

在完善个人信息后，卖家可以在淘宝卖家后台找到"我要开播"或类似的选项，并单击"申请成为主播"。根据系统的提示填写相关信息和资料，如真实姓名、联系方式、身份证号码等。

提交申请后，卖家需要耐心等待淘宝平台的审核结果。淘宝可能会对卖家的申请进行审核和评估，以确保符合相关规定和要求。具体的审核时间可能因个别情况而有所不同。

一旦卖家的直播申请获得通过，淘宝平台将会开通直播功能并告知卖家相应的操作方式。卖家可以按照平台提供的指导来设置直播间、准备好商品和内容等。

2. 开通直播权限

淘宝直播的基础权限开通后可使用淘宝直播进行直播，并可在微淘或自有淘宝集市店铺首页/天猫店铺首页展示。

申请淘宝直播权限的用户要么是淘宝店铺卖家，要么是淘宝达人，均须完成实名认证。

卖家需要保持良好的信用记录，包括没有违规行为、交易纠纷等。只有信用良好的卖家才能顺利开通直播功能。

卖家需要准备好与直播相关的商品和服务。这包括优质的商品库存、商品介绍和演示的技巧等。卖家可以根据自己的经营模式和目标受众来选择适合直播销售的商品。

在开展淘宝店铺直播时，卖家需要选择合适的直播工具和设备。一般来说，可以选择淘宝直播助手、阿里旺旺直播等专业化直播工具，也可以使用手机自带的直播功能。此外，为了提供更好的观看体验，可以考虑使用一些外设设备，如麦克风、摄像头等。

卖家需要制订一套完整的直播策划方案，包括内容和互动形式等。通过精心策划的直播活动，可以吸引更多用户的关注并提升销售效果。

为了提高直播的曝光度和吸引更多观众，卖家需要积极推广和营销直播活动。可以通过以下方式进行推广：在淘宝店铺首页或商品详情页上添加直播海报或链接；利用社交媒体平台、朋友圈、微信群等进行宣传；邀请已有客户或粉丝参加直播，并提供特定的优惠和福利。

3. 淘宝直播开启流程

淘宝直播分为手机端和PC端，不同的直播方式，操作步骤也存在差异，具体要求见表9-1。

4. 淘宝直播管理规则

（1）主播准入。符合条件的淘宝平台会员（含个人、企业）可入驻淘宝直播平台成为主播以开展直播内容创作、信息发布和推广活动。商家可以开通淘宝直播平台功能来推广商品，具体要求见表9-2。

表9-1   淘宝直播手机端与PC端开播步骤

手机端	PC端
（1）下载应用：在手机应用商店搜索并下载"淘宝主播"App，支持安卓和iOS手机。如果已有淘宝账号，可以直接登录。 （2）登录账号：安装并打开App，使用淘宝账号登录。 （3）主播入驻：登录后单击"主播入驻"按钮，选择相应的入驻类型，如"个人主播"或"MCN机构"。 （4）填写信息：根据指引完成认证，即通过App进行刷脸确认身份。然后填写相关资料，如上传主播头像、输入主播昵称等。 （5）提交申请：勾选相关协议后提交入驻申请。 （6）审核与开播：提交申请后，等待平台审核。审核通过后，即可开始直播。第一次直播建议至少半小时以上，以确保审核通过。 （7）直播准备：在首次开播前，建议确认直播目的、内容，准备直播工具，选择直播时间和进行预热，确认其他参与人员和责任分配、场景布置等	（1）首先，我们需要下载淘宝PC端工具。打开淘宝官网，单击"下载淘宝"按钮，选择"电脑版"，下载并安装淘宝PC端工具。 （2）安装完成后，打开淘宝PC端工具，输入你的淘宝账号和密码进行登录。 （3）在淘宝PC端工具中，单击左侧的"我的淘宝"，再单击"直播间"，即可进入淘宝直播间。 （4）进入淘宝直播间后，我们需要进行一些设置。首先，单击右上角的"设置"按钮，进入设置页面。在这里，我们可以设置直播间的名称、封面、标签等信息，让直播间更加吸引人。 （5）设置完成后，我们就可以开始直播了。单击右上角的"开始直播"按钮，进入直播准备页面。在这里，我们可以进行直播前的设置，如设置商品、设置场景等。准备好后，单击"开始直播"按钮，即可进入直播状态。 （6）淘宝直播是有浮现权区别的，只有拥有浮现权的商家才能将直播展现在手机淘宝App首页和商品详情页当中获得相应的流量。淘宝直播的浮现权是实时开通的，卖家只需要满足以下要求即可直接开通，不需要进行申请：淘宝主播的等级为v2级别或以上，且符合淘宝网营销活动规范

表9-2   淘宝直播准入要求

角色	准入要求
达人	淘宝会员可经由淘宝直播平台入驻成为达人主播，须满足： （1）如为个人，须完成个人实名认证，且年满18周岁（同一身份信息下只能允许1个淘宝账户入驻）； （2）如为企业，须完成企业实名认证（同一营业执照下允许≤10个淘宝账户入驻）； （3）如淘宝/天猫平台卖家申请成为达人主播须具备一定的店铺运营能力和客户服务能力； （4）账号状态正常，且具备一定的推广素质和能力，满足淘宝直播平台的主播要求，账号实际控制人的其他阿里平台账户历史未被阿里平台处以特定严重违规行为处罚（包含但不限于：出售假冒商品、发布违禁信息、骗取他人财物等）或发生过严重危及交易安全、发布交互风险信息等情形
商家	商家可经由淘宝直播平台入驻成为商家主播，须满足： （1）在淘宝/天猫平台开设店铺，且店铺状态正常的商家； （2）根据平台要求完成认证，如为个人则需年满18周岁； （3）未经平台允许，店铺主营类目不可为限制推广的主营类目； （4）账号状态正常，且具备一定的推广素质和能力，满足淘宝直播平台的主播要求，账号实际控制人的其他阿里平台账户历史未被阿里平台处以特定严重违规行为处罚（包含但不限于：出售假冒商品、发布违禁信息、骗取他人财物等）或发生过严重危及交易安全、发布交互风险信息等情形； （5）对商家准入有特殊要求的，从其规定

（2）主播退出。主播退出分为多种形式，具体内容见表9-3。

表9-3　　　　　　　　　　　　　　　　　主播退出形式

主动退出	被清退	主播再准入
（1）通过直播引导的交易订单完成维权投诉处理等消费者交易保障义务； （2）在热浪引擎平台的交易履行完毕交付、维权投诉处理等交易保障义务； （3）未因平台经营行为处于诉讼阶段或被监管协查； （4）未因违规处于被平台处罚期或有未缴齐的罚款	（1）不符合主播角色准入要求； （2）发生《淘宝直播管理规则》违规处理中被清退的情形； （3）主播、直播中出镜的直播营销人员或账号实际控制人/企业违反法律规定或出现重大问题影响恶劣等； （4）主播账号对应的其他阿里平台身份（包括但不限于：淘宝商家、天猫商家、飞猪商家、淘宝直播店商家、买家身份等）因违反法律规定、违反对应平台规则或出现重大问题影响恶劣等被阿里平台清退对应身份且情节严重的情形	（1）主播主动退出的或因不符合主播角色准入要求而被清退的，重新满足准入要求后即可申请再入驻； （2）主播因发生被清退情形中第（2）（3）（4）条而被清退的，未经监管或平台允许永久不能再入驻，并根据处理情况，平台将保留持续追溯与处罚的权利

（3）信息发布要求与行为规范。

①主播。主播设置账号的昵称、头像、简介、封面图、直播间标题等信息时应遵守国家法律法规和相关发布要求，不得包含涉嫌侵犯他人权利、有违公序良俗或干扰平台运营秩序等相关信息。此外，主播还须遵守《淘宝平台规则总则》对信息发布及行为的相关要求。

主播需具备一定综合竞争力，包含但不限于经营能力、合规能力等，并经平台邀约或许可，才能在直播间与其他用户进行连麦。

②发布交互信息的会员。用户完成实名认证后，才能在直播间、宝宝圈、许愿池、问答广场等交互产品通过评论等功能发布文字、图片、表情等信息。

会员发布评论时应当遵守法律法规，遵循公序良俗，弘扬社会主义核心价值观，不得发布法律法规和国家有关规定禁止的信息内容。

会员发布评论时应遵守《淘宝平台交互风险信息管理规则》，不得侵害他人合法权益或公共利益、牟取非法利益、恶意干扰跟帖评论秩序、误导公众舆论。

③进行直播间充值的会员。用户完成实名及实人认证后，才能在直播间进行充值以获得"淘豆豆"。

会员使用直播间充值服务时，应遵守用户服务协议及法律法规要求，不得违法违规、违反社会主义道德风尚、侵害他人合法权益或公共利益。

（4）淘宝直播平台限制推广商品。

①主播不得通过直播推广属于以下类目的商品，见表9-4。

②未经平台允许，主播不得通过直播推广属于以下类目的商品，见表9-5。

表9-4 主播禁止推广类目

类目链路明细			
一级类目	二级类目	三级类目	四级类目
口碑/饿了么本地生活	休闲娱乐	室内休闲玩乐	棋牌室
口碑/饿了么本地生活	休闲娱乐	室内休闲玩乐	私人影院
汽车用品/电子/清洗/改装	汽车电子/导航/影音/电器	车用电子/电器	车载电子烟/配件

表9-5 主播不经允许禁止推广类目

一级类目	二级类目
疫苗服务	儿童疫苗
农用物资	农药
教育培训	青少儿学习

（5）违规行为类型及计次。违规行为分为：一般违规、严重违规、特别严重违规。三类违规行为分别累计计次，累计次数在每年的12月31日23时59分59秒清零。具体违规事项见表9-6。

表9-6 违规行为类型

一般违规	严重违规	特别严重违规
（1）发布低质量直播内容；	（1）发布违禁信息；	（1）出现上述市场管理、一般违规、严重违规情形的，且情节特别严重的；
（2）发布不当信息；	（2）发布平台限制推广信息；	
（3）不正当竞争；	（3）推广假冒商品；	（2）违反法律法规，且给其他会员或平台造成恶劣影响的；
（4）骚扰他人；	（4）推广材质不符或不合格商品；	
（5）不当使用信息；	（5）危及消费者权益；	（3）不正当牟利
（6）描述不当；	（6）扰乱市场秩序；	
（7）违背承诺；	（7）危及交易或账户安全	
（8）发布侵权信息；		
（9）不当营销；		
（10）诱导打赏		

一般违规和严重违规行为下又区分违规情形轻度、中度和重度，基于不同违规情形程度对应不同违规处置力度。

（6）违规行为处置。针对主播的违规行为，平台将视情形采取管理措施和处理措施。三类违规情形对应的处置措施见表9-7。

因一般违规和严重违规计次达到指定次数对应的处置措施见表9-8。

表9-7　　　　　　　　　**三类违规情形对应的处置措施**

违规行为		处置措施	
类型	情形	管理措施	处理措施
一般违规	轻度	每次视情形可采取： （1）提醒警告/官方公示/推送纠错卡； （2）应答检测/商品置灰/切断连麦； （3）取消单场直播浮现权/直播黑屏/拉停直播； （4）屏蔽违规信息/剔除异常数据/取消或收回违规所得资源； （5）删除违规信息； （6）限制指定商家/商品直播间挂品	无
	中度		计一般违规1次
	重度		计一般违规1次；每次视情形可采取以下措施： （1）限制主播浮现权1~365天； （2）限制主播接受打赏礼物/限制主播开启打赏功能1~365天； （3）限制使用连麦功能1~356天； （4）限制主播权限1~7天； （5）罚扣违约金； （6）取消部分或全部主播结算
严重违规	轻度		无
	中度		计严重违规1次
	重度		计严重违规1次；每次视情形可采取以下措施： （1）限制主播浮现权1~365天； （2）限制主播权限1~15天； （3）罚扣违约金
特别严重违规			每次视情形可采取以下措施： （1）清退主播身份； （2）限制主播权限； （3）视情形罚扣违约金； （4）视情形进行主播风险交易冻结； （5）视情形进行主播支付宝账户管控措施； （6）视情形取消部分或全部主播结算； （7）限制主播接受打赏礼物/限制主播开启打赏功能； （8）限制主播使用连麦功能

表9-8　　　　　　　　　**违规计次及处罚措施**

违规行为	处置措施					
类型	第1次	第2次	第3次	第4次	第5次	第6次及以上
一般违规	无	无	无	限制主播权限3天；或罚扣违约金		
严重违规	无	无	限制主播权限7天；或罚扣违约金			清退主播身份

二、发布直播预告信息

在筹备预告时，精心筛选直播亮点，巧妙包装与推广这些优质内容，同时实施直播广场的优化策略，是吸引观众的关键。预告发布后，观众得以提前一窥直播的精彩内容，激发其兴趣并引导他们进入直播间，这些主动进入的观众往往具备更高的购买意向，从而提升成交效率。此外，预告阶段亦可预先展示直播产品，开播后，利用后台大数据的智能匹配功能，根据产品特性精准推送至潜在消费群体，进一步增强了用户与直播内容的关联性，提高了直播的转化效果。

1.直播预告设置

（1）直播预告设置途径。打开淘宝主播 App，找到 App 中的直播"+"号，单击进入到直播设置界面，单击界面左下角的"发预告"，进行直播预告的设置，如图9-2所示。

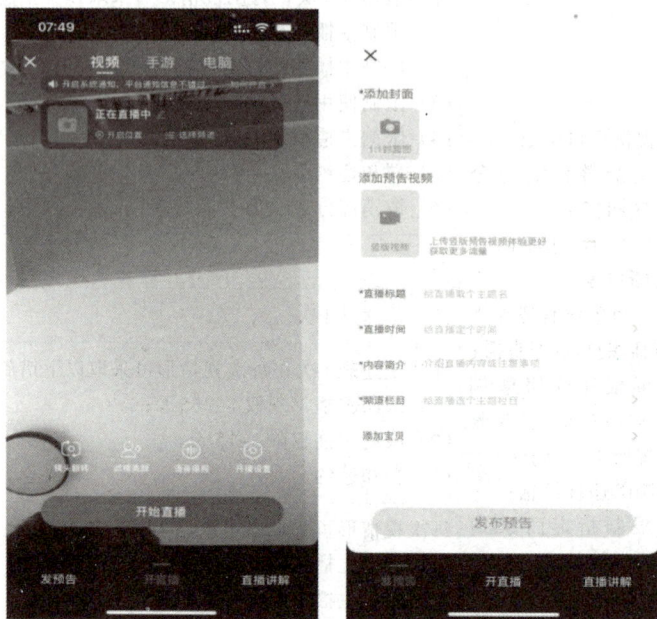

图9-2　移动端预告设置

为了确保直播预告的展示效果，建议主播认真填写内容，确保信息的准确性和吸引力。同时，也要遵守淘宝直播的相关规定，不得发布违法、违规或虚假的内容，PC端直播预告设置如图9-3所示。

图9-3　PC端直播预告设置

（2）直播预告填写内容。预告的封面图是重中之重，因为用户正常的反应是先看封面，再看标题，再去看简介，所以你的封面设计需要非常吸睛。封面有很多规则不能触碰，淘宝直播频道的封面不能出现文字、拼接图、边框图，上淘宝首页的预告视频除了上面的要求，logo也不可以出现，背景墙不能有文字，不能出现大面积黑图。

淘宝直播预告可以告知粉丝，进行直播预热，让粉丝在直播的时候参与进来。增加淘宝直播粉丝，扩大商品的知名度，提升店铺销量。清晰描述主题和直播内容，能让用户提前了解直播内容，同时便于挑选出好直播内容进行主题包装推广及直播广场浮优操作。

淘宝直播标题是影响直播流量的重要因素，直播间每天能获取多少流量显然是各个卖家及运营商最关心的问题。

淘宝直播预告中的直播时间，是指主播与淘宝直播系统约定的开播时间。主播发布直播预告时，需要设定一个具体的开播时间，以告知粉丝和潜在观众何时开始直播。

淘宝直播预告中的内容简介，主要是对即将开始的直播进行简短的介绍。它能够帮助粉丝和潜在观众提前了解直播的概要，从而决定是否对这场直播感兴趣，进而提高直播的观看率和参与度。

淘宝直播预告中的频道通常指的是直播内容的分类或板块。淘宝直播平台会设置多个频道，以便用户根据自己的兴趣和需求来选择观看的直播内容。这些频道可能包括美妆、服饰、家居、数码、美食等不同领域，每个频道下都有相应的直播内容供用户选择。

淘宝直播预告中添加宝贝是指在直播预告中预先添加将要展示和销售的商品。主播在发布直播预告时，可以选择并添加一些商品，这些商品会在直播开始时展示给观众，观众可以在直播过程中直接购买。添加宝贝的过程通常包括选择商品、编辑商品信息（如价格、优惠等）以及设置商品在直播中的展示方式。

2.直播预告设置技巧

（1）功能内容型标题=用户+痛点+解决方案。

例：微胖人群的穿衣烦恼是什么？绝对核心因素是显瘦，那么他们或者她们看到的标题内容多数是希望能一目了然地感知到这个直播间的产品可以解决内心这样一个核心痛点。

按照马斯洛需求层次定律，人类需求最后两层是对尊重、自我实现的需求，不同人群有不同的核心痛点（需求），抓住用户的这个核心诉求，按照这个公式去打造你的标题。

功能内容型标题案例：

"胖姐姐们显瘦夏装连衣裙看这里"（大码女装）

"胖mm必需瘦身神器，快来快来"（瘦身美妆）

"职场新人必看：告别加班，掌握高效时间管理技巧"

"健身爱好者福音：定制化训练计划，助你快速塑形"

"宝妈必备：安抚宝宝夜哭的5个实用妙招"

（2）热门节点型标题=节点+人群+促销利益。

这个节点不仅仅单指"开学季""儿童节""圣诞"等固定购物节点，也包括了像当下比较热门的突发事件，例如"老干妈和鹅厂的故事""乘风破浪的姐姐"等当下舆论及焦点话题都可称为节点，相对来说抓住固定的购物节点比较容易。

但如何抓住热门突发事件这样的话题与直播间的标题做一个结合，就很考验功力了（如果是本地化明显需求较大的产品，更要想方设法与当地人群属性结合，研究本地特色需求或当地热门事件）。

热门节点型标题案例：

"开学季你必备的三件套，敢来就送"（床上用品）

"鹅厂和干妈的瓜，这里备齐了"（水果）

"'双11'狂欢节，年轻白领专享，全场低至五折！"

"春节大促来袭，家庭用户必备，满额即赠精美礼品！"

"情人节特惠，美妆爱好者不容错过，精选商品买一送一！"

（3）活动型标题=产品+用户+活动利益。

这种标题公式相对来说，是当下淘宝直播间里出现频次最高的标题方式，因绝大部分腰部以下的卖家还是以清库存、走量来拉高销售额作为直播目的，而非像少数实力品牌方以宣传品牌，扩大知名度，为私域池做更大储备为目的，故会大量出现这类标题也是直播界现在普遍存在的商家直播带货出发点决定的。

当然，并非这种标题公式有问题，只是这一类型的标题要在多数商家都采用的情况下脱颖而出，需要更好地配合客单价、封面等客观条件，借助好店铺直播运营前的各项竞品分析等准备。

活动型标题案例：

"清新男装，专属小哥哥的5折福利"（男装）

"说走它就跟你走的秒杀箱包"（箱包）

"最新款智能手表，科技爱好者必抢！限时直降500元！"

"时尚女装上新，专为都市丽人打造！前100名下单送精美配饰！"

"家庭厨房神器，主妇们的福音！买就送价值百元食谱大全！"

（4）反逻辑常理型=疑问/惊叹+夸张身份+修饰产品。

这类标题是希望通过相对夸张的用词来吸引用户的好奇心理，从而拉高直播间的新进数，尤其适合年轻人群，包括"95后""00后"，多数年轻人对于这类标题的敏感度要大于成熟大叔或者小阿姨们等"80后""70后"的看客们，尤其是选用的夸张身份代表如果是具有一定意见领袖功能的，那么只要停留一下，产生好奇、疑问了，他或她进来的概率就比常规标题更大。

反逻辑常理型标题案例：

"这是神仙们都爱的速干衣吗？"（户外用品）

"CEO们都爱吃的国民坚果"（坚果零食）

"惊呆了！连星际旅行者都赞不绝口的神秘护肤秘籍！"

"不可思议！这样的奢华美妆品，你也能拥有！"

"揭秘！超级富豪都在用的高效能家电，究竟有何魔力？"

3. 直播时间的选择

直播时间段特点见表9-9。

表9-9　　　　　　　　　　　　　　**直播时间段特点**

时间	特点	介绍
6：00—9：00	新手推荐	这部分人以学生以及上班族为主，基本上是起床困难户，喜欢逛直播间。大直播间少，流量竞争小，适合刚起号的直播间开播，可以涨粉
9：00—12：00		该上班的上班，该上学的上学，流量不好，如果上个时段流量好可以继续播，如果不好就没必要播了
12：00—14：00	午休时间	大多是上班族，收入稳定可观。大多直播间开播了，流量竞争变大，可以维系粉丝，上班族这个点都在午休对不对？睡不着的都跑直播间来了
14：00—19：00		上班、上学的时间，这段时间流量一般
19：00—24：00	高峰时期	无论是主播还是观众都在这段时间涌进平台，流量竞争激烈，适合相对稳定成熟的直播间。新号也可以试一试，毕竟流量池大
00：00—6：00	燃烧生命	过了24点流量下降得很厉害，凌晨1点之后就可能变成"单口相声"了

直播时间选择见表9-10。

表9-10　　　　　　　　　　　　　　**直播时间选择表**

时间	流量特点	适合人群
00：00—6：00（凌晨场）	有不稳定大票，流量一般	适合新人主播，游戏群体、白领偏多。凌晨看直播的，一般都是比较孤寂、失眠的人，所以凌晨不适合所有类型主播，凌晨能涨粉，能出大票但不稳定
6：00—12：00（早上场）	出票少，流量偏大的时间段	适合新人主播，这个时间是大家起床或者上班的时间，是碎片时间，可能会刷手机打发时间，加上开播的主播人数少，是圈粉的好时机，但礼物是偏少的，想要流量那就越早越好
12：00—14：00（中午场）	能出票，流量不错	适合中小型主播，这个时段的用户一般是午休的上班族，是用户短暂的休闲时间，收入较为稳定，更利于维护粉丝
14：00—18：00（下午场）	出票偏多，流量一般	适合中小型稳定主播，多学生群体、游戏群体，这个时段粉丝在线相对少
19：00—24：00（晚上黄金档）	出票大且多，流量很好	各路大神主播聚集的黄金时段，粉丝活跃度高，是主播疯狂抢人的时间段，不利于小主播

总之，直播是要靠用户群体的活跃度，如果你视频和直播能力都不错，就播晚上档，能力一般，就播早上和下午档。所以一定要清楚自身的情况，缺流量还是票，再选择合适的时间段，新人前期会比较难，建议一天直播时间在3~6小时比较合适。

三、在移动端进行直播

1.淘宝主播App介绍

淘宝主播App是淘宝中国软件有限公司推出的一款视频直播导购服务平台，定位于实景直播助力消费服务类。通过这款应用，用户可以看到店家们30秒的宝贝视频内容与特色，并且在不退出直播的情况下就能够直接下单购买主播推荐的商品。同时，该App还能获取最新的潮流资讯和优惠信息，主播亲自试用商品，让消费者可以看到真实的商品质量，从而更加放心地购买。

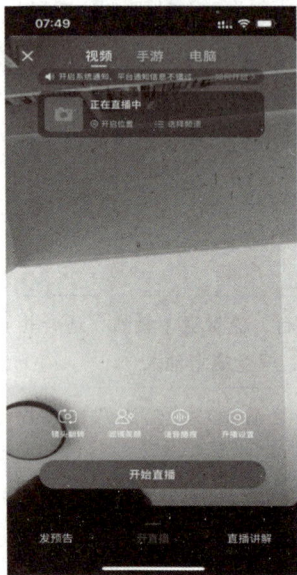

图9-4　直播进入界面

2.淘宝主播直播界面设置

图9-4为淘宝主播App的直播进入界面。

（1）视频封面：根据本场直播的内容，上传视频封面。

（2）直播标题：按照直播标题的写作要求进行直播标题的设置。

（3）选择频道：频道主要依据自己的直播商品类型，也是直播间被推荐的重要依据之一。

（4）开播设置：开播设置主要包括直播间介绍、画面设置、音乐模式、评论匿名、接听连线、直播讲解设置、直播间装修等内容。

（5）直播讲解：在直播前勾选"本场直播我要卖货"，进入直播后选择要售卖的商品，在售卖的商品列表中，单击"开始讲解"按钮即可。设置须知：讲解少于10秒，结束后将不会生成视频回放。

四、在PC端管理直播

1.PC端淘宝直播中控台介绍

淘宝直播中控台是商家在直播过程中进行管理的重要工具，其PC端功能多样且实用。

首先，中控台具备商品管理功能，商家可以在此添加、编辑、删除商品信息，确保直播过程中展示的商品信息准确无误。

其次，中控台可以添加直播优惠券，并设置发送时间，在直播过程中发送给粉丝用户领取使用。此外，中控台还具备关注卡片功能，每场直播都需要进行此项功能设置，用户可以在对话框中搜索主播旺旺号，方便粉丝与主播的互动。

最后，中控台还提供了发布公告的功能，商家可以根据需求设置公告内容，如秒杀活动的开始和结束时间等。另外，自动回复功能也是中控台的一大亮点，商家可以设置常用回复，以便在买家咨询时自动回复，提高服务效率。

在动态布局方面，中控台提供了模块配置和拖拽功能，商家可以根据工作需要调整模块的显示和位置，使操作界面更加符合个人习惯。

总的来说，PC端淘宝直播中控台是一个功能强大且操作便捷的工具，可以帮助商家更好地管理直播过程，提升直播效果。

2.PC端淘宝直播中控台功能介绍

淘宝直播中控台界面如图9-5所示。

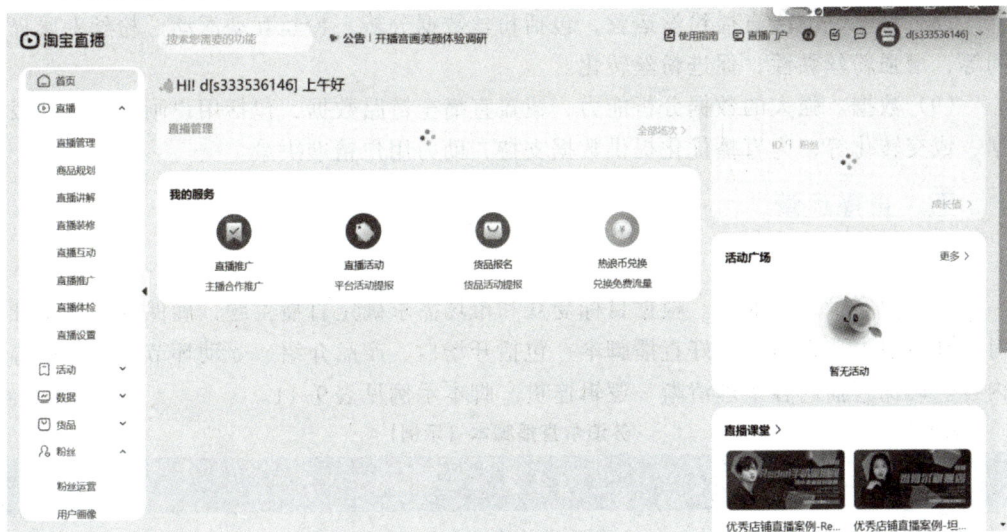

图9-5　淘宝直播中控台界面

（1）顶部功能区。顶部功能区主要包括回到旧版、查阅新版使用手册、反馈意见、查看消息通知、管理代播主播、信息区的功能入口。

（2）数据区。提供直观的数据概览，包括昨日的浏览次数、新增粉丝数、成交情况及数据诊断建议，帮助用户快速评估直播效果，调整策略。

（3）直播列表区。直播管理列表集中展示所有直播及预告信息，便于统一管理。

单击正在直播的条目，可进入详细的运营页面，实时监控直播状态。

对预告直播进行编辑，完善直播信息；正式开播时，可选择进入Web版直播详情页或下载Windows直播客户端进行推流。

回放直播可查看详细的直播数据及回放视频，便于复盘总结。

一站式解决直播相关服务需求，包括直播推广、活动报名、货品管理、店铺跳转及客服支持等，提高运营效率。

（4）直播管理。

顶部显示与直播开播紧密相关的关键通知，确保用户及时了解重要信息。

列表可以清晰区分预告、直播中、回放三种状态，并支持1+N直播模式（多房间管理），根据主播权限展示不同功能。

操作项针对不同状态的直播，提供丰富的操作选项，如分享二维码、编辑预告、开播红包、直播推广、数据详情查看等，满足多样化需求。

（5）直播装修。

模板装修提供多套精美模板，无须下载推流客户端，即可快速搭建个性化直播间。

自定义装修对于追求极致个性化的用户，支持通过下载PC推流客户端进行深度自定义装修，实现独一无二的直播场景。

（6）直播互动。汇集多种互动玩法，如抽奖、红包雨、答题等，需提前配置并在开播推流中应用，可以有效提升观众参与度和直播氛围。

（7）货品。提供全面的货品管理功能，包括与商家的货品合作、库存同步、价格调整等，确保直播过程中的货品供应顺畅，满足观众购买需求。

（8）粉丝。围绕直播粉丝运营，包括粉丝数据分析、粉丝互动活动、粉丝专属福利等，增强粉丝黏性，促进粉丝转化。

（9）数据。强大的数据分析能力，覆盖直播全链路数据，包括用户画像、互动数据、成交转化等，为直播优化提供数据支持，助力用户精准决策。

五、直播运营

1.淘宝直播前准备

（1）内容策划与准备。根据目标受众和市场需求确定直播主题，确保内容具有针对性和吸引力。提前编写好直播脚本，包括开场白、产品介绍、互动环节、结束语等内容。确保直播内容条理清晰、逻辑连贯。脚本示例见表9-11。

表9-11　　　　　　　　**苏泊尔直播脚本（示例）**

时间段	流程	主播	后台	备注
19：00—19：10	开场抽奖	（1）用饱满的热情欢迎每一位进入直播间的粉丝； （2）预告今日活动：直播间关注福利，下单优惠，入会好礼，分享直播间迎新入会享好礼，积分兑换； （3）引导粉丝关注直播间	粉丝推送、关注卡片、直播公告各渠道开播通知（主播粉丝群、微信）	迅速烘托直播间氛围
19：10—19：20	快速过款	直播间主推款式快速展示，同时口播优惠力度以及玩法，提醒粉丝互动参与并关注直播间	后台粉丝互动	让粉丝在第一时间了解直播间内容，看回放的粉丝也能及时找到想看的时间节点
19：20—19：25	截屏抽奖每次抽一屏，奖品：KF20AD10链接1.7L到手价139元；2.0L到手价169元；2.3L到手价199元，确认收货退差价	（1）引导直播间用户关注，口播直播间福利内容； （2）主播引导粉丝使用店铺优惠券去购买主播推荐的相关产品	（1）直播看点标记、配合主播烘托爆品； （2）预告下个抽奖时间	（1）提升直播间购买氛围； （2）带动粉丝购买力
19：25—19：55	讲解直播间主推款	（1）讲解30分钟（介绍产品设计、材质、外观，对比原价突出直播间性价比）； （2）讲解3分钟左右，在直播间进行所有活动玩法口述，引导并提醒关注直播间	直播看点标记、配合主播暖场，粉丝回复栏配合直播间强调重点	

时间段	流程	主播	后台	备注
19：55—20：05	截屏抽奖每次抽一屏，奖品：KF20AD10链接1.7L到手价139元；2.0L到手价169元；2.3L到手价199元，确认收货退差价	（1）主播讲解热门款福利秒杀优惠，同时介绍产品的利益点；（2）直播间截屏抽奖；（3）引导直播间用户关注，口播直播间福利内容	（1）关注卡片设置；（2）粉丝群、微信各个渠道提前2分钟进行活动展示；（3）配合直播间暖场	（1）提升直播间购买氛围；（2）带动粉丝购买力
20：05—20：35	过款（主推和普通链接）	（1）讲解20分钟，点号，讲解10分钟；（2）讲解3分钟左右，在直播间进行所有活动玩法口述，引导并提醒关注直播间	（1）配合讲解，提醒关注，分享直播间；（2）标记直播看点、公告、弹窗、本场福利预告	（1）带动直播间购买氛围后进行主推款穿插；（2）利用点号带动粉丝互动
20：35—20：40	截屏抽奖每次抽一屏，奖品：KF20AD10链接1.7L到手价139元；2.0L到手价169元；2.3L到手价199元，确认收货退差价	（1）引导直播间用户关注，口播直播间福利内容；（2）主播引导粉丝使用优惠券去购买主播推荐的相关产品	（1）标记直播看点、配合主播烘托爆品；（2）预告下个发优惠券时间	（1）提升直播间购买氛围；（2）带动粉丝购买力
20：40—21：00	主推产品讲解+日常生活分享	（1）选择直播间粉丝受众最高产品进行讲解并适当与粉丝进行日常生活分享；（2）口播优惠力度及玩法	（1）标记直播印记、公告、弹窗、本场福利预告；（2）配合直播间暖场	（1）适当缓解粉丝购买压力；（2）增加粉丝黏性
21：00—21：10	截屏抽奖每次抽一屏，奖品：KF20AD10链接1.7L到手价139元；2.0L到手价169元；2.3L到手价199元，确认收货退差价	引导粉丝需要关注主播才能参与抽奖，播报下一场秒杀	（1）关注卡片设置；（2）粉丝群、微信各个渠道提前2分钟进行活动展示；（3）配合直播间暖场	为下一个时间段直播间讲解做好粉丝维系
21：10—21：30	过款（主推和普通链接）	（1）讲解20分钟，点号，讲解10分钟；（2）讲解3分钟左右，在直播间进行所有活动玩法口述，引导并提醒关注直播间	（1）配合讲解，提醒关注，分享直播间；（2）标记直播看点、公告、弹窗、本场福利预告	（1）带动直播间购买氛围后进行主推款穿插；（2）利用点号带动粉丝互动

时间段	流程	主播	后台	备注
21:30—21:35	截屏抽奖每次抽一屏，奖品：KF20AD10链接1.7L到手价139元；2.0L到手价169元；2.3L到手价199元，确认收货退差价	(1) 引导直播间用户关注，口播直播间福利内容；(2) 主播引导粉丝使用店铺优惠券去购买主播推荐的相关产品	(1) 直播看点标记、配合主播烘托爆品；(2) 预告下个抽奖时间	(1) 提升直播间购买氛围；(2) 带动粉丝购买力
21:35—22:00	讲解直播间主推款	(1) 讲解30分钟（介绍产品设计、材质、外观，对比原价突出直播间性价比）；(2) 讲解3分钟左右，在直播间进行所有活动玩法口述，引导并提醒关注直播间	直播看点标记、配合主播暖场、回复粉丝、配合直播间强调重点	
22:00—22:10	截屏抽奖每次抽一屏，奖品：KF20AD10链接1.7L到手价139元；2.0L到手价169元；2.3L到手价199元，确认收货退差价	(1) 主播讲解热门款福利秒杀优惠，同时介绍产品的利益点；(2) 直播间截屏抽奖；(3) 引导直播间用户关注，口播直播间福利内容	(1) 关注卡片设置；(2) 粉丝群、微信各个渠道提前2分钟进行活动展示；(3) 配合直播间暖场	为下一个时间段直播间讲解做好粉丝维系
22:10—22:30	过款（主推和普通链接）	(1) 讲解20分钟，点号，讲解10分钟；(2) 讲解3分钟左右，在直播间进行所有活动玩法口述，引导并提醒关注直播间	(1) 配合讲解，提醒关注，分享直播间；(2) 标记直播看点、公告、弹窗、本场福利预告	(1) 带动直播间购买氛围后进行主推款穿插；(2) 利用点号带动粉丝互动
22:30—22:35	截屏抽奖每次抽一屏，奖品：KF20AD10链接1.7L到手价139元；2.0L到手价169元；2.3L到手价199元，确认收货退差价	(1) 引导直播间用户关注，口播直播间福利内容；(2) 主播引导粉丝使用优惠券去购买主播推荐的相关产品	(1) 直播看点标记、配合主播烘托爆品；(2) 预告下个发优惠券时间	(1) 提升直播间购买氛围；(2) 带动粉丝购买力
22:35—22:50	当场重点主推产品讲解	主播着重针对今日直播间受众最高产品进行讲解，口播直播间活动玩法，引导粉丝关注，在直播间和客户互动，询问客户对什么产品感兴趣	(1) 后台配合直播作出相应操作；(2) 对直播间正常内容进行暖场式反馈	
22:50—23:00	下播福利及次日主播预告	预告明日直播内容，感谢粉丝今日陪伴与支持	关闭后台	

确保直播中需要展示的产品样品齐全且质量过关。对产品进行充分了解和试用，以便在直播中能够准确介绍和推荐。

（2）宣传预热。

利用微博、微信、抖音等社交媒体平台提前发布直播预告，吸引观众关注和预约观看。

在淘宝店铺首页、商品详情页等位置添加直播预告信息，引导店铺粉丝观看直播。

在直播前与观众进行互动预热，如设置抽奖活动、邀请观众提问等，增加观众对直播的期待感和参与度。

（3）技术测试与调整。

确保直播网络环境稳定且带宽足够，避免因网络问题导致直播中断或画面模糊。

在直播前对摄像头、麦克风、灯光等设备进行全面测试和调整，确保设备运行正常且效果良好。

熟悉并设置好直播软件的相关参数和功能，如画面分辨率、音频设置、弹幕互动等。

（4）遵守规则与法律法规。确保直播内容符合淘宝平台的相关规定和政策要求，避免违规行为导致账号被封禁或处罚。直播内容不得违反国家法律法规和社会公德要求，确保内容健康向上、积极正面。

2.直播现场

（1）准备并检查拍摄道具。

（2）主讲人至少提前半小时到场，进行服装等外貌整理，日常用品准备，梳理直播思路，根据直播思路或内容摆放产品等。

（3）在彩排开场部分，主播进入场景测试录制，检测灯光、收音等情况。

3.直播中

（1）主播。开播前用彩排时间检查摄像头：①是否镜像；②产品入镜数量；③用10分钟快速梳理产品等讲解流程。

开播时根据当天计划进行直播，注意单件或套装讲解时间（每件产品大约10分钟），注意引导观众互动。

（2）其他参与人员。其他人员的工作内容：记录下开播前的粉丝数量；记录直播间进入人数；记录观众提出的问题，并积极解决问题；引导观众进行互动；积极做好应对突发情况的准备；注意产品链接的上下架等。

4.直播后及时复盘

直播后复盘是一个重要的环节，它有助于主播、团队以及相关人员回顾直播内容，分析直播效果，从而发现亮点和改进点，提高直播的质量和吸引力。表9-12是直播后复盘的常见内容。

表9-12   直播复盘表

直播复盘表							
数据概览	账号		开播日期		开播时长		主播
	订单总数		订单数		千次观看成交		销售额
直播内容质量分析							
直播间吸引力因素	关联因素		问题记录		复盘结论		
最高在线人数							
平均停留时间							
观看总人数							
新增粉丝量							
新增粉丝团							
互动率							
直播销售数据分析							
直播销售指标	关联因素		问题记录		复盘结论		
转化率							
订单转化率							
客单价							
UV价值							
直播流量分析							
流量来源	占比	人数	问题记录		复盘结论		
平台推荐流量							
社交媒体引流							
粉丝基础流量							
合作推广							

任务二　快手直播实战操作

【引导案例】

快手主播实战案例：八方布艺家纺

一、案例背景

行业背景：家纺用品作为生活的刚需，与人们的睡眠质量息息相关，随着消费者生活品质的提升，对家纺产品的需求也在不断升级。市场需求的增长使得家纺行业竞争日益激烈，许多商家陷入同质化竞争，寻求差异化成为突破的关键。

主播背景：八方布艺家纺是快手平台上一名拥有93.2万粉丝的家纺主播，从实体店转战线上后，凭借精准的市场定位和差异化竞争策略，在短时间内实现了销售额的大幅增长。

时间线：主播八方布艺家纺于年初开始转型线上，通过几个月的努力，近一个月的时间里直播带货实现了近2 000万元的销售额，并成功吸引了11.2万新粉丝。

二、案例解读

产品创新：八方布艺家纺走自主研发路线，不仅销售家纺四件套，还设计同色系的家居服，配套销售提升了联单率。此外，还紧跟潮流，用布料制作大白鹅、暴力熊等玩偶，吸引宝妈等特定消费群体。

营销推广：近30天内开设了29场直播，上架3 006个商品，平均客单价为88.83元。通过高频次的直播和多样化的商品款式，增加了产品的曝光度，提升了转化效率。同时，利用短视频为直播引流，形成高效转化。

用户体验：所有商品均为现货仓储，确保用户购买后能快速收到商品，提升了购物体验。在直播中，主播以亲切的聊天方式讲解商品工艺、布料、尺寸等信息，拉近了与粉丝的距离，提升了粉丝黏性。

活动策划：通过限时秒杀、福利商品等方式进行预热和引流，快速聚集直播间人气，促进新客转化。同时，根据直播间流量的变化灵活调整商品上架策略，维持流量并保证利润。

供应链优势：作为卖家也是源头生产商，八方布艺家纺自产自销的模式为粉丝提供了高性价比的产品和服务，这也是其能够在激烈竞争中脱颖而出的重要原因。

三、案例总结

八方布艺家纺的成功主要得益于其差异化竞争策略、高频次的直播营销、良好的用户体验以及自产自销的供应链优势。通过精准对标目标群体需求，不断创新产品，提升用户购物体验，最终实现了销售额的大幅增长和粉丝数量的快速增加。

四、案例思考

（1）通过案例分析直播中应该如何制定独特的策略？

（2）通过案例分析应该如何制定推广策略？

资料来源：飞瓜数据. 一个月GMV近2 000w，这位低粉主播用一招引爆销量！［EB/OL］.［2024-10-10］. https://www.sohu.com/a/671171198_120072901.

快手，作为北京快手科技有限公司旗下的旗舰产品，是一款集短视频创作、分享与直播互动于一体的多功能应用程序。其发展历程充满了创新与变革，从最初的"GIF快手"形态到如今多元化、高活跃度的数字社区，快手见证了移动互联网的飞速发展与用户需求的深刻变化。

此外，快手还不断拓展其服务边界，推出了直播功能，为用户提供了更加丰富的互动体验。通过直播，用户可以与粉丝实时互动，分享更多背后的故事和心得，进一步拉近与观众之间的距离。这种全新的互动模式不仅增强了用户的黏性，也为内容创作者带来了更多的商业机会和变现途径。

总之，快手凭借其独特的定位和持续的创新精神，在短视频和直播领域取得了显著的成就，成为中国乃至全球范围内备受瞩目的数字社区之一。未来，随着技术的不断进步和用户需求的不断变化，快手将继续探索新的可能性，为用户带来更加优质、丰富的内容和服务。

一、开通快手直播

1.快手直播伴侣下载途径

快手直播伴侣的下载及安装途经通常如下：

（1）搜索快手直播伴侣的官方网站（https：//live.kuaishou.com/live-partner），直接下载最新版本的快手直播伴侣，并且安装到电脑。

（2）使用电脑的应用商店，通过应用商店搜索快手直播伴侣，并进行下载安装。

2.快手直播伴侣的使用

快手直播伴侣，作为一款专为快手平台精心打造的直播辅助神器，它不仅简化了直播流程，更为用户提供了丰富多样的直播、娱乐与社交互动体验。快手直播伴侣的各项功能，旨在助力每位用户轻松驾驭这款强大的直播工具，开启精彩的直播旅程。

想要踏上直播之旅，首先得从下载快手直播伴侣开始。用户可访问快手官方网站，轻松找到下载入口，并根据手机型号选择合适的安装包进行下载安装。

打开快手直播伴侣，映入眼帘的便是登录界面。为了保障直播的顺利进行，用户需要使用自己的快手账号进行登录，如此你便成功迈出了直播的第一步。

快手直播伴侣内置了众多实用功能，无论是游戏爱好者、才艺展示者，还是生活分享者，都能在这里找到适合自己的直播方式。

在正式开播前，合理的开播设置至关重要。快手直播伴侣允许你根据个人喜好和网络条件，选择最适合的直播清晰度。无论是追求极致画面质量的超清模式，还是注重流畅性的标清模式，都能在这里找到。同时，别忘了开启摄像头，让你与观众面对面交流，拉近彼此的距离。

直播的魅力在于实时互动。快手直播伴侣内置的聊天室功能，让你可以随时与观众进行文字、表情、语音等多种形式的交流。不仅如此，你还可以利用礼物系统、抽奖活动等互动玩法，激发观众的参与热情，提升直播间的活跃度与黏性。

综上所述，快手直播伴侣不仅是一款功能强大的直播工具，更是你实现直播梦想、与观众建立深厚情感的得力助手。掌握它的使用方法，你将开启一段充满乐趣与挑战的直播旅程。

二、开通快手小店

1.快手小店介绍

快手小店，作为快手平台精心打造的电商生态系统中的核心组成部分，正逐步重塑移动电商的新格局。它不仅仅是一个简单的销售平台，更是商家与用户之间无缝连接的桥梁，让商家能够充分利用快手平台庞大的用户基数和高度活跃的社区氛围，将自身的品牌影响力和内容吸引力直接转化为可观的商业回报。

在这个平台上，商家可以轻松地在快手App内开设自己的专属小店，无须额外搭建复杂的电商网站或应用程序，即可享受一站式的电商服务。无论是通过精心策划的直播活动，还是创意满满的短视频内容，商家都能在这些媒介中巧妙地融入商品信息，引导观众点击链接，直接进入快手小店或指定的第三方电商平台页面，实现商品的浏览、咨询与购买。

　　快手小店深知营销对电商成功的重要性，因此它为商家提供了一系列强大的营销工具和服务。其中，直播引流功能尤为引人注目，商家可以通过生动有趣的直播形式，实时展示商品特性，解答消费者疑问，同时利用快手平台的流量分发机制，将直播内容精准推送给潜在消费者，极大提升了商品的曝光度和购买转化率。此外，快手小店还通过数据分析、用户画像等手段，帮助商家更好地理解消费者需求，制定个性化的营销策略，进一步提高销量和客户满意度。

　　对用户而言，快手小店同样带来了前所未有的购物体验。他们可以在享受快手平台丰富多样的娱乐内容的同时，随时随地点击感兴趣的商品链接，进入快手小店或第三方电商平台，浏览并购买心仪的商品。这种即看即买的便捷性，不仅节省了用户的时间成本，也增强了购物的趣味性和互动性。

　　总之，快手小店以其独特的电商模式、强大的营销工具和完善的服务体系，正逐步成为众多商家和用户信赖的电商平台。它不仅促进了商品的流通和交易的达成，更推动了整个电商行业的创新与发展。

2.快手小店的开店步骤

　　开通快手小店的步骤如下：

　　（1）确保快手账号已完成实名认证，并准备好要销售的商品。

　　（2）打开快手App，单击右下角的"我的"，选择"小店"。

　　（3）在小店页面上，单击"开通小店"。

　　（4）按要求填写小店信息，包括店铺名称、店铺头像、店铺介绍等。

　　（5）添加商品，单击"商品管理"，选择"添加商品"进行录入，包括商品名称、价格、库存、封面图、商品详情等。

　　（6）发布商品，审核通过后，在商品管理页面，将商品上架。

　　此外，需要注意的是，开店类型由商家自己选择，每个类型的开店条件不一样，比如个人店需要提供身份证，个体店需要提供营业执照等。店铺类型所支持的类目也是不一样的，具体的可以在入驻页面了解清楚。审核通过后，就可以正式开启快手小店的营业之旅了。

实操问答9-1

　　问：快手小店是否收费？

　　答：正所谓天下没有免费的午餐，快手平台对所有快手小店的成交订单是要收取费用的，这种费用叫技术服务费。目前收费情况分为两种，分别为不含推广佣金的商品和含有推广佣金的商品。下面具体介绍两者之间的区别和实际收费情况：

　　不含推广佣金的商品指快手主播来有赞开店，自己把商品上架到自己的快手小店，进行卖货；而另一种则为有赞商家开通快手小店，通过自己上架商品，拍摄视频、直播，边播边卖，这些情况都是按实际成交金额的5%收费。

　　含有推广佣金的商品指广告主请主播推广卖货，广告主再按销售额给予一定比例的佣金，这种情况是按推广者实际获得推广佣金的50%收取的。

三、添加快手好物联盟的商品

1.快手好物联盟的概念

快手好物联盟作为快手电商生态系统中的一颗璀璨明珠，是快手官方精心打造的品牌商品供应链联盟，旨在构建一个高效、共赢的电商生态闭环。这一联盟深刻洞察了电商行业的发展趋势与消费者需求，通过整合行业资源，搭建起一座连接优质商品与广大消费者的坚实桥梁。

快手好物联盟的生态体系由三大核心角色构成：推广者、商家供应链以及招商团长。推广者，作为连接商品与消费者的直接纽带，他们凭借专业的直播技能和丰富的商品知识，在快手平台上进行生动的商品展示和销售，将产品的魅力直观传递给每一位观众，激发购买欲望。

商家供应链是好物联盟商品品质的坚实保障。他们专注于提供高品质、有特色的商品，从源头把控产品质量，确保每一件商品都能满足消费者的期待。商家供应链的加入，不仅丰富了快手好物联盟的商品种类，更提升了整个平台的商品竞争力。

招商团长则是好物联盟中不可或缺的桥梁与纽带。他们凭借敏锐的市场洞察力和丰富的行业经验，积极服务商家，对接渠道，为商家提供精准的市场定位和推广策略，助力商家快速成长。同时，招商团长还负责协调各方资源，优化供应链流程，确保好物联盟的高效运转。

快手好物联盟作为快手的分销平台，其核心价值在于实现了达人与商家的无缝对接。通过这一平台，主播达人可以更加便捷地获取到优质商品资源，降低商业化门槛，提高销售效率。而对于消费者而言，好物联盟则提供了更多元化、更高品质的商品选择，满足了他们日益增长的消费需求。

总之，快手好物联盟以其独特的生态模式和强大的资源整合能力，正在引领着电商行业的新一轮变革。它不仅为商家和达人提供了广阔的发展空间，更为消费者带来了更加便捷、优质的购物体验。

2.快手好物联盟入驻条件

（1）快手小店店铺运营状态正常，没有出现负债等非正常运营状况；

（2）店铺违规扣分累计不得超过一百分；

（3）小店评分登记需要大于等于四颗星；

（4）未开通短账期功能；

（5）须提供营业执照。

3.快手好物联盟入驻政策

好物联盟入驻分为无限制类目和特殊类目分销权限，不同的类别申请方式和条件不相同：

（1）食品（不含生）类目仅支持品牌商/有品牌授权的商家进入。

（2）新锐品牌须满足：近半年单平台单月销售额（GMV）护肤类目商家800万元以上/彩妆类目商家500万元以上，须提供近半年流水相关证明（商家后台载图，体现店铺名称）。

4.好物联盟如何上架产品

（1）打开快手 App，单击首页左侧的"快手小店"，在进入快手小店后找到右上角"开店"图标，单击后进入"我要卖货"界面；依据自身情况选择"我没货，我想带货赚佣钱"，单击"当即加入"按钮，就会进入到实名认证环节，按照页面提示完成实名认证（姓名、身份证），并完成人脸验证，即可入驻小店卖家端。

（2）返回到快手小店卖家端，单击进入"好物联盟选品中心"，在好物联盟界面下拉至"好物推荐"板块，可依据自己的兴趣选择产品，选好后单击产品页面下的"+赚"按钮；再依据系统提示单击"去绑定"进入"推行管理"页面，单击页面下方"当即注册"，就会有"未绑定收款账户"的提示弹出，然后单击"知道了"，完成微信账户和支付宝账户的绑定。

四、添加第三方平台商品

第三方平台入驻快手小店的步骤如下：

（1）打开快手 App，单击左上角图标。

（2）找到"设置"按钮。

（3）单击"实验室"按钮。

（4）找到"我的小店"，启用"我的小店"。

（5）小店启用后，在快手小店界面往下拉，找到"推广商品"，单击"添加商品"按钮，在界面里可以看到淘宝、京东、有赞、魔筷等第三方平台的标识，选择想要推广的平台中的商品，进行选品，然后链接第三方平台就可以了。

快手小店目前接入的第三方平台主要有快手商品、淘宝联盟、魔筷星选、有赞、拼多多、京东等六个平台。对于不同商品平台，快手收取的技术服务费标准是不一样的。

五、管理快手小店商品

1.快手小店管理商品功能

（1）打开手机上的快手 App，单击右下角"我"按钮。

（2）在弹出的页面上，单击左侧的"商家功能"，可看到"商品管理"功能。

2.快手小店商品类目管理

（1）打开快手 App，进入个人账号界面，在底部导航栏中找到"快手小店"入口，单击进入。

（2）在快手小店页面中，单击右下角的"我的店铺"，进入店铺管理页面。

（3）在店铺管理页面中，单击顶部菜单栏中的"商品管理"，然后选择"商品分类"选项。

（4）进入商品分类页面后，你可以浏览已有的商品类目。这些类目按照不同的行业和商品类型划分，如服装、食品、电子产品等。你可以通过浏览或使用搜索框输入关键词来找到合适的商品类目。

（5）选择合适的商品类目后，单击"添加类目"按钮，即可将商品归类到所选的类目中。你也可以选择多个类目，以便更好地描述你选定的商品的特征和属性。

3.快手小店如何上架商品

（1）首先，确保你已经下载并安装了最新版本的快手App。打开应用后，滑动屏幕至底部，找到并单击右下角的"我"按钮，进入个人账号的专属页面。在个人中心页面中，浏览底部导航栏，找到标有"快手小店"或类似图标的入口，单击该图标，可顺利进入快手小店的后台管理界面。

（2）进入快手小店，你会看到一个包含多项管理功能的界面。此时，在屏幕右下角可以找到"我的店铺"这一选项。

（3）在店铺管理页面中，你可以单击"商品管理"按钮进入商品管理页面，页面中央或顶部会醒目地展示"新增商品"的按钮或链接，单击它，你将开启新商品的创建与编辑流程。

（4）新增商品页面为你提供了丰富的信息填写区域。首先，从商品标题开始，用精炼而吸引人的语言概括商品特点。其次，输入商品价格，确保价格设置合理且具有竞争力。同时，不要忘记设置商品库存，以避免超卖情况的发生。最后，为了提升商品的吸引力，你还可以上传多张高清的商品图片，并附上详细的商品描述，包括材质、用途、特点等。若商品有特定的规格参数，也请一并填写完整。

（5）商品信息填写完成后，接下来是商品类目的选择。你可以通过浏览已有的类目列表来寻找合适的分类，或者利用搜索功能快速定位。选择准确的类目，不仅有助于用户快速找到你的商品，还能提升店铺的整体专业度。

（6）图片是商品展示的重要组成部分。请确保为每件商品选择高质量、高清晰度的图片，并遵循平台要求的图片尺寸和格式进行上传。为了增加商品的吸引力，可以考虑使用多角度展示、细节特写等拍摄手法。同时，图片上的文字描述和标签也应简洁明了，便于用户理解。

（7）运费和快递方式的选择直接影响到用户的购买决策。请根据你的实际情况和成本考虑，合理设置运费政策。同时，选择可靠的快递公司，并明确标注配送范围和时间，以提高用户的购物体验。

（8）对于具有多种属性和规格的商品，如颜色、尺寸等，你可以在商品编辑页面中进行详细设置。通过为每种属性和规格配置相应的图片、价格和库存信息，你可以为用户提供更加丰富的选择空间，并提升订单的准确性。

（9）完成所有必要的商品信息填写和设置后，单击页面底部的"完成"或类似按钮，即可将商品提交至审核流程。审核通过后，你的商品将正式上架至快手小店，并在快手平台上展示给广大用户。此时，你可以通过店铺首页、商品分类、搜索关键词等多种方式引导用户浏览和购买商品。

4.快手小店如何下架商品

（1）要对上架的商品进行下架操作，首先需要进入快手小店的管理后台。用户可以在快手App中找到"我的小店"入口，进入后即可看到已上架的商品列表。

（2）在商品列表中，用户可以浏览所有已上架的商品。找到需要下架的商品后，可以单击进入该商品的详情页面。在详情页面中，会有相应的下架操作按钮，用户单击即可下架。

（3）在单击下架操作按钮后，系统会提示用户是否确认下架该商品。需要注意的是，下架后的商品将不再被展示在用户的小店中，但已经购买的用户仍然可以正常使用商品。

快手小店上架的商品下架操作非常简单，只需要几个简单的步骤即可完成。用户可以根据实际需求随时对商品进行上架和下架操作，灵活管理自己的小店商品库存。

六、快手本地生活运营

1.入驻条件

（1）确认是否是个体工商户或是企业法人/经营人。

（2）核对营业执照是否在有效经营期限内。

（3）确认售卖的商品和服务是否在营业执照显示的经营范围内。

（4）确认售卖的商品和服务是否属于平台的招商类目，并且具备相关资质。

（5）商品和服务是否完全符合法律及行业标准质量要求。

2.入驻材料

（1）通用资质。三证合一的营业执照原件扫描件，或加盖了公司公章的营业执照复印件，营业执照距离有效期截止时间应大于15天；法定代表人或经营人身份证件，不支持电子版身份证；银行账户信息。

（2）品牌资质。商家若为品牌商家，须提供商标注册证原件或加盖商标注册方公章的复印件，商家无法提供相应资质则不能使用相关品牌信息在平台上入驻。

✔ 小提示：

品牌商家定义：

对一个品牌具有使用权的法人，包括经营一个自有品牌商品的生产型企业；经营多个品牌且各品牌归同一实际控制人。

（3）特殊行业资质。

① 若商家经营餐饮业务，则需要提供《食品经营许可证》或《餐饮服务许可证》。

② 若商家经营歌舞娱乐业务，则需要提供《娱乐经营许可证》。

③ 若商家经营丽人业务，则需要提供《公共场所卫生许可证》，至少有一名美容师的健康证明。

④ 若商家经营住宿业务，则需要提供《特种行业经营许可证》和《公共场所卫生许可证》。

⑤ 若商家经营涉及游泳、滑雪、攀岩、潜水项目，则需要提供《高危险性体育项目经营许可证》。

3.移动端单店入驻

（1）登录快手App，单击左上角图标，单击"团购·优惠"，选择"商家入驻"。

（2）进入开店引导页，在"经营单门店"栏目中单击"去入驻"。

（3）选择城市，搜索门店，选择要认领的店。

（4）填写门店电话/头图/内景图；填写企业/法人信息；资质要求可在选择经营类目后查看。

（5）单击"提交审核"，进入资质审核环节（审核时间预计需要1~3个工作日）。

4.PC端单店入驻

（1）登录网址 https：//www.kwailocallife.com/，使用快手 App 扫码登录。

（2）门店类型选择"经营一家店"。

（3）选择城市，搜索门店，选择要认领的店。确认无误后签署门店认领承诺书。

（4）填写资质：包括门店信息、营业执照、行业资质、法人实名信息等。

（5）资质审核（审核时间预计需要 1~3 个工作日）。

5.商品发布

（1）进入"生活服务商家中心"，打开侧边栏"商品管理—发布新商品"，选择商品类目和商品类型。商家产品编码不强制要求填写，商家可选填。

（2）选择适用门店，仅支持在已认领的门店里面选择。

（3）填写商品名称、商品头图；关联视频和图文介绍可根据需要选择性添加。如果要设置"定时上下架"，请开启按钮并设置时间。

（4）设置商品规格、价格和库存，商家系统 sku 编码填写任意数字即可。

（5）商家可根据实际需要填写购买须知。

（6）设置客服电话、客服工作时间、是否限购、退款政策、订单自动关闭时间等服务承诺信息。

（7）确认以上商品信息无误后，勾选"我已阅读并同意"，单击后提交。

（8）商品发布成功，可以继续发布商品或查看商品列表。

实操问答 9-2

问：如何判断应该选择哪种经营门店类型？

答：经营单店商家或多门店分开经营团购的商家，可选择"经营一家店"入驻；拥有多家连锁门店，需要多门店统一经营团购或有品牌商标的商家，可选择"经营多家店"入驻。

问：如何选择所要认领的门店？

答：在认领门店界面选择门店所在城市；输入门店名称；核对好门店名称和地址；选择自己要认领的门店；完成认领。

问：搜索不到自己想认领的门店怎么办？

答：当无法搜到您的门店，或门店信息显示有误时，需要提前准备好相关资料联系快手客服。相关资料包括正确的门店名称与地址信息、错误的门店名称与地址信息（如有）、门店头图、联系人电话。

问：如何选择营业执照类型？

答：依据营业执照上的证件类型，如果类型是公司，执照类型就选择"企业法人营业执照"入驻；如果类型是个体工商户，执照类型就选择"个体工商户营业执照"入驻。

问：营业执照选择错误被驳回，要如何修改通过？

答：如果是统一社会信用代码被驳回，请注意统一代码由 18 位的阿拉伯数字或大写英文字母（不使用 I、O、Z、S、V）组成；如果是有效期被驳回，请查看下日期是否录入正确，证件上无有效期默认为长期有效。

问：行业资质照片选择错误想重新上传，要怎样操作？

答：可在行业资质补充界面，单击照片位置；单击"已了解"；重新选择上传正确的资质照片。

拓展阅读9-1　按下农村电商发展"快进键"

针对部分商家在使用数字人虚拟主播直播卖货时存在与平台治理规则相悖的使用行为，为维护良好的电商直播环境，切实保障广大消费者合法权益，快手电商发布了虚拟人使用规范。具体如下：

1.数字人使用权限

商家采用数字人直播时，当前仅允许使用快手平台提供的数字人。如在非数字人直播中，播放由AI生成的音频录制内容，属于播放录制音频。

2.画面质量要求

数字人需放置于画面中心位置，人物大小纵向比例不可小于直播画面的1/2；直播中如确因产品展示需要放置视频，视频画面纵向比例不可大于直播画面的1/3，纯商品信息展示无人出镜的视频画面纵向比例不可大于1/2；直播中不可长时间嵌入直播切片内容，同时应当保证嵌入播放的所有视频具备相应授权文件。

3.音频质量要求

如使用音频驱动时，提供的音频质量应当保证清晰流畅，不可混杂多人声音；上传的音频不得与直播画面中的视频为同一音源，应当有明显区分，否则视为录播处罚；数字人直播内容不可在短时间内高度机械式重复，如每5分钟重复一轮直播话术。

快手电商提醒商家即日起自查整改，平台将根据相关规则执行处罚，一经发现封禁账号直播权限30天起，同时平台将视违规情形、违规次数等进一步升级处罚，包括但不限于扣分、强制学习、强制考试、支付违约金、永久封禁账号等。

资料来源：快手电商．关于利用数字人直播卖货的使用规范［EB/OL］．［2024-10-10］．https://www.100ec.cn/detail--6637225.html.

任务三　抖音直播实战操作

【引导案例】

罗永浩抖音直播首秀

一、案例背景

罗永浩作为科技圈的知名人物，以其独特的性格和深刻的洞察力闻名网络，深受网民的喜欢。因锤子公司的经营变故，罗永浩进入直播圈层，并于2020年4月1日，在抖音开启自己的第一场直播。在第一场直播中，实现了3小时4 800万人围观，1.1亿元销售额。在直播中，直播的产品多以科技类产品为主。

二、案例解读

1.跨界尝试与影响力转化

罗永浩原本在科技行业有着深厚的积累，通过跨界尝试直播带货，成功地将自己在科技领域的影响力转化为直播间的流量。他的每一次直播都吸引了大量观众，尤其是那些对科技产品感兴趣的潜在消费者。

2.专业解读与产品演示

在直播中，罗永浩充分展现了自己对科技产品的深刻理解。他不仅详细介绍了产品的技术规格、功能特点，还通过实际操作和演示，让观众更直观地了解产品的使用体验和实际效果。这种专业解读和产品演示，增强了观众对产品的信任感和购买意愿。

3.互动与粉丝经济

罗永浩在进入直播圈前，就已经具备较多粉丝，并且在直播中非常注重与观众的互动，积极回答观众的问题，分享自己的见解和看法。这种互动不仅拉近了主播与观众之间的距离，还激发了观众的参与感和归属感。同时，他也充分利用了粉丝经济，通过推出限量版商品、专属优惠等方式，鼓励粉丝支持自己的直播事业。

4.品牌合作与资源整合

罗永浩在直播带货过程中，积极与各大科技品牌合作，整合行业资源。他通过直播为品牌方带来了可观的曝光量和销售量，同时也为自己赢得了更多的商业机会和合作伙伴。

三、案例总结

罗永浩的科技产品直播案例，展示了科技界人士在电商直播领域的巨大潜力和商业价值。通过跨界尝试、专业解读、互动与粉丝经济以及品牌合作等手段，他成功地将自己的影响力转化为直播间的流量和销售业绩。这一案例不仅为其他科技界人士提供了有益的借鉴和启示，也为整个电商直播行业注入了新的活力和动力。

四、案例思考

（1）如何发挥个人专长与跨界优势？

（2）如何平衡商业利益与用户体验？

资料来源：作者自撰。

抖音，这款由北京抖音信息服务有限公司匠心打造的音乐创意短视频社交平台，不仅深刻改变了人们的娱乐与社交方式，更以其独特的魅力和无限可能，成为了数字时代的一道亮丽风景线。它不仅仅是一个简单的视频观看与发布工具，更是一个充满活力与创意的社区，让每一个用户都能在其中找到属于自己的舞台，展现个性，分享生活。

抖音的智能推荐算法是其核心竞争力之一，它通过深入分析用户的观看历史、点赞、评论等行为数据，精准描绘出用户的兴趣图谱，从而实现个性化内容的精准推送。这种高度定制化的体验，让每位用户都能在短时间内获得最符合自己喜好的内容，极大地提升了用户黏性和活跃度。

抖音作为一款集娱乐、社交、创作等多重功能于一身的软件，不仅满足了用户在不同场景下的多样化需求，还通过持续的创新与努力，构建了一个充满活力、包容开放的内容生态系统。在这个平台上，每个人都能成为生活的导演，用镜头记录美好，用创意点亮生活，共同编织出一个多彩多姿的数字世界。

一、开通抖音直播

1.抖音直播伴侣下载

抖音直播伴侣的下载和安装可通过以下两个途径进行:

(1)通过抖音直播伴侣的官方下载页面(https://streamingtool.douyin.com/),下载最新版本的抖音直播伴侣,并安装到电脑上。

(2)使用电脑的应用商店,通过应用商店搜索抖音直播伴侣,并进行下载安装。

2.抖音直播伴侣使用

抖音直播伴侣,作为一款专为直播创作者量身打造的功能强大的辅助软件,不仅极大地简化了直播与视频录制的流程,还以其丰富的特性和高度集成的操作界面,赢得了广大主播的青睐。这款软件的设计初衷在于帮助主播们轻松跨越技术门槛,专注于内容的创新与表达,让每一次直播都能成为精彩纷呈的视听盛宴。

在功能层面,抖音直播伴侣提供了从基础到进阶的一站式解决方案。用户只需简单几步,即可完成直播环境的搭建与配置。其核心优势之一在于其无缝对接抖音、抖音火山版及西瓜视频等多个热门平台的能力,这意味着主播无须在多个软件间切换,即可实现跨平台直播,极大地拓宽了内容的传播范围与受众基础。

软件界面设计得既直观又富有现代感,即便是初次接触的新手主播,也能迅速上手。通过清晰明了的操作界面,用户可以轻松管理直播间的各项设置,包括但不限于视频分辨率调整、音频输入选择、美颜滤镜应用、弹幕互动管理等,确保直播画面的清晰流畅与观众体验的优化。

尤为值得一提的是,抖音直播伴侣还内置了强大的推流技术,支持用户自定义推流地址,只需在相应的窗口中输入或粘贴由直播平台提供的推流地址,即可一键开启直播之旅。这一功能不仅简化了直播开启的流程,还保证了直播信号的稳定传输,有效避免了因网络波动导致的直播中断问题。

此外,抖音直播伴侣还不断迭代更新,紧跟行业发展趋势与用户需求变化,新增了诸如实时数据分析、多场景切换、绿幕抠图等高级功能,进一步提升了主播的创作自由度与直播效果的专业度。通过这些高级功能的加持,主播们能够更加灵活地打造个性化的直播场景,吸引并留住更多观众的目光。

综上所述,抖音直播伴侣凭借其全面的功能、简洁的操作界面以及对多平台的强大支持,成为了众多主播不可或缺的直播利器。它不仅简化了直播流程,提升了直播质量,更为主播们的职业发展铺设了一条宽广的道路。

(1)抖音直播伴侣界面设置。登录成功后,你将看到抖音直播伴侣的主界面。单击"添加素材"按钮,右侧会展示出可添加的素材类型,包括"摄像头""游戏进程""全屏""窗口""视频""投屏(iOS)""图片"等,你可以根据自己的直播需求进行选择添加。这些素材都可以通过设置直接展示在直播画面中,非常灵活方便。

如果你单击了"摄像头",就会进入对应的设置界面。在这里,你可以进行基础画面设置,调整美颜、美妆、滤镜、特效道具、镜头特效等内容,让你的直播画面更加出色。另外,你还可以根据需要选择外接摄像头,并在摄像头位置选择对应的来源。

当你添加了视频、图片、图像幻灯片后,它们会在常规模式中显示,并可以在直

微课9-1

抖音直播
伴侣设置

播画面中进行展示。在常规模式中，你还可以通过素材后方的按钮对素材进行再次操作，也可以在主屏中调整它们的大小和位置。

抖音直播伴侣还允许你在常规模式中搭建多个场景，以便针对不同直播场景进行切换。

在直播设置方面，你可以对直播参数进行设置，以满足你的个性化需求。

抖音电商包括抖音直播和抖音小店，为你提供了更多的商业机会。

生活服务则是一个本地生活产品的入口，让你可以方便地获取本地生活服务信息。

福袋是一个附带设置入口，你可以在这里进行福袋的相关设置。

绿幕大屏是一个背景板设置入口，你可以在这里设置产品信息、悬挂文字等内容，为你的直播增添更多元素。

最后，互动部分位于界面的右手边，你可以在这里看到本场直播的榜单、聊天和礼物等信息。值得一提的是，它还可以设置悬浮窗，让悬浮窗始终列在屏幕前列，这样你就可以免除需要两个屏幕才能和粉丝互动的麻烦了。

（2）抖音直播伴侣生活服务使用。在直播准备阶段，主播单击"添加商品"按钮后，系统会跳转到添加直播商品的专属界面。这个界面是主播为即将进行的直播挑选并添加商品的关键环节。主播可以在此界面浏览已上架的商品列表，根据直播主题、受众喜好及市场需求，精心挑选合适的商品进行添加。添加过程中，主播可以设置商品的展示顺序、描述信息、价格优惠等，以吸引观众注意并促进销售。

评论管理是直播过程中不可或缺的一部分，它允许主播对观众的评论进行有效的监控和管理。在评论管理界面，主播可以进行多项设置，包括但不限于快捷回复的预设，以便快速响应观众的常见问题；屏蔽词的设置，用于自动过滤掉不良或违规的评论内容，维护直播间的健康氛围；开播后，主播还可以根据需要对特定用户进行星标标记，以便快速识别重要观众，同时也有权对违规用户进行禁言处理，确保直播的顺利进行。此外，通过直播数据中的"往期数据"选项，主播可以轻松进入直播大屏界面，查看并分析过往直播的详细数据，为未来的直播策略提供数据支持。

直播计划是主播或直播团队为即将进行的直播活动制定的详细规划。它清晰地展示了直播的时间安排、主题内容、预期目标及相应的营销策略。直播计划有助于主播提前做好准备，确保直播内容的连贯性和吸引力，同时也有助于观众提前了解直播信息，提高参与度和期待值。

直播预告是直播计划的重要组成部分，特别适用于高频次直播或"一带多"直播场景。通过直播预告，主播可以提前向观众透露直播的时间、亮点、嘉宾阵容、优惠活动等信息，激发观众的兴趣和好奇心，引导他们提前预约并准时观看直播。直播预告有助于提升直播的曝光度和影响力，为直播活动吸引更多的观众和潜在消费者。

直播福袋是直播过程中一种常见的互动方式，旨在增加直播的趣味性和观众的参与度。主播可以在直播过程中设置福袋活动，观众通过完成特定任务（如发送弹幕、分享直播间等）获得参与资格。福袋内通常包含商品优惠券、实物奖品等福利，观众有机会通过抽奖获得。直播福袋不仅提升了观众的观看体验，还有助于促进商品销售和增强观众对主播的忠诚度。

直播记录是主播过往直播活动的详细记录库，包含了直播的时间、时长、观看人数、互动数据（点赞、评论、分享等）以及销售数据等关键信息。直播记录为主播提供了宝贵的数据分析资源，有助于他们评估直播效果、总结经验教训，并据此调整和优化未来的直播策略。

选品广场是一个汇集了大量商品资源的平台，专为直播带货的主播设计。在这里，主播可以根据自己的直播主题、受众需求及带货能力等因素，浏览并挑选合适的商品进行推广。选品广场提供了丰富的商品选择，涵盖了多个品类和品牌，降低了主播的选品成本和时间成本，同时也有助于提升直播内容的多样性和吸引力。

我的选品库是主播个人在选品过程中精心筛选并保存下来的商品集合。这些商品通常是主播认为符合其直播风格、受众喜好及市场需求的高品质产品。我的选品库有助于主播快速定位和管理自己的带货商品，提高直播效率和带货效果。同时，它也为主播提供了便捷的商品推荐和搭配建议，助力其打造更具吸引力的直播内容。

我的商单是主播在直播过程中通过推广商品所获得的成交数据记录。它详细记录了每笔交易的商品信息、成交时间、成交金额、买家信息等关键数据。我的商单是主播评估带货效果、计算收益及进行后续服务的重要依据。通过分析我的商单数据，主播可以了解哪些商品更受观众欢迎，哪些营销策略更为有效，从而不断优化自己的带货策略和提升销售业绩。

带货数据是指主播在直播过程中推广商品所产生的销售数据。它包括但不限于商品点击量、加购量、成交量、成交金额等关键指标。带货数据是评估主播带货能力和直播效果的重要标准之一。通过分析带货数据，主播可以深入了解观众的购买行为和偏好，为未来的选品和营销策略提供数据支持。同时，带货数据也是主播与商家合作谈判时的重要筹码之一，有助于争取更优惠的合作条件和更高的佣金比例。

微课9-2

直播数据大屏

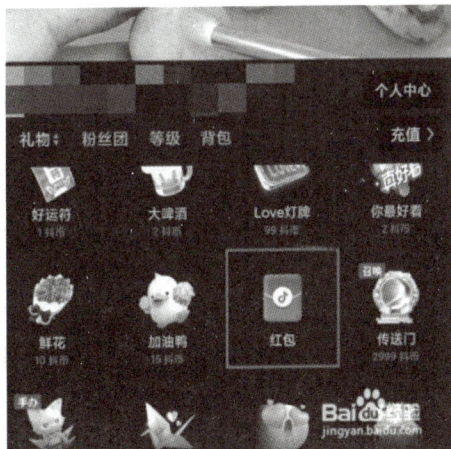

分佣明细是指主播通过带货所获得的佣金收入的详细记录。它展示了主播每场直播或每个推广商品所获得的佣金金额、佣金比例、结算时间等关键信息。分佣明细是主播了解自己收益情况的重要途径之一，也是激励主播更加积极地参与直播带货活动的关键因素之一。通过查看分佣明细，主播可以清晰地了解自己的收入来源和收益水平，从而制订更加合理的财务规划和投资计划。

3.抖音直播工具使用

（1）抖音红包设置步骤。在抖音直播间单击礼物图标；找到并单击"红包"；选择红包金额，单击"发红包"即可，如图9-6所示。

（2）卡直播广场——红包玩法。卡直播广场——红包玩法是一种在直播平台上吸引观众注意力、增加直播间互动性和提升观看时长的策略，通过发放红包来激励用户参与。以下是对这种玩法的详细解释和操作步骤：

卡直播广场是指在直播平台的首页或特定推荐区域，通常会有一个"直播广场"或类似的板块，展示当前热门或推荐的直播内

图9-6 红包

容。主播通过特定的策略和手段，让自己的直播间能够长时间停留在这些显眼位置，从而吸引更多观众进入，这就是所谓的"卡直播广场"。

红包玩法作为一种常见的营销手段，在直播中也被广泛应用。主播在直播过程中发放红包，观众通过参与互动（如发送弹幕、点赞、分享等）来抢红包，这种方式不仅增加了直播的趣味性，还极大地提升了观众的参与度和黏性。

（3）红包玩法的操作步骤。

①准备阶段：确定红包发放的时机和金额。根据直播内容和观众习惯，选择合适的时间节点发放红包，比如开播时、观众人数达到一定峰值时或直播接近尾声时。同时，合理规划红包金额，确保既能吸引观众又能控制成本。

直播平台通常提供多种红包形式，如普通红包、拼手气红包、口令红包等。主播应根据直播需求选择合适的红包形式，增加互动性和趣味性。

②预告阶段：在直播开始前或即将发放红包时，通过直播间的公告、弹幕或社交媒体等平台提前预告红包活动，吸引观众关注和等待。

主播应设定互动条件，明确告知观众需要完成哪些互动任务（如发送特定弹幕、点赞达到一定数量等）才能参与抢红包，以此增加直播间的互动性和活跃度。

③发放阶段：按照预定的时间和形式发放红包。主播可以通过直播平台提供的红包功能进行操作，确保红包的顺利发放。

在发放过程中，主播可以适时引导观众参与互动，如提醒观众发送弹幕、点赞等，以提高红包的抢取成功率。

④互动与反馈：在红包发放后，主播应及时关注观众的反应和互动情况，对积极参与的观众给予鼓励和感谢。

通过直播间的弹幕、评论等渠道收集观众反馈，了解红包活动的效果和不足之处，以便后续改进。

⑤总结与调整：直播结束后，对红包玩法的效果进行总结分析，包括观众参与度、互动率、观看时长等指标的变化情况。

根据总结结果调整红包策略，包括红包金额、发放时机、互动条件等，以更好地满足观众需求并提升直播效果。

通过实施"卡直播广场——红包玩法"，主播可以有效提升直播间的曝光度和观众参与度，进而促进商品销售或增加粉丝数量。然而，也需要注意控制成本并保持活动的公平性和透明度，以维护良好的直播生态和观众口碑。

（4）福袋。

①抖音的福袋可以增加粉丝团、增加留存、提升用户黏性和活跃度。在直播平台上增设粉丝团功能，并巧妙地将福袋领取与粉丝团成员身份绑定。用户若想享受领取福袋的特权，必须先加入粉丝团，这一流程无形中加深了用户对主播及直播间的认同感和忠诚度。同时，主播可以通过设置不同级别的粉丝团福利，如专属徽章、优先抢福袋权等，进一步刺激用户提升粉丝团等级，形成积极向上的社群氛围。

当用户在直播间看到诱人的福袋并决定参与抢夺时，他们便被自然地引导到一个需要耐心等待的情境中。这段时间内，用户不仅会在直播间内持续停留以等待福袋开启的那一刻，还可能会因为好奇或兴趣而主动探索直播间的其他内容，如观看主播的其他表演、参与其他互动游戏或浏览商品链接等。这种被动的等待时间被巧妙地转化为用户主动探索直播间、增加互动和存留的宝贵机会，有效提升了直播间的整体活跃度和用户黏性。

通过福袋发放抖币等虚拟货币作为福利，主播不仅向粉丝们传递了实实在在的实惠和惊喜，还展现了其对粉丝的关爱与回馈之心。这种实质性的福利发放不仅让粉丝们感受到了被重视和尊重，还进一步加深了他们对主播的好感和信任。同时，福袋中抖币的流通也促进了直播间内的经济循环，鼓励用户将获得的抖币用于打赏主播、购买商品等，从而形成一个良性循环的生态系统。此外，这种慷慨大方的福利策略也有助于主播在竞争激烈的直播市场中树立起积极、正面的形象，吸引更多潜在观众的关注和加入。

②抖音直播福袋使用注意事项。在设置抖音直播福袋的奖品时，奖品的名称务必被撰写得既具体又吸引人。例如，不应仅仅标注为"神秘大奖"或"精美礼品"，而应明确为"iPhone14 Pro Max 256GB手机"或"迪士尼双人游门票"。这样的具体命名方式，能够让进入直播间的观众一眼就能明确知晓可能获得的奖品是什么，从而激发他们的参与热情和期待感。同时，这也体现了主播对观众的诚意和尊重，有助于提升观众对主播及直播间的信任度。

为了确保直播流程的顺畅和观众体验的连贯性，抖音主播在提交福袋审核后，应充分理解并预估到大约3分钟的审核时间。这段时间虽然不长，但足以影响观众的等待感受。因此，主播需要灵活调整自己的直播节奏，可以在等待审核的间隙进行其他内容的展示或互动，如分享生活趣事、解答观众疑问等，以维持直播间的活跃度和观众的关注度。同时，主播也可以提前告知观众福袋即将发放的消息，并引导他们耐心等待，为福袋的正式出现营造期待氛围。

抖音平台对直播福袋的奖品价值有明确的规定，即不超过5万元人民币。这一规定旨在保护消费者的权益，防止过度炒作和虚假宣传。主播在设置福袋奖品时，应严格遵守这一规定，并确保奖品的真实性和合法性。同时，主播还可以根据自身的经济实力和直播定位，合理设定奖品的价值和数量，以达到最佳的营销效果。经过平台审核确认后的奖品，将按照既定规则送出，为观众带来实实在在的福利和惊喜。

值得注意的是，当抖音直播福袋审核通过后，平台并不会直接提示主播审核通过的信息。这意味着主播需要时刻保持对直播间动态的敏锐观察，并主动留意福袋是否已出现在直播间左上角。一旦福袋出现，主播应立即进行口头引导，提醒观众注意并积极参与领取。主播可以通过富有感染力的语言和生动的描述，激发观众的领取欲望和参与热情。同时，主播还可以设置一些有趣的互动环节，如答题赢取额外领取机会等，以增加福袋活动的趣味性和参与度。通过这样的主动引导和精心策划，主播可以最大化地发挥福袋活动的营销效果，为直播间带来更多的流量和关注。

（5）超级福袋。抖音超级福袋，作为电商直播领域的一项创新且高效的营销互动神器，不仅深刻改变了传统抽奖模式的面貌，还极大地丰富了直播间的互动体验与商业转化路径。这款专为电商场景设计的工具，以其独特的功能性和易用性，成为众多主播提升直播效果、增强粉丝黏性的得力助手。

首先，抖音超级福袋实现了抽奖流程的彻底规范化。通过预设的抽奖规则和流程，主播能够轻松设置并管理抽奖活动，确保整个过程的公平、公正与透明。这不仅提升了观众对抽奖活动的信任度，也有效避免了因抽奖过程不清晰或操作不当而引发的争议和纠纷，为直播间营造了一个更加健康、和谐的互动环境。

其次，超级福袋支持将抽奖活动以商品的形式直接挂载在直播间的小黄车中，这一创新设计极大地提升了活动的曝光度和参与度。观众在观看直播的同时，可以直观地看到福袋商品，并通过主播的口播引导了解抽奖详情和参与方式。这种即看即参与的便捷体验，极大地激发了观众的参与热情，促使他们更积极地完成主播设定的各项任务以获取抽奖资格。

主播在利用超级福袋进行营销互动时，可以灵活设置多种任务类型，如关注主播、点赞直播间、分享直播链接、发送指定弹幕等。这些任务不仅有助于提升直播间的互动率和活跃度，还能有效引导观众进行社交传播，扩大主播及商品的影响力。同时，主播还可以根据直播内容和观众特点，适时调整任务难度和奖励机制，以最大限度地激发观众的参与动力。

最后，抖音超级福袋还具备强大的数据分析功能。主播可以通过后台数据查看抽奖活动的参与人数、中奖情况、任务完成情况等关键指标，从而更准确地评估活动效果并持续优化营销策略。这种数据驱动的决策方式不仅提高了主播的运营效率和市场洞察力，也为他们带来了更加可观的商业回报。

实操问答9-3

问：怎么设置超级福袋？怎么设置奖品池？

答：进入抖店后台，单击"营销—更多营销工具"，进入页面，往下滑，选择"抽奖活动"，单击活动首页，进入活动首页后，单击"奖品池"，选择"立即新建"。如果你店里已经有这个奖品了，就选择"快速新建"；如果没有，就选择"新建自定义奖品"，像发布商品一样去发布，按流程走就可以了。

发布后，查看奖品，审核通过了，就单击"合作达人"，单击"新增合作"，把达人UID和分配给达人的奖品库存填写好，单击"确定"后，在抖店后台的工作就完成了。

进入百量巨应后台，在"营销管理"里面找到"超级福袋"，单击进入后，接着单击"创建活动"，设置中奖条件，开奖时间，再添加在抖店后台创建好的奖品，设置好中奖限制，提交。

问：怎么在直播间用好超级福袋？

答：要想最大化超级福袋的效果，核心在于精准把握奖品、口令与主播话术三大要素。奖品务必精挑细选，确保其独特魅力足以激发用户的浓厚兴趣与参与欲望。口令设计则需简洁有力，直接指向行动方向，引导用户轻松参与。而主播的话术则是连接观众与活动的桥梁，需频繁且巧妙地引导用户关注福袋，同时不忘适时提醒抽奖时间，保持观众的期待感。

在直播启幕之前，通过预告福袋奖品的方式，预先点燃观众的热情，吸引他们涌入直播间。直播过程中，鉴于已设定的参与门槛，主播需发挥引导作用，通过互动游戏、问答等形式，激发观众的参与热情，助力他们跨越门槛，赢得抽奖机会。

当直播步入尾声之际，不妨再设一个福袋惊喜，给观众留下难忘的收尾。同时，借此机会预告下一场直播的精彩内容，为未来的直播活动埋下伏笔，持续吸引观众的关注与期待。

综上所述，掌握了如何巧妙设置与运用超级福袋的秘诀，你便能有效提升直播间的流量与用户留存时长。超级福袋的精准运用，无疑将成为你直播事业中不可或缺的助力器。

二、开通商品分享权限

抖音的商品分享权限指的是抖音平台推出的一项服务，允许用户在满足一定条件后，申请开通抖音商品分享功能。这个功能允许用户分享带有商品链接的视频或短视频，从而获得提成。简单来说，抖音商品分享权限是抖音专属的商品分享功能，也就是用户常说的抖音电商功能。用户无须拥有线上店铺，只需找到合适的商品链接，添加进去即可在抖音平台上进行售卖。

用户可以通过多种途径申请开通抖音商品分享权限，如通过抖音的"创作者服务中心"、关注并私信"电商小助手"，或者进入其他主播的商品橱窗并单击"我也要卖货"进行申请。但需要注意的是，抖音商品分享权限不支持用户主动解锁，必须满足一定的条件才能开通。

1.开通商品分享权限的条件

（1）完成实名认证。如果是纯达人，主播个人实名认证即可。实名认证信息不可修改（身份证过期可以更新证件有效期，但不能换人）。

如果是自播商家（该抖音号为店铺绑定的官方账号），建议和店铺营业执照的法人保持一致。

（2）充值商品分享保证金500元。实名认证之后，可以进行保证金的缴纳。如果不需要带货权限了，可以随时申请保证金提现，申请提现后，带货权限（直播商品分享、橱窗商品分享、视频商品分享）就会被关闭。

（3）个人主页视频数（公开且审核通过）不少于10条。身份为纯达人，需要公开发布的视频，且通过平台审核的，大于等于10条即可。自播商家（该抖音号为店铺绑定的官方账号），免视频数的要求。如果抖音号绑定为某个店铺的渠道号零佣金带货合作，免视频数的要求。

2.开启商品分享权限的位置

进入"个人主页"，在侧边栏选择"创作者服务中心"，单击"商品分享"功能，进入申请页面。

商品分享权限开通后可以在商品橱窗、短视频的购物车、直播间的购物车中添加商品进行售卖。可以登录巨量百应平台（PC工作台）进行商品橱窗的商品管理，直播时通过中控操作（把商品上到购物车中，点击讲解卡、发放优惠券等），还可以查看直播数据、订单成交情况、佣金账单，参与平台活动等。

问：如何修改收款账户？

答：收款人的姓名不支持变更；收款银行卡可以填写该收款人的任意银行卡，并支持修改和切换。

问：如何修改开通收款账户页面的手机号？

答：打开抖音 App—"我"—"设置"—"账户与安全"—"手机绑定进行修改"。

问：资质认证时，营业执照不通过怎么办？

答：先确认填写数据准确性，"经营者姓名""经营者证件号码""公司名称""统一社会信用代码"必须要是本人在市场监管系统上更新的数据。

确认营业执照的办理日期超过 14 个工作日，营业执照图片上的右下角登记日期必须要在填表日期的 14 个工作日之外。

登录国家企业信息公示系统，输入"公司名称"或"营业执照编号"，查看是否有公示信息，无公示登记信息的企业无法通过验证。

问：我想要 0 粉丝开通带货权限怎么做？

答：普通达人不支持 0 粉丝开通带货权限，如您是个体工商户或企业店铺，可以开通小店或认证蓝 v 企业号。

三、添加抖音电商精选联盟商品

1.什么是精选联盟

精选联盟，作为抖音生态中不可或缺的一环，不仅是连接商品与达人的桥梁，更是驱动内容电商繁荣发展的核心引擎。它采用先进的 CPS（Cost Per Sale，即按销售额付费）模式，巧妙地将内容创作者与商家紧密绑定在一起，共同探索双赢的合作路径。这一平台不仅覆盖了抖音这一主流短视频社交平台，还广泛延伸至字节跳动旗下的其他热门应用，如今日头条、西瓜视频、抖音火山版及皮皮虾等，为创作者提供了多元化的内容展示舞台。

在精选联盟中，商家来源广泛且多元，既包括抖音小店精选联盟内的众多商家，也涵盖了淘宝联盟、京东、唯品会、考拉、苏宁、网易严选等第三方电商平台上的优质商家。这些商家通过精心设置商品佣金，吸引了大量渴望通过分享优质商品赚取佣金的达人。达人们则利用自身的影响力和创意，在线挑选心仪的商品，通过制作精美的商品分享视频或开展生动有趣的直播带货，将商品推荐给广大消费者。每当有订单产生，平台都会按照既定规则，定期与商家及达人进行佣金结算，确保双方利益得到公平合理的分配。

为提高商家与达人合作的效率与效果，抖音平台不断创新，推出了多种联盟工具，如普通计划、定向计划、专属计划、招募计划及鹊桥计划等。这些工具各具特色，能够满足不同商家的个性化需求，帮助商家更精准地定位目标达人，制定高效的推广策略。同时，它们也为达人提供了更多选择机会，让达人能够根据自己的专长和兴趣，挑选到最适合自己的商品进行推广。

从本质上看，精选联盟就是抖音版的淘宝联盟，它凭借抖音庞大的用户基础、强大的内容生态以及先进的算法技术，为商家与达人之间的合作搭建了一个高效、便捷、透明的平台。开通精选联盟后，商家只需专注于商品品质与价格设置，而无须担心推广问题；达人则可以通过分享优质商品赚取佣金，实现内容变现。这种双赢的合作模式不仅促进了商品的快速流通与销售，也推动了内容电商行业的持续健康发展。

2.精选联盟的开通条件

要开通抖音精选联盟，商家需要满足以下条件：

（1）商家必须有抖音小店，并且店铺状态和账户状态均正常，可以正常登录和使用。

（2）店铺体验分或商家体验分须达到一定标准（通常为4.2分或以上）。

（3）店铺在近30天内的成交金额大于0。

（4）店铺好评率高于或等于80%。

（5）店铺在近365天内没有因违反小店规定而受到处罚的记录。

（6）店铺账户实际控制人的其他小店账户未受到特定严重违规行为的处罚，且没有发生过严重危及交易安全的情形。

（7）新开的抖音小店必须满足60天的正常经营，并且小店要出新手期。

（8）需要缴纳足额的保证金。

（9）新开的个体店必须绑定官方账号。

（10）此外，商家不能有严重违规记录，如动销被清、假冒盗版、虚假宣传等。如果商家是正在带货的店铺，体验分需高于或等于4.0分，如果体验分低于此标准，可能会被精选联盟清退。

3.抖音小店精选联盟开通方法

打开抖音小店后台，单击"营销中心"，进入"巨量百应"，依次单击"精选联盟"—"普通计划"—"添加商品"，找到要添加的商品，设置佣金，单击"确定"按钮即可成功添加。进入巨量百应页面，单击"添加商品"会弹出添加商品的界面。

4.抖音小店精选联盟技巧

（1）优质商品选择。在浩瀚的商品海洋中精心筛选那些既符合市场潮流又具有独特竞争优势的商品，确保它们不仅满足目标消费群体的基本需求，更能激发其潜在购买欲望。这包括考量商品的质量、价格、设计、功能以及是否符合环保和可持续发展理念，力求为消费者提供超越期待的价值体验，从而吸引并留住忠实顾客。

（2）商品描述与宣传。平台致力于撰写既精准又富有感染力的商品描述，深入挖掘并强调产品的核心亮点和差异化优势。通过生动的语言描绘产品使用场景，搭配高质量的产品图片和精心设计的宣传视频，全方位展示商品的魅力。这种图文并茂、视听结合的宣传策略，旨在瞬间抓住用户的眼球，激发其购买欲望，促进转化率的提升。

（3）视频营销。在抖音这一充满活力的短视频平台上，有一系列既有趣又富有创意的短视频内容。这些视频不仅直观展示了商品的实际使用方法和显著效果，还融入了时尚元素、生活小窍门或幽默段子，使观看过程成为一种享受。通过精准定位目标受众，这些视频能够迅速在平台上传播开来，引发用户的共鸣与互动，有效提升商品的知名度和好感度。

（4）营销活动。积极参与抖音小店精选联盟定期举办的各类促销活动，如限时折扣、满减优惠、秒杀活动等，充分利用平台资源为商品争取更多曝光机会。同时，也可以自主策划特色营销活动，如节日主题促销、会员日专享福利等，以差异化的营销策略吸引更多潜在顾客，提升店铺的整体销量和品牌影响力。

（5）社交推广。充分利用社交媒体平台的强大传播力，通过微信、朋友圈、微博等渠道，精心策划并分享店铺链接、商品信息和优惠活动。借助社交网络的裂变效应，扩大信息的覆盖面和影响力，吸引更多潜在客户关注并访问店铺。同时，鼓励用户分享自己的购物体验和好评，利用口碑营销进一步提升店铺的信誉度和知名度。

（6）客户服务。抖音小店精选联盟深知优质的客户服务是建立品牌忠诚度的关键。因此，抖音小店精选联盟设立了专业的客服团队，确保能够及时、准确地回复用户的咨询和疑问。无论是关于商品信息、购买流程还是售后服务的任何问题，都将得到耐心解答并提供最佳解决方案。同时，抖音小店精选联盟还建立了完善的售后服务体系，确保用户在购买后能够享受到无忧的售后保障。通过这些努力，抖音小店精选联盟致力于构建一个以顾客为中心的购物环境，赢得客户的信任与好评。

四、添加第三方平台商品

1.抖音小店添加淘宝店铺商品

（1）操作步骤。

① 绑定抖音号与淘宝账号（pid）。

② 满足淘宝店铺等级在一钻及以上，店铺评分不低于4.7或行业平均水平（添加时会有提示）。

③ 商品已成功加入淘宝联盟"内容商品库"并复制商品淘口令。

④ 通过"橱窗管理"功能粘贴淘口令，添加商品完成商品信息编辑，满足以上条件并完成相关操作，即可成功添加淘宝商品。

（2）绑定抖音号与淘宝账号（pid）的两种方法。

① 打开"添加商品"页面并单击"商品链接添加"，首次添加淘宝商品时，按照页面指示跳转手机淘宝App，会有"前往绑定"提示，单击该提示即可绑定。

② 单击商品橱窗页面个人头像，前往个人资料页面进行"淘宝账号绑定"，自行查看绑定。

（3）添加商品到淘联"内容商品库"的两种方法。

① 登录淘宝联盟商家中心后台，将需要推广的商品在营销计划中设置为主推单品，佣金率在20%及以上，24小时后生效，该商品会被录入内容商品库。

② 开通淘宝客推广，且商品报名"内容招商"团长活动，商品审核通过即可入库。

2.抖音小店添加其他第三方商品步骤

（1）将商品链接复制到剪贴板。在上架商品之前，我们需要先准备好商品链接，可以是京东、拼多多等电商平台的商品链接。将商品链接复制到剪贴板中，方便后续的操作。

（2）打开抖音小店并编辑商品。进入抖音小店，在"商品管理"页面中单击"新增商品"，输入商品的基本信息，包括商品名称、商品描述、商品价格等。在商品描述框中可以输入一些描述内容，例如商品的优惠、特点等，可以吸引更多的用户来购买。

（3）添加商品链接。在填写商品描述时，我们在需要添加商品链接的地方输入链接地址。此时，商品描述中已经成功添加了商品链接。

（4）发布商品。在编辑商品信息结束后，单击"提交"按钮，将商品上架到抖音小店中。此时已经成功添加商品链接，并可以在商品详情页中看到链接。

3.抖音小店上架商品链接需要注意的事项

（1）商品链接的有效期，如果商品链接过期了，用户点击该链接将无法打开商品详情页。

（2）商品链接是否包含违禁信息，如果包含违禁信息，链接可能无法正常打开。

（3）在商品描述中添加链接时，需要注意链接的引号是否正确，引号应该为英文字符模式。

（4）可以在商品描述中加入一些优惠或特别关注的说明，例如"半价促销""数量有限，先到先得"等，以吸引更多的用户来购买。

五、管理抖音商品橱窗

商品添加到橱窗后，达人可以随时进行编辑、排序、删除、替换等，丰富的产品功能，助力达人经营橱窗，建设专属"货架场"。

1.功能入口

打开抖音 App—"我"—"商品橱窗"—"橱窗管理"—"商品"，选择对应的商品，单击商品卡右下角的"…"。

2.商品管理功能

（1）编辑推广信息。编辑推广信息，在橱窗和直播间展示作者对此商品的推荐说明。具体操作如下：打开抖音 App—"我"—"商品橱窗"—"橱窗管理"—"商品"—"…"—"编辑推广信息"。

分别填写"商品橱窗推荐语"和"直播间推广卖点"，单击"确定"按钮即可。

（2）设置精选商品。设置精选商品，将在达人的商品橱窗-好物推荐 tab 展示。具体操作如下：打开抖音 App—"我"—"商品橱窗"—"橱窗管理"—"商品"—"…"—"设为精选商品"。

分别填写"推荐标题"和"推荐页描述"，然后单击发布。精选商品可以添加多个。

（3）关联种草视频。关联种草视频，将商品与达人短视频/直播讲解片段绑定，同时商品将在达人的商品橱窗-种草内容 tab 展示。具体操作如下：打开抖音 App—"我"—"商品橱窗"—"橱窗管理"—"商品"—"…"—"关联种草视频"。

选择短视频或直播讲解回放片段，然后填写种草内容的标题和正文，发布即可。

（4）找同款更优商品。同款商品寻找更优货源，告别人工比对佣金/售价/销量，一键替换"更优选择"。具体操作如下：打开抖音 App—"我"—"商品橱窗"—

"橱窗管理"—"商品"—"…"—"找同款更优商品"。

（5）删除商品。单击"删除商品"，商品将从达人的商品橱窗中移除，用户将不能继续从达人橱窗中购买商品，但达人此前发布的挂车短视频仍会正常带货此商品。删除商品具体操作如下：打开抖音App—"我"—"商品橱窗"—"橱窗管理"—"商品"—"…"—"删除"。

实操问答 9-5

问：为什么橱窗中出现了我没有添加过的商品？

答：达人在直播带货、短视频挂商品、创建直播带货计划时添加的商品，也会同步到橱窗。

问：添加到橱窗中的商品为什么没有展示？

答：如果达人商品橱窗中的商品出现无库存、下架、退出精选联盟、被平台清退等情况，消费者进入达人橱窗，是看不到此商品的。

六、设置直播预告

1.直播预告设置

（1）打开抖音应用，单击主页底部的"+"图标。

（2）选择"开直播"，然后进入直播设置界面。

（3）在设置界面中，找到并单击"直播预告"选项。

（4）根据需要设置开播时间和直播内容，可以提前通过短视频或站外平台如微信、微博等预告直播时间和主题。

（5）设置完成后，单击"创建预告"或类似的选项以发布预告。

此外，还可以选择上传一个特定的视频作为直播预告，在视频编辑时添加直播预告的贴纸，选择开播时间，并发布到抖音上。

2.直播预告技巧

确立一个固定的直播时段对于建立稳定的观众群至关重要。观众倾向于预知并规划观看时间，因此，制定并坚守一个明确的开播日程，如每周三晚8点雷打不动，有助于培养观众的信赖与期待感，从而深化与观众之间的连接。

维持预告发布的规律性是提高观众参与度的不二法门。频繁且适时的预告能够持续勾起观众兴趣，并有效提醒他们直播的临近。建议在直播前1至2天进行初步预告，随后在开播前几小时再次强化提醒。直播过程中，适时穿插提醒以防遗漏精彩瞬间。而直播尾声及结束后，立即预告下一场直播时间，则能有效维持观众的持续关注与黏性。

精心策划预告的发布渠道与内容同样重要。利用社交媒体、官网、邮件订阅等多种渠道广泛传播，并针对不同平台特性和受众喜好定制预告策略，以提升信息的吸引力和触达率。此外，借助粉丝社群的力量，鼓励转发与分享，进一步拓宽预告的传播范围。

为提升预告的吸引力，可融入趣味性元素与互动设计，如揭秘直播亮点或邀请观众参与讨论，以激发观众的好奇心与参与感。同时，研究证明，融入情感色彩的语言与视觉元素能显著增强预告的吸引力，使观众更加期待直播的到来。

综上所述，成功的直播预告策略涵盖确立稳定的开播时间表、保持预告发布的规律性、精心设计预告的发布渠道与内容等多个方面。这些措施的综合运用，将有效提升直播预告的效果，吸引更多观众的关注与参与，为直播活动的成功奠定坚实基础。

七、设置抖音直播间

1.直播前准备

除了直播场地设备的要求，主播及直播团队在选择主推产品时还要充分考虑自身所处平台的特点，因为不同平台的用户所偏爱的产品是不同的，在这个平台上销售非常火爆的产品很可能在另一个平台上销量不佳。例如，在快手平台上，热销产品的价格集中在50元以下，价格高于50元的产品销量一般不会很高。在抖音平台上，热销产品的价格集中在100元以内。

在准备的直播脚本中，除了要写明产品的功能和特点，还要将价格和优惠方案写清楚，这些都是很重要的卖点。如果遗漏了重要卖点，产品的销量很可能就会受到影响。

（1）准备直播预告。清晰描述主题和直播内容，能让用户提前了解直播内容，同时便于小编挑选出好直播内容进行主题包装推广及直播广场相关操作；

上传你在直播中要分享的商品，当你开播后，更好地利用大数据的能力，帮你的直播内容进行用户匹配，获得更精准的用户流量。

（2）设置店铺后台、优惠券等。打开直播平台的管理后台，找到"直播中控台"的入口。直播中控台是管理直播活动的重要工具，它提供了丰富的功能来帮助主播进行直播前的准备、直播中的监控以及直播后的数据分析。

在权益配置页面，您会看到已经预先设置好的各种优惠券列表。这些优惠券可能包括满减券、折扣券、无门槛券等多种形式，每种券都有自己的使用条件、有效期和优惠金额等参数。浏览列表，找到您希望在本次直播中投放的优惠券，并勾选或单击选择该优惠券。

如果您之前还没有配置好优惠券，也可以在店铺后台进行创建和配置。通常，您需要填写优惠券的名称、面额、使用门槛、发放数量、有效期等基本信息，并设置优惠券的领取方式和适用范围。完成配置后，保存并返回权益配置页面，此时新创建的优惠券就会出现在列表中供您选择。

选中优惠券后，您需要确认投放的详细信息。这包括投放的时间范围（是否在整个直播期间都有效）、投放的数量（是否有限制）、投放的观众群体（是否面向所有观众还是满足特定条件的观众）等。根据直播的需求和策略，仔细设置这些参数，以确保优惠券能够精准地投放到目标受众手中。

完成所有设置后，单击"确认投放"或类似的按钮。此时，系统会根据您的设置自动将优惠券与直播活动关联起来，并在直播过程中根据设定的条件向观众展示和发放优惠券。观众在观看直播时，可以通过特定的方式（如点击链接、输入口令等）领取并使用这些优惠券，享受购物优惠。

2.直播中互动

（1）把控直播节奏、气氛。把控直播节奏、气氛是主播在直播过程中需要高度关注并灵活调整的一项技能。这包括控制直播的进度、话题的转换、互动的频率以及整体氛围的营造。一个优秀的主播能够根据观众的反应和参与度，适时调整直播的节奏，保持观众的注意力不分散。同时，通过幽默的语言、积极的互动、适当的背景音乐等手段，营造出轻松、愉快或紧张、刺激的直播氛围，让观众沉浸其中，享受直播带来的乐趣。

（2）设置直播看点。设置直播看点是吸引观众并提升直播吸引力的关键。看点可以是直播中的亮点、高潮部分或特殊环节，如产品揭秘、限时折扣、抽奖活动、嘉宾访谈、才艺展示等。通过提前规划并精心设置这些看点，主播可以在直播过程中不断引导观众关注，激发他们的好奇心和期待感。同时，看点也是主播与观众建立互动和连接的桥梁，有助于增强观众的参与感和归属感。

（3）产品讲解。产品讲解是直播带货或产品推广类直播中不可或缺的一环。主播需要对所推广的产品有深入的了解，并能够清晰、准确地向观众介绍产品的特点、功能、优势以及使用方法等。在讲解过程中，主播需要注重语言的生动性和形象性，通过举例、比较、演示等方式，让观众更加直观地了解产品。同时，主播还需要关注观众的反馈和需求，及时解答观众的疑问，提供专业的购买建议，以促进产品的销售。

（4）关注实时数据。关注实时数据是主播在直播过程中需要时刻留意的重要方面。实时数据包括观看人数、互动频次、商品点击率、转化率等多种指标，它们能够直观地反映直播的效果和观众的反馈。通过关注这些数据，主播可以及时了解直播的受欢迎程度、观众的兴趣点和购买意愿等信息，并根据数据反馈调整直播策略和内容。例如，如果发现某个产品点击率高但转化率低，主播可以加强该产品的介绍和推荐；如果发现观众对某个话题感兴趣，主播可以延长该话题的讨论时间或增加相关内容。关注实时数据有助于主播更加精准地把握观众需求和市场趋势，提升直播的效果和转化率。

3.直播后总结

（1）强化目标。直播前都有文案，这个时候我们要把文案拿出来反复回顾，直播过程中有没有遗漏的点，清晰了解整个直播过程中的得失。

（2）发现规律。复盘直播的过程，实际上是一个数据驱动的内容优化过程。我们需要借助平台提供的数据分析工具，深入挖掘观众在直播中的行为模式，特别是要关注那些能够显著提升观众参与度和互动率的话题。通过分析弹幕数量、点赞数、分享次数等关键指标，我们可以清晰地识别出哪些话题是观众真正感兴趣的。此外，还要留意粉丝增长与特定话题之间的关联，这有助于我们更准确地把握观众的心理需求，从而在未来的直播中更有针对性地设计内容。通过不断积累这样的经验，我们可以逐渐形成一套高效的直播话题选择策略，为直播带来更多的流量和关注度。

（3）复制技巧。复盘不仅仅是为了发现问题，更是为了提炼和复制成功。在每次直播后，我们都应该认真总结那些受到观众喜爱和认可的元素，比如独特的开场白、引人入胜的故事叙述方式、高效的互动环节设计等。这些成功的技巧和元素，正是我们构建个人直播风格的重要基石。通过不断地在后续直播中运用和完善这些技巧，我们可以逐渐将它们内化为自己的独特风格，从而在众多主播中脱颖而出，吸引更多忠实粉丝的关注和支持。

（4）避免失误。直播过程中难免会出现各种意外和失误，但关键在于我们如何从中吸取教训并避免重蹈覆辙。因此，建立一个完善的错误记录机制显得尤为重要。在直播过程中，我们应该时刻保持警觉，记录下自己或团队成员在互动、内容呈现、技术操作等方面的任何失误。同时，还要关注直播平台对于违规行为的提醒和处罚，确保自己的直播行为始终符合平台规定。在复盘时，我们要深入分析这些错误产生的原因和后果，制定具体的改进措施，并在下一次直播前进行充分的预演和准备。通过这样的方式，我们可以不断优化自己的直播表现，减少失误的发生，为观众带来更加专业、流畅的观看体验。

素养提升

直播话术中的违禁词汇

直播话术中的违禁词汇涉及多个方面，包括但不限于极限词、时限用词、不文明用语、权威性词语、虚假宣传用语、医疗用语、迷信用语、性别歧视类用语等。以下是一些常见的直播话术违禁词汇及其分类。

一、极限词

极限词是指那些过于绝对、夸大其词的用语，如"国家级""世界级""最高级""第一""唯一""首个""顶级""独家""最新""最先进""最高""最低""最便宜""最好""最大""绝对""100%"等。这些词汇在直播中往往被用来夸大产品效果或服务质量，容易误导消费者。

二、时限用词

时限用词是指那些无法确定具体时限的用语，如"随时结束""仅此一次""随时涨价""马上降价""最后一波"等。这些词汇在直播中往往被用来制造紧迫感，促使消费者尽快下单，但也可能导致消费者产生误解或不满。

三、不文明用语

不文明用语是指那些带有侮辱、攻击、歧视等性质的用语，这些词汇在直播中严禁使用，因为它们会损害他人的尊严和权益，引发不良社会影响。

四、权威性词语

权威性词语是指那些借助国家机构、国家机关工作人员名称进行宣传的用语，如"国家××领导人推荐""国家××机关推荐""国家××机关专供""特供"等。此外，还包括"质量免检""无须国家质量检测""免抽检""老字号""中国驰名商标"等词语。这些词汇在直播中往往被用来提升产品的信誉度和可信度，但也可能构成虚假宣传或误导消费者。

五、虚假宣传用语

虚假宣传用语是指那些夸大产品效果、虚构产品功能或质量等的用语，如"化妆品虚假宣传用语"等。这些词汇在直播中严禁使用，因为它们会误导消费者，损害消费者的合法权益。

六、医疗用语

医疗用语是指那些涉及医疗效果、疾病治疗等敏感话题的用语，如"全面调整内分泌失调""提高免疫力""助眠""促进新陈代谢""抗炎""解毒""抗敏""杀菌""排毒""活血""安神"等。这些词汇在直播中往往被用来宣传产品的健康功效，但可能缺乏科学依据或夸大其词，因此也属于违禁词汇。

七、迷信用语

迷信用语是指那些涉及封建迷信、神秘主义等敏感话题的用语，如"带来好运""增加第六感""防小人""增加事业运""招财进宝""有助事业""消除精神压力"等。这些词汇在直播中往往被用来宣传产品的神秘功效或吸引消费者关注，但可能引发不良社会影响或误导消费者。

八、性别歧视类用语

性别歧视类用语是指那些对某一性别进行贬低、侮辱或歧视的用语。这些词汇在直播中严禁使用，因为它们会损害某一性别的尊严和权益，引发性别歧视问题。

此外，还有一些其他类型的违禁词汇，如涉及色情低俗、暴力恐怖、谣言诽谤、赌博诈骗、广告推销等内容的词汇，这些词汇在直播中也同样严禁使用。

综上所述，直播话术中的违禁词汇种类繁多，涉及多个方面。为了保障直播内容的合法性和合规性，主播在直播时应严格遵守相关法律法规和平台规定，避免使用违禁词汇。同时，平台也应加强监管和审核力度，确保直播内容的健康、积极和有益。

资料来源：作者自撰。

基础训练

一、单项选择题

1."淘宝直播"是（　　）集团倾力打造的一站式消费生活类直播平台。

A.阿里巴巴　　　　B.腾讯　　　　C.字节跳动　　　　D.亚马逊

2.无论是主播还是观众都在（　　）这段时间涌进平台，流量竞争激烈，适合相对稳定成熟的直播间。新号也可以试一试，毕竟流量池大。

A.6：00—9：00　　　　　　　　B.9：00—12：00

C.14：00—18：00　　　　　　　D.19：00—24：00

3.（　　）适合中小型稳定主播，多学生群体、游戏群体，这个点粉丝在线的相对少，假如挑选这个时刻直播的话，会生长较慢。

A.6：00—9：00　　　　　　　　B.9：00—12：00

C.14：00—18：00　　　　　　　D.19：00—24：00

4.快手诞生于（　　）。

A.2011年　　　　B.2016年　　　　C.2019年　　　　D.2003年

二、多项选择题

1.淘宝开店身份可以是（　　）。

A.个人　　　　B.企业　　　　C.政府　　　　D.国家

2.以下属于直播禁止销售产品的是（　　）。

A.戒烟产品　　　　B.替烟产品　　　　C.文身　　　　D.棋牌室

3.以下属于好物联盟入驻条件的是（　　　）。

A.店铺违规扣分不得超过100分

B.小店评分登记需要大于等于四颗星

C.未开通短账期功能

D.需提供营业执照

4.抖音用户的特点包括（　　　）。

A.年龄分布广泛且多元　　　　　　　B.深度娱乐消费者与情感共鸣者

C.移动端生活方式的深度融入　　　　D.城市用户集聚的潮流前沿

三、判断题

1.对于成手主播，直播脚本无足轻重。 （　　）

2.淘宝直播、抖音直播、快手直播的直播技巧完全不同。 （　　）

3.直播后的复盘是对直播的反思与总结，可以分析出直播时的不足与亮点。

（　　）

4.在直播中，使用福袋可以提升观众的热情和停留时长。 （　　）

四、思考题

1.直播中什么样的主播形象更吸引观众？

2.在直播中应从哪些角度介绍产品？

3.如何与观众互动效果最佳？

➡项目实训➡

一、实训目标

1.能够在平台进行产品选择。

2.掌握直播脚本的撰写方法。

3.掌握直播流程。

4.掌握复盘内容及方法。

二、实训内容

1.根据自身特点，以小组为单位进行平台选择，并在该平台完成选品。

2.依据选择的产品进行直播规划，并对直播产品进行排品，设计直播中的优惠及福利等。

3.依据直播产品、直播优惠等，完成直播脚本，要求脚本流程合理。

4.以小组为单位，进行合理分工，并在选择平台进行直播。

5.直播后，以小组为单位，根据直播效果从多方面进行复盘。

三、实训要求

1.选品一定要综合考虑多种因素，选择适合营销的产品。

2.产品排布要求合理，直播脚本流程合理且突出产品卖点。

3.直播中，要求学生表达流畅、自然，产品介绍清晰、重点突出等。

4.复盘过程中，要求数据分析全面。

主要参考文献

[1] 杨松茂，陈瑞锦，张艳红. 直播电商 [M]. 长沙：中南大学出版社，2022.

[2] 韦亚洲，施颖钰，胡咏雪. 直播电商平台运营 [M]. 北京：人民邮电出版社，2021.

[3] 刘旸. 短视频与直播电商实战 [M]. 北京：人民邮电出版社，2022.

[4] 余以胜，林喜德，邓顺国. 直播电商：理论、案例与实训 [M]. 北京：人民邮电出版社，2021.

[5] 黄守峰，黄兰，张瀛. 直播电商实战 [M]. 北京：人民邮电出版社，2022.

[6] 许耿，孙杏桃. 直播电商平台运营 [M]. 北京：人民邮电出版社，2024.

[7] 徐骏骅，赵建伟. 直播营销与运营 [M]. 北京：人民邮电出版社，2024.

[8] 湛玉婕，王永. 直播电商 [M]. 北京：北京邮电大学出版社，2021.

[9] 邹益民，马千里. 直播营销与运营 [M]. 北京：人民邮电出版社，2022.

[10] 张雨雁，应中迪，黄宏，等. 直播电商与案例分析 [M]. 北京：人民邮电出版社，2022.

[11] 林海. 新媒体营销 [M]. 2版. 北京：高等教育出版社，2021.

[12] 秦崇伟. 广告文案与创意 [M]. 南京：南京大学出版社，2021.

[13] 喻晓蕾，苑春林. 网络营销 [M]. 北京：中国经济出版社，2018.

[14] 王娟. Y美术公司抖音直播营销策略研究 [D]. 上海：华东师范大学，2021.

[15] 孙维昕. 电商直播间主播生成内容对消费者购买意愿的影响研究 [D]. 长春：吉林大学，2024.

[16] 牟轩. 电商直播对消费者购买意愿的影响 [D]. 北京：商务部国际贸易经济合作研究院，2024.

[17] 陈舒舒. 电商直播营销对消费者购买意愿的影响研究 [D]. 哈尔滨：黑龙江大学，2024.

[18] 梁真甄. 一条网络公司的互动式整合营销传播策略优化研究 [D]. 天津：南开大学，2021.

[19] 徐敏. H短视频公司整合营销传播问题研究 [D]. 南昌：南昌大学，2023.

[20] 张佳蔚，贺雨珊，余智琳，等. 国内外短视频平台营销模式对比研究——以抖音和Tik Tok为例 [J]. 北方经贸，2022 (1).

[21] 叶倍源，李涛，聂靓. 第5代HTML行业衰败成因及营销战略改进分析——基于PAR+SIVA理论模型 [J]. 中国市场，2022 (2).

[22] 顾天钦. IMC理论中品牌接触点管理的应用流程探索 [J]. 新闻传播，

2022（4）.

　　［23］杨利光. 基于媒介融合背景的传统媒体与新媒体的整合营销策略［J］. 文化产业，2022（9）.

　　［24］李琼，方丹，李芳. 长株潭城市品牌的整合营销传播［J］. 今传媒，2022（3）.

　　［25］周宏源. 短视频和直播新媒体时代品牌运营与经济分析［J］. 中国集体经济，2022（16）.

　　［26］夏德元，戚浩男. 短视频平台KOL图书营销传播效应及其启示——以抖音号"都靓读书"为例［J］. 编辑学刊，2022（6）.

　　［27］王秋艳，聂晶磊. 新媒体时代主题出版物营销模式研究［J］. 中国出版，2022（24）.

　　［28］周玉兰. 图书短视频的视觉传播特征——以抖音短视频为例［J］. 中国广播电视学刊，2020（6）.

　　［29］彭若. 樊登读书抖音矩阵：帮助三亿人养成阅读习惯［J］. 出版人，2021（2）.

　　［30］马芳芳，丁志伟. 中国抖音直播带货行业发展的空间分异及影响因素［J］. 经济地理，2021（12）.

　　［31］刘晨，刘铮. 基于4C理论浅析"抖音直播带货"的营销策略研究［J］. 新闻传播科学，2024（4）.

　　［32］高海涛，段京池. 中国出版企业的网络直播营销：现状、问题与对策——基于淘宝直播的实证分析［J］. 中国编辑，2021（5）.

数字资源索引